Sigrid Grabner

Im Zwielicht der Freiheit
Potsdam ist mehr als Sanssouci

fe-medien, Kißlegg

1. Auflage 2019
© fe-medienverlags GmbH
Hauptstr. 22, D-88353 Kißlegg
www.fe-medien.de

ISBN 978-3-86357-234-1

Gestaltung: Renate Geisler
Druck: orthdruk, Polen

Printed in EU

Sigrid Grabner

Im Zwielicht der Freiheit

Potsdam ist mehr als Sanssouci

„Jedoch, nimm dich in Acht, achte gut auf dich!
Vergiss nicht die Ereignisse, die du mit eigenen
Augen gesehen, und die Worte, die du gehört hast.
Lass sie dein ganzes Leben lang nicht aus dem Sinn!
Präge sie deinen Kindern und Kindeskindern ein!"

Deuteronomium 4,9

Inhaltsverzeichnis

Vorwort

Nach dem Erscheinen der Autobiographie „Jahrgang ´42",
die mit den Ereignissen des Herbstes 1989 in der DDR
endet, fragten mich Leser aus Ost und West, wie es denn
nach dem Fall der Mauer weitergegangen sei. Schließlich
seien die ersten Jahre des vereinigten Deutschlands wider-
sprüchlich, reich an Ereignissen und oft bis zum Zerreißen angespannt gewesen. Beim Mauerfall siebenundvierzig Jahre, hätte doch noch eine Reihe aktiver Jahre vor mir
gelegen.

Inzwischen sind fast dreißig Jahre seit den turbulenten
Monaten und Wochen des Herbstes 1989 vergangen. Viel
Wasser ist seither ins Meer geflossen und auch mein Le-
bensfluss nähert sich der Mündung ins Meer der Ewigkeit.
So habe ich mich entschlossen, Zeugnis über mein Leben
im wiedervereinigten Deutschland abzulegen und sie
gleichsam als Flaschenpost dem Strom der Zeit anzuver-
trauen. Wer sie findet, dem erzählt sie etwas über Glück,
Enttäuschungen, Versagen und Hoffnung, vor allem aber
viel über sich selbst. Die Zeiten ändern sich, die Menschen
nicht.

Ein Angebot aus Wuppertal

Ein unscheinbares, beiläufig hingeworfenes Wort löste die Explosion aus. Es hieß „sofort" und war die Antwort auf die Frage eines Journalisten, ab wann die neue freizügige Reiseregelung gelten sollte. Der das Wort aussprach, wusste nicht, was er sagte. Er war nur das Medium. Sechs Buchstaben rasten an diesem späten Novemberabend 1989 durch den Äther – in Wohnzimmer, Redaktionen, Betriebe. Sie luden sich auf zu einem rotierenden riesigen Feuerball, der kurz vor Mitternacht barst und das ganze Land in gleißendes Licht tauchte.

Von diesem Augenblick an war nichts mehr, wie es gewesen war. Von einer ungeheuren Wucht ergriffen, wirbelten die Menschen durch unbekannte Räume, geblendet und benommen, mit vor Staunen weit aufgerissenen Augen und Mündern, schreiend, weinend, stammelnd.

Auch wer in dieser Nacht schlief, spürte das Beben in seinen Träumen, das Kind wie der Greis, und wurde beim Erwachen in den Sog des Lichtsturms hineingerissen. Es gab kein Vorher und kein Nachher, nur das sich ins Ewige weitende Jetzt. Nicht der klügste, kühlste Kopf hätte Worte für das gefunden, was jedem Einzelnen widerfuhr, und gleich ihm Millionen. Alle herkömmlichen Begriffe versagten, Argumente verstummten. Die Welt von gestern versank in einem Schwarzen Loch.

Wie lange dieser zeitlose Zustand nach irdischer Zeit andauerte, erlebte wohl jeder anders. Die einen schlugen bald auf dem harten Boden der Gegenwart auf, andere schwebten noch eine Weile, ehe sie abstürzten oder sanft landeten. Aber alle irrten durch ihnen unbekanntes Terrain. Dichter Nebel lag über Wasser und Land. Keiner wusste, was die Zukunft bringen würde, und viele wussten nicht einmal recht, was sie wollen sollten.

Das Land löste sich auf. Institutionen verschwanden, neue rätselhafte Firmenschilder klammerten sich an den bröckelnden Putz der Häuser. Menschen kamen, Menschen gingen auf Nimmerwiedersehen. Potsdam schien Stunde um Stunde mehr zu zerfallen. Einstige Luxusgüter wurden für Spottpreise verschleudert, mit ihnen konkurrierten Billigwaren, vor allem Autos, aus dem Westen. Die Leute kauften, was das Zeug hielt. Ihre Ersparnisse drohten sich durch die angekündigte Einführung der Deutschen Mark im Juli ohnehin auf die Hälfte zu verringern. Ost-Mark, West-Mark, ein Gewirr wie auf einem orientalischen Basar. Die Stadt war ein einziger Ramschladen. Gerüchte, Zukunftsängste, Enthüllungsgeschichten jagten durch die Straßen, sprangen die Menschen an, verunsicherten sie.

Mein Tagebuch vermeldet unter dem 7. Juli 1990: *„Die psychische Anspannung und zugleich Verlorenheit in diesem Land ist schwer zu beschreiben. Die Erwartungshaltung ist seit dem Mauerfall ins Ungeheure gewachsen, sie produziert Unzufriedenheit, die nichts und niemanden ausspart: nicht die im Westen und die bei uns. Man möchte genießen und fürchtet die Arbeitslosigkeit, sieht ein endloses steiniges Feld von Verzicht und Mühen vor sich (die Preise verdoppeln sich, die Löhne bleiben gleich, die Ersparnisse sind hal-*

biert), *während gleich nebenan, in Westberlin, es den Leuten besser geht (sie leben in einer ihnen vertrauten Welt, sozial gesichert, in intakten Gemeinwesen). Man möchte alles auf einmal nachholen, was man in den vergangenen vierzig Jahren versäumt zu haben glaubt, und sieht sich dazu nicht imstande. Das Schlimmste aber ist die Entwurzelung. Hinausgeschleudert aus den alten Verhältnissen, bietet sich kein neuer Wurzelgrund. Eine gefährliche Situation für die seelische Gesundheit eines Volkes, die leicht zu persönlichen und gesellschaftlichen Katastrophen führen kann ...* "

Mich entsetzte der Literaturstreit in den Feuilletons der großen westdeutschen Zeitungen, die man jetzt überall kaufen konnte. Am 29. Juli 1990 notierte ich: *„Nun wogt der Kampf zwischen ,hüben und drüben'. Es ist viel Selbstgerechtigkeit auf beiden Seiten, auch Heuchelei, vor allem aber Unverständnis für die Lage des jeweils anderen. Auch mit bestem Willen kann sich ein westdeutscher Autor nicht vorstellen, mit welchem Einsatz von Leben ein ernsthafter Autor (kein staatlich hofierter) für die Wahrheit gestanden hat. Heute gelten die schlaflosen Nächte, die Herzattacken, die ständigen Auseinandersetzungen mit der Staatsmacht nichts mehr, sie sind unverständlich geworden. Aus einer Selbstbefreiung ist eine Niederlage geworden, aus dem Rausch der Freiheit der Katzenjammer der Besiegten. Ich kann jene Autoren, die Jahrzehnt um Jahrzehnt ihre seelischen Kräfte gegen die Diktatur aufrieben, nicht so rechthaberisch verurteilen wie einige angesehene westliche Schreiber. Nur ein Vorwurf trifft zu: dass die DDR-Intellektuellen nicht schnell und vorbehaltlos das Aufbegehren des Volkes* *und die neu gewonnene Freiheit bejaht haben; dass sie, skeptisch und müde geworden, der neuen Freiheit nicht trauten. Und es fällt ihnen schwer, ihre Schuld zu bekennen – vor einem Volk, dessen neue Ideologie das Auto ist, und gegenüber westdeutschen Kollegen, die vor 45 Jahren die Freiheit geschenkt bekamen und nun so tun, als sei die Unfreiheit in der DDR auf das Versagen der Intellektuellen hierzulande zurückzuführen ... Keiner, der in einem westlichen Land gelebt hat, wird verstehen, was hier abgelaufen ist, und keiner der Nachgeborenen. Schlimmer noch: Wir verstehen es schon selber fast nicht mehr. Niemand kennt besser als die Ernsthaften unter uns, welche Schuld wir auf uns geladen haben. Aber es wird geradezu unerträglich, wenn Leute, die seit vierzig Jahren eine Fahrkarte, wohin auch immer, lösen konnten, ostdeutschen Autoren das ,Privileg' des Reisens vorwerfen; Leute, die ohne Gefahr für Leib und Leben überall ihre Meinungen publizieren konnten, uns für die in unseren Büchern geäußerten ,Halbwahrheiten', für die ,wir vom Volk als Propheten gefeiert wurden', verspotten oder anklagen ...*

Es ist der alte Hochmut der Intellektuellen – sie produzieren sich in Zeitungen und vor Fernsehkameras, statt miteinander zu reden. Sie verletzen einander wie Gladiatoren. Sie leben von den Honoraren ihrer selbstgefälligen Artikel und Interviews statt vom harten Brot der Wahrheit."

Ich ging durch eine Stadt, in der ich seit vierundzwanzig Jahren lebte, und sah sie mit anderen Augen. Sie schien noch grauer und zerstörter als vor dem Mauerfall. Die Spuren der Einschüsse in den Mauerwänden aus den letzten Tagen des Zweiten Weltkriegs, der fünfundvierzig Jahre zurücklag, die schadhaften Straßen, die desolaten Dächer … Im Vorübergehen hörte ich westliche Besucher, die endlich ungehindert die noch bestehende Grenze passieren durften, laut Erstaunen oder Missfallen über die allgemeine Verwahrlosung äußern.

Die Leute hatten ja recht, aber ihre Worte schmerzten mich, als sei ich schuld am Aussehen dieser geschundenen Stadt. Die Kritiker konnten nicht wissen, wie viel Kraft und Nerven es gekostet hatte, einen Sack Zement oder ein paar Ziegel zu beschaffen; wie idealistische Hobby-Handwerker in ihrer Freizeit versucht hatten, den Verfall zu stoppen. Aus, vorbei, das Gestern zählte nicht mehr. Das Licht der Explosion erhellte ein wüstes Land.

Besucher liefen über die mit hohem Arbeitsaufwand und geringen finanziellen Mitteln gepflegten Wiesen der Parks, grillten vor den Schlössern, woran ein Einheimischer zu DDR-Zeiten nicht einmal zu denken gewagt hätte. Alte Parkwächter, die freundlich darauf hinwiesen, dass dies nicht gestattet sei, lachte man aus oder beschimpfte sie als Stasi-Leute.

Man kam in diesem Sommer des „Nicht mehr" und „Noch nicht" auf den Straßen mit Wildfremden schnell ins Gespräch, redete aufeinander ein und aneinander vorbei. Auf dem Busbahnhof neben der katholischen Kirche begegnete ich einem Ehepaar aus Mannheim, beide Anfang Siebzig. Sie freuten sich, endlich Potsdam kennengelernt zu haben, und entsetzten sich über den Verfall der Häuser und die „Armut" der Menschen. Sie erzählten, sie seien 1945 aus dem Sudetenland vertrieben worden, mit nichts als ihrer Kleidung auf dem Leib: „Wir haben hart arbeiten müssen, Deutschland aus den Trümmern aufgebaut, und es hat eine Weile gedauert, bis wir uns etwas leisten konnten. Inzwischen besitzen wir ein Haus, aus den Kindern ist etwas geworden und wir haben ein schönes Stück von der Welt gesehen. Die Leute hier müssen nun endlich auch richtig arbeiten, ehe sie sich etwas leisten können."

An ihren Worten war nichts falsch und alles falsch.

„Meine Mutter", erwiderte ich, „die etwa in Ihrem Alter ist, wurde mit mir als Kleinkind ebenfalls mit nichts als ihren Kleidern auf dem Leib aus dem Sudetenland vertrieben und landete in der Ostzone. Sie hat vierzig Jahre lang hart gearbeitet, auf den Feldern der Bauern, als Kellnerin, Buchhalterin und schließlich jahrzehntelang in Zwölf-Stunden-Schichten als Arbeiterin im Chemiewerk. Sie wohnt heute in einer Einzimmerwohnung einer Plattenbausiedlung, die Welt konnte sie nie bereisen, weil eine Mauer sie daran hinderte, aber sie hat alles dafür getan, dass aus mir ein anständiger Mensch wird. Was werfen Sie ihr vor?"

Ich war wütend und verletzt.

Besucher von fernher stellten sich ein. Alle wollten sie die ehemalige deutsch-deutsche Grenze zwischen Potsdam und Westberlin besichtigen. Marianne kam aus Rom, Rainer und Margret reisten aus Stockholm an, Bekannte aus Westdeutschland, Holland, Frankreich, England … Rainer rief beim Anblick der noch stehenden Wachtürme der Grenzanlagen an der Glienicker Brücke aus: „Mein Gott, das sieht ja aus wie Bilder vom KZ!"

Ich erschrak und zuckte dann mit den Schultern. Was sollte ich sagen? Ich hatte die Grenzanlagen ja nie von westlicher Seite aus gesehen. Größer als mein Erschrecken war das Schuldgefühl, mit dem ich Rainers Beobachtung zur Kenntnis nahm. Hätte ich als Gefangene, als die ich mich aber nicht achtundzwanzig Jahre lang vierundzwanzig Stunden täglich gefühlt hatte, mehr aufbegehren sollen und können? Das freie Europa hatte sich mit diesen Wachtürmen, Mauern, Sprengfallen und Stacheldraht abgefunden, ohne sich schuldig zu fühlen. Warum fühlte ich mich schuldig und nicht die aus dem Westen nach Potsdam strömenden Touristen und Freunde?

Im Chaos dieses Frühsommers 1990 bereitete ich meinen Umzug in eine kleinere Wohnung vor. Ich ahnte, dass es bald schwierig werden würde, die rasant steigenden Mieten zu bezahlen.

Es war einfach alles zu viel – die Freude über den Mauerfall, die Spannung, in welche Richtung sich die politische Situation entwickeln würde. Ich kränkelte. Ich spürte einen Schatten über mir, der mir den Atem nahm. Wie sollte es weitergehen? Mich peinigten keine materiellen Ängste. Ich war immer mit wenig und im Vertrauen auf meine Fähigkeiten ausgekommen. Nach Jakobs Tod hatte ich mir geschworen, alles zu ertragen und durchzuhalten, bis die Kinder für sich selber sorgen konnten. Nun waren sie längst erwachsen. Ich ging auf die Fünfzig zu. Was sollte, was konnte ich noch?

Auch meine Freundin Gerda in Wuppertal machte sich Sorgen. Sie sah die wirtschaftlichen Härten voraus, denen die Ostdeutschen in einem einheitlichen Deutschland ausgesetzt sein würden. Die Freiheit hat ihren Preis. Hatte ich, ihre ostdeutsche Schriftsteller-Freundin, von den Erträgen ihrer Arbeit in der DDR zwar karg, aber immerhin leben können, so hielt sie meine freischaffende Existenz unter den Bedingungen des freien Marktes für brotlos. Wer kaufte schon im Westen ein Buch einer unbekannten ostdeutschen Autorin, die sich ohnehin schlecht öffentlich darstellen konnte!

Also ersann Gerda mit ihrer Freundin Ingeborg einen kühnen Plan zu meiner Rettung. Ich sollte als Nachfolgerin von Ingeborg, die in Kürze die Altersgrenze erreichte, die Leitung des Kiefel-Verlags in Wuppertal-Barmen übernehmen, der zu Bertelsmann gehörte. Freilich musste Bertelsmann von einer Autorin aus dem Osten und ohne jegliche Ahnung vom Verlagsgeschäft erst überzeugt werden. Davon, dass ich das könne, waren die beiden Frauen überzeugter als ich. Ihr Vorschlag war für mich wie ein Rettungsboot auf stürmischer See. Ich stieg ein und fuhr Mitte August nach Wuppertal.

Hier war alles beim Alten geblieben: gepflegte Häuser und Straßen, von Waren überquellende Läden, die Menschen gingen gelassen ihren Geschäften nach. Ihr Leben hatte sich nicht verändert. Sie hatten die Erschütterung im Osten im Fernsehen verfolgt wie einen spannenden Film mit gutem Ausgang, aber was da wirklich geschehen war, wussten die meisten nicht und es interessierte sie auch nicht sonderlich. Nur ältere Menschen, die Deutschland noch vor dem Krieg erlebt und Beziehungen zu Verwandten und Freunden im Osten hatten wie Gerda, oder einstige DDR-Flüchtlinge verfolgten aufmerksam die Vorgänge im Osten.

Ich war immer gern in Wuppertal zu Besuch gewesen. Mir gefiel die Stadt an den Hängen des Bergischen Landes mit ihrer Schwebebahn, den freundlichen Menschen, als Geburtsort von Else Lasker-Schüler, vor allem aber war sie Gerdas Stadt und die ihrer Freunde. Doch diesmal erschien sie mir bei dem Gang durch die Straßen und hinauf auf die Brillerhöhe fremd. Was ich früher als geordnetes Gemeinwesen, gebaut auf hohem Bürgersinn, bewundert hatte, ließ mich jetzt nur an die chaotischen Zustände in Potsdam denken. Ein leiser Groll über vermeintliche Selbstzufriedenheit und Selbstgenügsamkeit in dieser durch die jüngsten Ereignisse unverletzten Stadt erfüllte mich. Lag sie nicht auf einem anderen Stern? Ich war ungerecht, ich wusste es und konnte doch nicht aus meiner ostdeutschen Haut.

Bei Gerda, die mich wie immer mit offenen Armen empfangen hatte, vergaß ich alle unguten Gefühle. Bei ihr war ich zu Hause. Der Verlust ihrer langjährigen Freundin Lily Simon und eine schwere Krebsoperation im vergangenen Jahr hatten sie schmal gemacht. Aber von ihr ging wie eh und je Zuversicht aus. Bald würden wir in einem vereinigten Deutschland, sogar in derselben Stadt, in Wuppertal, leben.

Ingeborg begleitete mich in das Gespräch mit dem seine Skepsis nicht verhehlenden Herrn vom Bertelsmann-Konzern. Ich muss einen guten Tag gehabt haben. Zu Hilfe kam mir, dass so kurz nach dem Mauerfall Worte wie: Das geht nicht! Unmöglich! nicht als Argumente taugten. Zu meinem Erstaunen sprühte ich vor Selbstbewusstsein, Tatendrang und Lernwilligkeit. Der smarte Mann mit den kühlen blauen Augen rüstete sichtbar ab. Seine Miene entspannte sich, seine Augen glänzten, als er zum Ende des Gesprächs meinte, nun müsse er erst einmal dieses Ereignis verdauen. Er nehme eine Bedenkzeit und werde die Angelegenheit dann in der Konzernleitung vortragen.

In Gerdas Elberfelder Wohnung feierten wir den Neuanfang. Ich hätte den Herrn beeindruckt, meinte Ingeborg, so etwas sei ihm noch nicht begegnet. Alles laufe nach Plan. Nur müsse ich nun bald schon wieder umziehen. Ich lachte. Die Welt steht kopf, warum sollte ich da nicht zweimal in einem Jahr umziehen! Tochter Johanna war Anfang Juli nach Nicaragua gereist, geradezu auf der Flucht vor dem unverständlichen Deutschland, um in der Karibik Entwicklungshilfe zu leisten. Sohn Gerrit würde in Kürze eine Arbeitsstelle in Hannover annehmen und der Weg zu meiner Mutter in Halle-Neustadt war von Wuppertal aus genauso weit wie von Potsdam.

Euphorisch kehrte ich nach Potsdam zurück. Bald würde ich das alles hinter mir lassen – die bösen Erfahrungen in der DDR, das Chaos, die Spitzel, die Funktionäre …

Ich besuchte meine Freundin Ruth im Krankenhaus. Nach ihrer Krebsoperation im Vorjahr war es ihr ständig schlechter gegangen. Nun erfuhr ich von den Ärzten, dass es für sie keine Hoffnung mehr gab. Sie würde bald sterben. Ich saß an ihrem Bett, bestellte Grüße von unseren gemeinsamen Freunden in Wuppertal und erzählte von meinen Plänen für einen Neuanfang.

„Nein", sagte sie, „geh nicht in den Westen, das ist nichts für dich."

Ruth war wie Gerda zwanzig Jahre älter als ich. Sie

fürchtete, mich zu verlieren, und sie stand am Ende ihres Lebens. Ich wollte ihr nicht widersprechen und so tröstete ich sie, noch sei ja nichts endgültig entschieden, was der Wahrheit entsprach. Wenn überhaupt, beginne meine Arbeit in Wuppertal erst nächstes Jahr, und nun, da wir bald in einem Land ohne Grenzen lebten, könnten wir uns ohnehin so oft sehen, wie wir wollten. Sie lächelte nur traurig.

Lag es an Ruths Zustand oder an der schlechten Stimmung in der Stadt oder einfach an körperlicher und seelischer Erschöpfung nach einem Jahr äußerster Anspannung, dass meine Euphorie innerhalb weniger Tage zerbröselte wie ein vertrockneter Kuchen? Nun wollte ich nur noch weg. Ich sehnte mich nach einem Boden unter den Füßen, ohne auf das unbeschreibliche Gefühl jener lichtdurchfluteten schwebenden Novembertage von 1989 verzichten zu müssen.

Reise nach Südtirol und Rom

Mit dem Pass eines Staates, der nur noch pro forma und wenige Wochen existierte, brach ich Ende August in Richtung Süden auf, um in Rom meinen Roman über Christine von Schweden fertigzustellen und mich zuvor noch einige Tage in Südtirol zu erholen.

In Lichtenstern auf dem Ritten nahmen mich freundliche Wirtsleute gastlich auf. Den bedrückten Ostdeutschen war ich entkommen, um nun die fröhlichen Urlauber in der Herberge zu fliehen. Ihre Nähe tat mir weh und ich konnte nicht sagen, warum. Ich verkroch mich in meinem Zimmer, wenn ich nicht unterwegs war. Die in der Abendsonne glühenden Gipfel der Dolomiten, das mächtige Massiv des Schlern, die duftenden Heuwiesen, die weiß gekalkten Alpenhäuser mit den üppigen roten Geranienschleiern nahm ich wie einen vorbeiziehenden Film wahr. Stundenlang zwang ich mich zum Laufen, bis ich die schmerzenden Füße nur noch automatisch setzte. Ich dachte nicht an das, was gewesen war, nicht an das, was kommen würde. Ich betäubte mich durch Bewegung unter dem Himmel. Schwer wie ein Stein fiel ich abends ins Bett, manchmal zu müde, um etwas zu essen.

In den frühen Morgenstunden des dritten Tages überfiel mich ein Traum, aus dem ich mehrmals vergeblich zu erwachen versuchte:

Mit jungen Leuten, unter ihnen meine Kinder, befand ich mich auf einem bewaldeten Berg. Wir saßen in einem Kreis und plauderten. Fotos von Verstorbenen wurden herumgereicht, die auf den Bildern jung und fröhlich aussahen. Ein anschwellendes Dröhnen von schweren Motoren unterbrach unsere Gespräche. Auf der Straße unterhalb des Berges erblickten wir eine endlose Kette von Panzern und Militärfahrzeugen. Auf ihnen hohe breite Gerüste mit Netzen bespannt. Schlagartig wurde uns klar, dass sie anrückten, um wieder eine Mauer zu errichten.

Ein Priester versuchte das Vaterunser zu beten, doch er konnte den Text nicht. Da sank ich auf die Knie, hob die Arme zum Himmel und schrie: Herr im Himmel, nimm dich unser an. Verlass uns nicht. Gib uns Kraft, diese Prüfung zu bestehen … Der Priester giftete, ich sei nicht befugt, so zu beten, denn da kämen doch unsere Befreier. Zwei junge Burschen packten den Mann und schoben ihn sanft, aber bestimmt zu einem Tunnel, der zu der Militärkolonne führte.

Wir flohen bergauf. Johanna war plötzlich wieder ein kleines Mädchen an meiner Hand. Sie verletzte sich am Fuß und konnte nicht weiterlaufen. Ich kniete neben ihr nieder, küsste sie und dachte dabei verzweifelt: Du hattest dir geschworen, dich nicht noch einmal einsperren zu lassen. Aber wohin soll ich fliehen mit den Kindern? Ich kenne den Weg doch nicht.

Am Tag nach diesem Traum lief ich achteinhalb Stunden wie eine Besessene. Tausend Meter bergauf bis zum Rittner Horn, die letzten hundert Meter im dichten Nebel. Der Aussichtsberg gab den Blick nicht frei. Das störte mich nicht, denn nicht wegen der Aussicht hatte ich mich mit keuchenden Lungen und wild pochendem Herzen hinaufgequält. Auch beim Abstieg verschmähte ich den Lift, ließ keinen Umweg aus. Ich wollte meine Not, meine Angst, meine Fremdheit unter den Menschen ausatmen, wegschwitzen.

Nach einigen Tagen wurde mein Blick freier, meine Ohren begannen wieder zu hören. Hin und wieder vermochte ich sogar, mit den Wirtsleuten und dem einen oder anderen Gast zu plaudern. Ich besuchte Gottesdienste in der kleinen schlichten Kirche von Lichtenstern mit einer Keramik-Madonna und einem Keramik-Kreuzweg.

In dem Gotteshaus ist der junge Tiroler Josef Mayr-Nusser beigesetzt, der den Eid für die Waffen-SS aus Gewissensgründen abgelehnt hatte und auf dem Weg ins KZ Dachau im April 1945 in einem Viehwaggon bei Erlangen verstorben war.

Einmal predigte ein alter Priester, auf Jeremia und Paulus verweisend, man müsse das Kreuz auf sich nehmen, wie es Gottes Stimme befehle. Der uns die Last auferlege, gebe uns auch die Kraft, sie zu tragen. Es gehe nicht darum, sich an die Welt anzupassen, sondern uns und damit die Welt verändernd Christus nachzufolgen. Ich dachte an meinen Traum. Konnte Gott wollen, dass ich lebenslang eingesperrt blieb?

Manchmal saß ich auch nur ganz still in dem Kirchlein, ohne Gebet, ohne Fragen. In den Nächten suchten mich wilde Träume heim, die ich beim Aufwachen vergaß, nur jener aus der dritten Nacht begleitete mich ständig. Ich suchte ihn zu entschlüsseln, aber er sprach mir immer nur vom blanken Entsetzen über neuerliches Eingesperrtsein.

In Rom quartierte ich mich bei meiner Freundin Marianne ein. Wenn ich nicht für mein Buch recherchierte, unternahmen wir Ausflüge nach Tarquinia ins alte Etruskerland, nach Arezzo, Palestrina, in die Castelli Romani, in die Klöster Fossanova, wo der große Aquinate starb, und ins Zisterzienserkloster Casamari, dessen Schönheit und berauschender Duft von Salvien und Rosen mich verzauberte.

Im Kloster Casamari hatte um 1183/84 der Mönch Joachim von Fiore gelebt, damals so alt wie ich jetzt. Sein Geschichtsbild von den Drei Zeitaltern – dem des Vaters (Altes Testament), dem des Sohnes (Neues Testament) und dem des Heiligen Geistes – faszinierte über Jahrhunderte hinweg Dichter wie Dante, Revolutionäre wie Cola di Rienzo und Thomas Müntzer, Philosophen wie Hegel und Ernst Bloch. Immer mal wieder in der Geschichte schien das dritte, das glückliche Zeitalter des Heiligen Geistes bevorzustehen, in dem es keine Hierarchien und Stände, kein Oben und Unten mehr geben würde. Hatten nicht auch in unserer Zeit edle Geister vom Ende des Totalitarismus und vom Anbruch einer freiheitlichen Demokratie geträumt, die Gesetze und Polizei überflüssig machte, weil jedem Menschen das Gesetz selbstlosen Handelns ins Herz geschrieben war?

Joachim von Fiore hatte aus seinem Geschichtsbild keine praktischen Konsequenzen gezogen und recht daran getan. „Denn meine Gedanken sind nicht eure Gedanken und eure Wege sind nicht meine Wege, spricht der Herr; sondern soviel der Himmel höher ist denn die Erde, so sind auch meine Wege höher denn eure Wege und meine Gedanken denn eure Gedanken."

Stundenlang beobachtete ich die Pilger und Touristen auf dem Petersplatz. Tausende von Priestern aus aller Welt waren zu einer Tagung nach Rom gekommen. Während der Mittagspause bevölkerten sie das weite Rund – Männer aller Hautfarben und Nationen, Dicke, Dünne, Kleine, Große, in Soutanen, schwarzen Anzügen, in Kutten die Ordenspriester. Sie hockten auf den Stufen im Schatten der Kolonnaden und aßen aus Tüten ihre Mittagsmahlzeit, schwatzten, lachten, rauchten. Vor den beiden Brunnen ließen sich farbenprächtig gekleidete Afrikaner nieder und bleiche Nordeuropäer fotografierten. Kinder scheuchten die Tauben auf. Jugendgruppen zogen singend auf den Eingang der Kirche zu. Eine Leichtigkeit lag über dem Platz, die mir in den letzten Monaten abhandengekommen war und die ich nun begierig einsog.

Zum ersten Mal war ich ohne Ausreisevisum in Rom, und zum letzten Mal trug ich den Pass der Deutschen Demokratischen Republik in der Tasche. Ich musste nicht wie vor neun Jahren fürchten, nie wieder hierherkommen zu dürfen, aber im seelischen Ausnahmezustand befand ich mich dennoch. Das Land DDR existierte de facto nicht mehr und das Deutschland, das auf mich zukam, erschien mir wie eine Fata Morgana. Mir war, als setzte ich meine Füße auf schwankenden Boden, jederzeit in Gefahr, das Gleichgewicht zu verlieren.

Ich achtete auf alle Zeichen, die mir den Weg in die nächste Zeit zeigen konnten. In der Chiesa Nuova predigte ein Priester über Matthäus 18, wo Petrus seinen Meister fragt, wie oft er seinem Bruder vergeben müsse. Siebenmal oder siebzigmal? Der weißhaarige alte Priester erschien mir wie ein nachgeborener Bruder des heiligen Filippo Neri, der vor Jahrhunderten hier sein Oratorium gegründet hatte. „Wie sollte uns vergeben werden, wenn wir nicht vergeben!", donnerte der Prediger. Dann verwies er auf das deutsche Sprichwort, man solle über jede Kränkung eine Nacht lang schlafen und nicht sofort zurückschlagen.

In einer Messe im Petersdom bohrten sich mir die Worte ins Gedächtnis: „Die Ersten werden die Letzten sein und die Letzten werden die Ersten sein." In seiner Auslegung sprach der Zelebrant vom notwendigen Mut des Christen, anders zu sein und auf Gottes Stimme zu hören, auch wenn ihn die Welt für verrückt erklärte. Meist gelte es ja nicht das Leben, sondern sei nur die Kraft gefordert, Missverständnisse auszuhalten und sich von den Massenmedien unabhängig ein Urteil zu bilden.

War ich gekränkt? Wem sollte ich vergeben? Ich empfand gegen niemanden Hass. Wie auch? Es ging mir ja alles in allem gut. Die Mächtigen waren gestürzt, die Niedrigen erhöht worden. „Meine Wege sind nicht eure Wege", aber welcher Weg war dann der meine? Und wenn ich mich entschied, entschied ich mich für den richtigen?

Gerda rief in Rom an, ich solle meine Heimreise über Wuppertal nehmen, der Herr von Bertelsmann wolle mit mir über meine künftige Tätigkeit als Geschäftsführerin des Kiefel-Verlages sprechen. Also schien meine Anstellung sicher. Warum nur fühlte ich mich so beklommen?

Wenn die Römer hörten, ich käme aus der DDR und gar noch von der Berliner Mauer, gerieten sie aus dem Häuschen. Als ein Wunder erschien ihnen, was da gerade in Deutschland passierte, und die Ostdeutschen waren für sie Helden. Eine Germanistikstudentin fragte mich, warum sich die Deutschen so wenig über den Mauerfall freuten und vor der bevorstehenden Einheit warnten, wie beispielsweise der berühmte Schriftsteller Günter Grass.

„Den meisten Westdeutschen ging es mit Mauer und ohne Einheit sehr gut, wahrscheinlich viel besser, als es ihnen in Zukunft gehen wird, und die Ostdeutschen haben

Angst, in einem vereinten Deutschland den Kürzeren zu ziehen", erwiderte ich.

Die Angst der Ostdeutschen, von den Westdeutschen über den Tisch gezogen zu werden, konnte sie nachvollziehen und dennoch: Die Mauer ist weg, die Ostdeutschen sind frei! Auch frei, sich zu wehren! Und sie trällerte: „Freiheit, die ich meine, die mein Herz erfüllt …" Sie umfasste meine Taille und schwenkte mich durchs Zimmer. „Komm mit deinem Scheine, holdes Engelsbild …" Ihre dunklen Augen blitzten vor Freude.

Einige Tage später besuchten wir Mariannes Freunde Michele und Ninetta, er Philosoph, Anfang Siebzig, sie eine frühere Gewerkschaftsfunktionärin. Beide überzeugte Kommunisten, ohne der Kommunistischen Partei anzugehören. Ich kannte sie schon von meinem letzten Aufenthalt und war herzlich von ihnen aufgenommen worden.

Diesmal begegneten sie mir kühl, beinahe feindselig. In der Annahme, sie wollten etwas über die Vorgänge in Deutschland wissen, begann ich zu erzählen, doch sie ließen mich nicht ausreden. Deutschland sei nicht die Welt und das ganze Gerede über den Mauerfall Unsinn. Eine historische Chance auf dem Weg zum wahren Sozialismus sei vergeben worden, weil die Masse die Bedürfnisse des Bauches höher stellte als die Befreiung der Menschheit.

Gewiss, das eine oder andere sei in der DDR nicht in Ordnung gewesen, aber doch kein Grund, das große Experiment abzubrechen.

Mit wachsendem Befremden hörte ich zu. Die beiden Streiter für den wahren Sozialismus lebten in einer großen Wohnung, sie hatten sich zeit ihres Lebens frei bewegen können, gelesen, was sie wollten, ihre Meinung geäußert, ohne verfolgt zu werden. Mit welchem Recht verlangten sie von uns, um ihrer sozialistischen Ideale willen weiterhin eingesperrt zu bleiben? Was sprach da aus ihnen: Phantasielosigkeit, Fanatismus, Hartherzigkeit?

Was dagegen einzuwenden sei, dass sich ein ganzes Volk gewaltlos von seinen Unterdrückern befreit und in freien Wahlen eine Entscheidung mehrheitlich für den Anschluss an die Bundesrepublik Deutschland getroffen habe?, fragte ich.

Die Masse, ereiferte sich Michele, die Masse, verblendet von den oberflächlichen Verlockungen des Kapitalismus, sei dumpf und stumpf den Meinungsmachern aus dem Westen gefolgt. Nur ein gebildeter Mensch könne die richtigen Entscheidungen treffen. Dann dozierte er über Antonio Gramscis Begriff von den traditionellen und den organischen Intellektuellen. Die traditionellen Intellektuellen, wie Künstler, Philosophen, Schriftsteller, sähen sich fälschlicherweise als eine Klasse außerhalb der Gesellschaft, während die Arbeiterklasse auf dem Weg zur Hegemonie die traditionellen Intellektuellen assimiliere und zugleich aus ihren eigenen Reihen eine Gruppe organischer Intellektueller herausbilde. Das Ziel bestünde darin, dass in einer wahren sozialistischen Gesellschaft jeder die Funktion eines Intellektuellen einnehmen könne.

Michele verwies auf den Aufruf „Für unser Land" von Ende November 1989, in dem sich ostdeutsche Künstler, Schriftsteller, Wissenschaftler, Kirchenleute gegen die Wiedervereinigung und für eine staatliche Eigenständigkeit der DDR als sozialistische Alternative zur Bundesrepublik eingesetzt hatten. Er habe ihn genau gelesen. Die Verfasser und Unterzeichner dieses Appells seien die wahren, die organischen Intellektuellen im Sinne Gramscis, die die Vorherrschaft des Kapitals brechen können. Aber das Volk der DDR habe nicht auf sie gehört. Nun werde es die Suppe auslöffeln müssen, die es sich eingebrockt habe. Das Votum für die Einheit Deutschlands beweise die Unreife und Unbildung der Wähler in Ostdeutschland.

Auch ich hatte aus guten Gründen den Aufruf nicht unterzeichnet. Mein Eingeständnis verdüsterte Micheles Miene noch mehr.

Um das Gespräch zu entkrampfen, zitierte ich eine Bemerkung von Friedrich Engels, wonach die Geschichte so verlaufe: Der eine will dies und der andere das und heraus kommt, was keiner von beiden gewollt habe. Die Geschichte, fügte ich an, kümmert sich herzlich wenig um unsere Prinzipien.

Michele war nicht bereit, das Gespräch auf eine versöhnliche Ebene zu heben. Verbissen dozierte er weiter: Es brauche ein Bildungssystem, das dem Prinzip einer zukünftigen sozialen Gesellschaft und den Einsichten der marxistischen Theorie folge. Die bereits bestehenden intellektuellen Tätigkeiten der Massen sollten durch dieses neue Bildungssystem kritisch hinterfragt und erneuert werden. Schließlich verstieg er sich zu der Behauptung, nur gebildete Menschen seien auch wirklich gute Menschen.

Nun war ich mit meiner Geduld am Ende. Meine Nerven lagen blank. Ich wurde scharf: Also sei ein Volk von Idioten gegen die sozialistische Staatsmacht aufgestanden und alle Italiener, die sich über den Mauerfall freuten, seien ebenfalls dumm.

In gewisser Weise, ja, erwiderte er kühl.

Hier war sie wieder, die menschenverachtende Arroganz von Intellektuellen, die sich nur um sich selber drehten, blind und taub waren für das Leben und unbarmherzig zu den Menschen. Es gab sie überall, in Italien ebenso wie in Deutschland.

Brüsk erhob ich mich. Micheles Bemerkung beim Abschied, wir seien alle verwundet, klang wie eine Entschuldigung, doch sie kam zu spät. Sie hätte am Anfang des Gesprächs stehen müssen.

Auf dem Heimweg versuchte Marianne, mich zu beruhigen. So kenne sie die alten Freunde Michele und Ninetta nicht, sie hätten es bestimmt nicht so gemeint. Aber am Ende ihres Lebens sähen sie durch den Gang der Ereignisse eben ihre Ideale verraten.

Bissig fragte ich zurück, warum sie dafür den Mauerfall verantwortlich machten und nicht ihre untauglichen Ideale.

Die deutsche Ausgabe von Michele und Ninetta sollte ich dann bei meiner Rückfahrt in München treffen, als ich bei einem von Freunden empfohlenen Ehepaar übernachtete. Geradezu hasserfüllt redeten sie gegen ein wiedervereinigtes Deutschland an, das wie schon einmal die ganze Welt bedrohen würde. Die desolate Lage der DDR sei nicht durch die sozialistische Planwirtschaft verursacht worden, sondern durch die Bundesrepublik Deutschland. Die gastfreundlichen, aber unfrohen Eheleute witterten hinter allem, was nun in Ost und West geschah, Heuchelei und bösen Willen. Sie warfen der Welt und den Menschen vor, ihre Blütenträume zerstört zu haben und nicht so edel zu sein wie sie selber.

Ich schied von Rom, das mich bisher immer geheilt hatte, mit einem fast fertigen Manuskript. Auch hier hatten mir Alpträume zugesetzt. In ihnen begegnete mir Ruth, wie sie sich mit zwei Koffern aus dem Krankenhaus nach Hause schleppte. Ich nahm ihr die Koffer ab und begleitete sie. Doch anstelle ihres Hauses fanden wir nur ein frisch ge-pflügtes Feld vor, ohne Baum und Strauch. Aber sie nahm noch nicht wahr, was ich schon sah, und weinend dachte ich: Wie schwer wird sie der Verlust ihres Hauses treffen! In anderen Träumen war die Stelle in Wuppertal bereits vergeben und man bedeutete mir, meine Berufung sei ein Irrtum gewesen. Dann wieder stürzte ich von hohen Mauern in die Tiefe und wusste im Fallen, dies sei das Ende.

Nach dem Aufwachen notierte ich die Träume, aber ich konnte und wollte sie nicht als Prophezeiungen deuten. Ich akzeptierte sie einfach. Die Seele entledigte sich, wie schon immer in meinem Leben, auf diese Weise ihrer Lasten und Ängste. Und so waren mir die Alpträume willkommen.

Als Fremde ging ich durch fremde Städte, unsicher und angespannt: durch München während des Oktober-festes und durch Ulm. Ich besuchte alte Freunde in Kiß-legg und fuhr schließlich mit dem Intercity „Gambrinus" Richtung Wuppertal. Auf der schönen, für mich schöns-ten Strecke zwischen Mainz und Koblenz erinnerte ich mich an die gemeinsame Reise mit Jakob an Rhein, Main, Tauber und Mosel, ein Jahr vor seinem Tod. Beim Anblick des Loreley-Felsens hatte er, der immer Sangesfreudige, das Lied von der Loreley angestimmt. Nun, da ich fünfzehn Jahre und einen Atemzug der Geschichte später in der Abenddämmerung auf den Felsen schaute, verstand ich Heines Gedicht plötzlich ganz neu: „Ich weiß nicht, was soll es bedeuten, dass ich so traurig bin …" Ich hörte das Lied von der Freiheit, „eine wundersame gewaltige Melodei".

Wir hatten so selbstvergessen gelauscht, dass wir die Felsenriffe nicht sahen. Den Traum von der Freiheit träumten wir mit einem wilden Weh im Herzen wie unzählige Generationen vor uns seit „uralten Zeiten". Doch nun, da wir meinten, die Schöne errungen zu haben, verschlangen uns die Wellen. Das Paradies auf Erden gab es nicht, bestenfalls eine Ahnung davon.

Als es vor den Zugfenstern dunkelte, vertiefte ich mich in die Lektüre eines politischen Magazins. Die brutale Sprache stieß mich ab. Sie erinnerte mich an das Parteiorgan der SED, mit dem Unterschied, dass dort alles hochgejubelt wurde, was die DDR betraf, und alles verdammt wurde, was mit dem kapitalistischen Westen zu tun hatte, während in diesem Magazin einfach alles, worüber berichtet wurde, nach Fäkalien roch. Meinungsfreiheit bedeutete offensichtlich, in der Wahl seiner Worte nicht zimperlich zu sein und mit harten Bandagen zu kämpfen. Ich musste noch lernen, wie alle im Osten, dass es auch im freien politischen Meinungsstreit nicht um Wahrhaftigkeit ging, sondern darum, sich letztendlich durchzusetzen. Im Magazin blätternd, erfuhr ich, in Holland berieten katholische Theologinnen über die Gründung einer Kirche der Frauen, in der das Männergeschwätz über Christi Tod und Auferstehung endlich aufhörte. Eine Autorin meinte, sie ginge ohnehin nur noch ab und zu aus „ethnologischem" Interesse in die Messe. Mich beschlich die Ahnung, auch in der Welt des Glaubens ginge es mehr um ideologische Profilierung als um Wahrheit.

Ja, sagte der Herr vom Bertelsmann-Konzern in Wuppertal, man habe sich entschlossen, das Risiko mit mir einzugehen. Er bitte um Entschuldigung, wenn seine Worte hart klängen, er wolle mich nicht kränken. Es sei nun aber einmal eine Tatsache, dass ich aus dem Osten stamme, nicht mehr ganz jung sei und unerfahren im Verlagsgeschäft. Da müsse ich noch eine Menge lernen und sehr flexibel sein. Aber die jetzige Geschäftsführerin des Verlages habe ihm versichert, mir in dem Volontariatsjahr zur Seite zu stehen. Ingeborg lächelte mir ermutigend zu. Der Herr von Bertelsmann sagte mir nichts Neues und ich nickte zustimmend.

Meine Tätigkeit würde am 1. Januar 1991 beginnen. Zunächst stünden einige Lehrgänge auf dem Programm: Marketing, Stressbewältigung, Computer, Verkaufspsychologie, Werbung.

Heute, da ich dies niederschreibe, werfen schon Kinder mit diesen Begriffen um sich. Sie sitzen stundenlang vor dem Computer, sind ständig im Stress und deshalb bei Psychologen in Behandlung. Aber mir klangen sie damals so fremd wie nur irgendetwas in den Ohren. Das Wort Stress kannte ich nicht, einen Computer hatte ich noch nie gesehen und unter Marketing konnte ich mir absolut nichts vorstellen. Ich ließ mir mein Staunen nicht anmerken, sondern schaute drein, als hielte ich das alles für die selbstverständlichste Sache der Welt.

Mit einem knappen „gut" schloss der Bertelsmann-Vertreter die Auflistung von Pflichten und Rechten. Anfang Dezember, also in zwei Monaten, würden wir uns noch einmal zur Vertragsunterzeichnung und zur Einführung in den Verlag treffen. Mit einem Handschlag trennten wir uns im besten Einvernehmen.

Ingeborg und Gerda jubelten: Geschafft! Wir feierten das gelungene Projekt mit einer Flasche Champagner und ich war wild entschlossen, eine gute Verlegerin zu werden.

Wie Potsdam die Einheit feierte

Am nächsten Morgen, dem 1. Oktober, reiste ich ab. Ich wollte unbedingt zum 3. Oktober 1990, am Tag der Vereinigung der beiden deutschen Staaten, wieder in Potsdam sein und erleben, wie sich das einmalige historische Ereignis anfühlte, wenn ein demokratisch gewähltes Parlament samt Regierung sich freiwillig entließ.

Der 2. Oktober war ein seltsamer Tag, früh neblig, nachmittags sonnig, abends sternenklar. Mit einer Kollegin durchstreifte ich die Stadt. Es war ein Mittwoch wie jeder andere. Den alltäglichen Betrieb auf den Straßen nahm ich als heitere Melodie wahr. Die leuchtenden Herbstfarben der Bäume verdeckten die grauen Häuserwände. Alles in mir verlangte nach Freude und Zustimmung.

In welch einer Anspannung hatten wir noch vor einem Jahr gelebt, die „chinesische Lösung" vor Augen, der Verzweiflung näher als der Hoffnung und doch entschlossen, uns nicht länger mehr knechten zu lassen. Wir waren bereit gewesen, unser Leben zu wagen. Keiner von jenen, die am 7. Oktober 1989 auf der Brandenburger Straße, die damals noch den Namen eines tschechischen Stalinisten trug, gegen die Staatsmacht demonstrierte, hatte sich vorstellen können, dass diese waffenstarrende Diktatur wie ein Kartenhaus in sich zusammenfallen würde.

Eigentlich, dachte ich, müssten wir jetzt auf den Straßen tanzen, den Freiheitschor aus „Nabucco" singen und Beethovens „Ode an die Freude" wie während der Demonstration auf der Brandenburger Straße vor einem Jahr. Oder irgendetwas Verrücktes tun. Wann hatte es in Deutschland zuletzt ein so glückhaftes Ereignis gegeben! Aber nichts deutete darauf hin, dass hier etwas ganz Außergewöhnliches geschah.

Zum Abend wurde es geradezu auffällig still in der Stadt. Das Haus der Demokratie, bis vor einigen Monaten noch Untersuchungsgefängnis der Staatssicherheit, im Volksmund „Lindenhotel" genannt, wirkte von außen wie ausgestorben. Hier trafen sich die Bürgerbewegten, denen ich mich zugehörig fühlte. In dem kleinen Saal, ehemals der Verhandlungsraum von Gestapo, sowjetischem Geheimdienst und schließlich Staatssicherheit, drängten sich die Menschen. Jemand sprach, war aber nicht zu verstehen, da es keine Mikrophone gab. Ich erkannte auf dem Podium Lea Rosh, Jens Reich, Ibrahim Böhme, Reinhard Meinel. Es herrschte eine gedrückte Stimmung, fast wirkte die Zusammenkunft wie eine Verschwörung. Was soll das, dachte ich. Vor einem Jahr haben wir zwar nicht an die Einheit Deutschlands gedacht, vielleicht nicht zu denken gewagt, aber nun fällt sie uns plötzlich zu, mit allen Möglichkeiten und Gefährdungen. Warum freuen wir uns nicht einfach? Wo ist unser Mut geblieben?

Im Club der Kulturschaffenden am Lustgarten hatten sich Schriftsteller-Kollegen und Mitglieder der zur PDS gewendeten SED versammelt. Der Raum lag im Halbdunkel, ein stilles Publikum verfolgte ein Kulturprogramm, dessen Sinn sich uns nicht erschloss, wohl eine Art Trauerfeier für die verblichene DDR.

Am Denkmal für die Verfolgten des Naziregimes und am neuen Denkmal des Unbekannten Deserteurs, einem „Geschenk" aus der Partnerstadt Bonn, flackerten Kerzen. In Grüppchen standen junge Leuten beisammen, um den Platz vor den „Rechten" zu schützen, von denen aber weit und breit nichts zu sehen war. In Abständen skandierten sie lauthals: „Halts Maul, Deutschland!" und „Scheiß auf einig Vaterland!" Hier gehörten wir offensichtlich auch nicht hin.

Schließlich zwängten wir uns in eine überfüllte Straßenbahn Richtung Glienicker Brücke. Dorthin hatte die CDU zum Volksfest eingeladen. Am Ufer der Havel waren Buden und ein großes bayrisches Bierzelt aufgebaut. Man aß und trank, flanierte über die Brücke und den Fluss entlang. Ein Blasorchester schmetterte seine Weisen. Von ausgelassener Fröhlichkeit keine Spur.

Ich schaute auf das Treiben und fragte mich, warum die Deutschen und besonders die Ostdeutschen sich nicht freuen konnten. Lag es am schwerblütigen Temperament der Brandenburger? Lag ihnen nichts an der Freiheit?

Weder noch. Sie hatten einfach Angst. Sie litten unter jener „German Angst", die wenig später in den Feuilletons der Weltpresse belächelt, verspottet, ergründet wurde.

Diese Angst hatte wenig mit Feigheit und viel mit der jüngeren Geschichte zu tun. Nach zwei furchtbaren Kriegen – schuldig geworden durch Völkermord, selber ausgeblutet, ein Drittel seines Staatsgebietes verloren, in einem Trümmerfeld aus Weltmachtsträumen erwacht, gedemütigt, vergewaltigt, geteilt, verachtet, seit fast einem halben Jahrhundert von fremden Armeen besetzt – trauten die Deutschen nicht mehr sich selbst und auch nicht den anderen. Sie hatten sich zwar aus ihrem Elend herausgearbeitet, aber sie wollten nicht für ihre Tüchtigkeit bewundert, sondern von der Welt geliebt werden. Wie ein Kind, das nach einem Vergehen um die Zuneigung der Eltern buhlt, gaben sie sich angepasst und moralisch untadlig. So wurden die Deutschen West und Ost die treuesten Verbündeten ihrer jeweiligen Supermächte, die bereitwilligsten Zahler von Verbindlichkeiten, die besten Vergangenheitsbewältiger, die schärfsten Verurteiler ihrer Väter und Vorväter. Mit Deutschland wollten viele Deutsche nichts mehr zu tun haben, weder mit seiner Geschichte noch mit seiner Zukunft. Lieber ein vereintes Europa als ein vereintes Deutschland. Und so beteuerten sie sich und der Welt fortwährend: Wir sind gut, wir sind lieb, wir nehmen die Teilung als gerechte Strafe für unsere Untaten an, denn wir haben für alle Zeiten aus der Vergangenheit gelernt.

Die Nachbarvölker registrierten die im Laufe der Jahre zum Ritual werdenden Schuldbekenntnisse mit zunehmendem Unverständnis und mutmaßten Heuchelei und moralische Überheblichkeit.

Nach dem Fall der Mauer hatten viele Ostdeutsche gemeint, nach Deutschland zu kommen wie ins Gelobte Land, und mussten feststellen, dass es dieses Deutschland gar nicht mehr gab. In vierzig Jahren der Teilung hatten sich die nachwachsenden Generationen westlich der Elbe an den USA, Frankreich, England orientiert, waren im Urlaub nach Spanien und Italien gereist. Ostdeutschland interessierte nicht. Grenzte es nicht direkt an Sibirien?

Die Westdeutschen fürchteten um ihren Wohlstand, wenn die armen Verwandten in ihr Haus kamen, und die Ostdeutschen, aus dem Gefängnis ausgebrochen, fühlten sich fremd in der neuen Realität. Und beide wussten nicht recht, wer sie denn waren und was dieses Deutschland sein sollte.

Eine Weile schauten wir uns das verhaltene Treiben an der Glienicker Brücke an. Waren das noch dieselben Menschen, die sich vor elf Monaten lachend, weinend, musizierend über die Brücke geschoben hatten, die den DDR-Grenzpolizisten Blumen an die Uniformen geheftet und am anderen Ufer völlig fremden Menschen jubelnd in die Arme gefallen waren? Gegen das gesetzte Treiben am Vorabend der deutschen Einheit mutete das kleinste Dorffest wie eine Freudenorgie an. Kurz vor Mitternacht war ich zu Hause. Im Fernsehen verfolgte ich, wie in Berlin nach den Schlägen der Freiheitsglocke zu Mitternacht vor dem

Reichstag die schwarz-rot-goldene Fahne gehisst wurde.
Da kamen mir dann doch die Tränen.

Von einem Tag auf den anderen änderte sich alles: die
Uniformen der Polizisten und Soldaten, die Bezeichnung
von Behörden, die Gesetze, selbst die Sprache. Es war, als
sei man in einer anderen Welt aufgewacht. Es blieb keine
Zeit, darüber nachzudenken, was uns geschah. Nach den
Wahlen zur Volkskammer im März 1990, zu den Kommu-
nalvertretungen im Mai, standen noch Wahlen für die neu
zu schaffenden Landtage und für den Bundestag bevor.
　　Johanna kehrte von ihrem dreimonatigen Aufenthalt
aus Nicaragua zurück, um mir zu eröffnen, sie reise in
Kürze für ein halbes Jahr nach El Salvador, um dort Kinder
zu unterrichten und mit Freunden als lebendige Schutz-
schilde für Gegner der Militärdiktatur zu dienen. Wenn
ein Einheimischer erschossen würde, rege sich die Welt
darüber nicht auf, wohl aber wenn es einen Ausländer
aus Westeuropa treffe, erklärte sie. Auf diese Weise könne
man der gerechten Sache der Latinos am besten dienen.
　　Ihre Eröffnung traf mich wie ein Schlag aufs offene
Herz. Sie wollte einfach nicht in Deutschland ankommen.
Das verstand ich noch einigermaßen, wenn ich auch der
Meinung war, Menschen wie sie hätten hier jetzt genug zu
tun. Aber hatte ich sie großgezogen, damit sie als Schutz-
schild für salvadorianische Oppositionelle ihr Leben riskierte? Noch zitterten in mir die Ängste nach, die ich um
Johanna und Gerrit vor einem Jahr ausgestanden hatte.
Für Che-Guevarra-Romantik mochte ich meine Tochter
nicht hergeben. Sie sollte besser ihr Studium beenden und

sich dann noch einmal neu entscheiden. Wir verstrickten uns in harte Auseinandersetzungen bis an die Grenze des Erträglichen. Schließlich verzichtete sie auf El Salvador, um ein dreiviertel Jahr später für viele Monate nach Guatemala aufzubrechen. Aber das wusste ich zum Glück noch nicht.

Von den Lesungen aus meinem Gandhibuch in jenen Oktobertagen 1990 ist mir die in Berlin-Zehlendorf besonders im Gedächtnis geblieben. Das Thema lautete: „Gandhi und die Ereignisse in Potsdam im Herbst 1989". Es kamen nur wenige Zuhörer, vorwiegend junge Leute. Man schien erschöpft vom einigen Deutschland. Die Jugendlichen sprachen in der Diskussion von der kommenden Diktatur des Geldes, von Idealen und Utopien. Sie hatten sich eine reformierte DDR als Vorbild für die BRD gewünscht, und nun das. Ich verwies auf den Unterschied zwischen Illusion und Ideal. Man müsse sich der Diktatur des Geldes so wenig beugen wie der Diktatur einer totalitären Staatsmacht. Man solle seine Ideale leben und sie nicht von anderen fordern und der Welt übel nehmen, dass sie ist, wie sie ist. Eine intensive nachdenkliche Diskussion. Mittendrin erzählten drei junge Männer, sie hätten kurz nach dem Mauerfall in einem Wald bei Belzig den Nachbau des Platzes der Nationen in Potsdam samt Straßenbahn gesehen, auf dem die Staatssicherheit den Krieg gegen die Demonstranten vom 7. Oktober 1989 geprobt hatten. Auf meine Nachfragen beteuerten sie, das sei wirklich so gewesen. Ich spürte meine Knie weich werden. Wir hatten vor unserer geplanten Aktion am 7. Oktober zum 40. Jahrestag der DDR von diesem Übungsplatz gehört, es aber als Gerücht abgetan, ausgestreut von der Stasi, um uns Angst zu machen. Wir wollten uns einfach nicht vorstellen, dass man gegen ein Häuflein Demonstranten einen Krieg entfesseln würden und verdrängten unsere Ängste. Mut ist nicht nur, aber auch eine Frucht der Ahnungslosigkeit.

Die jungen Männer erboten sich, mir das Gelände zu zeigen, aber ich glaubte ihnen auch so. Heute tut es mir leid, dieses Zeugnis einer kranken Staatsmacht nicht in Fotos festgehalten zu haben. Aber mich beschäftigte wie alle in diesen Tagen die Zukunft mehr als die Vergangenheit.

Absage an Wuppertal

Für Bertelsmann stellte ich die Unterlagen für meine Tätigkeit als Geschäftsführerin des Kiefel Verlags in Wuppertal zusammen. Dazu gehörte auch ein Lebenslauf. Ich schrieb ihn, verwarf ihn, begann aufs Neue. Auf mein Leben zurückschauend, fragte ich mich, wie ich den ahnungslosen Bertelsmann-Leuten vierzig Jahre DDR erklären sollte, in denen ich geliebt, gelebt, versagt, gestritten hatte. Immer wieder fiel mir der Vers eines unbekannten Dichters aus dem Mittelalter ein: „Ich bin, ich weiß nicht, wer/ich komme, ich weiß nicht, woher/ich gehe, ich weiß nicht, wohin/mich wundert, dass ich so fröhlich bin." Das traf meine Situation, nur fröhlich war ich nicht so recht, obwohl ich das doch hätte sein müssen. Die Welt stand mir offen, eine gut bezahlte Stellung erwartete mich, die es mir erlauben würde, die Welt zu bereisen. Was also machte mich unruhig?

Ich blätterte in meinen Reisenotizen aus Italien, um mich abzulenken. Dabei stieß ich auf meine nächtlichen Alpträume über vergebliche Flucht, Irrtum und Abstürze; auf notierte Bibelstellen und Predigten.

Beim Lesen fiel es mir plötzlich wie Schuppen von den Augen: Wenn du jetzt in ein Leben der Sicherheit im tiefen Westen gehst, wird die Mauer zwischen dem Neuen Garten und dem Jungfernsee, an der du dich mehr als ein Jahrzehnt wund gerieben hast, immer in deinem Herzen bleiben. Dort, wo dir die Wunden geschlagen wurden, liegt auch die Heilung: hier in diesem von Ängsten und Missmut geschütteltem Osten, hier in Potsdam.

„Halts Maul, Deutschland" und „Scheiß auf einig Vaterland" hatten die jungen Leute am Vorabend des 3. Oktober skandiert. Ein Jahr zuvor zuvor hatte ich mit jungen Leuten, von Polizei und Staatssicherheit eingekesselt, gerufen: „Wir bleiben hier, verändern wollen wir." Und jetzt wollte ich mich einfach davonstehlen? Würden denn Geld und eine gesicherte Position mich fröhlich machen? Immer war meine Devise gewesen, das Sicherste im Leben sei die Unsicherheit. Ich war gut damit gefahren. Wie hatte ich mich anstecken lassen können von der Sorge der Freunde um mein Auskommen! Nicht Sicherheit machte glücklich, sondern Freiheit. Meine innere Freiheit würde ich nicht in Kursen über Marketing, Stressbewältigung und Verkaufspsychologie gewinnen. Ich bliebe für den Rest meines Lebens eine Gefangene hinter der Mauer, wenn ich sie in Wuppertal hinter erfolgreicher Geschäftigkeit zu verbergen suchte.

Ich zerriss den letzten Entwurf meines Lebenslaufs für Bertelsmann. Um mir jeden Rückzug abzuschneiden, den ich als schmerzlich, aber richtig erkannt hatte, schrieb ich sofort an Gerda und an Ingeborg, ich könne die Stelle in Wuppertal nicht annehmen, dankte für ihre Sorge und bat um Verständnis. Die Nachricht fiel kurz aus, zu kurz. Wie sollten die beiden Frauen verstehen, was ich nur intuitiv wusste, aber noch nicht artikulieren konnte. Sie mussten sich brüskiert fühlen, dass ich eine einmalige Chance mit so dürren Worten ausschlug.

Vierzehn Tage später fand in Berlin die jährliche Tagung der Berliner Gespräche statt, eine Zusammenkunft von Frauen aus Ost und West seit 1949. Ich nahm seit 1982 daran teil. Bei den Treffen unter dem Dach der Golgotha-Gemeinde in der Tieckstraße hatte ich wunderbare Frauen kennengelernt, unter ihnen Gerda und Lily, Emmi Bonhoeffer, Ingeborg Drewitz, Lehrerinnen, Diakonissen, Wissenschaftlerinnen. Immer ging es bei den Tagungen um Themen der Zeit, die wir aus östlicher und westlicher Sicht beleuchteten, vor allem aber stärkten sie das Bewusstsein der Zusammengehörigkeit von Ost- und Westdeutschland. Ein Jahr zuvor hatten die westlichen Teilnehmerinnen ihre geistige Konterbande in Form von Büchern noch durch die Mauer schmuggeln müssen. Die DDR lag in den letzten Zügen, aber wir wussten es noch nicht. Und nun waren wir alle Bürgerinnen eines Landes. Wir lagen uns in den Armen, das Erzählen nahm kein Ende. Manche der Älteren, die sich seit vierzig Jahren der deutschen Teilung widersetzt und oft unter Opfern an diesen illegalen Tagungen teilgenommen hatten, lächelten nur verklärt und die eine oder andere sagte: Dass ich das noch erleben durfte!

Die vierundachtzigjährige Emmi Bonhoeffer verstand sofort und ohne viele Worte, warum ich die lukrative Stelle in Wuppertal ablehnen und im Osten bleiben musste, auch andere Frauen zeigten sich erleichtert über meine Absage. Leute wie ich würden jetzt im Osten dringend gebraucht, meinten sie. Unter diesem Aspekt hatte ich meine Entscheidung noch gar nicht betrachtet und ich zweifelte auch daran, dass mich in Potsdam jemand brauchen könne.

Gerda, meine beste Freundin, sonst so temperamentvoll, begegnete mir wortkarg und kühl. Auf die Frage, ob sie meinen Brief erhalten habe, nickte sie nur kurz. Ich verstand, sie wollte nicht jetzt und hier darüber sprechen, zumal wir verabredet hatten, sie würde zu meinem Geburtstag einige Tage später mein Gast sein.

Wie im Vorjahr lag in den letzten Oktobertagen ein goldener Herbst über der Stadt. Des Abends ließ ein fast voller Mond sein Licht auf dem Heiligen See tanzen, die Eichen und Platanen trugen noch dichtes Laub. Beim Klang der Abendglocken von der nahen Pfingstkirche blieben die wenigen Spaziergänger stehen und schauten den laut rufenden Wildgänsen nach und dann hinüber zum Jungfernsee, wohin keine Mauer mehr den Blick versperrte. Mir war leicht und licht zumute. Ja, ich hatte recht getan mit meiner Absage nach Wuppertal, wenn ich auch nicht wusste, wie es weitergehen sollte.

Zum Geburtstag kamen viele Gäste. Gerrit verabschiedete sich nach Hannover, wo er am 1. November seine neue Stelle antrat. Auch Gerda genoss die fröhliche Gesellschaft im Jahr eins der deutschen Einheit.

Welch ungeheure Disziplin sie aufgebracht hatte, um mir den Tag nicht zu verderben, erfuhr ich am nächsten Morgen. Am Frühstückstisch brach es aus ihr heraus: Was ich mir bei dieser Absage denn gedacht hätte? Von enttäuschtem Vertrauen war die Rede, von Ungehörigkeit gegenüber Bertelsmann, von Arroganz, albernem Stolz, von Verletzungen, Schmerz. Manchmal klang ihre Stimme schneidend kalt, dann wieder versagte sie. So hatte ich Gerda noch nie erlebt.

Dass es schwer werden würde, mich zu erklären, hatte ich gewusst, aber nicht, wie schwer. Von der Freundin her gesehen, musste ich ihren Vorwürfen zustimmen. Ihr Schmerz war mein Schmerz. Sie und Ingeborg hatten sich mit so viel Hingabe, einem immensen Aufwand von Zeit und Kraft für mich eingesetzt, bei Bertelsmann gut Wetter gemacht und dann kam ich und sagte: Nein, danke, ich komme nicht, ich habe mich geirrt. Woher sollten sie wissen, was mich in den letzten Tagen und Wochen bewegt hatte.

Meine Bitte um Verzeihung lief ins Leere. Mit meiner Absage habe ich mich als undankbar und arrogant erwiesen. Obwohl mir Trauer die Kehle zuschnürte, suchte ich immer neu um Verständnis. Ich zog Beispiele heran, um zu erklären, wie vierzig Jahre DDR die Menschen hier geprägt hatten, auch mich. Mit der Einheit Deutschlands hörten ja die Schwierigkeiten nicht auf, sondern begännen erst; es würde noch eine lange Zeit, viel Liebe, Geduld und Kenntnisse voneinander brauchen, bevor Ost und West sich als ein Land begriffen. Ich könne vierzig Jahre Trennung nicht einfach mit einem Sprung von Potsdam nach Wuppertal überwinden, könne nicht einfach davonlaufen in die materielle Sicherheit und hier das Feld den Angstmachern und Ideologen überlassen.

Meine Worte waren tastend und ungelenk, Gerdas Verletzungen zu tief, um sich in mich hineinzuversetzen. Rede und Widerrede dauerten den ganzen Tag an, hartnäckig, verbissen gar, unterbrochen nur durch einen Besuch bei der kranken Freundin Ruth und einen Gang durch den Neuen Garten zur Glienicker Brücke. Alles war Tod, Abschied und die offene Glienicker Brücke wie eine Fata Morgana. Wir rangen miteinander wie Jakob mit dem Engel.

Als Gerda zu Bett gegangen war, weinte ich mir alles Versagen, allen Stolz, alle Enttäuschungen, alle Angst dieses Jahres aus dem Leibe. Nun würde ich auch noch meine beste Freundin verlieren, der ich Rom verdankte, geistige Anregungen, innere Freiheit. All die Jahre seit 1981 hatte die Mauer uns nicht trennen können; nun, da sie gefallen war, standen wir uns als Fremde gegenüber. Wie sollte ich ihr begreiflich machen, dass mein Entschluss nichts mit Undankbarkeit, Arroganz, Verrat zu tun hatte, sondern mit Dankbarkeit, Demut und Gehorsam gegenüber der inneren Stimme.

Ich weiß nicht, was in Gerda während dieser Nacht vorgegangen ist. Am nächsten Morgen war das Gewitter jedenfalls vorüber. Gerda nahm mich, die ich aufgelöst in Tränen und zersetzt vom Schmerz war, mitfühlend in die Arme. Nun, da sie die hiesige Atmosphäre erlebt habe, ahne sie, welch weiter Weg noch zur Einheit Deutschlands zurückzulegen sei, und sie wisse nun, dass ich meine Entscheidung nicht leichtfertig getroffen hätte, sondern einem höherem Gesetz folge.

An ein höheres Gesetz hatte ich nicht gedacht. Ich war eher einem unbestimmten Gefühl gefolgt, das ich mit Argumenten zu begründen versucht hatte.

Es war so gewesen wie immer in meinem Leben: Plötzlich standen da unsichtbare Gebotsschilder, die ich befolgen musste, ob ich wollte oder nicht. Sie rieten mir, was ich lassen, nie, was ich stattdessen tun sollte.

Einige Zeit später, als der Verlag, den ich als Geschäftsführerin hätte leiten sollen, von Bertelsmann aufgelöst und meine junge westdeutsche Nachfolgerin entlassen wurde, sollte Gerda erstaunt zu mir sagen, dass mein Daimonion mich mal wieder sicher geleitet hätte. Sie spielte dabei auf das berühmte Daimonion des Sokrates an: „Mir aber ist dieses von meiner Kindheit an geschehen: eine Stimme nämlich, welche jedes Mal, wenn sie sich hören lässt, mir von etwas abredet, was ich tun will – zugeredet aber hat sie mir nie."

Jetzt aber nahm Gerda mich nur in die Arme und sagte, unser Missverständnis hätte nicht nur unserer Freundschaft keinen Abbruch getan, sondern sie eher noch befestigt.

Ich war zu erschöpft von unserer Auseinandersetzung, als dass sich bei ihren Worten Erleichterung einstellte.

Aber tiefe Dankbarkeit empfand ich und Staunen über den unerwarteten Sinneswandel. Hatte ich doch noch wenige Stunden zuvor bitterlich darüber geweint, eine kostbare Freundschaft opfern zu müssen, um mir selber treu zu bleiben.

Nicht meine Argumente hatten die Freundin letztlich umgestimmt, sondern die Augen, Ohren und der Verstand ihres Herzens. Ob Argumente überzeugen oder verworfen werden, hängt nicht von deren intellektueller Brillanz ab, sondern von dem Geist, in dem sie vorgebracht werden. Dem Geist der Liebe und der Wahrheit oder dem Geist der Selbstbezogenheit. Liebe nimmt Leiden um der Wahrheit willen auf sich, Selbstbezogenheit stößt ab und knüppelt nieder.

Auch bei ostdeutschen Freunden und Bekannten stieß mein Entschluss auf Unverständnis. Manche sagten offen, sie hielten mich für weltfremd. Wie ich so blöd sein könne, in einer Situation von wachsender Entwurzelung und Arbeitslosigkeit diese einmalige Chance auszuschlagen. Andere schüttelten nur missbilligend den Kopf. Ein Ostberliner Lyriker warf mir unsolidarisches Verhalten vor: Hier brächen die Verlage zusammen, in Wuppertal hätte ich ihn und weitere DDR-Autoren veröffentlichen können. Doch diese Vorwürfe trafen mich nicht wirklich.

Ich wusste jetzt zwar, was ich nicht tun sollte, aber irgendetwas musste ich tun. Ich legte letzte Hand an das Manuskript über Christine von Schweden, doch ich kam nicht mehr dazu, es im Verlag abzuliefern, denn der war über Nacht in Konkurs gegangen. Weitere Manuskripte, die ich schon vorher an andere Verlage geschickt hatte, erhielt ich mit „zu unserem Bedauern ..." zurück. Ich bewarb mich als Kulturamtsleiterin in meiner Stadt, vergeblich: zu alt mit meinen 48 Jahren, keine entsprechende Qualifikation ... Wo ich auch auf der Suche nach einer Arbeitsstelle vorsprach, überall bedeutete man mir, für das neue Bundesland Brandenburg brauche man Leute mit Kenntnissen in Marketing, Betriebswirtschaft, Computertechnik, Jura, Verwaltungswissenschaft. Alle Bemühungen, Boden unter den Füßen zu gewinnen, schlugen fehl.

Als ich in einer örtlichen Buchhandlung bat, man möge doch auch meine Bücher zum Verkauf anbieten, maß mich die Verkäuferin mit einem langen Blick von oben bis unten und sagte dann spitz: „Ost-Autoren haben wir lange genug gehabt, jetzt wollen die Leute was anderes lesen."

Mehr erstaunt als verärgert fragte ich mich, warum sich die Ostdeutschen mit ihrem Mangel an Unterscheidungsvermögen den Ast absägten, auf dem sie saßen.

Für Selbstmitleid blieb keine Zeit. Aus Hannover kam die Nachricht, Gerrit, der eben seine neue Arbeitsstelle als Gärtner angetreten hatte, sei mit einem Blinddarmdurchbruch gerade noch rechtzeitig operiert worden. Meine Freundin Ruth, wieder im Krankenhaus, lag im Sterben. Ich besuchte sie täglich. Sie hatte meine Freude über die Wiedervereinigung nicht geteilt. Die utopischen Seiten des Marxismus von einer gerechten und solidarischen Gesellschaft verbanden sich mit ihrem Christentum und sie traute den guten Absichten des sozialistischen Gesellschaftsentwurfs mehr als den Erfahrungen, die sie mit dem repressiven DDR-Regime gemacht hatte. Sie lehnte die Entwicklung, wie sie sich seit dem Mauerfall vollzog, ab und brachte gute Gründe gegen den Kapitalismus mit seinen Schattenseiten vor. Mein römischer Bekannter, der Philosoph Michele, hätte sie mit Gramsci eine traditionelle, durch die Arbeiterklasse assimilierte Intellektuelle genannt. Evangelisch, von bürgerlicher Herkunft, aber guten Willens, der Arbeiterklasse zu dienen. Ich sah dagegen die Sache mit dem Sozialismus und dem Kapitalismus pragmatischer. Wer sollte denn die ostdeutsche Bevölkerung gegen ihren Willen in den „guten Sozialismus" führen, für den ostdeutsche Intellektuelle und Künstler in dem Aufruf „Für unser Land" vor einem Jahr geworben hatten? Die Unterzeichner? Die Theoretiker, die regelmäßig an der Realität scheiterten? Mit all ihren guten Absichten fiel ihnen zum Schluss nichts anderes ein, als nach der Devise zu handeln: Und willst du nicht mein Bruder sein, so schlag ich dir den Schädel ein. Dafür gab es in der Geschichte genügend Beispiele.

Ruth mochte sich meiner Sicht nicht anschließen, aber sie war froh, dass ich nicht nach Wuppertal ging. Der Tod ist ein strenger Herr, unabweisbar scheidet er Wesentliches von Unwichtigem. In seiner Nähe zählen nur noch eine lindernde Berührung, ganz einfache Worte wie „danke" und „schön", Schweigen.

Mitte Dezember 1990 starb Ruth. Am Vorabend ihres Todes hatte ich ihr noch Werner Bergengruens Engel-Gedicht vorlesen können, das sie dankbar aufnahm: „... Engel, sei du mein Geleit, / alle Straßen dämmern wüst. / Engel, reiß mich aus der Zeit. / Engel, führ mich, wie es sei, / einmal noch, dann bist du frei. / Nimm von meiner Brust den Stein. / Lass mich, Engel, nicht allein."

Fünf Tage vor Weihnachten beerdigten wir Ruth. Ich sprach an ihrem Sarg in der schönen Bornstedter Kirche. In der ersten Reihe saß Eva Foerster, zehn Jahre älter als Ruth, und betrachtete mich aufmerksam aus ihren leuchtend blauen Augen. Ihr Anblick gab mir Kraft.

In dem kahlen Baum am Grab auf dem Bornimer Friedhof sang trotz winterlicher Kälte ein Vogel. Vierzehn Jahre, seit Jakobs Tod und meinem Umzug nach Potsdam, waren wir miteinander gegangen, doch mir schien, als sei Ruth schon immer in meinem Leben gewesen. Ihr verdankte ich, dass mein Traum von Rom Wahrheit werden konnte. Sie hatte mich mit Gerda und dem Berliner Gesprächskreis akademischer Frauen aus Ost und West bekannt gemacht. Ihre gelebtes Christentum führte mich zurück an die Quellen. Wie viele Gespräche über Geschichte, Theologie, Politik hatten wir sommers in ihrem Garten und winters in der warmen Stube mit den schneebedeckten Bäumen vor dem Fenster geführt! Bücher stapelten sich auf den Tischen in jedem Zimmer und freigiebig teilte mir die zwanzig Jahre Ältere von ihrem Wissen mit.

Wie sehr musste sie gelitten haben, als ich zur katholischen Kirche heimkehrte, statt evangelisch zu werden wie sie. Meine Rückkehr zum Katholizismus verdankte sich auch ihr. Das Leben verläuft nicht linear, streng nach Ursache und Wirkung. Wir wissen nie, was unsere Gedanken und Taten austragen, aber wir können sicher sein, dass sie uns und anderen zum Vorteil gereichen, wenn sie einem reinen und demütigen Herzen entspringen.

Noch einmal das Beisammensein in Ruths Wohnung mit Gerda und all den Freunden aus Ost und West, die wir uns einander in den schweren und doch auch lichtvollen Jahren der DDR getragen hatten. Seither habe ich das Haus und den Garten nicht mehr betreten, in dem jeder Stein und jeder Baum von unserer Freundschaft sprach. Ein Westberliner Politiker kaufte wenig später das Anwesen von den Erben, verschandelte es durch Umbauten und pflügte den Garten um. Wenn ich ab und zu daran vorbeikomme, erscheint es mir wie der verschlossene Garten Eden. Nur den Engel mit dem Flammenschwert habe ich noch nicht gesehen.

Das Jahr 1990 endete mit einem vollen Mond. Wildgänse zogen nachts am hellen Himmel wie Schatten gen Westen. Ihr Schrei, so spät im Jahr, klang nach endgültigem Abschied, als kämen sie nimmer wieder. Eine eigenartig gedrückte Stimmung lag über dem Land. Nichts, aber auch gar nichts, war von der Euphorie des Jahres 1989 geblieben. Dabei waren Wünsche in Erfüllung gegangen, die Anfang des Jahres 1990 kaum einer zu träumen gewagt hatte. Die Grenze war endgültig gefallen, Ost und West gehörten zu „Deutschland, einig Vaterland" – eine Regierung, eine Währung, die Welt stand offen.

„Tausend Jahre Potsdam"

Noch konnte ich meine Miete bezahlen, doch nicht mehr lange. Ich suchte nach Einsparmöglichkeiten, aber die waren begrenzt. Ich brauchte ein regelmäßiges Einkommen. Die kleine Rente als Witwe eines Verfolgten des Naziregimes gab es in dem neuen Staat nicht mehr, sondern nur eine allgemeine Witwenrente, die ich erst mit vielen Nachweisen beantragen musste. Es konnte Jahre dauern, bis ich sie bekam. Außerdem würde sie nicht ausreichen, auch nur den sparsamsten Lebensunterhalt zu finanzieren.

Das neue Jahr begann ich mit dem Gang aufs neugeschaffene Arbeitsamt. Ich reihte mich in eine der endlosen Warteschlangen ein, ohne herausgefunden zu haben, ob es auch die richtige war. Eine halbe Stunde hielt ich es aus, dann ergriff ich die Flucht. Es musste doch noch einen anderen Weg in die neue Zeit geben. Auf dem Heimweg kam ich am Kulturdezernat vorbei. Kurzentschlossen trat ich ein, um bei dem neuen Kulturamtsleiter nachzufragen, ob man nicht doch eine Verwendung für mich habe, und sei es als Klofrau in einer kulturellen Einrichtung. Der ehemalige Orgelbauer schaute mich bedauernd an. Kein Bedarf, vielleicht, aber nicht jetzt. Traurig schlich ich davon. Das Arbeitsamt sollte mir wohl nicht erspart bleiben.

Zwei Tage später rief eine Kollegin an, die wie ich beim Arbeitsamt gewesen war und mehr Geduld beim Warten aufgebracht hatte. Sie erzählte von einer befristeten Stelle beim Institut für Zeitgeschichte der Pädagogischen Hochschule, in Kürze Universität, wo sie sich nach dem

Wochenende vorstellen würde. Ich beglückwünschte sie und verbrachte das Wochenende damit, Artikel an mir unbekannte Zeitschriften zu schicken. In mein Tagebuch notierte ich:

„Dieses ungute Gefühl, sich überall anzubieten und von niemandem gewollt zu werden! Ständig um Balance vor dem Absturz ringen. Und sich immer wieder sagen: Auch wenn du untüchtig bist, dich in den neuen merkantilen Verhältnissen nicht zurechtfindest, dich nicht vermarkten kannst – du bist nicht verloren, Gott liebt dich. Er hält dich in seiner zuweilen harten, doch immer zärtlichen Hand. Du darfst nicht den Mut verlieren, nicht die Geduld, vor allem aber nicht die Heiterkeit. Lerne Demut!"

Noch öffnete sich kein Weg, doch ich würde einen finden. Mein Gefühl trog nicht. Schon am nächsten Tag rief der Chef der Projektgruppe „Pots1000" beim Magistrat an, ob ich nicht Lust hätte, mich an der Vorbereitung für Potsdams Tausendjahrfeier 1993 zu beteiligen. Kurze Zeit später saß er in meiner Wohnung. Der Kulturamtsleiter habe ihm von mir erzählt. Zu jedem Stadtjubiläum gehöre auch die Herausgabe eines Festbuches und ich sei doch Schriftstellerin. Er könne mir jetzt noch keine bindende Zusage für eine Anstellung geben, aber er werde sich für mich einsetzen. Der Enthusiasmus des Mannes, Mitte dreißig, früher Journalist bei der DDR-Nachrichtenagentur ADN, gefiel mir. Zwar hatte ich mehr Ahnung von römischer Geschichte als von Potsdams angeblich tausend Jahren, aber dieser Mangel ließ sich gewiss beheben.

Am nächsten Morgen rief aufgeregt die Kollegin an, die sich bei der Universität vorgestellt hatte. Man brauche dort noch Leute für die Arbeit an einem Ausstellungskatalog, zehn Monate, gute Bezahlung. Ich solle mich unbedingt dort vorstellen.

Das tat ich. Die beiden Herren, der Professor aus dem Westen, der Assistent aus dem Osten, begutachteten mich: promoviert, wunderbar. Ich könne sofort anfangen. Doch da gab es auch das andere Angebot und ich legte mich noch nicht fest.

Ein paar Stunden später trabte ich zum Magistrat. Der aus den alten Bundesländern stammende Pressesprecher der Stadt, dem die Projektgruppe unterstand, versuchte mir, unterbrochen von Telefonaten und einem ständigen Kommen und Gehen, meine künftige Arbeit zu erklären. Eine Fülle von Informationen, Aufgaben und Anregungen prasselte auf mich ein. In diesem Chaos war es nahezu unmöglich, gezielte Fragen zu stellen und sich ein Bild zu machen. Bezahlung und Arbeitsbedingungen waren ungünstiger als an der Universität, aber irgendwie reizte mich diese Stelle mehr.

Wann ich mit einer bindenden Entscheidung rechnen könne? Dieter, der Projektleiter, und Thomas, der Pressesprecher, zuckten mit den Schultern. Das sei Aufgabe des Personalchefs und man wisse nie, wann der Zeit habe. Ja, man werde Druck machen, aber zwei Tage müsse ich mich schon noch gedulden.

Zwei Tage! Am nächsten Tag erwartete man bei der Universität meine Zusage. Schließlich hatte sich ein Dutzend Leute für diese Stelle beworben. Es schien mir, wie immer in meinem Leben, nicht beschieden, auf Sicherheit zu spielen. Ich musste mich entscheiden. Die Wissenschaftlerin in mir votierte für die Universität. Außerdem zahlte sie besser und die Arbeitsbedingungen waren angenehmer.

Die Schriftstellerin in mir neigte mehr zu der Stelle im Magistrat. Wie es an einer akademischen Einrichtung zuging, wusste ich zur Genüge aus meiner Zeit an der Humboldt-Universität. Ich war froh gewesen, als ich vor sechzehn Jahren von dort weggehen und mich dem Schreiben zuwenden konnte. Universität, ob sozialistisch oder nicht, so argwöhnte ich, blieb Universität. Zudem lief dort jetzt ein Vorgang, der sich Evaluation nannte. Langjährige sozialistische Professoren und Doktoren mussten von Kommissionen, die vorwiegend aus westdeutschen Mitgliedern bestanden, ihre wissenschaftliche Qualifikation überprüfen lassen, ehe sie auf ihren angestammten Plätzen weiterarbeiten durften. Wer verdankte seine Stelle den Gnaden der Partei, wer hatte sich als Einpeitscher der sozialistischen Ideologie hervorgetan, hatte gar für die Staatssicherheit gearbeitet, wer war Täter, wer Opfer gewesen? Wollte ich mir eine solche Atmosphäre von Hauen und Stechen antun, in dem es letztlich nur um Einfluss und Karriere ging?

Das mochte in einer städtischen Behörde nicht anders sein, doch Titulaturen und die damit verbundenen Eitelkeiten würden keine so große Rolle spielen. Hier ging es ganz pragmatisch darum, das zukünftige Bild Potsdams zu prägen, und das Kräftespiel in dieser so hilflos daniederliegenden Stadt faszinierte mich.

Als der Professor am nächsten Tag anrief und nach meiner Entscheidung fragte, holte ich tief Luft und sagte dann: „Nein, danke!" Ob ich denn etwas anderes hätte? Das klang beleidigt. Vielleicht, erwiderte ich, und mir war flau im Magen. Warum nur schätzte ich den Spatz in der Hand nicht und hielt immer Ausschau nach der Taube auf dem Dach!

„Weine, wenn du kannst, doch klage nicht, dich wählte der Weg – und du sollst danken", hatte Dag Hammerskjöld in sein Tagebuch geschrieben. Ich weinte nicht, ich klagte nicht, ich wartete.

Der Personalchef, zu DDR-Zeiten Physiker, saß hinter seinem Schreibtisch in einem riesigen pompösen Raum, der ihn schmaler und übermüdeter wirken ließ, als er ohnehin war. Welch ein Unterschied zu dem Pressesprecher aus dem Westen, der sich so sicher wie selbstverständlich in seinem Büro ausgenommen hatte. Ich machte eine Bemerkung, wie sehr die Zeitenwende uns doch aufbrauche, man müsse alles, was uns begegne, aufschreiben, damit wir später verstünden, was mit uns geschehen sei.

Dr. S. hob den Blick und schaute mich überrascht an. Ja, früher habe er Tagebuch geführt, doch seit seinem Amtsantritt käme er nicht mehr dazu. Nach einem fünfzehnstündigen Arbeitstag schliefe er sofort ein, aber die wirren Träume als Fortsetzung des Tages ließen ihn wie gerädert aufwachen. Ich riet ihm, seine Gedanken und Eindrücke auf Tonband zu sprechen, um die Seele zu entlasten. Er winkte nur müde ab und blätterte in meinen Unterlagen. Ob ich wisse, worauf ich mich da einlasse, fragte er. Die Schriftstellerei sei ja doch etwas ganz anderes als die Arbeit in einer Verwaltung, die im Aufbau sei. Wussten Sie es, als Sie hier antraten?, parierte ich. Die Physik sei auch nicht gerade eine verwandte Wissenschaft.

Dr. S. lächelte. Wir haben ja am selben Tag Geburtstag, sagte er und nannte mir dann die Höhe des Gehalts, die noch einmal beträchtlich von dem nach unten abwich, was mir der Projektleiter Dieter genannt hatte, wahrscheinlich um mich anzulocken.

Ich überschlug im Kopf die Kosten für Miete und sparsamste Lebenshaltung und kam zum Ergebnis, es könnte gerade so reichen. Der Personalchef missdeutete mein Zögern als Ablehnung und nannte, was später undenkbar sein sollte, denn die Höhe des Verdienstes galt bald als das bestgehütete Geheimnis, sein Einkommen als Stadtrat. Es entsprach etwa dem, was mir an der Universität für die Aushilfsstelle angeboten worden war. Wir seien doch alle Idealisten, ermunterte er mich. Er konnte nicht wissen, dass Geld für mich kein Statussymbol und auch kein Äquivalent für erbrachte Leistungen, sondern immer nur Mittel zum Überleben war: ein Dach über dem Kopf, ein Bett, ein Tisch, ein Stuhl, Brot und Wein und Bekleidung. Mehr brauchte es nicht.

Aber darüber wollte ich jetzt kein Gespräch beginnen. So sagte ich nur, ich sei einverstanden und zitierte Alfred Polgar: „Der Idealist geht glatt durch Mauern und stößt sich wund an der Luft."

Sechzehn Jahre hatte ich in der DDR als freie, als vogelfreie Schriftstellerin gelebt, um nun in der so heiß ersehnten und begrüßten neuen Freiheit als städtische Angestellte mein Brot zu verdienen. Mich in ein Kollektiv einzuordnen, das nicht mehr Kollektiv, sondern Team hieß. Es gab keine Beratungen mehr, das sei Ossi-Deutsch, lernte ich, sondern Besprechungen. Knallhart müsse man sein, aus einer Sache eine Philosophie entwickeln, diese dann auf die Schiene bringen und immer daran denken, dass man keine Freunde, nur bezahlte Feinde habe.

Zuerst einmal musste ich aber begreifen, wo ich mit der Projektgruppe „Potstausend" überhaupt gelandet war.

Die Vorbereitungen für die Potsdamer Tausendjahrfeier hatten schon zu DDR-Zeiten, im März 1985, begonnen, just in jenem Monat, als im Moskauer Kreml Michail Gorbatschow die Amtsgeschäfte übernahm. Von welcher Bedeutung das auch für sie sein würde, ahnte keiner der Genossen, die sich im Zentralbüro für nationale Jubiläen und Gedenktage beim Ministerrat der DDR am 20. März zusammenfanden. Ihr Thema: 1000 Jahre Potsdam 1993.

Sie gingen die Sache nach bewährtem Muster an: Eine zentrale Arbeitsgruppe unter Leitung des SED-Bezirkschefs von Potsdam möge bis 1986 „die politisch-inhaltliche Gesamtkonzeption der Maßnahmen bis 1993" ausarbeiten. „Die Grundkonzeption und die politisch-ideologische Zielstellung der Tausendjahrfeier" wurden der Akademie für Staat und Recht in Babelsberg übertragen. Damit die Genossen vor Ort dem Ereignis auch gerecht würden, empfahl man ihnen, die tausendjährige Rolle der Bedeutung Potsdams in Thesen zu fassen.

Für „die Durchsetzung der politisch-ideologischen Aufgabenstellung" waren die Bezirksleitung und die Kreisleitung der SED zuständig. Sie hatten „politisch-ideologische

Kommissionen" zur Leitung der politischen Arbeit zu bilden. Arbeitsgruppen seien einzusetzen, hieß es und die Abgeordneten von Stadt und Bezirk hätten die „Breitenwirkung" zu sichern.

Doch die Worte der Genossen nahmen sich gegen jene, die aus Moskau kamen, ziemlich kraftlos aus; je weiter die Zeit voranschritt, desto mehr. Die Jahre 1985, 1986 und ein gut Teil von 1987 verstrichen ohne die geforderte „politisch-inhaltliche Gesamtkonzeption der Maßnahmen bis 1993".

Ein Prolog macht noch kein Theaterstück. Das muss man in Potsdam gespürt haben, und so kam irgendjemand 1987 auf die Idee, beim Rat der Stadt ein Organisationskomitee „1000 Jahre Potsdam" zu bilden und als Leiter und zuerst einzigen Mitarbeiter einen kulturverständigen ehemaligen Oberstleutnant der Nationalen Volksarmee einzusetzen.

Ein Militär, so behauptet man, zeichne sich durch Aktivität, Organisationstalent, Entscheidungskraft und manchmal auch Mut aus. Der Oberstleutnant brachte diese Eigenschaften mit. Weil aber ohne Mannschaft keine Schlacht zu schlagen, geschweige denn zu gewinnen ist, warb der Offizier mit List und Geschick eine dreiköpfige Mannschaft an.

Das Organisationsbüro war dem damaligen Oberbürgermeister unterstellt, der sich nicht träumen ließ, dass er einmal wegen Wahlfälschung vor Gericht stehen würde. Mit strategischem Blick erkannte der Oberstleutnant, dass drei Leute plus Sekretärin zwar eine Stabsstelle bilden, aber immer noch kein würdiges Stadtjubiläum ausrichten konnten. Eine Struktur musste her und eine Konzeption.

Dank dem tüchtigen Oberstleutnant war bald ein Generalstabsplan erstellt. Doch beim Inhalt des Festes, der Konzeption, schieden sich die Geister. Die Geschichtskommission bei der Bezirksleitung der SED schien Schwierigkeiten mit den Thesen zum Stadtjubiläum zu haben und auch von den Geschichtsprofessoren der Pädagogischen Hochschule und der Akademie für Staat und Recht kam nichts. Wer sich auch nur ein wenig mit der Geschichte der Residenz- und Garnisonstadt Potsdam beschäftigt hat und sich an das real existierende sozialistische Potsdam erinnert, weiß auch, warum.

Bange machen gilt nicht, meinte der Oberstleutnant und erarbeitete den Entwurf einer Konzeption. Damit tat er für die damalige Zeit etwas Verwerfliches und für einen Militär etwas Verwegenes: Da die führende Kraft aus Schwäche nicht führte, hob er die rote Fahne mit den verdeckten preußischen Farben hoch und stürmte ohne Befehl voran.

In dem Grundsatzpapier von 1988 war Potsdam „die Stadt Karl Liebknechts, die Stadt des Potsdamer Abkommens, Wirkungsstätte bedeutender Humanisten, Wissenschaftler, Schriftsteller, Künstler und Baumeister, Garten- und Landschaftsgestalter; die Stadt der Schlösser und Gärten mit historisch gewachsenem Baukern in einer einmalig reizvollen Landschaft; die Stadt des Films, des Sports, sozialistische Garnisonstadt".

Das Jubiläum bot die einmalige Gelegenheit, auf die Sorgen der Stadt aufmerksam zu machen. Da wurden das Holländische Viertel genannt, das Weberviertel, die zweite barocke Stadterweiterung, die Kuppel des Militärwaisenhauses, der Wildpark-Bahnhof, die Schlösser und Gärten, alle im Verfall begriffen.

Entkleidete man diese Konzeption ihres ideologischen Brimboriums, enthielt sie schon das, was Anfang der Neunzigerjahre unter großem Geschrei immer wieder neu erfunden wurde. Doch diese Konzeption gelangte nie an die Öffentlichkeit. Der SED-Bezirkschef bezeichnete sie als „pluralistisches Machwerk" und als „Beleidigung für die Partei". Die schon gedruckten Exemplare mussten vernichtet werden, jegliche Öffentlichkeitsarbeit für das Stadtjubiläum wurde untersagt.

Als sich Publikum und Akteure nach einer langen und ereignisreichen Pause zum 2. Akt einfanden, waren es – nach der Wende von 1989 – noch dieselben und doch nicht mehr dieselben. Optik und Vokabular hatten sich verändert. Ein Oberstleutnant sollte nun nicht mehr das Organisationskomitee leiten und das Organisationskomitee nicht mehr so heißen. Also nannte man es fortan Projektleitung „1000 Jahre Potsdam" und setzte dem Offizier einen Kulturjournalisten vor die Nase.

Das schmerzte natürlich die wackeren Streiter von einst. Enttäuschung und Kränkung führten zu Missstimmungen, die sich zu Missverständnissen auswuchsen. Die einstigen Hauptakteure fühlten sich zu Statisten degradiert, die sie nicht sein wollten.

Wie einst der Oberstleutnant brauchte auch der Kulturjournalist eine Mannschaft. Er suchte sie sich in Potsdam und gewann auch zwei Westberliner Potsdam-Fans. Die Projektleitung ordnete man zuerst dem Presseamt, dann der Hauptverwaltung zu. Als sich dies nicht als günstig erwies, landete die Projektleitung wieder wie einst beim Oberbürgermeister, nur hieß der jetzt anders. Die Stadtratbereiche nannten sich nun Dezernate, die Verantwortliche für das Projekt „1000 Jahre Potsdam" einzusetzen hatten. Unter welchen Mühen und Krämpfen diese neue alte Struktur geboren wurde, entzieht sich jeglicher Beschreibung. An die Stelle des einst vorgesehenen Festkomitees trat nach ausgiebigem Hickhack zwischen den Parteien ein Ehrenkuratorium von Persönlichkeiten aus Ost und West.

Für die Mitglieder der Projektleitung wurde jeder Tag zu einem Abenteuer. Angetrieben von einem von seiner Aufgabe besessenen Projektleiter, elektrisiert von der Herausforderung, in einem spannungsreichen Verhältnis zum Büro des Oberbürgermeisters und zu den Dezernaten, versuchten sie inmitten der widerstreitenden Vorstellungen von einem Stadtfest ihre eigenen Positionen zu finden.

Der einstige Chef und Oberst musste sich dem zwanzig Jahre jüngeren neuen Chef Dieter unterordnen und beide waren sich in herzlicher Abneigung zugetan. Dem Gesetz der Natur folgend, verließ der Ältere schließlich unter Protest den Schauplatz, andere folgten ihm, neue Mitarbeiter kamen.

Stasi-Verdächtigungen, Gerüchte, Intrigen, Parteiinteressen waberten durch die Flure des großen Hauses. Ich erinnere mich an eine der endlosen Sitzungen im Kulturausschuss, an denen auch ein Westberliner Architekt teilnahm, obwohl er weder Abgeordneter war noch der Projektgruppe angehörte. Er führte mit lauter Stimme das große Wort, hatte zu allem und jedem eine dezidierte

Meinung, die er als objektiv ausgab. In irgendeiner Sache wagte ich zu widersprechen, worauf er mich anherrschte, die Zeiten der Stasi seien endgültig vorbei und ich möge den Mund halten. Erstaunt sah ich ihn an und dann in die Runde. Da saßen fünfzehn Monate nach dem Mauerfall Leute aus der Bürgerbewegung, die mich kannten. Statt den Mann wegen seiner Ungehörigkeit zurechtzuweisen, senkten sie die Köpfe und schwiegen.

Inzwischen redete der Mann immer weiter, wie der Festumzug auszusehen habe und welche Persönlichkeiten für das Ehrenkuratorium geeignet seien. Seine Worte versanken für mich im Nebel. Was ging hier vor?

In meiner Naivität begriff ich nicht, dass meine Person dem Mann herzlich egal war. Er brachte sich nur auf diese Weise in Position für eine leitende Stellung im Magistrat wie so viele andere selbst ernannte westliche Berater. Kraft seiner Ellbogen und mit Stasiverdächtigungen walzte er alles nieder, was seinem Ziel im Wege stand. Er konnte ja nicht wissen, dass ich keine Karriere machen wollte. Mehr als dieser unverständliche Angriff erschreckten mich die anwesenden Stadtverordneten. Warum ließen sie diesem Blender so großen Raum und erstarrten vor dem angeblichen westlichen Sachverstand wie das Kaninchen vor der Schlange?

Ich verteidigte mich nicht und verließ auch nicht den Raum. Der Monolog des Selbstdarstellers, die verschlossenen oder unterwürfigen Mienen seiner Zuhörer fesselten ganz und gar meine Aufmerksamkeit. An wen oder was erinnerte mich dieser Mann und diese Situation? Hatte ich so etwas nicht schon einmal erlebt? Mir fielen Versammlungen mit Funktionären der DDR ein, in denen es ähnlich zugegangen war. Dieselbe Lautstärke der Redner, die Art, andere Meinungen auszuschalten, eine ähnliche Rhetorik. Dieses Muster wirkte offensichtlich noch immer oder schon wieder.

„Ein Achtundsechziger", flüsterte mir Projektleiter Dieter zu. Ich schaute ihn verständnislos an. Mit diesem Begriff konnte ich nichts anfangen. Noch nicht.

Emmi Bonhoeffer regte sich furchtbar auf, als ich ihr am Telefon von dem Vorfall erzählte. „Das dürft ihr euch nicht gefallen lassen", sagte sie. „Schmeißt ihn raus!" Sie hatte keine Vorstellung von den Kräfteverhältnissen in den neuen alten Verwaltungen. Der Architekt nahm bald die ersehnte leitende Stellung im Magistrat ein und zog seine Freunde nach.

Die vergangenen Jahrzehnte war ich eine Einzelkämpferin gewesen, mit Kindererziehung und Bücherschreiben beschäftigt. Nun stürmte so viel Neues auf mich ein, dass ich vor lauter Aufnehmen und Reagieren kaum zum Reflektieren kam. Schon in den ersten Wochen beim Magistrat hätte mir klar werden können, dass wir einer großen Illusion aufsaßen, als wir ein Fest aller Bürger anstrebten. Noch erinnerten wir uns an die von oben durchorganisierten Veranstaltungen und kostspieligen Staatsaufmärsche der Vergangenheit – an die von Lautsprechern beschallten Plätze, die Sprechchöre und Agit-Prop-Programme.

Wir aber wollten durch das Stadtjubiläum den Bürgersinn und die Verbundenheit zur Stadt stärken. Da es der Stadt an Geld mangelte, musste sie mit dem Pfund wuchern, das sie besaß: der Kreativität und dem guten Willen ihrer Bewohner. Hilfe zur Selbsthilfe wollte unsere Projektgruppe leisten und Geldgeber in ganz Deutschland ermutigen, zum Wiederaufbau der Stadt beizutragen. Ein Festbuch und ein Geschenkideen-Katalog sollten diese Botschaft über die Grenzen der Stadt hinaustragen.

Doch mit der Überzeugung, dass man nicht mehr ausgeben kann, als man in der Tasche hat, erwiesen wir uns als hoffnungslos altbacken.

Längst durchstreiften Vertreter der Eventkultur die Stadt, entdeckten deren Potential und schnalzten bei den Gedanken an die zu erwartende finanzielle Rendite mit der Zunge. Sie antichambrierten bei der Landes- und der Stadtregierung, nahmen sie mit Schwärmereien von Potsdam und seinen Möglichkeiten für sich ein und warnten vor Provinzialismus. Wenn man Geld brauchte, würde es auch da sein. Je mehr man in Stars investiere, umso höher der ideelle und wirtschaftliche Ertrag. Im Falle Potsdams, dieser außerordentlichen Stadt, ginge es um Highlights, nicht um ein piefiges Volksfest.

Während wir bei ungezählten Potsdamern mit unserem Konzept Zustimmung suchten und fanden, erläuterten die Vertreter der Kulturindustrie hinter verschlossenen Türen ihre Angebote, Sirenenklänge, vor denen die wenigsten der Neuregierenden die Ohren verschließen konnten. Als wir endlich begriffen, worum es wirklich ging, und uns wehrten, hatten die Kulturmanager und ihre Klientel bereits die vordersten Plätze an der Futterkrippe besetzt. Seither verstehe ich das Misstrauen in den sogenannten Entwicklungsländern gegenüber den „Wohltätern" aus Europa und Nordamerika. Mit unserer Naivität waren wir diesen geschmeidigen, sich einschmeichelnden, kühl kalkulierenden Managertypen nicht gewachsen. Uns fehlten die Erfahrungen mit einer kommerzialisierten Welt. Warum sollten wir jenen misstrauen, die sich als Helfer anboten?

Kurz nach dem Mauerfall waren wir in der Mehrzahl zuerst Westdeutschen begegnet, die in Potsdam aufgewachsen und durch den Krieg, später durch die kommunistische Herrschaft, vertrieben worden oder geflohen waren. Manche Pensionäre stellten ihre Kenntnisse als Verwaltungsfachleute unentgeltlich zur Verfügung. Ein Herr von Tippelskirch nächtigte auf einem Feldbett in einer Abstellkammer des Stadthauses und stellte sich rund um die Uhr in den Dienst der neuen Verwaltung. Andere spendeten Sachwerte für die Stadt: Dachziegel für die jüdische Leichenhalle am Pfingstberg oder Blumenzwiebeln und Gartengeräte für die Parks. Diese alten Potsdamer waren unsere natürlichen Verbündeten, wenn sie meinten, man müsse nun den Osten mit viel Idealismus und Tatkraft aufbauen wie sie es auch im Westen getan hatten.

Immer wieder klopfte einer von ihnen an die Tür der Projektgruppe, in der Hoffnung, hier, wo es um die Geschichte der Stadt ging, Ansprechpartner und Verständnis zu finden. Mich rührten diese Männer und Frauen aus Krefeld, Bochum, Münster mit ihren glücklichen Gesichtern. Die Stadt ihrer Kindheit und Jugend dank dem unerwarteten Mauerfall wiedersehen zu dürfen, empfanden sie als ein großes Geschenk. Sie erzählten bewegende Geschichten, und obwohl sie Bitteres wie Verfolgung, Haft, Enteignung in Potsdam erlebt hatten, trugen sie nichts nach, sondern umarmten die Stadt wie Kinder ihre schmerzlich vermisste Mutter. Mit schnellem Blick erkannten sie, an welchen Arbeitsmitteln es uns im Büro fehlte, und stellten dort eine Schreibmaschine hin und da einen kleinen Kühlschrank. Sie schrieben Briefe, gründeten Vereine von Ehemaligen und sammelten Geld.

Sie machten sich damit nicht nur Freunde. Freundlich, bescheiden und selbstlos nervten sie allein durch ihr Dasein die Verfechter des schnellen Fortschritts, die die Dachziegel in einer Ecke verrotten ließen und über die gelieferten Hacken und Spaten die Nase rümpften.

Die Anhänger und Mitglieder der sich zur Partei des Demokratischen Sozialismus (PDS) gewandelten Staatspartei SED vermuteten in ihnen Revanchisten, die es nur auf das Eigentum des Volkes abgesehen hatten. Den smarten westlichen Karrieristen galten sie als Narren und den gewählten Verwaltungsspitzen wurden sie mit ihren Mahnungen zu Treu und Redlichkeit bald lästig.

Junge Westberliner meldeten sich und wollten helfen, weil der Mauerfall und der Mut der Ostdeutschen sie begeistert hatten. Die Alten und die ganz Jungen aus dem Westen bestätigten meine Erfahrung, dass es zu allen Zeiten und überall nur zwei Arten von Menschen gibt: die Anständigen und die Unanständigen. Leider mangelt es den Anständigen meist an Geld, Einfluss und vor allem Gerissenheit, um die Unanständigen in die Schranken zu weisen. Ich möchte die kostbaren menschlichen Begegnungen von damals nicht missen. Die Bezeichnungen Ossi und Wessi, die so schnell ideologisch aufgeladen wurden, blieben für mich immer nur praktikable Herkunftsbezeichnungen.

Auch in der Stadtverwaltung von Bonn, der Noch-Hauptstadt des vereinigten Deutschland, wo man vor einigen Jahren ebenfalls ein Stadtjubiläum gefeiert hatte, fanden wir freundliche und hilfsbereite Kollegen.

1991 war ein bitterkalter Winter. Ich schleppte Eimer um Eimer Kohlen aus dem Keller in die dritte Etage und die Wohnung wurde doch nicht warm. An einem sonnigen Februarsonntag schenkte der Winter mir ein unvergessliches Erlebnis. Nicht nur die Seen waren zugefroren, auch die Fahrrinne der Havel konnten die Lastschiffe nach Berlin wegen der aufgetürmten Eisschollen nicht mehr passieren. So wanderte ich vom Neuen Garten aus über das frisch beschneite Eis bis zur Pfaueninsel, den Blick meist unverwandt auf das weiße Schlösschen gerichtet, das wir zu Mauerzeiten durch eine von unseren Gärtnern listig erhaltene Sichtschneise über den „antifaschistischen Schutzwall" hinweg hatten sehen können. Wie eine Fata Morgana war mir dieses Schlösschen damals erschienen, ein Traum von einer anderen Welt. Ich vergaß Ossis und Wessis, die Kämpfe im Magistrat, atmete tief die klare Luft ein und genoss das Ausschreiten auf dem Eis. Auf der rechten Seite grüßten der Schäferberg und der Zwiebelturm von Nikolskoe. Am Ufer von Sacrow zog sich noch Grenzzaun entlang. Die anmutige Heilandskirche, die jahrzehntelang im Niemandsland von Grenzern geschändet worden war, zog mich magisch an. Im Inneren kein Putz mehr an den Wänden, das Dach unvollständig, nur das Apsisbild mit der Trinität war noch erkennbar. In dem zugigen kalten Raum verkaufte Herr G. Karten und Souvenirs für den Wiederaufbau der Kirche. Am Campanile und im Säulengang an den glasierten Ziegeln eingekratzte Inschriften. Die ältesten stammten von 1939, die jüngsten von 1961. Die Ritas und Peters von damals mussten inzwischen alte Herrschaften sein, wenn sie überhaupt noch lebten.

Am Ufer der Pfaueninsel angekommen, bemerkte ich erstaunt, dass das weiß angestrichene Märchenschloss aus Holz bestand, typisch preußisch sparsam, doch von einer unglaublichen Wirkung in die Ferne nach Potsdam. Die Besichtigung verschob ich auf später, denn ich wollte auf demselben Weg vor Einbruch der Dunkelheit wieder daheim sein. Nun schenkte sich mir der Blick auf die Silhouette Potsdams mit dem Marmorpalais, dem schlanken Turm von Sankt Peter und Paul und der Kuppel von Sankt Nikolai in dem rötlich verdämmernden Himmel. Zeitweilig trübten mir Tränen den Blick und ich wusste nicht, ob vor Kälte oder vor Glück, in Potsdam sein zu dürfen. Mit jedem Schritt, so war mir, überwand ich die Mauer, dieses tödliche und zugleich lächerliche Gebilde.

Wir lebten in dem Gefühl großer Hoffnung, nun, da der Kalte Krieg mit dem Fall des Eisernen Vorhangs zu Ende gegangen war, und zugleich in einem vagen Gefühl neuer Bedrohungen, die im Golfkrieg Realität wurden. Am 16. Januar waren die Amerikaner in Kuwait gelandet, um den irakischen Diktator Saddam Hussein aus dem widerrechtlich besetzten Land zu vertreiben.

Tagebucheintrag vom 13. Januar:
„Übermorgen läuft das Golf-Ultimatum ab, im Nahen Osten stehen sich hochgerüstete Heere mit den modernsten Waffen gegenüber. Die Welt demonstriert, schreit, betet in diesen Tagen um Frieden.
Wir leben täglich, stündlich in der Apokalypse, die meisten, ohne sich dessen bewusst zu sein. Der Krieg, der bald ausbrechen könnte, würde sie jedem bewusst machen: brennende Erdölquellen, chemische und bakteriologische und nukleare Verseuchung der Erde. "
Zur gleichen Zeit landeten sowjetische Fallschirmspringer in Litauen, um das Land im sowjetischen Imperium zu halten. Es gab Tote und Verletzte. Das Sowjetreich brannte an allen Ecken und Enden. Wozu war der sich aufbäumende todwunde Riese mit seinem atomaren Potenzial fähig?

Venedig und Emmi Bonhoeffers Tod

Schon vor meinem Dienstantritt im Magistrat hatten meine Freundin Gerda, Emmi Bonhoeffer und ich für Anfang März eine gemeinsame Woche in Venedig verabredet. Emmi, ein homo politicus par excellence, verstörte die in der Luft liegende Kriegsdrohung besonders. Sie hatte den Ersten und den Zweiten Weltkrieg erlebt, Widerstand gegen die Nationalsozialisten geleistet und einen Großteil ihrer Familie durch das Hitlerregime verloren. In den Jahren nach dem Krieg hatte sie große Hilfsaktionen in Deutschland für Vertriebene und für Bedürftige in Osteuropa organisiert, Zeugen im Auschwitzprozess betreut, sich bei amnesty international engagiert und immer ihre Stimme erhoben, wenn sie die Demokratie für gefährdet hielt. Nun verließ die 85-Jährige die Kraft. Am 5. Januar 1991, dem Geburtstag ihres von den Nazis hingerichteten Mannes Klaus, schrieb sie mir:

„... Politische Abläufe vollziehen sich selten rational, meist emotional. Dass wir es dahin gebracht haben, dass ein kleiner Teufel (Saddam Hussein) *die ganze Menschheit in Angst versetzen kann, trotz Bewaffnung bis an die Zähne (heute müsste man sagen: bis in den Himmel) ist ein Beweis, dass die species Mensch ein missglücktes Experiment der Evolution ist. Gott schuf den Menschen nach seinem Bilde ist wie ein verzweifelter pädagogischer Appell ..."*

Emmi kannte wie ich Venedig nicht und hatte sich auf unsere gemeinsame Unternehmung gefreut. Nun war ihre Verzweiflung so groß, dass sie ihre Teilnahme an der Fahrt wenige Tage vorher absagte. Sie sei verwirrt, schrieb sie mir, fühle sich allem nicht mehr gewachsen. *„Ich bin so unglücklich über mich, wie Du es Dir nicht vorstellen kannst."* In ihrer schönen festen Handschrift endete der Brief mit *„Deine traurige Emmi"*. Als ich sie anrief, beruhigte sie mich, es ginge ihr langsam wieder besser, und wir verabredeten ein Treffen zu meiner Lesung in Barmen in der letzten Märzdekade.

Venedig im März. Der Karneval war vorbei. Oft lag Nebel über den Kanälen, doch wenn die Sonne die Wolken durchbrach, leuchtete das Wasser wie pures Gold. Gerda hatte die Reise mit der Präzision einer erfahrenen Ober-studienrätin vorbereitet und führte uns mit der Begeiste-rung einer frisch in die Stadt Verliebten. Gerdas Freundin Anneliese aus Hannover war für Emmi eingesprungen und vervollständigte unser Kleeblatt. Brücken, Plätze und Gäss-chen, Fahrten mit dem Vaporetto entlang märchenhafter Paläste, Möwen, die über das nachtschwarze Wasser des Canale Grande glitten, Fackeln vorm Eingang des Palazzo Goldoni, Besuche der Glasinsel Murano, der Toteninsel San Michele, der Fischerinsel Burano, Torcello. Der Pa-lazzo Duccale, die Kirchen von San Marco bis San Gior-gio Maggiore, das Ghetto mit seinen Synagogen. „Eugen Onegin" auf Russisch im Opernhaus La Fenice, das wenig später abbrennen sollte. Reverenz an Goldoni und Vivaldi, beide gebürtige Venezianer.

Und Bilder, Bilder, Bilder – in der Accademia, der Gal-leria Peggy Guggenheim, in den Kirchen und Klöstern – Carpaccio, Giorgione, Bellini, Tizian, Paolo Veneziano, Tintoretto, Bassano ... Ihre Fülle und Farbigkeit erschlug mich geradezu.

Vom Campanile der Kirche San Giorgio Maggiore ließ ich meinen Blick über die im diesigen Licht liegende Stadt schweifen. Woran lag es, dass mir von all dieser Schönheit das Herz nicht warm wurde? Die Probleme hatte ich in Potsdam zurückgelassen, ich genoss die wunderbare Ge-sellschaft von Anneliese und Gerda, gab mich ganz Ve-nedig hin. Rumorte in meinem Unterbewusstsein Emmis Verzweiflung?

Vor dem Aufstieg in den Campanile hatten wir uns mit dem Elektriker Giorgio aus Trient unterhalten, der in der

Kirche Leitungen verlegte. Bis zum 27. Februar, dem Ende des Golfkrieges, sei die Kirche aus Angst vor terroristischen Anschlägen geschlossen gewesen. Von der Zukunft erwartete er nichts Gutes. Täglich landeten in Apulien Tausende von Flüchtlingen aus Albanien. „Wir hatten gedacht, nun käme nach dem Ende des Kalten Krieges das große Aufatmen, stattdessen graut uns vor der Zukunft." Er lächelte sarkastisch. „Für dreihundert Millionen Lire haben wir hier neue elektrische Leitungen verlegt und man sieht – nichts." Dabei wies er auf den vierhundert Jahre alten rot-weißen Marmorfußboden. „Sehen Sie, er zerbröselt geradezu." Er sprach ein wenig deutsch, seine Eltern hatten vor dem Zweiten Weltkrieg in Weimar und Erfurt gearbeitet.

Als ich wieder vor der Kirche stand und hinüber zu San Marco schaute, wusste ich plötzlich, warum diese Stadt mich traurig machte: Ihre Schönheit trug den Keim des Todes in sich. Sie lebte nicht mehr von innen heraus, sondern nur noch aus dem Abglanz einer großen Vergangenheit. In ihr erkannte ich meine und vieler DDR-Bürger Illusion von der Wiedervereinigung. Wir hatten gemeint, nach „Deutschland einig Vaterland" zu kommen, doch dieses Deutschland gab es nicht mehr, sondern nur das diffuse Gerede der politischen Klasse von einem vereinigten Europa. Nicht einmal an den Schätzen unserer Vergangenheit konnten wir uns unbefangen freuen wie hier die Touristen an Venedig, denn die deutsche Vergangenheit, so hämmerten professionelle Vergangenheitsbewältiger uns unausgesetzt ein, bestand aus zwölf Jahren Nationalsozialismus, der Tod und Verderben über Europa gebracht hatte. Sie verdunkelten tausend Jahre deutscher Geschichte und warfen ihre lastenden Schatten bis in die Gegenwart. Was hatte der Elektriker Giorgio vorhin von dem Marmorboden gesagt? Er zerbröselt geradezu. Wenn der Boden unter unseren Füßen geradezu zerbröselte, wo sollten die Menschen Halt finden?

Nach neun Tagen nahm ich Abschied von Venedig, der schwankenden, flirrenden Stadt der Bilder, zerbrechlich wie Glas, undurchschaubar wie ihre Masken, ein Gleichnis auf die Vergänglichkeit alles Irdischen. In Brixen trennten sich Gerdas und meine Wege. Sie fuhr weiter in Richtung Wuppertal und ich nach Potsdam. Wir freuten uns auf das baldige Wiedersehen, denn noch vor meinem Dienstantritt im Magistrat hatte ich für Gerdas Literaturkreis eine Lesung aus meinem Christine-Roman zugesagt. Emmi Bonhoeffer wollte aus Düsseldorf zur Veranstaltung kommen. Zu Hause erreichte mich die Nachricht, Emmi Bonhoeffer sei gestorben.

Doch erst in Wuppertal erfuhr ich von Gerda die näheren Umstände ihres Todes. Emmi hatte sich das Leben genommen, zwei Tage nach unserer Rückkehr aus Italien. Ich war schockiert. Wenn ein lieber Mensch mit fünfundachtzig Jahren stirbt, fügt man sich traurig in das Unabänderliche. Doch setzt er seinem Leben selber ein Ende, fühlt man sich schuldig. Hätte ich nicht, konnte ich nicht ... Ich hatte doch um ihre Trauer gewusst, mir am Telefon ihren Kummer angehört, sie zu trösten versucht: In einem Interview hatte Emmi zum ersten Mal öffentlich darüber gesprochen, dass ihr Mann Klaus in der Gestapohaft Namen preisgegeben hatte. Die körperlichen Misshandlungen hatte er ertragen, doch als man ihm drohte, seine Frau zu verhaften, hatte er Namen genannt, die nichts mit den Verschwörern des 20. Juli zu tun hatten, und darauf vertraut, ihre Unschuld würde sich schnell herausstellen und man ließe sie wieder laufen. Einer der Männer war Rüdiger Schleicher, sein Schwager. Sie wurden, wie Klaus Bonhoeffer, alle hingerichtet. Es half Emmi all die Jahre seither nicht, dass weder Klaus noch sie, sondern die Nazis an dem Morden schuld waren. Allein sich gab sie die Hauptschuld. Mit zunehmendem Alter drückte diese Last sie immer schwerer. Nach siebenundvierzig langen und schweren Jahren hatte sie versucht, die Last durch ein öffentliches Bekenntnis abzuwerfen. Mit dem Widerspruch und dem Unverständnis in der Familie hatte sie freilich nicht gerechnet. Nun warf sie sich vor, nur an sich gedacht zu haben. Sie versuchte, das Gesagte zurückzunehmen. Vergeblich. Das Buch mit dem Interview war schon im Druck. Offenbar war Emmi in Panik geraten. Sie, die immer Kontrollierte, Disziplinierte, traute ihren Geisteskräften nicht mehr, konnte sich und den Schmerz dieses Lebens nicht mehr ertragen. Wie allein und verzweifelt muss sie gewesen sein! In diesen Abgrund reichte kein Mensch mehr hinein.

Ihr Tod nahm mir den Atem. Nie mehr diese in unbekannte Fernen gerichteten blauen Augen, ihr verlorenes Lächeln zu sehen, ihre entschiedene Stimme zu hören, ihre klugen Briefe mit der festen Handschrift zu lesen – unvorstellbar. Vor vier Monaten hatte sie mich zum letzten Mal in meiner Potsdamer Wohnung besucht. In einem blauen Kleid, das ihre schlanke Figur und die blauen Augen so wunderbar betonte, ließ sie sich mit mir am Schreibtisch fotografieren. Sie gratulierte mir zu der neuen Wohnung und dem Entschluss, im Osten zu bleiben. Wir sprachen über das Glück und die Risiken der deutschen Einheit und zum Abschied umarmten wir uns fest. Wie gut, dass wir nicht in die Zukunft sehen können, nicht wissen, ob ein Abschied ein Abschied für immer ist.

Nun saß ich mit Gerda in Wuppertal, fassungslos, und unsere Trauer überschattete die Lesung in der Erlöserkirche, zu der neunzig Leute gekommen waren und bei der Emmi fehlte.

Am nächsten Tag besuchten wir die vierundsiebzigjährige Leni Immer in der Karl-Immer-Str. 1 in Barmen. Sie war die Tochter des Pfarrers Karl Immanuel Immer, der Ende Mai 1934 in Barmen die erste Bekenntnissynode der Evangelischen Kirche initiierte, die die Barmer Theologische Erklärung verabschiedete. Sein Widerstand gegen die Nazis brachte ihn 1937 in Haft, wo er einen Schlaganfall erlitt, an dem er 1944 starb.

Leni lebte noch im elterlichen Haus, in dem damals die führenden Leute des Widerstands in der Bekennenden Kirche verkehrt hatten. Auch Pfarrer Paul Schneider, den die Nazis im KZ Buchenwald erschlagen hatten, war hier gewesen. Mein Mann Jakob hatte Paul Schneider als Häftling auf dem Appellplatz in Buchenwald aus dem Fenster seiner Strafzelle sprechen hören und nach dem Krieg einen ergreifenden Artikel über ihn geschrieben, der seither oft veröffentlicht worden ist.

Etwa zehn Leute erwarteten uns in der Wohnstube. Leni Immer, mütterlich, warmherzig, erzählte zu Beginn von der Bekenntnissynode, von ihrem Vater, der für den Theologen Karl Barth eine Art Beichtvater gewesen sei, und dann von Pfarrer Paul Schneider, der sich in diesen Räumen häufig als Gast aufgehalten habe. An mich gewandt, fuhr sie fort: „Und genau hier sitzt nun die Frau, deren Mann, ein Kommunist, das Beste und Eindrücklichste, was je über Paul Schneider geschrieben wurde, gesagt hat – der KZ-Häftling über den KZ-Häftling." Ich war überrascht, gerührt. Eben noch hatten wir mit dem Tod Emmi Bonhoeffers unwiederbringliches Leben beklagt, für immer in der Vergangenheit versunken, und nun wurde ferne Vergangenheit so lebendig, als säßen Karl Immer, Paul Schneider und Jakob unter uns. Von 1888, dem Jahr, in dem Karl Immer geboren war, wie auch mein Vater, spannte sich der Erfahrungshorizont der in diesem Kreis Versammelten über Kaiserreich, Weimarer Republik, Nazidiktatur und die Diktatur des Proletariats bis in das wiedervereinigte Deutschland des Jahres 1991. Ich war mit meinen achtundvierzig Jahren die Jüngste, doch trennten uns die Jahre nicht.

Als die Glocken der nahen Kirche eine Viertelstunde lang den Raum füllten, unterbrachen sie unser intensives Gespräch über das Leben in der einstigen DDR und über das neue Deutschland nicht; sie transzendierten sie. „Denn tausend Jahre sind für dich / wie der Tag, der gestern vergangen ist, / wie eine Wache in der Nacht", heißt es im 90. Psalm. Die Frauen und Männer, denen ich gegenübersaß, waren über alle wechselhaften Zeitläufte hinweg immer sie selber geblieben. Sie hatten wie ihre Väter und Vorväter die Hungernden gesättigt, die Weinenden getröstet, den falschen Propheten widerstanden. Freiheit und Leben waren ihnen dafür nicht abgefordert worden, doch ich zweifelte nicht daran, dass sie in der Verfolgung nicht anders gehandelt hätten als ihre Vorfahren. Dieser Gedanke machte mich froh, als ich meinen Blick über die Runde schweifen ließ. Von den Menschen, die sich im Frühjahr 1991 in der Wohnstube von Leni Immer versammelten, lebt heute keiner mehr. Doch mir ist, als müsste ich nur die Tür zum Nebenzimmer öffnen, um ihnen wieder zu begegnen.

Festbuch und künftige Stasibehörde

Wieder zurück in Potsdam, geriet ich in ein Getriebe von Eitelkeiten, Geschäftigkeit, Selbstlosigkeit und berechnendem Geschäftssinn, echter Jammerei und unechtem Optimismus. Mit jedem Tag schien sich die Welt schneller zu drehen und ich mich mit ihr. Der Arbeitstag hatte sechzehn Stunden, die wie im Fluge vergingen. Das Festbuch zur Tausendjahrfeier mit seinen nun 58 Autoren nahm in unzähligen Gesprächen Gestalt an, die Verhandlungen mit den Verlagen näherten sich dem Ende, immer neue Konzeptionen für das große Fest erblickten das Licht der Welt und hauchten wieder ihr Leben aus. Täglich sprachen Leute vor, um ihre Dienste anzubieten, sich zu beschweren oder einfach in der Hoffnung auf ein offenes Ohr. Bürokratische Vorgänge mussten bearbeitet und mit den verschiedenen Abteilungen in der Stadtverwaltung abgesprochen werden. Das meiste, was ich tat und wovon ich abends tief erschöpft war, hielt ich für überflüssig, ja sinnlos. Aber das behielt ich für mich. Irgendwie faszinierte mich dieses Durcheinander auch – wie sich all diese vermeintlichen Wichtigkeiten kreuzten, einander aufhoben oder miteinander verschränkten und verstärkten. Immer wieder kam mir der Satz von Friedrich Engels in den Sinn, Geschichte sei, wenn der eine dies und der andere das wolle und schließlich herauskomme, was keiner von beiden gewollt habe. Nun konnte ich, die in der untergegangenen DDR fernab der aktiven Politik nur dem Schreiben und meinen Kindern gelebt hatte, in der Praxis beobachten, wie dieser Satz zutraf.

Tagebucheintrag vom 2. April 1991:
„In der Nacht zu heute Detlev Carsten Rohwedder, Chef der Treuhand, in Düsseldorf erschossen – von der RAF, wer immer das auch ist.

Am Ostersonnabend verwüstete ein sich ‚Thomas Müntzers Wilder Haufen' nennender Trupp ein Treuhandbüro in Ostberlin. Die Treuhand als Buhmann, als Sündenbock für den rapiden Zerfall der ostdeutschen Wirtschaft. Es ist die Stunde der Wölfe. Zuerst kamen die Demagogen, jetzt kommen die Terroristen. Ich fürchte, eine Welle der Gewalt rollt auf uns zu, in der die Stimmen der Vernunft endgültig untergehen werden. Überall triumphieren Egoismus, Habgier, Neid und Brutalität – in der feinen, sublimen Form in Wirtschaft und Politik, offen und grausam in gesellschaftlichen Gruppen, professionell bei den Ideologen.

Wie dünn ist die Haut der Humantät, so dünn wie die Erdoberfläche über dem brodelnden Magma des Erdkerns.

Dazu die Müdigkeit des Guten. Was tun? Einfach leben nach dem eigenen Gewissen, einen Schritt nach dem anderen gehen. Aber wie, wenn einen Ereignisse wie das von heute Nacht lähmen?"

In diesen Tagen trat das Ehrenkuratorium für die Tausendjahrfeier zum ersten Mal in Potsdam zusammen. Dem vorausgegangen war ein erbittertes Tauziehen zwischen Parteien und Gruppen, wer diesem Ehrenkuratorium angehören dürfe. Nur ein Kriterium galt als unumstößlich: Alle Mitglieder mussten eine biographische oder aktuelle Beziehung zur Stadt haben. Mit der Auswahl hatte ich nichts zu tun, doch war ich dazu ausersehen, mich um die Belange der very important persons zu kümmern, wenn es erforderlich sein sollte. Von den fünfundzwanzig Mitgliedern stammten achtzehn aus den westlichen Bundesländern, Leute, von denen man Unterstützung für die Entwicklung Potsdams als Landeshauptstadt erhoffte. Für die Minister, Ministerpräsidenten, Seine Kaiserliche Hoheit Prinz Louis Ferdinand, ehemaligen Staatssekretäre brauchte es meinen Beistand freilich nicht, da gab es andere Zuständige in Potsdam. Darüber war ich nicht böse. An der Einweihung des Glockenspiels auf dem Gelände der ehemaligen Garnisonkirche nahmen alle Herrschaften teil, denn am selben Tag sollten sie auch offiziell ins Ehrenkuratorium berufen werden.

Klaus von Dohnanyi hatte ich wie Uta von Aretin, die Tochter Henning von Tresckows, vom Flughafen Tegel abgeholt. Während der Autofahrt sprachen wir auch über Emmi Bonhoeffer, Dohnanyis Tante. „Sie war eine tapfere, sehr tapfere Frau, bis zuletzt", sagte er. Das nahm mich für ihn ein. Allerdings konnte ich ihm nicht zustimmen, als er meinte, alle Probleme des wiedervereinten Deutschlands würden sich über die Ökonomie lösen. „In spätestens fünf Jahren wird die Teilung vergessen sein", meinte er. Auf meinen heftigen Widerspruch, dass die Wirtschaft gar nichts lösen würde, weil die psychischen Verletzungen der Ostdeutschen nicht durch Konsum geheilt werden könnten, wandte sich Dohnanyi an den Fahrer mit der Frage: „Was meinen Sie: Wenn die Lebensverhältnisse in Ost und West gleich sind, werden dann nicht auch die Menschen sich angleichen?" Der Fahrer zuckte nur diplomatisch mit den Schultern.

Den Rest der Fahrt redete der einstige SPD-Oberbürgermeister von Hamburg und jetziger Vorstandsvorsitzender von TAKRAF in Leipzig über die Bonner Regierungsszene und seine guten Beziehungen so familiär und gleichzeitig geschwollen daher, dass ich mich fragte, ob er das nötig hätte. Überhaupt erstaunte mich die Eitelkeit der dem Ehrenkuratorium angehörenden westlichen Politiker. Es brauchte noch einige Zeit, bis ich begriff, dass Eitelkeit und Selbstdarstellung zum politischen Geschäft im neuen Deutschland gehörten. Wer sich nicht in den Vordergrund drängte und seine Wichtigkeit betonte, wurde nicht wahrgenommen. Ich hielt es immer noch mit der alten preußischen Tugend: Mehr sein als scheinen.

Von ganz anderem und erholsamem Format aus den westlichen Landen waren Prinz Louis Ferdinand, der bekannte Fernsehjournalist Heinz Werner Hübner und Uta von Aretin. Natürlich, nüchtern, fragend und uneitel im

Gespräch. Vor allem mit Uta von Aretin verband mich vom ersten Moment an Sympathie.

Staunend verfolgte ich am 15. April 1991 die Einweihung des Glockenspiels, gestiftet von der Iserlohner Traditionsgemeinschaft. Die Kirche, 1730 bis 1735 erbaut, im Zweiten Weltkrieg teilweise zerstört und 1968 auf Geheiß Walter Ulbrichts abgerissen, verkörperte für die Traditionsbewussten das gute Preußen und galt den Kommunisten als Hort der Reaktion. In der Garnisonkirche waren einst die Särge von Friedrich II. und seinem Vater Wilhelm I. beigesetzt worden. Sie diente der großen Militärgemeinde als Bethaus und seit 1797 ertönte von ihrem Turm zur vollen Stunde die Melodie des Chorals „Lobe den Herrn" und zur halben Stunde die der Papageno-Arie aus der „Zauberflöte", der später der Text „Üb immer Treu und Redlichkeit" von Ludwig Hölty unterlegt wurde. Der Glockenist Otto Becker hatte während der Nazizeit vom Manuale des Glockenspiels aus die Häftlinge in der Lindenstraße mit ihren Lieblingsliedern gegrüßt. Am 21. März 1933, dem sogenannten „Tag von Potsdam", hatten Hitler und Hindenburg anlässlich der Eröffnung des Nazireichstages in Potsdam mit einem Händedruck, nach Lesart der Nationalsozialisten, „die Vermählung zwischen den Symbolen der alten Größe und der jungen Kraft" vollzogen. Seither ist das barocke Bauwerk für jene, die sich „Linke" nennen, bis auf den heutigen Tag kontaminiert. Wie froh bin ich, dass Hitler, der katholisch getauft worden war, die Kirche Sankt Peter und Paul in jener fernen Zeit nicht betreten hat. Das erspart den heutigen Besuchern der katholischen Messe die Sprechchöre zeitgeistiger Geschichtsdeuter.

Mit dem Glockenspiel der Garnisonkirche, fürchteten die einen, würde nun der militaristische Geist von Potsdam in die Stadt zurückkehren, während die anderen hofften, es würde nun vorangehen. Entsprechend aufgewühlt war die Stimmung in der Stadt. Wollte man denn Gott loben, immer Treu und Redlichkeit üben? Am Denkmal des Deserteurs sammelte sich eine kleine Gegenveranstaltung, während sich um das aus Iserlohn herbeigeschaffte, nachgegossene Glockenspiel die very important persons und eine große Menge von Volk drängte. Als der greise Prinz Louis Ferdinand sprach, schrie jemand aus der Menge: „Halts Maul und denk an die Arbeitslosigkeit!" Ein anderer wetterte gegen den Abriss der Betonruine des neuen Theaters auf dem Alten Markt. Doch alle hörten bewegt zu, als die 91-Jährige Witwe des letzten Glockenisten Otto Becker sprach. Ohne Manuskript hielt sie eine klare, kindlich anmutende und doch so kluge Rede, die mit den aus weiter Ferne kommenden Worten schloss: „Das walte Gott." Die Witwe hatte die ganze Zeit in Potsdam gelebt, zuletzt fast vergessen in einem Altersheim. Und nun, kurz vor ihrem Tod, kehrten sie, ihr vor fast vierzig Jahren verstorbener Mann und seine Arbeitsstätte, die Garnisonkirche, ins helle Licht der Gegenwart zurück. Wie mag ihr zumute gewesen sein?

Später am Tag konstituierte sich das Ehrenkuratorium für die Tausendjahrfeier. Beim Umtrunk nach Reden und musikalischem Programm wechselte ich einige Worte mit diesem und jenem. Aber der Boden, auf dem sich alle bewegten, schwankte beträchtlich. Die westlichen Honoratioren verbargen ihre Unsicherheit unter forschem Auftreten und lautem Gelächter, die wenigen östlichen Mitglieder des Ehrenkuratoriums wirkten angespannt. Nur einige blieben natürlich. Als ich den alten Heinz Werner Hübner fragte, wie ihm der Festakt gefallen habe, antwortete er, gequält lächelnd: „Gut, aber zu lang, viel zu lang."

Wo war ich hingeraten? Eben noch in der überschaubaren DDR, in der Freund und Feind leicht zu unterscheiden gewesen waren, wo Titel und materieller Reichtum keine Rolle gespielt hatten, Grenzen genau abgesteckt waren, befand ich mich nun auf einem unendlichen Feld widerstreitender Interessen und Begehrlichkeiten. Die ersehnte Freiheit von der Diktatur begegnete mir nun als Freiheit, Geschäfte zu machen und Unwissende übers Ohr zu hauen. Ich verstand nichts von Computern, Betriebswirtschaft, den neuen Rechtsvorschriften, auf deren Kenntnisse wir in der Stadtverwaltung angewiesen waren. Den eingeborenen Potsdamern blieb nichts anderes übrig, als durch Handeln zu lernen und den Preis dafür zu zahlen. Mehr als einmal fühlte ich mich in Gesprächen und Verhandlungen mit Westdeutschen wie eine Hochstaplerin. Mein Vorteil lag darin, dass ich als Verantwortliche für das Festbuch „1000 Jahre Potsdam" etwas vom Büchermachen verstand und dass mein Leben mich Menschenkenntnis gelehrt hatte.

Donnerstag, 25. April 1991:
„Heute früh war ich fest entschlossen zu kündigen, da mit meiner Kraft am Ende; kalte Wohnung, vertrocknete Blu-

men, leerer Kühlschrank, ein chaotischer Chef, der liebens-
wert ist, aber nicht organisieren kann; ich wie ein Pferd, das
unter Peitschenschlägen eine Fuhre Steine den Berg hinauf,
zieht ..."

Doch konnte ich den Bettel nicht einfach hinwerfen, und
was das Theater um tausend Jahre Potsdam anging, das ja
eigentlich erst seit dreihundert Jahren etwas mehr war als
eine zufällige Anhäufung ärmlicher Katen, so musste es
im Interesse seines Wiederaufbaus gespielt werden. Ich litt
darunter, nicht mehr zum Schreiben zu kommen, denn
Schreiben bedeutete für mich, die Mitte zu gewinnen. Als
Trost redete ich mir ein, all die menschliche Not, Hilflosigkeit, Dummheit, Arroganz, die ich täglich erlebte und
die oft über meine Kräfte gingen, seien Wege zur Selbst-
erkenntnis und zur Erkenntnis der Welt. All die aufgebla-
senen, von der Geschichte offensichtlich gerechtfertigten
Vertreter der Marktwirtschaft, die uns herablassend über
die Moderne belehrten, mussten eben einfach ausgehalten
werden.

Ein belgischer Makler, mit dem ich in jenen Tagen ins
Gespräch kam, meinte, die Ostdeutschen, ihm jetzt noch
so sympathisch, würden mit zunehmendem Reichtum gewiss ebenso arrogant und besserwisserisch wie die Westdeutschen. Das künftige vereinte Europa wünschte er sich
als Europa der Regionen, nicht der Nationen. Seine Vo-
raussage traf ein, sein Wunsch erfüllte sich nicht.

Potsdams Nähe zu Berlin, in dem trotz heftigen Widerstands der Bonn-Befürworter viele die neue alte Hauptstadt Deutschlands sahen, zog Geschäftsleute, Politiker,

Medienbosse aus ganz Deutschland magisch an. Das war Potsdams Chance für einen schnellen Wiederaufbau und zugleich eine Gefahr für seine Identität. Die einstige Stadt der Könige, der Kasernen, Beamten, des russischen Geheimdienstes, der Staatssicherheit – was sollte sie in Zukunft sein?

In diesen Tagen, da ich unter der Last immer neuer Aufgaben zusammenzubrechen fürchtete, meldete sich der Astrophysiker Rudolf Tschäpe bei mir. Er gehörte zu den Gründern des Neuen Forums und war jetzt Abgeordneter im Stadtparlament. Wir hatten uns in der turbulenten Wendezeit, noch vor dem Fall der Mauer, kennengelernt. Nur ein dreiviertel Jahr jünger als ich, wirkte er doch immer wie ein sanfter großer Junge. Er wurde nie laut, war aber von einer stillen Hartnäckigkeit, die ihr Ziel nie aus dem Auge verlor. Schon 1990, während ich mich noch mit dem Gedanken trug, in Wuppertal Verlagsleiterin zu werden, hatte er mich angesprochen, man müsse unbedingt ein Buch, eine Ausstellung oder so etwas Ähnliches über Peter Huchel, den in der DDR verfolgten Autor, machen. Ob ich als Schriftstellerin … Auf meinen Einwand, das könnten Literaturwissenschaftler besser als ich, man sollte lieber ein Buch über Peter Huchel und die Stasi schreiben, entgegnete er: Eben, und das kannst du besser als ein Literaturwissenschaftler.

Noch aber war das Schicksal der Stasiakten ungewiss. Am 3. Oktober 1990 war der Bürgerrechtler Joachim Gauck aus Rostock zum Sonderbeauftragten der Regierung für die Hinterlassenschaften der Staatssicherheit ernannt worden.

Nach dem Willen der Bundesregierung sollten sie in das Bundesarchiv nach Koblenz überführt und für dreißig Jahre gesperrt werden. Dagegen hatte sich unter den Bürgerrechtlern im Osten heftiger Widerstand geregt, der bis zum Hungerstreik ging. Jetzt, im Frühjahr 1991, sah es so aus, als könnte es gelingen, die Stasiakten im Osten zu behalten und der Öffentlichkeit zugänglich zu machen.

Rudolf Tschäpe gehörte zu denen, die das Eisen schmieden, solange es warm ist. Er drängte mich, mit ihm zu Hansjörg Geiger, dem Stellvertreter von Joachim Gauck, nach Berlin zu fahren und in der Sache Huchel vorstellig zu werden. Außerdem ginge es noch um die Analyse der Stasi-Hochschule in Potsdam-Golm und die Aufklärung des Schicksals von Potsdams CDU-Bürgermeister Erwin Köhler, der 1950 von der Straße weg verhaftet und Anfang 1951 in Moskau hingerichtet worden war.

Ich hatte tausend andere Dinge zu tun, aber Rudolfs sanftem und zugleich bestimmtem Werben konnte ich nicht widerstehen. Also fuhren wir am 26. April, einem Freitag, nach Dienstschluss mit der S-Bahn nach Berlin. Es war noch immer nicht selbstverständlich, direkt aus der Potsdamer Stadtmitte bis zur Berliner Friedrichstraße zu fahren. Wir genossen die Fahrt. Rudolf erzählte aus seinem Leben. Sein Vater war Richter gewesen und 1949 an Tuberkulose gestorben. Seine Mutter, eine Krankenschwester, später Christenlehrerin, hatte die drei Kinder allein großgezogen. Seit jeher hatte Rudolf aus seinem christlichen Glauben die Kraft bezogen, sich dem totalitären Staat zu verweigern. Der Einmarsch der Russen und ihrer Verbündeter in die Tschechoslowakei 1968 war für ihn wie für mich ein Schock gewesen und zugleich der Auslöser für zunehmenden politischen Widerstand.

Das Amt des Sonderbeauftragten Gauck lag damals in der Berliner Behrenstraße, direkt gegenüber der Komischen Oper, ein vormaliges Stasiobjekt. Die beiden Wachmänner am Eingang wollten oder konnten auf unsere Frage nichts zur Vergangenheit des Gebäudes sagen. Auf unsere witzigen Fragen reagierten sie umständlich, hölzern, angestrengt freundlich, man merkte ihnen deutlich an, dass sie viel lieber gesagt hätten: Maul halten, weitergehen! Als sie uns dann an „unsere Presseorgane" verwiesen, verrieten sie sich vollends. Wir gingen durch große kahle Zimmer und Flure, von denen Kälte ausströmte. Trotz der freundlichen Menschen, die uns den Weg zu Dr. Geigers Büro wiesen, schien der vorherige Geist des Ortes noch an den Wänden und in den Türritzen zu haften.

Mit Hansjörg Geiger, zwei Tage jünger als ich, ebenso Flüchtlingskind aus der Tschechoslowakei, hatte es das Schicksal freundlicher gemeint. Seine Familie war wie die meisten Sudetendeutschen nach Kriegsende in Bayern gelandet, er hatte Jura studiert und war zuletzt Referatsleiter beim Bayrischen Landesbeauftragten für Datenschutz gewesen. Nun saß er hier in Ostberlin in einem unwirtlichen Raum mit einer Aufgabe, für deren Lösung es keine Vorbilder gab. Der schlanke, kultivierte Mann hörte uns aufmerksam zu und versprach uns dann jegliche Unterstützung. Vorerst werde es nur möglich sein, Art und Umfang der Akten festzustellen, aber er sei voller Hoffnung, dass es vielleicht noch in diesem Jahr ein Gesetz geben werde, das die Einsicht in die Akten gestatte. Er sprach schnell und bestimmt. Seine geschwollenen Augenlider verrieten, dass er mindestens ebenso müde war wie ich, und doch strahlte er Begeisterung und Tatkraft aus.

97,24 Kilometer Akten lagerten in der Stasizentrale Normannenstraße, dazu 20 000 Säcke mit geschreddertem Material. Schon sich eine Übersicht zu verschaffen, sei eine Heidenarbeit. Ein ganzes Volk wurde bespitzelt und die halbe Welt dazu. Was soll, was wird mit den Akten geschehen? Tausende waren damit beschäftigt, sie anzulegen, Tausende müssen sie nun sichten, verwalten, auswerten. Während ich Dr. Geiger zuhörte, dachte ich: Papier, Papier, Schicksale zu Papier geworden, der Mensch erstickt am eigenen Abfall. Damals kam mir nicht einmal im Traum der Gedanke, dass ich vier Jahre später meine eigene Stasiakte lesen würde.

Als wir uns verabschiedeten, sah uns Hansjörg Geiger aufmerksam an. „Ja", sagte er, „es ist ein Gehen am Abgrund äußerster Erschöpfung, und doch gibt es auch immer wieder gute Begebnisse, die einem Kraft verleihen, weiterzugehen, zum Beispiel Menschen wie Sie, die sich aufopfern, indem sie einfach tun, was getan werden muss."

Auf der Rückfahrt sinnierten Rudolf und ich über die Gründe, warum manche Leute trotz offensichtlicher Beweise ihre Stasivergangenheit so hartnäckig leugneten. Zu ihnen gehörten Menschen, die wir persönlich kannten und an deren Aufrichtigkeit wir nie gezweifelt hatten. Sie schlugen lieber die gefährlichsten Volten, erdachten die unsinnigsten Lügen, als einfach Schuld einzugestehen und um Vergebung zu bitten. Vielleicht lag es daran, dass in einer säkularen Gesellschaft Schuld, Sühne und Vergebung Fremdwörter waren. Wer in den Augen der Öffentlichkeit, worunter man gemeinhin die politisch dominierende Gruppe zu verstehen hat, Schuld auf sich geladen hat, wird erbarmungslos über den Markt getrieben. Reue brachte nichts und wer sollte Vergebung gewähren, wenn es keinen Gott gab? Das wussten die Gestrauchelten und sie wehrten sich mit allen ihnen zur Verfügung stehenden Mitteln gegen Reue und Geständnis. Eine Welt ohne Gott ist erbarmungslos.

Wir redeten über Huchel, den Bildhauer Wieland Förster, über Naziarchitektur und die Faszination, die für Rudolf von ihr ausging – fragend, suchend, ohne Furcht vor Missverständnissen.

Wieder zu Hause, war ich Rudolf dankbar, dass er mich zu dieser Fahrt nach Berlin gedrängt hatte, als ahnte er, dass sie mich aufbauen würde.

Am nächsten Tag besuchte ich Willi und Marianne, sie Lehrerin, er bis 1989 Funktionär bei der Bezirksleitung der SED. Ich bewahrte beiden eine treue Anhänglichkeit, obwohl wir politisch entgegengesetzte Meinungen vertraten. Willi hatte 1984 meinem siebzehnjährigen Sohn gegen die Parteibürokratie beigestanden und ich hatte seinem gleichaltrigem Sohn die Totenrede gehalten. Uns verbanden nicht Interessen oder Ideologien, sondern erfahrenes Leid und menschliche Anteilnahme. Beide waren jetzt Mitglieder der PDS, der Nachfolgeorganisation der SED. Auf mein skeptisches Kopfschütteln beteuerte Marianne, sie sei da „drin, um die jungen PDSler davon abzuhalten, sich genauso blöd aufzuführen wie einst wir". Ich sagte nichts weiter dazu. Marianne war eine kluge Frau, sie würde selbst herausfinden, dass sie einer Illusion aufsaß. Mehr Sorgen machte mir Willi. Mit vergrämtem und finsterem Gesicht saß der durch Medikamente gegen sein schweres Rheuma aufgedunsene Mann am Tisch. Meine Fragen, wie die Verbindung zwischen Staatssicherheit und Bezirksleitung funktioniert habe, beantwortete er nicht. Er war in der Bezirksleitung der SED für die Künstler zuständig gewesen und hatte, in dieser Funktion weisungsberechtigt mit der Staatssicherheit zu tun gehabt. Eigentlich war er der Prellbock zwischen Partei und Künstlern gewesen. Das wusste ich aus eigener Erfahrung, auch mich hatte er zuweilen gewarnt und verteidigt. Dabei war er mit seiner Offenheit manchmal für ihn gefährlich weitgegangen.

„Rede", sagte ich, „es wird dir guttun." Doch er schwieg, und ich wusste nicht, ob aus Scham, aus Angst, nicht verstanden zu werden, oder aus Parteidisziplin. So blieb es auch, bis drei Jahre später ein Herzinfarkt den Vierundsechzigjährigen aus dem Leben riss.

Mittwoch, 1. Mai 1991:
„Die Mauer im Neuen Garten ist völlig weg. An ihrer Stelle geschwungene Wege, Gras, Bäume, als hätte es sie nie gegeben. Es fällt schon schwer, sich ihren Verlauf vorzustellen. Bleibt nur noch ein Phantomschmerz, die Frage, ob man nicht geträumt habe. An einem Stück Mauer könnte die Wunde leichter heilen …
Ein Spatz sitzt im Regen auf dem Balkonsims und

schimpft furchtbar aufs Wetter. Seit sechzehn Tagen Regen und Kälte. Wirbelstürme in den USA und Bangladesh, Erdbeben in Armenien und Georgien, Cholera in Südamerika, die menschenfressende Flucht der Kurden, in Kuwait verdunkeln brennende Erdölquellen den Himmel, Waffen werden nach wie vor geschmiedet, die Vögel sterben in der Luft wie die Fische im Wasser und die Menschen auf der Erde. Wir leben und sterben mitten in der Apokalypse und spielen Normalität."

Firmung in Stockholm

In dem Durcheinander der ersten Monate des Jahres 1991 hatte ich mir vorgenommen, mein Verhältnis zur katholischen Kirche in Ordnung zu bringen. Nach meiner verunglückten Kommunion 1952, nach Entfernung von der Kirche und der Rückkehr zu ihr in den Achtzigerjahren war ich Mitglied einer Gemeinde, aus der ich kaum jemanden kannte und wo man mir mit Abstand, der eine oder andere sogar mit Ablehnung, begegnete: Schriftstellerin, einstiges SED-Mitglied – ein Fremdkörper in der Diasporagemeinde. So wusste auch keiner, dass ich mit meinen fast fünfzig Jahren noch nicht gefirmt war. Ich fühlte mich ohnehin eher der Weltkirche zugehörig als der deutschen Kirche. Doch das war nicht der Grund, warum mich nach der Firmung verlangte. In und durch Rom hatte ich zum Glauben zurückgefunden. Ich wollte mich vergewissern, ob der Boden meines Glaubens trug, auf dem ich mich seit Jakobs Tod bewegte, und ihn dann firmieren. Oder war mein Glaube an Jesus Christus nur eine Schwärmerei, ein Placebo statt eines wirklichen Heilmittels?

Ich suchte nach geistlicher Beratung und meinte, sie bei einem klugen Jesuiten in Berlin zu finden. Der Pater, Ende fünfzig, hochgewachsen, schlank, fast schön zu nennen, glaubte, mir Weltkind entgegenkommen zu müssen, indem er aufzählte, was „die Kirche" alles falsch mache, wie altmodisch sie sei und wie sehr sie die Menschen an ihrer Selbstverwirklichung hindere. Er redete über die Befreiungsbewegungen in Südamerika, in einem Soziologendeutsch, das ich nicht verstand und auch nicht verstehen wollte. Für mich ging es um eine existenzielle Frage und er kam mir mit marxistischen Phrasen. Da sprang kein Funke über. Ich wusste mit dem Pater so wenig anzufangen wie er mit mir. Auch der Versuch, von ihm etwas über die Sakramente der Kirche und die Liturgie zu erfahren, schlug fehl. Er gab mir einige Schriften von den Befreiungstheologen Leonardo Boff und Paulo Evaristo Arns, die möge ich studieren, da stünde alles drin. Und wenn ich mich unbedingt firmen lassen wolle, hier sei ein Formular zum Anmelden. Mein Blick fiel auf den Passus: „Meine Lebensgemeinschaft mit Jesus Christus in der Gemeinschaft der Kirche will ich durch die Gaben des Heiligen Geistes stärken lassen." Mein Widerspruchsgeist erwachte. Von Lebensgemeinschaft könne bei mir nach jahrzehntelanger Abwesenheit von der Kirche ja wohl nicht die Rede sein. Der Pater lächelte schmal. Auf meine Frage nach den Gaben des Heiligen Geistes verwies er mich auf die Broschüren. Ob es denn einen Katechismus gäbe? Er winkte ab: Veraltet!

Ich ging nach einer Stunde, obwohl der Pater mir versichert hatte, einen halben Tag für mich Zeit zu haben. Die „Gemeinschaft der Kirche", von dem in dem Anmeldeformular die Rede war, erschien mir nach seinen Klagen über die Kirche nicht sehr verlockend. Ich hatte das Gefühl, einem Beamten im Öffentlichen Dienst Gottes begegnet zu sein.

Dennoch studierte ich die Schriften, aber sie sprachen nicht zu mir. Ich gestand den Verfassern zu, es mit ihren Vorstellungen zur Weltverbesserung ernst zu meinen. Aber was ich da las, hatte ich vierzig Jahre lang in der Schule, in den Vorlesungen und Seminaren zum Historischen und Dialektischen Materialismus an der Universität, in unzähligen Versammlungen gehört, darunter auch von durchaus vertrauenswürdigen Menschen. Doch diese Ideen hatten niemanden befreit, im Gegenteil, sie waren begleitet gewesen von Mauern und Stacheldraht, Zuchthäusern und geistiger Bevormundung.

Mein Weg zum Glauben und zur Kirche sperrte sich gegen Theorien und Ideologien. Er hatte mit der Liebe zu Jakob begonnen, den Schmerz über seinen Tod durchquert, war im Widerstand gegen den Staat DDR, in der Beschäftigung mit der Geschichte gewachsen und in Begegnungen mit tiefgläubigen Christen gereift.

Mich faszinierte, dass die Kirche seit zweitausend Jahren bestand. Christenverfolgungen, Versuchungen und Verirrungen hatten sie nicht an dem im Evangelium vorgezeichneten Weg irregemacht. Generation auf Generation bewahrte sie die geistigen Schätze Israels, Athens und Roms, fügte neue hinzu und vergaß ihre Söhne und Töchter nicht, ob man ihre Namen noch kannte wie die der Heiligen aller Jahrhunderte oder ob man dankbar all der Namenlosen gedachte. Eine ununterbrochene Reihe von Päpsten, starken und schwachen, hatten in der Nachfolge Petri das Schiff der Kirche durch die Zeiten gesteuert. Kaiser- und Königreiche waren versunken, gefeierte Welteroberer an ihrem Wahn gescheitert. Kirchenfeinde hatten sie in Bedrängnis gebracht, sie aber nicht überwinden können, weder durch Waffengewalt noch durch intellektuelle Anstrengungen.

Auch ich war in meiner Jugend einmal angetreten, der Kirche und dem vermeintlichen Aberglauben, den sie verkündete, den Garaus zu machen. Das Leben hatte mich bekehrt. „Wie ist das klein, womit wir ringen; was mit uns ringt, wie ist das groß", schrieb Rilke in seinem großen Gedicht „Der Schauende". Und Erasmus von Rotterdam meinte auf die Anfrage Luthers, wann er denn nun endlich aus der römisch-katholischen Kirche austrete: „Ich ertrage diese Kirche in der Hoffnung, dass sie besser wird, da auch sie gezwungen ist, mich in der Erwartung zu ertragen, dass ich besser werde."

Seit Johannes Paul II., der Papst aus Polen, traditionsbewusst, kraftvoll und mutig die katholische Christenheit führte, fühlte ich mich als Teil des *Corpus Christi Mysticum,* der unsichtbaren Kirche. Und da ich vor Jahren schon den Weg zur sichtbaren Kirche gefunden hatte, wollte ich meinen Glauben jetzt durch das Sakrament der Firmung bekräftigen, jenen Glauben, der nach den Worten aus dem Hebräerbrief „Feststehen in der Hoffnung" ist und „Überzeugtsein von Dingen, die man nicht sieht".

Der Jesuitenpater in Berlin sollte also mit seiner Mäkelei nicht das letzte Wort über die letzten Dinge haben. Ich bat Bischof Brandenburg im fernen Stockholm, mich zu firmen. Natürlich hätte ich das einfacher und näher haben können, in Potsdam oder Berlin. Aber in der Gemeinde war ich nicht zu Hause, den Pfarrer kannte ich nur vom Sehen, meine Freunde waren entweder evangelisch oder konfessionslos, sodass von ihnen keiner mein Firmpate sein konnte. Der Bischof hatte mich, die ich damals noch Mitglied der SED war, vor Jahren gastfreundlich in seinem Haus aufgenommen, damit ich für meinen Roman über Christine von Schweden recherchieren konnte. In den allmorgendlichen auf Schwedisch gefeierten Messen in seiner Privatkapelle hatte ich mehr von Glaube und Kirche begriffen als aus den Worten des Jesuiten und seinen Broschüren. Woher sollte ich die Kraft für diese Welt nehmen, wo jeder Tag den anderen widerlegte, Treue als veraltet, Ehrlichkeit als selbstmörderisch und Ehrfurcht vor den großen Leistungen unserer Vorväter als reaktionär galt! Um zu leben, musste ich lieben, musste ich Ja zu Gott und zu den Menschen sagen können. Von dem Bischof konnte ich zwar keine Glaubensunterweisung erhoffen, aber wenigstens würde er mir die Kirche nicht madig machen.

Bischof Brandenburg ließ mich wissen, er freue sich darauf, mich zu firmen, und so reiste ich Mitte Mai 1991 nach Stockholm. Die Freunde Margret und Rainer begrüßten mich herzlich, ich wohnte wieder im bischöflichen Haus. Das Gespräch mit dem siebenundsechzigjährigen Bischof war lebhaft und vertraut wie beim ersten Besuch vor Jahren. Er fragte nach der Lage in den neuen Ländern, nach den Stasiakten, nach meinen Kindern. Dann erzählte er, dass er vor Kurzem mit dem schwedischen Königspaar nach Rom gereist sei und mit ihnen das Grab von Königin Christine im Petersdom besucht habe. Er danke für das Manuskript über Christine von Schweden, es habe ihm gefallen. Ach ja, und der tschechische Präsident Vaclav Havel käme in Kürze nach Stockholm, und just am Tag der geplanten Firmung sei ein Empfang für ihn beim König, an dem er teilnehmen müsse, aber erst am Abend.

Ein herzliches Gespräch, der Bischof meinte mich wirklich. Aber ich fand es seltsam, dass er nicht fragte, warum ich mich firmen lassen wollte, warum von ihm, warum jetzt. Meine beiden Firmpaten, Margret und Rainer, beredeten mit mir ausführlich den Ablauf der Messe, Lieder, Texte, die Schwierigkeiten, da man hier die Messe ja nur auf Schwedisch feiere und man sich für die deutsche Feier umstellen müsse. Kein Wort zum Glauben, als hätten sich alle verabredet, geistliche Fragen zu vermeiden. Sprach man nicht über die letzten und tiefsten Dinge oder verfügte man dafür über kein Vokabular? Ich hatte ja auch Mühe, meine Unsicherheiten zu artikulieren. Aber ausgebildete Theologen wie Rainer und der Bischof? Über meinen vergeblichen Versuchen, mich über die Fundamente meines Glaubens zu vergewissern, stellten sich Müdigkeit und das Gefühl von Einsamkeit ein. Wollte ich mich wirklich firmen lassen? Da mir bis dahin noch eine Woche Zeit blieb, verbrachte ich die Tage mit Ausflügen nach Uppsala, Strängnäs, Arboga, zum Mälar, streifte durch Stockholm und fragte mich doch immer wieder, was ich hier eigentlich wollte. Ich brachte nicht den Mut auf, die Firmung abzusagen, und fühlte mich schlecht. Einzig der Gedanke an Vaclav Havel, der am Tag meiner Firmung seinen offiziellen Besuch in Stockholm beginnen würde, heiterte mich auf.

Havel hatte nach der Wende die Vertreibung der deutschen Minderheit aus seinem Land als „zutiefst unmoralische Tat" verurteilt. Damit war der bei den Tschechen sonst überaus beliebte Präsident und Schriftsteller auf heftigen Widerspruch der Mehrheit seines Volkes gestoßen. Aber meine Mutter, die Vertriebene, hatte Tränen des Glücks geweint, weil der einstige Dissident und nun oberste Repräsentant der Tschechoslowakei das ihr widerfahrene Unrecht Unrecht genannt hatte. Vierundvierzig Jahre hatte sie über ihre furchtbaren Erfahrungen bei der Vertreibung nicht sprechen dürfen. Auch nach dem Fall der Mauer schwieg sie, weil sie nicht das „selber schuld" der deutschen Nachgeborenen und der tschechischen Ignoranten hören wollte. Havel hatte mit seinem mutigen Wort meine Mutter befreit und damit auch mich.

Was einem schwer wird, dachte ich, muss nicht falsch sein. Die Entscheidung für den Glauben ist kein Wandeln in den Gefilden der Seligen, sondern oft ein steiniger Weg von Zweifel, Unsicherheit, Einsamkeit, Müdigkeit.

Es war gut, dass ich, die ich seit jeher leicht zur Rebellion neigte, meine Zweifel einfach aushielt. Noch auf dem kurzen Weg zur Privatkapelle durch Regen und Sturm verletzte mich ein herabfallender Ast am Kinn und ich wäre am liebsten umgekehrt. Margret behandelte die Beule mit Eisstift und Creme. In der Kapelle fanden wir den Bischof im Gebet versunken. Die beiden Marienschwestern seines

Haushalts, Beatrix (85) und Dosithea (50), kamen nach uns. Die Gemeinde meiner Firmfeier bestand aus sechs Leuten. Ich schaute mich in dem schmucklosen, weiß gekalkten Kellerraum mit seinem Tonnengewölbe um, als sähe ich ihn zum ersten Mal. Die Ziegel unter dem Kalk zeichneten sich deutlich ab. Ein langer schmaler Raum, an seiner Breitseite der aufgemauerte Altar. Der Fußboden gefliest. Keine Orgel. Nur die beiden Altarkerzen und die duftenden Lilien vermittelten so etwas wie Lebendigkeit. Hierher sollte der Heilige Geist kommen? Ich kniete in der Bank nieder, aber ein Gebet wollte mir nicht gelingen, in mir war alles leer. Der Bischof, nun in einem pfingstlich roten Messgewand, eröffnete die Messe. Die Gemeinde sang „Nun bitten wir den Heiligen Geist". Ich las die von Rainer ausgewählte Stelle aus dem Römerbrief: „Denn wir sind gerettet, doch in der Hoffnung. Hoffnung aber, die man schon erfüllt sieht, ist keine Hoffnung. Wie kann man auf etwas hoffen, das man sieht?

Hoffen wir aber auf das, was wir nicht sehen, dann harren wir aus in Geduld.

So nimmt sich auch der Geist unserer Schwachheit an. Denn wir wissen nicht, worum wir in rechter Weise beten sollen; der Geist selber tritt jedoch für uns ein mit Seufzen, das wir nicht in Worte fassen können."

Ich lauschte den Worten nach und staunte. Woher hatte Rainer gewusst, wie mir zumute war, als er diese Stelle auswählte?

Der Bischof trug aus dem Evangelium nach Matthäus das Gleichnis von den Talenten vor und schloss eine Predigt an, die ich von einem Kirchenjuristen so eindringlich nicht erwartet hatte. Hier fände keine „versteckte" Firmung statt, sondern eine im Herzen der Weltkirche, wo alle mit allen verbunden seien. Dankbar und froh sei er, mir dieses Sakrament spenden zu dürfen, habe er doch die Jahre seit meinem ersten Besuch die Geschehnisse in Ostdeutschland intensiver als zuvor verfolgt, an meinem Schicksal, dem meiner Kinder und Freunde Anteil genommen und darin das Wirken des Heiligen Geistes gesehen. Freilich sei es nicht immer leicht, ihn zu erkennen, aber wir sollten keine Furcht haben wie jener Diener, der das eine Talent versteckte, statt es zu vermehren. Dann legte er mir beide Hände auf und salbte meine Stirn mit Chrisam, während ich Margrets und Rainers Hände auf meinen Schultern spürte. Die Fürbitten sprach der Bischof für mich, meine Kinder und Freunde, für die ostdeutschen Länder. Aus der Körpermitte schoss mir ein heißer Strom in den Mund und füllte ihn mit Freude. Ich konnte meine Tränen nicht länger zurückhalten. Während der anschließenden Eucharistie öffnete sich der Kellerraum in den Kosmos hinein, ich stürzte in einen weißen Strahl und raste in ihm durch den dunklen Weltraum, bis da nur noch Licht war. Das „Lobet den Herren" nach dem Schlusssegen klang wie der Gesang vereinter Menschen- und Engelschöre, begleitet von mächtigen Orgeln. Nach der Rückkehr aus der Sakristei schloss sich der Bischof unserem langen stillen Gebet an. Es schien, als wollte sich keiner aus dieser unerhört dichten Atmosphäre entfernen. Jeder von uns spürte Seine Anwesenheit.

Der Bischof nahm sich noch Zeit zum gemeinsamen Kaffeetrinken bei Margret und Rainer, ehe er ins Schloss zum Empfang für Vaclav Havel fuhr. Er wirkte erfrischt und aufgeräumt, erkundigte sich immer wieder nach meinem Sohn, erzählte heiter von den Tischdamen, die ihm bei Empfängen zugeteilt würden, er war geradezu ausgelassen. Noch im Bann des Erlebten betrachtete ich immer wieder sein Geschenk, ein Kreuz aus Silber und Lapislazuli, das ihm einst Bischof Gonzales von Punta Arenas in Chile verehrt hatte.

Zum Abendessen kamen die beiden Nonnen, immer noch begeistert von der Messe. Bei Wein und Smörbrod lachten wir viel, denn die greise Beatrix erzählte unzählige Schnurren aus ihrem Leben. In mir vibrierte noch immer die Erschütterung des Nachmittags und so hörte ich mehr zu, als mich am Gespräch zu beteiligen.

Wahrscheinlich ist die seelische Trockenheit der vergangenen Tage notwendig gewesen, um für das Geschenk des Glaubens empfangsbereit zu sein, dachte ich. Vielleicht wussten der Bischof, Margret und Rainer darum, vielleicht aber auch nicht, und der Geist hatte ihnen die rechten Worte und Gesten zu rechten Zeit eingegeben.

Am nächsten Tag wollte ich das Stadthaus auf Kungsholm besichtigen, den Ort, wo die Nobelpreise vergeben werden. Doch es war für den Publikumsverkehr gesperrt. Vaclav Havel wurde erwartet. Also wartete auch ich. Am Vortag war der tschechische Präsident mit dem König in einer Prunkkalesche durch das regnerisch kalte Stockholm gefahren. Heute regnete es nicht, es schien sogar ab und zu die Sonne, doch es war kalt und stürmisch. Endlich fuhren die very important persons vor. Selten habe ich so viele hässliche, schlecht angezogene Frauen beieinander gesehen. Vaclav Havel, gebräunt und lächelnd, schritt an der Seite des Königs auf den Eingang zu. Ich winkte und jubelte nicht, das ist nicht meine Art, aber mein Herz flog ihm zu. Der Nobelpreis war ihm nicht beschieden, doch eine höhere Auszeichnung ist ihm gewiss, eine, der Motten und Rost nichts anhaben können und die alle Vergänglichkeit überdauert.

Erfahrungen mit Verlagen

29. Juni 1991:

„… Mehrmals fragte der Moderator Egon Krenz, ob er sich schuldig fühle. Gequält erwiderte der, er habe auf Anfrage doch schon hundertmal öffentlich gesagt, dass er sich schuldig fühle.

Da hat man nun einen, der sich moralisch schuldig erklärt und auch einer juristischen Verfolgung nicht ausweicht, wenn sie überhaupt möglich ist, und dennoch werden durch dieses Schuldeingeständnis weder er noch die Opfer erlöst …"

17. Juli 1991:

„Es gilt, sich immer wieder energisch gegen den Vorwurf zur Wehr setzen, wir seien weniger wert als die Westdeutschen, weil wir nicht so erfolgsorientiert funktionieren wie sie. Aber das ist sehr schwer, wenn marktgerechtes Verhalten und westliche Ansprüche als Maßstab gelten. Man kann nicht in einem dicken Auto durch die Gegend fahren, jede Mode mitmachen, alles haben wollen, von Neid zerfressen sein und gleichzeitig über die Kälte in den menschlichen Beziehungen klagen, wie es unsere westdeutschen Geschwister tun.

In der Projektgruppe „1000 Jahre Potsdam" zeichnete ich für die Herausgabe des Buches zum Stadtjubiläum und für das Ehrenkuratorium verantwortlich. Ich kam mir vor wie eine Hochstaplerin. In der Geschichte Roms kannte ich mich besser aus als in der von Potsdam. Es schien mir geradezu als Wunder, wie innerhalb von drei Monaten die Konzeption des Buches vorlag, 58 Autoren Beiträge zugesagt hatten und ein fähiger Gestalter in den Startlöchern stand.

Noch zu DDR-Zeiten war Professor Knut Kiesant, Germanist und Anglist an der Pädagogischen Hochschule, als Herausgeber bestimmt worden. Nun hatte ich die Aufgabe übernommen und Professor Kiesant nahm an, er würde nicht mehr gebraucht. Ich schlug ihm vor, das Buch gemeinsam herauszugeben. Erstaunt und erfreut sagte er zu. Wir ergänzten einander, der Wissenschaftler an der Universität und die Schriftstellerin im Magistrat. Keine Besserwissereien oder Rivalitäten trübten unsere Zusammenarbeit. Der Stadthistoriker Hartmut Knitter, in Potsdams Geschichte beschlagen wie kein zweiter, hilfsbereit und liebenswürdig, breitete seine Kenntnisse vor uns aus. Namen fügte sich an Namen, Vorschlag an Vorschlag. Wir prüften, verwarfen, entschieden, sprachen mit potenziellen Autoren, setzten Termine. Da gab es keine langen Sitzungen, überflüssiges Gerede, Hahnenkämpfe. Keiner der Beteiligten fragte nach Geld, alle wollten nur eins: ein gutes Buch und der Stadt Bestes. Wenn es Idealisten braucht, sind sie auch da. Ich hatte neben meinem Beitrag nur dafür zu sorgen, dass es ein lesbares, ja spannendes Buch wurde, das samt Veranstaltungsplan rechtzeitig vor dem Stadtjubiläum auf dem Tisch lag. Ein Jahr blieb uns dafür. In dieser Zeit habe ich nicht nur viel über die Stadtgeschichte Potsdams gelernt, sondern durch Diskussionen und Begegnungen auch die Stadt in ihrem Werden bis in die Gegenwart begriffen.

Die Suche nach einem Verlag, der in Berlin oder Brandenburg angesiedelt sein sollte, wurde zu einem besonderen Erlebnis. Projektleiter Dieter, der als Journalist alle und jeden kannte, und ich suchten Verlage auf, um uns einen Eindruck von deren Möglichkeiten zu verschaffen, ehe wir die Ausschreibung herausschickten. Der Auftrag, den die Stadt Potsdam da zu vergeben hatte, elektrisierte jeden Verlagsleiter.

Vor kurzer Zeit noch hatte ich meine Manuskripte den Verlagen angeboten und keine oder ablehnende Antworten erhalten. Nun aber vollführten die Verlagschefs vor mir einen Tanz wie um das Goldene Kalb. Sie priesen ihre Unternehmen in den höchsten Tönen, sie sprachen bei mir im Büro vor, machten Angebote, zeigten sich im besten Licht. Jeder hätte gern das Geschäft mit einer Erstauflage von dreißigtausend Exemplaren und garantierten Nachauflagen gemacht. Ich gestehe, ich empfand ein bisschen Genugtuung, wenn ich auf günstige Konditionen drängte – immerhin ging es um das Geld von Potsdamer Steuerzahlern – und auf die Ausschreibung verwies, über deren Ergebnis letztlich der Oberbürgermeister entscheiden würde.

„Ach, wissen Sie", sagte mir ein charmanter Westberliner Verleger, der dann doch nicht das Rennen machte, „das ist wie in einer guten Ehe: Die kluge Frau entscheidet und lässt den Mann in dem Glauben, er habe entschieden."

Zehn Verlage meldeten sich auf die Ausschreibung für das Buch „1000 Jahre" Potsdam. Mit allen hatte ich vorverhandelt, um nicht zu sagen, gefeilscht. Nun verglich ich die schriftlichen Angebote, rechnete, erwog und schlug dem Oberbürgermeister schließlich drei Verlage vor, deren Voranschläge für die Stadt am günstigsten waren. Der Ullstein Verlag machte das Rennen, auch, weil er schon mehrere solcher Festbücher von gediegener Qualität ediert hatte. Auf meine bange Frage an den Lektor, ob das Manuskript auf Computer geschrieben abgeliefert werden müsse – wir besaßen noch keine Computer und keiner von uns konnte mit so einem Ding umgehen –, antwortete er freundlich, er zöge die herkömmliche Weise mit Schreibmaschine vor. Auch gegen unseren Gestalter, ebenfalls ein Potsdamer Gewächs, erhob man keine Einwände, sondern stand ihm in allen technischen Fragen hilfsbereit zur Seite. Wenn man im Verlag die eifrigen, aber unerfahrenen Ostler insgeheim auch belächelte, man ließ es uns nicht merken. Ob in Ost oder West ansässig, wir wollten einfach ein gutes Buch machen und das gelang uns.

Ostberliner Verlage, mit denen ich gern zusammengearbeitet hätte, waren entweder in Auflösung, wurden gerade von westlichen Investoren übernommen oder ihr Führungspersonal roch geradezu nach Staatssicherheit. Irgendwo musste ja das Heer hauptamtlicher Stasileute unterkriechen. Die von ihnen offerierten Angebote waren kleinkariert und geldgierig, ebenso, wie sich einstige Funktionäre des Arbeiter- und Bauernstaates den Kapitalismus vorstellten. Und sie wollten erfolgreiche Kapitalisten sein! Was kümmerte es sie, dass unsere Autoren ihre Beiträge für ein Butterbrot schrieben und das ganze Unternehmen vom Potsdamer Steuerbürger bezahlt wurde.

Nie hätte ich mir träumen lassen, mit einem zu Springer und nun zur Langen-Müller-Gruppe gehörenden Verlag zusammenzuarbeiten. Das Gebäude stand im Zeitungsviertel an der Kochstraße, gegenüber dem Springer-Hochhaus, das wir zu Mauerzeiten an der Leuchtschrift mit den Nachrichten aus der „freien Welt" erkannt hatten. Springer war der Inbegriff des Bösen, nicht nur im Osten.

Wie hatten sich die Zeiten geändert. Bei einem meiner Besuche im Ullstein Verlag lud mich der Verlagschef in die oberste Etage des Springer Hauses zum Essen ein. Der gebürtige Neustrelitzer erzählte aus seinem Leben, mit freundlicher Distanz zu Axel Springer und der Geschichte des Hauses, und erkundigte sich eingehend nach den Potsdamer Verhältnissen. Natürlich wollte er den Auftrag für seinen Verlag haben, aber sein Interesse war nicht allein der Berechnung geschuldet. Das wurde mir spätestens klar, als er mit leuchtenden Augen von der Nacht des 9. zum 10. November 1989 erzählte. Von seiner Wohnung in Zehlendorf war er auf die Nachricht von der Maueröffnung sofort in die Kochstraße gefahren. Jubelnde Menschen aus dem Osten hatten den Sechzigjährigen auf die Mauerkrone gezogen und dort stand er mitten unter ihnen, lachte und weinte in einem.

„Die im Osten haben auch uns befreit", sagte er. Seine jungenhafte Freude und aufrichtige Bewunderung rührten mich. Dann wieder registrierte ich: In aller freundlichen Zuwendung der Ullstein-Leute befremdet eine gewisse Gönnerhaftigkeit, als ob wir in den vergangenen Jahrzehnten hinter dem Mond gelebt hätten. Aber arme Leute dürfen nicht empfindlich sein. Wir sperrten Augen und Ohren auf, lernten und wussten dabei, wir hatten Erfahrungen und etwas zu sagen, worum uns die klugen und saturierten Leute im Verlag im Grunde beneideten. Und so gestaltete sich unsere Zusammenarbeit vom Sommer 1991 bis zum Erscheinungstermin des Buches im Oktober 1992 fruchtbar und angenehm.

Ende Januar 1992 vermittelte mir der Chef des Ullstein Verlages eine Begegnung mit Friede Springer, der Witwe von Axel. In unserer Projektgruppe „Potstausend" hatten wir den Plan entwickelt, aus Anlass der Feierlichkeiten zum Stadtjubiläum ein Schiff, den „Potsdampfer", von West nach Ost oder umgekehrt über Flüsse und Kanäle Deutschlands schippern zu lassen. Dazu brauchte es Sponsoren. Da Friede Springer dem Ehrenkuratorium angehörte, sollte ich ihr das Projekt schmackhaft machen, damit sie ihre Mitvorstände des Springer Verlages dafür interessierte.

An einem grauen, nasskalten Wintertag stand ich vor dem Springer-Hochhaus und ließ meinen Blick die hohe, glatte Fassade hinauf in den bleiernen Himmel wandern. Warum musste ausgerechnet ich etwas tun, wonach ich mich nicht gedrängt hatte?

Mit dem Namen Springer verband ich wie viele in der DDR Anklagen der Achtundsechziger, Tumulte, eben das, was der DDR-Lügenbaron Karl-Eduard von Schnitzler und die Westmedien so erzählten. Während meiner

Studentenzeit in Berlin hatte ich von jenseits der Mauer manchmal die Leuchtschrift mit den Nachrichten am Springer Haus verfolgt. Nie hätte ich mir vorstellen können, einmal hier zu stehen und gar dieses Haus zu betreten. Axel Springer war uns bis zu seinem Tod im Jahre 1985 als der leibhaftige Teufel dargestellt worden, vor allem, weil in seiner Presse die Worte Deutsche Demokratische Republik und ihr Kürzel DDR immer in ironischen Anführungszeichen erschienen. Er galt noch heute als eine der umstrittensten Personen der Zeitgeschichte.

Der Fahrstuhl brachte mich in den neunzehnten Stock. Am Ausgang empfing mich eine Sekretärin und geleitete mich in das Büro von Friede Springer. Eine gertenschlanke, jugendlich wirkende Frau in meinem Alter kam mir entgegen und nahm mir durch ihre Natürlichkeit alle Beklemmung. Ich schaute mich im Raum um: holzgetäfelte Wände, eine Bar in japanischem Holz und Stil, eine weiße Couchgarnitur, der Schreibtisch, hinter dem sie Platz nahm. „Das Büro von Axel Caesar", sagte Friede Springer, meinem Blick folgend. Ich wusste, dass sie die fünfte Frau des Medienzaren gewesen war, vorher Kindergärtnerin und Erzieherin von Axels Söhnen, von der Insel Sylt stammend. Sie war mir vom ersten Augenblick an sympathisch. Sie erzählte von sich, ich von mir, und was uns die verstorbenen Männer, beide jeweils dreißig Jahre älter als wir, bedeutet hatten. Wie ich führte sie seit ihrer Jugend Tagebuch, und seien es täglich nur ein paar Zeilen. Zweimal schaute sie mich während unseres entspannten Gesprächs ungläubig an, ob meine Zuwendung auch wirklich vom Herzen komme. Sie kam. Wir begeisterten uns in Erinnerungen an den Mauerfall. Für Potsdam fand sie warme Worte, erwäge auch, dort ein Haus zu erwerben, sie tue viel für die Stadt, aber bleibe lieber im Hintergrund, da ihr öffentliche Auftritte nicht lägen.

Ich stellte ihr unser Projekt vor, es gefiel ihr, sie werde die Sache prüfen und mich anrufen. Es war ein schönes Gespräch im ungezwungenen Rhythmus von Zuhören und Sprechen. Als sie mich nach einer Stunde zum Fahrstuhl begleitete, sagte sie zum Abschied, sie habe sich schon immer sehr für Potsdam eingesetzt, aber nun, da sie mich kenne, werde sie es doppelt so gern und intensiv tun.

Friede Springer verwendete sich wie versprochen für unser Projekt. Schon zwei Tage später erhielt ich einen Anruf aus dem Büro des Vorstandsvorsitzenden Günter W. und einen kurzfristigen Termin. In der Nacht vorher träumte mir, meine Katze, die schon seit zwei Jahren tot war, baute sich vor mir auf und sprach mit menschlicher Stimme: „Ich will zu dem großen Hund dort gehen, er ist mein Freund." Es war ein schwarzer Neufundländer. „Nein, tu das nicht", rief ich voller Angst, „er wird dich töten." Aber sie sprang schon zu ihm hin, erhob sich auf die Hinterpfoten und tätschelte mit ihren weißen Pfötchen sein Maul. Er bellte. Darauf schoss von der Seite her eine Art schwarzer Pudel, nur mit längerem Körper, auf die Katze zu, packte sie bei der Kehle, schleuderte ihren hilflosen Körper hin und her und erwürgte sie.

Am Abend dieses Tages wusste ich, dass der Traum eine Warnung gewesen war.

Mit einer Sekretärin fuhr ich diesmal ins „Allerheiligste" des Springer-Konzerns, in die Vorstandsetage im 17. Stock. In einem unpersönlich wirkenden Büro erwarteten mich drei Herren, unter ihnen Günter W., ein Jahr jünger als ich. Friede Springer hatte mich auf ihn mit der Bemerkung vorbereitet, ich möge nicht erschrecken, aber Günter W. habe gerade eine Chemotherapie hinter sich, keine Haare und sähe sehr mitgenommen aus.

Als ich eintrat, aß er gerade ein Schmalzbrot und überraschte mich nach der ziemlich einsilbigen Begrüßung mit der Frage: „Wo und wie kann man günstig Grundstücke in Potsdam erwerben?" Meinte er das ernst? Die abschätzenden und abschätzigen Blicke der drei Herren brannten wie Feuer auf meiner Haut und trieben mir die Röte ins Gesicht. Sie verloren ihre Zeit nicht mit einleitenden Floskeln und kamen gleich zur Sache. Ich begriff, dass dieser Termin nur auf Friede Springers Wunsch zustandegekommen war und die Herren ihn schnell hinter sich bringen wollten. Ich unterdrückte meine Enttäuschung und setzte zu einem viertelstündigen Vortrag an, werbend und pointiert, manchmal auch selbstironisch: Warum und wie das Schiff durch das vereinte Deutschland schippern und seine Botschaft vom Osten in den Westen tragen sollte. Tausend Jahre deutsche Geschichte vor dem Hintergrund vierzigjähriger Teilung, Aufklärung und Ausblick zugleich, an Mann und Frau gebracht durch Veranstaltungen, Begegnungen und Ausstellungen am jeweiligen Ort. Das würde nicht nur unsere Stadt im Westen bekannt machen, sondern könnte auch gegen die wachsenden Vorurteile von profitgierigen Wessis und faulen

Ossis angehen. Mit den Worten „Sitzen wir nicht alle in einem Boot?", schloss ich die Vorstellung des Projekts.

Die Gesichter der Herren blieben unbewegt. Ich dachte an den sympathischen jungen Westberliner Juristen in unserer Abteilung, den Erfinder des „Potsdampfers". Vielleicht hätte er eher überzeugen können. Ich hatte das Friede Springer auch vorgeschlagen, aber sie meinte, nein, ich solle das tun.

Nach meinem Vortrag fragte Günter W. nach „Sicherheiten". Aus meiner Osterfahrung, dass das Sicherste im Leben die Unsicherheit war, fragte ich zurück, ob es denn auf dieser Welt überhaupt Sicherheiten gäbe. Ich schaute den von Krankheit gezeichneten Mann an. Erst seit einem reichlichen Jahr saß er auf seinem Chefsessel. Wahrscheinlich hatte sich der Achtundvierzigjährige den Posten hart erkämpft. Und nun durchkreuzte der Krebs, der ihn ein Jahr später besiegen würde, von einem Tag auf den anderen alle seine Pläne und Sicherheiten. Doch daran schien er nicht zu denken, als er erwiderte: „Dann will ich deutlicher werden: Was springt bei der Sache für uns heraus?" Ich zuckte mit den Schultern. Woher sollte ich das wissen?

„Aber Ihre Vermarktungsstrategien müssen Sie uns schon erläutern", wurde ich aufgefordert.

Nun reichte es mir. Mit Vermarktungsstrategien könne ich nicht dienen, ja, mir nicht einmal etwas unter diesem Wort vorstellen, sagte ich und wies auf die Mappe unseres West-Mitarbeiters, die bisher niemand eines Blickes gewürdigt hatte. Da stünde alles drin. Meine Aufgabe habe nur darin bestanden, unsere Idee vorzustellen und den Springer Verlag dafür zu interessieren. Das sei mir offensichtlich nicht gelungen, was nicht gegen das Projekt spreche.

Mich widerte meine eigene Arroganz an. Aber den Herren schien dieser Ton zu gefallen, der ihnen rasche Auffassung und Anpassung signalisierte. Nun wollten sie mich noch nicht gehen lassen. Manfred Stolpe und die Stasi interessierten sie. „Was meinen Sie, hat er Dreck am Stecken? Hält er den Gerüchten über eine Zusammenarbeit mit der Staatssicherheit stand, sitzt er sie aus oder wird er die Nerven verlieren?"

Kaltschnäuzig klang das und lauernd. „Sie erwarten doch nicht von mir, dass ich mich hier über den Ministerpräsidenten des Landes Brandenburg auslasse", erwiderte ich. Kurz davor, die Fassung zu verlieren, fühlte ich mich in diesem Augenblick den miesesten Parteifunktionären, denen ich je in der DDR begegnet war, näher als den drei Herren vom Springer-Vorstand. Der Gestalter unseres Festbuches hatte mir erzählt, wie Manfred Stolpe ihm zu DDR-Zeiten zu einer Reise in den Westen in dringenden Familienangelegenheiten verholfen hatte. Mochte sein, der frühere Konsistorialpräsident war einen Pakt mit dem Teufel eingegangen, aber allein diese Hilfe für einen Mitmenschen in Not würde ihm vor Gott angerechnet. Wie sollten das diese Herren verstehen, die den Osten und seine Probleme mit der Vergangenheit unbeteiligt und amüsiert von ihren Chefsesseln aus betrachteten und dabei an Profite dachten? Wer würde einst für sie Fürsprache einlegen?

Nichts hielt mich mehr in diesem Raum, dessen Energien ich geradezu physisch als bedrohlich empfand. Hier konnte sich nur durchsetzen, wer die anderen an Zynismus und Herzenskälte übertraf. Auf solche Siege war ich nicht aus. Im Gegensatz zur Begrüßung vor fünfunddreißig Minuten verabschiedete sich Günter W. jetzt fast herzlich von mir. Wahrscheinlich war er ebenso erleichtert wie ich, dass unsere Wege sich trennten.

So ging der Potsdampfer zwischen der Scylla unserer Unerfahrenheit und der Charybdis westlichen Geschäftsgebarens sang- und klanglos unter.

Ich begegnete Friede Springer später noch mehrmals bei Veranstaltungen zur Tausendjahrfeier, aber die Vertraulichkeit jener Stunde im 19. Stock des Springerhauses stellte sich nicht mehr ein.

Beisetzung Friedrichs II. im Park von Sanssouci

Zur Beisetzung der Särge der Preußenkönige Friedrich II. und seines Vaters Wilhelm I. am 17. August 1991 in Sanssouci reisten ein Vierteljahr nach der Einsetzung des Ehrenkuratoriums wieder Zelebritäten, unter ihnen Bundeskanzler Kohl, aus ganz Deutschland an. Diesem Datum war ein monatelanger Nervenkrieg vorangegangen. Alle überregionalen Zeitungen berichteten. In den Medien hörte sich die bevorstehende Grablegung so an, als erschiene Adolf Hitler im August höchstpersönlich in der nicht mehr existierenden Potsdamer Garnisonkirche, um die Macht zu ergreifen. Die Journalisten schufen eine Chimäre, um sie dann lustvoll zu bekämpfen. Überall fanden sie dafür Verbündete. Von der SPD bis zur Bayernpartei, von Kirchenvertretern bis zu rechten und linken Splitterparteien warnten deren selbst ernannte Vertreter das Volk vor einem neuen preußischen Zentralismus und Militarismus, der fortan von Potsdam ausgehen werde. Von Pomp und Brimborium, von Gefahr und Rückfall in finstere Zeiten war die Rede.

Ein Mitarbeiter des Hessischen Rundfunks tauchte im Büro auf und fragte nach „skurrilen Gestalten". Im Zusammenhang mit dem 17. August hätten die Kollegen schon alles „abgegrast"; er suche für seinen Beitrag etwas Originelles, eben „patriotische Sonderlinge".

Der Korrespondent von Daily Telegraph, ein Mr. Sharwell, sagte mir, in England verstünde man die Streitereien um Berlin als Hauptstadt und um die Beisetzung der Königssärge nicht. Was denn diese Ereignisse des Jahres 1991 mit den Schlesischen Kriegen und Auschwitz zu tun hätten. Und ein ausländischer Historiker, dessen Namen ich vergessen habe, bemerkte genervt, die Deutschen mögen doch endlich Frieden schließen mit ihrer Geschichte.

Was war denn auch weiter geschehen, als dass der Enkel des letzten deutschen Kaisers versprochen hatte, die Särge seiner Vorfahren nach Potsdam zu bringen, wenn Deutschland wieder in Frieden und Freiheit vereint sei! Nach ihrem Tod waren König Wilhelm I. und dessen Sohn Friedrich II. in der Garnisonkirche beigesetzt worden. 1945 hatte man die Särge vor den anrückenden russischen Truppen auf der Stammburg der Hohenzollern in Sicherheit gebracht. Nun kehrten sie zurück. Die Garnisonkirche war den englischen Luftangriffen und dem real existierenden Sozialismus zum Opfer gefallen, also würde

man den Soldatenkönig im Mausoleum an der Friedens-
kirche beisetzen und Friedrich II. seinem Wunsch entsprechend, den man damals missachtet hatte, in der seit
seinen Lebzeiten vorbereiteten Gruft auf dem Weinberg
von Sanssouci neben seinen Hunden. Denn Deutschland
erfreute sich der Einheit in Frieden und Freiheit.

Ein eingelöstes Versprechen, eine schöne Geste, lebendige Geschichte. Nicht mehr, aber auch nicht weniger.
Während eines entspannten Sommerabend-Gesprächs
beim Bier brachte es der Journalist Heinz Werner Hübner, 1921 in Potsdam geboren und jeglicher Ideologie und
Sentimentalität abhold, mit dem Berliner Spruch auf den
Punkt: „Traurigsein hat keinen Zweck, Grieneisen bringt
die Leiche weg." Grieneisen, erfuhr ich bei dieser Gelegenheit, war ein altes Berliner Bestattungsunternehmen,
das schon die Kaiser Wilhelm I. und Friedrich III. beerdigt und nun eben auch die Bestattung der Königssärge
übernommen hatte.

Heinz Werner Hübner verstand die ganze Aufregung
um die Königssärge so wenig wie ich. Er gehörte noch einer Generation von Journalisten an, die sich als Berichter-
statter verstanden und nicht als Meinungsmanipulatoren
und schon gar nicht als Ideologen.

Die Feier im Schlosstheater war preußisch nüchtern
und gerade deshalb bewegend. Prinz Louis Ferdinand erhielt von der Landesregierung eine Urkunde überreicht,
in der versichert wurde, das Land Brandenburg nehme
die Särge dauerhaft auf und erweise ihnen gebührenden
Respekt. Ministerpräsident Stolpe sprach sehr verhalten,
kritisch, aber auch selbstbewusst über die hellen und

dunklen Seiten der preußischen Geschichte, Christian Graf Krockow hielt in unterkühltem Ton, doch eindringlich einen Vortrag über den Menschen Friedrich II. und endete mit den Worten des Königs an seinen Leibarzt, als der bedauerte, ihm nicht mehr helfen zu können: „Adieu, Zimmermann, gehen Sie und vergessen Sie den alten Mann hier nicht."

Der fast vierundachtzigjährige Chef des Hauses Hohenzollern bedankte sich mit innigen Worten bei der Stadt und beim Land für die Bereitschaft, die Königssärge wieder in Potsdam beizusetzen. Er war so gerührt, dass er sich in den Strippen des Mikrofonständers verhedderte und beinahe gefallen wäre. Da gab es wohl keinen im Raum, der die Bewegung des alten Herrn nicht nachempfinden konnte. Die Person und die Geschichte verbanden sich in diesem Augenblick auf ergreifende Weise.

Als Prinz Louis Ferdinand 1907 im Marmorpalais des Neuen Gartens in Potsdam geboren wurde, regierte sein Großvater Kaiser Wilhelm II. das Deutsche Reich, das damals noch von der Maas bis an die Memel reichte. Der Elfjährige erlebte die Abdankung seines Großvaters. Der einundzwanzigjährige Student der Nationalökonomie beendete sein Studium mit der Promotion in der Weimarer Republik. Aus den USA kehrte der Praktikant bei den Ford-Werken 1933 in das nationalsozialistische Deutschland zurück, weil sein älterer Bruder auf den Familienvorsitz verzichtet hatte. Mitten im Kalten Krieg und der Spaltung Deutschlands versprach er 1952 feierlich, die Särge seiner Vorfahren nach Potsdam zurückzubringen. Viele mögen den damals Fünfundvierzigjährigen für verrückt erklärt haben. In Potsdam regierten die Kommunisten, gestützt und beschützt von Stalins Bajonetten. Er und seinesgleichen galten dort als Verderber des deutschen Volkes, und dass Louis Ferdinand mit den Männern des 20. Juli 1944 paktiert hatte, um Hitler zu stürzen, sprach eher gegen ihn. Siebenunddreißig Jahre nach diesem Versprechen, genau am 82. Geburtstag des Kaiserenkels, fiel die Mauer. Ein Jahr später lag Potsdam im wieder vereinten Deutschland und eine demokratisch gewählte Landesregierung stimmte der Überführung der Särge an ihren Ursprungsort zu.

Wie der Greis dort auf der Bühne stand und redete, klang aus seinen Worten nicht der Anflug eines Triumphs. Da waren nur Demut, Dankbarkeit und tiefe Freude. Alle spürten es. Sie erlebten einen jener seltenen Augenblicke, der alle, welch unterschiedlicher Herkunft und Gesinnung sie auch sein mögen, sich eins fühlen lässt. Drei Jahre später starb Louis Ferdinand in Bremen. Die Augusttage des Jahres 1991 dürften zu den Höhepunkten seines Lebens gezählt haben.

Auch für die Stadt Potsdam war der Tag der Beisetzung von Friedrich II. ein besonderer Tag. Nach dem Festakt beschloss ich, mir anzusehen, wie die Potsdamer mit diesem Ereignis umgingen. Ich bin nie eine Verehrerin von Friedrich II. gewesen. Die Habsburgerin Maria Theresia, deren Land er heimtückisch überfiel und in drei Schlesischen Kriegen beinahe zugrunde richtete, während er sich in verlogener aufklärerischer Moral erging, steht mir näher. Seine Verdienste um Preußen erkenne ich an, doch seine charakterlichen Qualitäten erscheinen mir gar zu dürftig.

An diesem Augusttag schlenderte ich also unter gewitterschwerem Himmel in Richtung Ehrenhof, um mit eigenen Augen zu sehen, ob und wie sich am Sarg des Preußenkönigs patriotische Begeisterung und faschistischer Ungeist entluden. So hatten es ja die Medien prophezeit. Bis hinter die Neuen Kammern standen die Leute, die den sterblichen Überresten des Königs Ehre erweisen wollten, Menschen allen Alters, von Kindern bis zu Greisen. Es war auffallend ruhig. Die Wartenden bewegten sich in langsamen Schritten zum Ehrenhof hin. Sie wirkten gelöst, sprachen leise miteinander oder ließen schweigend die Blicke schweifen. Vor dem in die schwarz-weiße Preußenfahne gehüllten, unter einem schwarzen Baldachin aufgestellten Sarg, an dem acht Bundeswehroffiziere die Ehrenwache hielten, blieben sie stehen, schauten neugierig oder nachdenklich und konnten sich nur schwer entschließen, weiterzugehen. Manche hatten Blumen mitgebracht und reichten sie dem Parkwächter jenseits der Absperrung, damit er sie am Sarg niederlege. Eine seltsam dichte, respektvolle Atmosphäre, als gebiete der einstige Schlossherr Silentium.

Auf dem fast menschenleeren Heimweg, zweihundert Meter von Sanssouci entfernt, begegnete mir ein Mann ganz in Schwarz, mit einer weißen Rose in der Hand. Offensichtlich wollte er dorthin, woher ich kam. Der hagere Greis mit den scharfen Gesichtszügen und den unwahrscheinlich großen, ein wenig hervorstehenden blauen Augen, die mich im Vorübergehen kurz musterten, verblüffte mich. Er glich dem Alten Fritz, so wie man ihn von Altersdarstellungen kennt, wie ein eineiiger Zwilling. In diesem Augenblick wusste ich, dass Geschichte nicht vergeht. Wir leben und bewegen uns in ihr. Sie ist wie das Meer. Unsere Betriebsamkeiten und Aufgeregtheiten kräuseln nur die Oberfläche. Manchmal türmt ein Sturm das Wasser zu Wogen auf, um sich nach einiger Zeit wieder zu beruhigen. Aber in all seinen Erscheinungen bleibt das Meer sich immer gleich. Was uns als Wichtigkeit bis zum Zerreißen beschäftigte, sinkt ab ins Vergessen, doch Ereignisse und Menschen längst vergangener Zeiten tauchen plötzlich aus dem kollektiven Gedächtnis auf und brechen in die Gegenwart ein.

Die Feier im Schlosstheater, das Leichenbegängnis in Sanssouci, die Begegnung mit dem Alten Fritz – das war auch, aber eben nicht nur, eine Inszenierung. Besser als die immer empörungsbereiten Medien, besser auch als die Redner im Schlosstheater hatten Louis Ferdinand, der späte Nachkomme des Soldatenkönigs, und die einfachen Menschen verstanden, worum es an diesem Tag wirklich ging: um die Heimkehr eines verlorenen Sohnes, welche Schuld er auch immer auf sich geladen haben mochte; um Einhaltung eines Versprechens; um Bekenntnis zu den eigenen Wurzeln; um Dankbarkeit, dass all dies wieder möglich war.

Der normale Wahnsinn des Alltags

23. August 1991:
„Gorbatschow nach Moskau zurückgekehrt. Die Demon-
tage der KPdSU beginnt. Gorbi in der Defensive. Doch nach
wie vor kämpft er tapfer und überzeugend für die Demokra-
tie. Der degenerierte Westen sitzt am Fernseher und kon-
sumiert Kriege und Revolutionen. Die blöden Medienkom-
mentatoren pokern, wer Sieger und Besiegter sei – Gorbi der
Besiegte, weil Machtverlust, korinthenkackend! Sie haben
nichts begriffen von der Größe des geschichtlichen Augen-
blicks und dem Drama des Menschen. Sie haschen nur nach
Sensationen. Bei der Beisetzung der Königssärge habe ich
hautnah miterlebt, wie manipuliert wird. Klarer Verstand,
Güte und ein unbestechliches Gewissen sind die besten
Ratgeber. Die Deutschen erweisen sich als ein übellauniges,
krittelndes Volk, ob es Gorbi oder den Papst betrifft und al-
les, was nicht Mittelmaß ist.“

Zwei Tage nach der Beisetzung der Königssärge erschüt-
terten Nachrichten und Bilder aus Moskau die Welt. Gorbatschow, der gerade Urlaub auf der Krim machte, sei abgesetzt, in Moskau herrschte Ausnahmezustand. Die Panzer der Putschisten zielten auf das Weiße Haus in Moskau,
den Sitz des Radikalreformers Boris Jelzin, der zwei Monate zuvor zum Präsidenten der Russischen Teilrepub-
lik gewählt worden war. Die Bilder erinnerten an 1968
in Prag. Mir fiel sofort der Traum ein, den ich vor nicht
einmal einem Jahr auf dem Ritten geträumt hatte: Panzer,
Militärfahrzeuge, die Mauer wird wieder gebaut ... Koffer

packen und nichts wie weg! Ich musste alle Verstandeskraft aufbieten, um mir bewusst zu machen, dass ich seit einem dreiviertel Jahr nicht mehr in der DDR lebte.

In den folgenden Stunden richtete sich die Hoffnung aller Russen, die keine Rückkehr zum alten Sowjetimperium wollten, auf den bisher im Westen ziemlich unbekannten Boris Jelzin. Er rief zum Widerstand gegen die Putschisten auf. Abertausende Moskauer stellten sich waffenlos den Panzern entgegen. Jelzin gelang es, Teile der Armee auf seine Seite zu ziehen. Nach sechzig Stunden zogen die Panzer ab. Der Putsch war gescheitert, aber Gorbatschow am Ende. Der Erfinder von Glasnost und Perestroika, Beender des Kalten Krieges, Liebling der Deutschen, hatte im Reformerrivalen Jelzin seinen Meister gefunden. Jelzin verbot die Kommunistische Partei der Sowjetunion auf russischem Boden und konfrontierte Gorbatschow während dessen Rede vor dem russischen Parlament mit diesem Erlass. In der Fernsehübertragung wurde die Welt Zeuge, wie Jelzin seinen Gegner in einer demütigenden Machtdemonstration vorführte. Das erinnerte fatal an einstige Parteiveranstaltungen, in denen in Ungnade gefallene Genossen vor Publikum zur Strecke gebracht wurden. Fortan gab es keinen Generalsekretär der KPdSU und keine Sowjetunion mehr, nur noch Teilrepubliken, deren größte, Russland, fortan von Jelzin als Präsident regiert wurde.

Die Geschichte war über die Reformhoffnung der Achtzigerjahre und den einst mächtigsten Mann der östlichen Hemisphäre hinweggegangen. Gorbatschow saß in seinem Land zwischen allen Stühlen: Die einen lasteten ihm den Zerfall der Sowjetunion und Verrat am Sozialismus an, die anderen zu geringen Reformwillen. Immerhin brachte man die persona non grata nicht um wie unter Stalin üblich und im Westen, vor allem in der ehemaligen DDR, genoss der sympathische Staatsmann nach wie vor hohes Ansehen. Schließlich hatte er die ostdeutsche Provinz aus den Pranken des russischen Bären frei gegeben, was auch die kühnsten Träumer sich hätten nie vorstellen können. Aber noch standen Panzer der Roten Armee auf zahllosen Truppenstützpunkten zwischen Elbe und Oder. Der Abzug sollte, so war zwischen Bundeskanzler Kohl und Parteichef Gorbatschow vereinbart worden, erst 1994 abgeschlossen werden. Würden sich die Nachfolger Gorbatschows an das Abkommen halten? Wer die Niederschlagung des Juniaufstands von 1953 erlebt hatte, Polen und Ungarn 1956, Prag 1968, in dem kroch wieder die Angst hoch. Die russischen Panzer standen nicht vor der Tür, sondern im Haus.

In dieser Lage erschienen mir die Zänkereien über Ablauf und finanzielle Ausstattung der Potsdamer Tausendjahrfeier in zwei Jahren geradezu abstrus. In der Landesregierung intrigierte man gegen den Magistrat, im Magistrat misstraute man den Landesbehörden, aber bei allem, worüber gestritten wurde, ging es letztlich um Profilierung ehrgeiziger Neulinge oder Emporkömmlinge, um Einfluss und Macht. Die Rücktritte im Magistrat und im Stadtparlament häuften sich, andere drohten mit Rücktritt, ausnahmslos Einheimische, die sich überfordert fühlten. Verwaltungsleute aus den westlichen Bundesländern rückten nach und jedem musste immer aufs Neue die Stadt und ihre eingesessenen Bürger erklärt werden. In jenen Tagen meinte ein Taxifahrer zu mir: „Ach wissen Sie, junge Frau, bei mir zu Hause in Mecklenburg sagt man: Die Krippe bleibt immer dieselbe, nur die Ochsen sind immer andere." Ich fand den Spruch sehr zutreffend.

In Kuwait brannten die Ölquellen, in Moskau stand das Schicksal Europas auf der Kippe und wir von der Projektgruppe „1000 Jahre Potsdam" saßen mit dem Oberbürgermeister zum Vortrag und Gespräch beim Ministerpräsidenten in der Staatskanzlei. Sich der Gleichzeitigkeit allen Geschehens bewusst zu sein, der Weltgeschichte wie der vor Ort, sich als ein Mensch unter Milliarden und doch nicht unwichtig mit seinen Schmerzen und Freuden zu fühlen, gelingt nur selten. Meistens sind wir gefangen im geschäftigen Augenblick und verlieren dabei unser Unterscheidungsvermögen: Was ist wesentlich für unser einmaliges Dasein auf dieser Welt und was von dem, das uns das Blut in Wallung bringt, ist schon morgen vergessen? Das herauszufinden, braucht Stille, die wir oft im Alltag nicht finden. In diesen Tagen fand ich auf der Rückseite eines Kalenderblattes die Worte von Albertus Magnus: „Was dir widerfuhr, das mag verwehn. Was du daraus geformt, das soll bestehen." Leider ist nur selten erkennbar, was unser Tun austrägt. Mir hat zeitlebens geholfen, mich in bestimmten Situationen auf dem Sterbebett liegen zu sehen. Was wird dann noch wichtig sein von dem, was mich jetzt aufregt?

Die Feierlichkeiten zum tausendjährigen Bestehen Potsdams und die Streitereien zwischen Landes- und Stadtregierung würden gewiss nicht dazugehören. Also redete ich bei der Sitzung in der Landesregierung nicht über Leitlinien und Projektförderung, nicht über Kuwait und Moskau, sondern darüber, dass Potsdam wie jede Stadt ein gewachsener lebendiger Organismus sei mit einer Seele, die man nicht ungestraft durch profitablen Kommerz ersetzen könne. Eine Binsenweisheit, aber manchmal will sie ausgesprochen werden, um wieder Bodenhaftung herzustellen. Den Mienen der westlichen Berater des Ministerpräsidenten war anzusehen, dass sie meine Ausführungen für exotisch hielten, doch ihr Chef, der aufmerksam zugehört hatte, bat mich am Ende der Sitzung, ihm meine Gedanken schriftlich zukommen zu lassen.

In all den weltgeschichtlichen Umbrüchen ging der normale Wahnsinn des Alltags weiter. Ich fühlte mich oft, als hätte man Diogenes von seiner Tonne weg in einen Airbus verfrachtet und nach der Landung in ein Tollhaus unter grauem Himmel eingesperrt. Leute mit Abitur und Hochschulabschluss vermochten nicht, in klarem, richtigem Deutsch einen Sachverhalt schriftlich darzustellen. Der Oberbürgermeister unterschrieb irgendwelche Vorworte, die hanebüchener nicht sein konnten. Dazu umständliche Wichtigtuereien von Magistratsangestellten, ihr manisches Mitteilungsbedürfnis über Dinge, die niemanden als sie selbst interessierten, dieses in selbstmitleidigem Ton vorgebrachte „Ich bin doch nicht blöd und schinde mich für nichts ab". Jeden, den man auch nur freundlich anlächelte, schüttete einem seinen ganzen Seelen- und Alltagsmüll vor die Füße. Endlose Sitzungen, Aussprachen, Schriftwechsel und letztendlich geschah – nichts. Die Klagen, man sei überlastet, das Wort Stress kam erst später auf, gehörten zur täglichen Konversation, aber recht betrachtet waren die so Stöhnenden doch nur durch ihre eigenen Tiraden und Ängste überlastet. Dabei machte die Dummheit der Netten mehr zu schaffen als die Intrigen der Schlauen, die ich dagegen fast erholsam fand.

Ich hätte mich gern in meine vier Wände zurückgezogen und über das geschrieben, was ich täglich sah und durchlebte und was mir dabei durch den Kopf und das Herz ging. Aber davon hätte ich meine Miete nicht bezahlen können. Vor allem aber fehlte noch der rechte Abstand zu den turbulenten und widersprüchlichen Ereignissen.

Irrungen und Wirrungen

Um meine Verwirrung noch zu steigern und meine Kräfte aufs Äußerste anzuspannen, verliebte ich mich. Unvorhergesehen überfiel mich dieses Ereignis, auf das ich so lange gewartet und das ich nicht mehr für möglich gehalten hatte. Ich war neunundvierzig und er kam aus einer mir fremden Welt. In mein Tagebuch notierte ich unter dem 28. November 1991:

„Ich habe erfahren, dass die Liebe stärker ist als der Tod. Nun erfahre ich wieder, wie nah die Liebe dem Tod ist. Sie steigert meine Existenz in einer schwindelerregenden Intensität und bedroht sie dadurch zugleich. In den fünfzehn Jahren seit Jakobs Tod hatte ich akzeptiert, dass es nur eine große

Liebe für mich gibt. Ich war all die Jahre dankbar für dieses Geschenk, das mir wie nur wenigen zuteilgeworden ist, bin es bis heute. Und plötzlich passierte das Unvorhersehbare, nicht Gesuchte, nicht Provozierte. Wie vor dreißig Jahren kam die Liebe wie ein Blitz, und um mich nicht misstrauisch zu machen, gerierte sie sich danach unauffällig, harmlos als Sympathie. Eher hätte die ganze Welt erkannt, dass ich getroffen war als ich selbst. Wie damals. Für mein gesteigertes Lebensgefühl machte ich alles andere verantwortlich als diese Begegnung …

Vielleicht rührt mein Schmerz daher, dass ich mich dem Glück nicht mehr gewachsen fühle; dass ich fürchte, nicht mehr allein alle Entscheidungen treffen, den anderen mittragen zu können in seinen Selbstzweifeln und seiner Verzagtheit. Wie oft wagte Jakob nicht, seinem Glück und dieser uns beiden überwältigenden Liebe zu vertrauen. Und immer wieder riss ich ihn in den Sternentanz des Universums, einfach aus der Kraft meiner Jugend heraus. Und wie königlich hat er es mir gedankt!

Und das alles nun ein zweites Mal? Jetzt, wo ich um die Höllenqual und die Paradiesgärten der Liebe weiß, weiß ich, dass das eine nicht ohne das andere zu haben ist."

Ich wehrte mich gegen diese Liebe. Doch wer kann Urgewalten widerstehen! Da erreichte mich das Angebot, im Frühjahr 1992 für zwei Monate als Ehrengast in der römischen Villa Massimo zu wohnen. War das die Lösung? Einfach durch Flucht allen Versuchungen entgehen?

Mit der Einladung in die Villa Massimo wollte ein Traum wahr werden, doch das brachte mich in noch größere Schwierigkeiten. Das Festbuch zur Tausendjahrfeier, für das ich als Herausgeberin verantwortlich zeichnete, sollte rechtzeitig vor Beginn der Feierlichkeiten erscheinen, also im Herbst 1992. Im Frühjahr 1992 würden die Beiträge der Autoren eingehen, mussten überarbeitet und redigiert werden. Säumige mussten gemahnt, Fotos beschafft, auf Redaktionssitzungen Zusammensetzung und Gestaltung des Buches festgelegt werden. Ich stand vor der Wahl: Villa Massimo oder die Arbeit am Festbuch; römischer Frühling oder Kärrnerarbeit in Potsdam. Vor der Liebe fliehen? Nach Rom? Ging das überhaupt? Heißt es nicht in den Versen des 139. Psalms:

Wohin könnte ich fliehen vor deinem Geist,
wohin mich vor deinem Angesicht flüchten?

Steige ich hinauf in den Himmel, so bist du dort;
bette ich mich in der Unterwelt, bist du zugegen.

Nehme ich die Flügel des Morgenrots
und lasse mich nieder am äußersten Meer,

auch dort wird deine Hand mich ergreifen
und deine Rechte mich fassen.

Der Geliebte war zwar nicht Gott, von dem im Psalm die Rede ist, aber ein Widerschein Gottes ist die Liebe, die nichts für sich will und alles für den Geliebten. Die ihn nur schauen will, um selig zu sein. Freilich ist diese Liebe zwischen zwei Menschen im Irdischen angesiedelt und deshalb mit Leiden verbunden, auch mit Selbstsucht und Scheitern.

Immer wieder stellte mich das Leben vor Entscheidungen, bei denen gute Gründe für beide Wege sprachen. Welcher der für mich richtige war, zeigte sich immer erst sehr viel später. 1968 hatte ich vor der Wahl gestanden, entweder ein Jahr zusätzlich in Moskau zu studieren mit der Option, danach Professorin zu werden, oder im Lande bei dem Geliebten zu bleiben und ein zweites Kind zu bekommen; 1990 vor der Wahl, in Wuppertal Verlagschefin zu werden oder in Potsdam arbeitslos. Als ich 1993 meinen nicht ganz freiwilligen Abschied aus dem Magistrat in die Arbeitslosigkeit nehmen sollte, bot mir Minister Hinrich Enderlein eine Stelle als Professorin für Kulturwissenschaft an der neu gegründeten Viadrina in Frankfurt/Oder an. Ich lehnte schließlich schweren Herzens ab, weil ich meinte, in Potsdam gebraucht zu werden.

Professorin bin ich nie geworden, was ich nicht bedauere, aber die Villa Massimo bekam ich doch noch geschenkt.

1991 also entschied ich mich zu bleiben und die mir aufgetragene Arbeit zu Ende zu führen. Mein Entschluss trug mir keinen Beifall ein, außerdem lieferte er mich einer Liebe aus, die ich zugleich fürchtete und ersehnte. Aber noch widerstanden er und ich der Erfüllung und wir hofften, unsere Zuneigung in einer Freundschaft kanalisieren zu können.

Um mich über meinen Verzicht auf die Villa Massimo hinwegzutrösten, reiste ich mit Johanna über Weihnachten und Neujahr zu meiner Freundin Marianne nach Rom. Auf der Hinfahrt blieb der Zug aus irgendeinem Grund in einem der vielen Tunnel zwischen Bologna und Florenz länger als eine Stunde stehen, es können auch zwei gewesen sein. Der Bombenanschlag vom August 1980 auf den Bahnhof von Bologna mit 85 Toten und über 200 Verletzten war mir noch lebhaft in Erinnerung. Aber nicht der Gedanke an einen Terroranschlag erschreckte mich, sondern die Vorstellung, in der drangvollen Enge des übervoll besetzten Zuges ersticken zu müssen. Das Notlicht brannte nur trübe, die Fenster konnten nicht geöffnet werden, da aus dem dunklen Tunnel Geruchsschwaden von verbranntem Diesel waberten. Eine gespenstische Situation: Das Gefühl für den Raum verengte sich immer mehr auf den eigenen Körper, zuletzt nur noch auf die Lunge; das Zeitgefühl löste sich auf. So ist Sterben, dachte ich: Alles versinkt, es bleibt nur noch der Wunsch nach Helligkeit.

Irgendwann setzte sich der Zug wieder in Bewegung. Inzwischen war die Nacht hereingebrochen, nun standen wir nicht mehr im Dunkel, sondern rasten durch das Dunkel. Ab und zu in der Ferne Lichter, ein Bahnhof, halbdunkel und belanglos. Ich vergaß völlig, dass wir auf dem Weg nach Rom waren. Mein ganzes Leben schon, so schien mir, fuhr ich durch völlige oder nur schwach erhellte Dunkelheiten, ohne bestimmen zu können, wo der Zug hielt und in welche Richtung er sich bewegte. Was trugen dann die Entscheidungen aus, die mir abverlangt wurden? Wer spielte welches Spiel mit mir, mit uns?

Erst in Rom löste sich die Beklemmung – in der begeisternden Weihnachtsmesse mit Johannes Paul II., auf dem nächtlichen Petersplatz vor der Krippe, im hellen Sonnenlicht bei der Porta San Paolo und auf dem Monte Testaccio. Aber der Verdacht blieb, ich sei ein Stein in einem mir unbekanntem Spiel und nicht ein Individuum mit freiem Willen, gerufen und geliebt von Gott.

Das neue Jahr in Potsdam begann, wie das alte geendet hatte. Auseinandersetzungen und Diskussionen in der Dienststelle, mit den „Wessis", mit dem Ullstein Verlag, der unser Festbuch veröffentlichen sollte. Immer wieder mussten sich die Hiesigen, die sachkundig und engagiert für die 1000-Jahrfeier arbeiteten, für wenig Geld oder gar unentgeltlich, offen oder hinter vorgehaltener Hand den Vorwurf gefallen lassen, „DDR-piefig" zu sein. Der Vorwurf hätte sich leichter ertragen lassen, wäre er von uneigennützigen Kritikern gekommen. Aber inzwischen herrschte Misstrauen allerorten. Man fragte sich jedes Mal, wer da warum mit welchem Zweck kritisierte und schlecht machte.

In jenen Tagen las ich mit tiefer innerer Bewegung die Memoiren von Anna Larina Bucharina (1914–1996), der dritten Ehefrau des russischen Revolutionärs Nikolai I. Bucharin (1888–1938), die zwanzig Jahre ihres Lebens in den Lagern des Gulag und der Verbannung verbracht hatte. Jakobs Stimme klang mir dabei im Ohr, der unter Stalin hingerichtete Bucharin sei der Liebling der Revolution gewesen, ein Feuerkopf.

„Das Volk war sich selbst zum Feind geworden", schrieb die Bucharina über die Zeit des Stalinismus. Ich notierte dazu: *„Weil es so heruntergekommen war, fiel es der Diktatur anheim."* Und weiter, über Bucharin nachdenkend: *„Es waren und sind mitunter die edelsten Menschen, die, verzweifelt über die Unvollkommenheit des Menschen, Gott Beine machen wollten und damit zu Werkzeugen des Teufels wurden."* Wenn die Bucharina schreibt: „So scharf Bucharin auch gegen die Vertreter der II. Internationale polemisiert hatte, er hatte doch nur versucht, sie politisch zu schlagen – ihr Leben hatte er nicht aufs Spiel gesetzt", so trägt dieses Argument nicht. Jedes Verbrechen beginnt in Gedanken und mit dem Wort. Unbewusst waren viele dieser Weltveränderer Anfang des 20. Jahrhunderts einen Pakt mit dem Teufel eingegangen und noch, als sie schon seinen Schwefelgestank wahrnahmen und den Klumpfuß sahen, beugten sie sich ihm um der „großen Sache" willen. So sanken sie tiefer und tiefer. Zuletzt verfielen sie, hypnotisiert durch den Diktator, in die scheußlichsten Selbstbezichtigungen. Die Erschießung durch ein Stalinsches Hinrichtungskommando muss für den „Liebling der Revolution", den brillanten Redner und Denker, wie für so viele einstige Revolutionäre, die Befreiung von Entwürdigung und Entmenschlichung gewesen sein. Sie hatten den Teufel gesehen, das wären sie nie mehr losgeworden.

Jakob hatte oft davon gesprochen, im Nachhinein sei er froh, als Kommunist in einem deutschen Konzentrationslager gesessen zu haben: „Die Nazis konnten unsere Körper vernichten, aber nicht unsere Seelen. Sie hatten gewonnen, wir verloren, die Fronten zwischen Freund

und Feind waren klar." Aber als Kommunist in einem kommunistischen Lager dem Tod entgegenzugehen, das müsse die Hölle gewesen sein.

Wenn ich aus der Lektüre wieder in meinen Alltag zwischen Ullstein Verlag und dem Potsdamer Magistrat eintauchte, fand ich mich nur mit Mühe in diesem 20. Jahrhundert zurecht. Deutsches Kaiserreich, Donaumonarchie, Weimarer Republik, die rote und die braune Diktatur – das alles gehörte zu mir, durch die Eltern, durch Jakob, durch mein eigenes Erleben. War dieses dunkle massenmörderische Jahrhundert nur ein Alptraum gewesen und stand nun das „Ende der Geschichte" bevor, wie es gerade in diesen Tagen der Politikwissenschaftler Francis Fukuyama proklamierte? Der endgültige Sieg von Demokratie und Marktwirtschaft? Die Befreiung des Menschen? Ich hegte da so meine Zweifel.

Das Schicksal nahm seinen Lauf in diesem fliederduftenden Frühling 1992. Ich war verliebt wie ein junges Mädchen. Die Skrupel, meinem Verlangen und seinem Werben nach monatelangen inneren Kämpfen schließlich doch nachgegeben zu haben, versuchte ich, mit Tagebucheintragungen wie dieser zu besänftigen: *„Liebe ist eine Elementargewalt und trägt ihre Gesetze in sich selbst – Verzicht und Erfüllung. Ich bin nicht besser, wenn ich verzichte, nicht schlechter, wenn ich Erfüllung erfahre."*

Jedes Telefonat mit ihm, jedes noch so kurze Treffen schmeckte nach Ewigkeit. Ich empfand wie vor dreißig Jahren, als ich Jakob begegnet war, und doch war alles anders – der Mann, die Zeit, mein Alter. Karl ähnelte Jakob weder äußerlich noch im Temperament. Wenn er mir auch ein Jahrzehnt voraus war, fühlte ich mich ihm doch an Lebenserfahrung überlegen. Sein Weg jenseits der Mauer war ziemlich konfliktarm verlaufen und hatte ihn in verantwortliche Positionen getragen. Doch er stellte sich auf eine stille reflektierende Art infrage, die mir gefiel. Er hatte nichts von einem Draufgänger wie Jakob an sich, aber Gedichte schrieb er auch. Sein Mut hielt sich in Grenzen, doch seine Bescheidenheit war überwältigend. Ich liebte alles an ihm – seinen Gang, die Stimme, die Nachdenklichkeit, die sich oft im Grübeln verlor – ich liebte ihn mit der ganzen Kraft meiner Jahre und Erfahrungen geradezu besinnungslos und ihm schmeichelte die Glut meiner Hingabe und riss ihn mit. Niemals ist die Liebe in einer Beziehung gleichmäßig verteilt; einer liebt immer mehr als der andere, und der mehr liebt, muss auch mehr leiden. Dem Sternenflug des Jahres 1992 folgte ein vier Jahre währender quälender Abstieg auf den Boden der Tatsache, dass er nicht aus seiner Westhaut konnte wie ich nicht aus meiner Osthaut. Dafür waren wir einfach nicht mehr jung genug. Heute, Jahrzehnte später, Karl deckt schon lange der grüne Rasen, denke ich dankbar an jene Stunden zurück, die wir miteinander verbringen durften. Mehr denn je weiß ich, dass ich mir und ihm viel Leid erspart hätte, wenn ich kein Verhältnis mit ihm begonnen hätte. Aber das Tosen des Blutes, das Verlangen nach Glück übertönten die warnende Stimme in mir, die sagte: Auf dieser Verbindung liegt kein Segen. Im tiefsten Inneren wusste ich es, doch ich wollte es nicht wissen.

Wie blöd bin ich eigentlich, fragte ich mich damals stattdessen. Ich war bald fünfzig, liebte und wusste mich geliebt, und statt in meiner karg bemessenen Freizeit in Erwartung auf den Liebsten die Wohnung zu schmücken, einzukaufen, den Balkon mit Blumen zu bepflanzen und mich schön zu machen, vermittelte ich zwischen frustrierten Ossis und karrieresüchtigen Wessis, beschäftigte mich mit „Kabinetts- und Personalpolitik", die mich nicht wirklich interessierte, und wirbelte bis zur totalen physischen und seelischen Erschöpfung.

Aufregungen um die Tausendjahrfeier

Frühjahr 1992. Nur noch fünfzehn Monate bis zum Stadtjubiläum. Die Nervosität in der Projektgruppe und im Magistrat erreichte ihren Siedepunkt. Unser Projektleiter verlor die Nerven und kündigte in der Presse seinen Rückzug an, wenn er nicht mehr Unterstützung von der Stadt erhalte. Das Rauschen im Blätterwald war enorm. Der erzürnte Oberbürgermeister zitierte die Projektgruppe zu sich.

„D. war vorher ganz kaputt vor Angst, setzte sich selbst unter Rechtfertigungsdruck und gab ihm leider nach. Er ist hochintelligent, besitzt eine schnelle Auffassungsgabe, ein ausgezeichnetes Gedächtnis, gute Manieren, Selbstbeherrschung, aber es fehlt ihm an Standfestigkeit. Der OB weiß darum und meinte: ,Warum haben Sie nur andauernd vor irgendetwas Angst? Sie müssen mit Kritik leben. Lassen Sie die anderen doch schreien!' Mit diesen Worten charakterisierte der OB aber auch sich selbst. Leicht verletzbar, neigte er

zu der Meinung, die Berater aus dem Westen wüssten und könnten alles besser. Sein Gesicht wirkte verfallen, müde, ja, verzweifelt. Hilflos fragte er, warum in der Vorbereitung des Stadtjubiläums immer neue Hindernisse auftauchten. Immer nur Kleinigkeiten! Diese Äußerung zeigte seine Weltfremdheit. Das Leben besteht eben nur aus Kleinigkeiten und erst in ihrer Bewältigung wächst – wenn man Kraft, Glück und Mut hat – das Große. Der OB besitzt – im Gegensatz zu dem von Stasivorwürfen bedrängten Stolpe – keine Ausstrahlung. Deshalb wirkt die Atmosphäre in seinem Büro und im Umkreis so düster, angestrengt. Man lacht dort nicht. Dabei huscht hin und wieder ein kindliches Lächeln über sein Gesicht. Eigentlich ein sympathischer Mann, der mir mehr Mitleid als Achtung abfordert.

Sein gestriges Treffen mit Stolpe über den Hauptstadtvertrag hat nichts gebracht – kein Geld, Unklarheit über die Finanzierung des Stadtjubiläums, Querelen mit dem Arbeitsamt, den Agenturen …

Als ich gegen 17.30 Uhr das Stadthaus verließ, traf ich den OB beim Ausgang wieder. Er lächelte und im ersten Impuls wollte ich ihm etwas Freundliches, Aufmunterndes sagen, doch dann schreckte ich vor seiner Schwere zurück. Wir hatten ein ganzes Stück den gleichen Weg, aber jeder ging ihn auf einer anderen Straßenseite. Ich sah ihn in seinem schwarzen Mantel, in sich gekehrt, einsam unter den Passanten gehen – ein Fremder in ,seiner' Stadt, unbeachtet, ungeliebt. Er tat mir leid."

Trotz seiner oft ruppigen Art, und obwohl er Dozent an der Akademie für Staat und Recht der DDR gewesen war, mochte ich den Mann. Ihm fehlte das Stromlinienförmige der neuen Beamten aus dem Westen, das freundlich Unverbindliche. Das ließ mich auf einen Charakter in der Politik hoffen. Selten habe ich mich so gründlich in der Beurteilung einer Person getäuscht. Gerade mit dem Oberbürgermeister sollte ich in der Folgezeit aneinandergeraten. Er erwies sich als entscheidungsschwach, willfährig gegenüber Lobbyisten und ungerecht gegen treue Mitarbeiter. Es fehlte ihm nicht an gutem Willen, aber an Unterscheidungsvermögen und Menschenfreundlichkeit.

Aus der Presse erfuhren wir eine Woche später, der Oberbürgermeister habe auf Anraten eines Berliner Veranstalters einen neuen Projektleiter berufen. Dieser sei welterfahren und professionell. Das müsse er wohl auch sein, denn noch liefen die Verhandlungen über dessen Gehaltsforderungen, die ein Vier- bis Fünffaches des Gehalts des noch amtierenden Projektleiters betrügen. Außerdem brächte er seine bewährte Crew mit.

Große Aufregung in der Projektgruppe. Dann tauchte der Neue auf: freundlich, unverbindlich. Hier müsse man klotzen, nicht kleckern. Potsdam sei eine Marke. Also müssten Marketingstrategien her, eine Eventkultur solle geschaffen werden. Geld? Das sei kein Thema. Wenn man es brauche, würde es auch da sein. Große Künstler könne man nicht für ein Butterbrot verpflichten.

Staunend hörten wir dem sympathischen Lockenkopf zu. Wir hatten gemeint, man könne nur das Geld ausgeben, das man habe. Und wenn man keins oder wenig besitze, müsse man um so mehr seine Phantasie einsetzen. Wir hatten an ein Bürgerfest gedacht, mit Vereinen gesprochen, um Geld gebettelt, Veranstaltungen geplant, die ihre Kosten deckten. Einen Zugang zur Geschichte dieser Stadt wollten wir schaffen und so das Engagement und das Selbstvertrauen ihrer Bewohner stärken. Nun erfuhren wir, dass wir hinter dem Mond lebten. Es gab schon längst eine Veranstaltungsindustrie, in der dem Bürger die Rolle des Konsumenten zugedacht war. Hier ging es um Millionenbeträge, um Netzwerke, die sich selbst bedienten.

Der Versuch, dem Mann unsere Konzeption, den derzeitigen Verhältnissen im Osten angepasst, zu erklären, schlug fehl. Er verstand uns nicht, wir ihn nicht. Wir sahen in ihm einen Hochstapler, der von nichts Ahnung hatte, aber alles konnte; er hielt uns für rückständig und piefig, was er nicht sagte, aber folgenreich meinte.

Er stellte uns kurz seine Mitarbeiter vor, dann verabschiedete er sich für die nächsten Wochen zu Dienstreisen nach Italien, Oslo und Genf und in den Urlaub nach Griechenland. Mit offenem Mund blieben wir zurück, ausgeliefert seiner energischen Stellvertreterin, die für denselben „Hungerlohn" angetreten war wie ihr Chef. Bisher hatte der Oberbürgermeister nicht einmal eine Dienstreise für den Projektleiter nach Erfurt genehmigt, weil das zu teuer sei.

Freiwillig oder unfreiwillig verließen in kurzer Zeit fast alle ehemaligen Mitarbeiter die Projektgruppe. Schließlich blieben nur noch der einstige Chef als Presseverantwortlicher und ich, denn das Festbuch sollte im Herbst erscheinen. Das Büro war verwaist, Konzeption gab es keine, nur Interviews des neuen Projektleiters während seiner kurzen Zwischenaufenthalte in Potsdam, in denen zu lesen stand, welch grandioses Fest mit internationalen Stars die Potsdamer im nächsten Jahr erwarte.

In welche Welt war ich geraten? Vor nicht einmal anderthalb Jahren hatten die Potsdamer mutig, kraftvoll und fröhlich die Diktatur des Proletariats hinweggefegt und geglaubt, nun ihr Schicksal in die eigenen Hände nehmen zu können. Viele von ihnen waren bereit gewesen, dafür persönliche Opfer zu bringen, sich einzuschränken, eben preußisch sparsam zu sein. Nun mussten wir Idealisten einsehen, dass wir nicht die Höhe der Zeit erklommen hatten.

Der Streit um die Tausendjahrfeier war kein Ost-West-Konflikt. Ich kannte viele Leute im Westen, die ähnlich dachten wie wir. Es war der Konflikt zwischen einer Bürgergesellschaft und einer technokratisierten Konsumgesellschaft. Die Dampfwalze des Fortschritts, der sich immer neue, immer unverständlichere Namen gab, zerstörte die zarten Keime der Bürgergesellschaft. Wohin die Entwicklung ging, fiel den meisten damals noch gar nicht auf. Immerhin konnte man reisen, wohin man wollte, lesen, was einen interessierte. Lag es nicht an uns, die neuen Freiheiten im Sinne des Allgemeinwohls zu nutzen? In mein Tagebuch notierte ich:

„Ein bitterer Geschmack bleibt doch, dass nicht Potsdamer die 1000-Jahrfeier vorbereiten, sondern irgendwelche Marketingprofis, die mit der Stadt so viel verbindet wie das Ei mit Milchpulver. Aber das ist auch unserem eigenen desolaten Zustand geschuldet, nicht nur, aber auch. Wäre hier nicht so viel Eigennutz, Hilflosigkeit, Inkompetenz, Demutshaltung gegenüber westlichen Großmäulern. Alle führenden

Posten in der Stadt sind von 'Wessis' besetzt, gerufen von den politischen Entscheidungsträgern dieser Stadt, gewählt von Potsdamern."

Eines Morgens erreichte mich ein Anruf, der Oberbürgermeister wolle mich sprechen. Um die Mittagsstunde fand ich mich in seinem Büro ein. Er kam sofort zur Sache. Ich möge ihm unumwunden meine Meinung über die Situation in der Projektgruppe mitteilen. Übers Wochenende habe er über den Stand der Vorbereitungen zur Tausendjahrfeier intensiv nachgedacht, es stehe wohl nicht alles zum Besten. Der Mann ist gut, dachte ich, setzt dem alten Chef ohne Vorwarnung und Erklärung einen Westprofi vor die Nase und dann denkt er darüber nach. Er sah müde aus. Schließlich lag noch mehr auf seinem Tisch als eine Tausendjahrfeier.

Aber wenn er schon von sich aus bereit war, mit mir unter vier Augen über die schweren Probleme in der Projektgruppe zu reden, um sie einer Lösung zuzuführen, war ich ihm eine sachliche Antwort schuldig. Und so gab ich ihm eine Zustandsbeschreibung: Sieben Wochen seien seit der Ernennung des neuen Chefs vergangen, seither habe er sich wegen diverser Dienstreisen nicht blicken lassen. Es existiere keine Konzeption, nur Interviews geisterten durch die Presse, eins dümmer als das andere, keine Dienstbesprechungen, keine Informationen. Eine Stellvertreterin, die die Leute kommandiere wie ein Unteroffizier. Fünf Mitarbeiter hätten in diesen Wochen gekündigt.

Wie ich den neuen Chef einschätze? Als Schuldenmacher und liebenswürdigen Hochstapler, erwiderte ich mit

Verweis auf seine letzten Arbeitsstellen und seine von keiner Kenntnis getrübten Auslassungen über Potsdam.

Ich sprach sachlich und mit Abstand, was mir umso leichter fiel, da ich täglich nur eine Stunde im Büro war und die übrige Zeit zu Hause am Festbuch arbeitete.

Das Gesicht des Oberbürgermeisters verfiel zusehends. Dann setzte er zu einem Lamento an. Er wollte von allem, einschließlich der Kündigungen, nichts gewusst haben. Ein Glück, dass er die Verträge mit dem neuen Profi noch nicht unterzeichnet habe, doch täte er es nicht, gäbe es den nächsten Skandal. Die Wessis taugten alle nichts, das höre er auch aus anderen Dezernaten.

Ich verkniff mir den Einwurf, er und seine Stadträte hätten diese Taugenichtse doch geholt.

Kurz und gut, er werde mit dem neuen Chef sprechen, ihn nach seiner Konzeption fragen, den Finger auf die kritischen Punkte legen – und dann entscheiden. Mir gab er den Auftrag, mich nach einem Projektleiter aus dem Osten umzusehen und den Ex-Chef, den er so schnöde behandelt hatte, bei der Stange zu halten, schließlich müssten wir im Osten solidarisch sein. Ich hörte es mit Befremden. Wusste der Oberbürgermeister nicht, dass es hier nicht um Geographie, sondern um Weltsichten ging?

Für seine Verhältnisse geradezu herzlich bedankte er sich für meine Offenheit. Mit zwiespältigen Gefühlen verließ ich sein Büro. Doch noch verdrängte ich die leise Ahnung, von nun an zwei mächtige Feinde im Magistrat zu haben – den Oberbürgermeister und den neuen Chef. Wieder einmal war ich unfähig gewesen, der Falle des „Jetzt wollen wir mal ehrlich unsere Meinung sagen" auszuweichen. Ob einst in der Schule, der Kirche, dann an der Universität und in der Partei, ich kannte diesen im Brustton der Überzeugung vorgetragenen Satz zur Genüge. Wenn die ehrliche Antwort nicht den Erwartungen entsprach, galt man als Feind, der ausgeschaltet werden musste. Trotz meiner schlechten Erfahrungen nahm ich immer wieder einen neuen Anlauf zu einem unverstellten Gespräch und das wird wohl so bleiben. Ein guter Freund meinte einmal zu mir, man müsse zwar immer der Wahrheit die Ehre geben, aber sie nicht als Perlen vor die Säue werfen. Richtig, aber das verlagert das Problem nur auf eine andere Ebene. Kein Mensch ist immer nur gut oder immer nur schlecht. Man muss der Wahrheit auch die Chance geben, einen Menschen zu ändern. Wenn ich mein Gegenüber von vornherein zu den Säuen zähle, unterschätze ich die Kraft der Wahrheit und überschätze mein eigenes Urteilsvermögen. Leider können viele Person und Sache nicht voneinander trennen. Sie vermuten, man haue den Sack und meine den Esel, und verstehen unter „ehrlicher Meinung" Zustimmung.

Wie dem auch sei, es konnte mir egal sein, ob ich eben mit meiner Aufrichtigkeit Perlen vor die Säue geworfen oder mir Feinde geschaffen hatte. Ich wollte keine Karriere machen und darin hatte immer meine Freiheit bestanden.

Wir trieben einen vertrauenswürdigen und klugen Mann aus dem Filmgeschäft auf, der die Stadt und ihre Menschen kannte und sich bereit erklärte, die Projektleitung zu übernehmen, wenn er offiziell gefragt würde. Doch das Gespräch zwischen dem Oberbürgermeister und dem neuen Projektleiter ging aus, wie es zu erwarten gewesen war. Der smarte und eloquente Projektleiter aus dem Westen stellte sich und seine Konzeption in den hellsten Farben dar und der Oberbürgermeister nahm es erleichtert als bare Münze. Der Mann erhielt den Vertrag zu seinen Bedingungen, der Steuerzahler kam für das hohe Honorar auf.

Ich nahm hin, was nicht zu ändern war, stritt mit der neuen Leitung über die Konzeption, die ich für kindisch hielt, wusste, dass meine Einwände nichts bringen würden und genoss doch die Freiheit, meine Meinung zu sagen. Man konnte mich nicht – noch nicht – aus dem Team werfen, weil das Buch zur Tausendjahrfeier, das im Herbst bei Ullstein erscheinen würde, das bisher einzige konkrete Ergebnis all dieser Diskussionen, Tagungen, Streitereien, Luftschlösser, Intrigen war. Ich hielt alle Fäden in der Hand. Außerdem war ich für das Ehrenkuratorium zuständig, dessen Mitglieder mich schätzten.

Ich machte das Manuskript druckfertig, führte letzte Gespräche mit dem Grafiker, den historisch versierten Experten, allesamt eingesessene Potsdamer, und lieferte im Juni 1992 das Manuskript im Verlag ab.

Gegen den allgemeinen Unmut, der über die Entscheidung des Oberbürgermeisters herrschte, trieb es mich, etwas Positives zu stellen. Aber es war auch ein bisschen Übermut dabei, als ich zusagte, an der neu geschaffenen Universität Potsdam, Nachfolgerin der Pädagogischen Hochschule, innerhalb einer kulturwissenschaftlichen Ringvorlesung einen Vortrag über die Geschichte der „Projektgruppe

1000 Jahre Potsdam" zu halten. An dieser Geschichte, die vier Jahre vor dem Mauerfall begonnen hatte, ließ sich in nuce der gewaltige Umbruch darstellen, in dem wir uns gerade befanden und der weit über die Befindlichkeiten und Empfindsamkeiten der Einzelnen hinausreichte. Ich kannte die mehrmals veränderten Konzeptionen aus den Akten und das immer wieder ausgetauschte Personal mit seinen Hoffnungen und Ängsten aus vielen Gesprächen. Ein reizvoller Stoff für einen Schriftsteller.

Freilich war mir auch klar, dass mich dieser Vortrag, wenn ich der Wahrheit und nichts als der Wahrheit die Ehre gab, auch die Stelle kosten konnte. Aber es erschien mir ohnehin nicht erstrebenswert, bis zum Rentenalter in der Stadtverwaltung zu arbeiten.

Während meines Urlaubs in Ahrenshoop im Frühsommer 1992 machte ich mich an die Arbeit. Lange überlegte ich, wie ich den Stoff in einen anderthalbstündigen Vortrag fassen und in welche Form ich ihn gießen könnte. Schließlich kam mir der Gedanke an einen Dreiakter mit Prolog. Natürlich würde es eine Komödie sein. Nun flogen mir die Sätze nur so zu. Ich schrieb von dem Oberstleutnant und seinem Organisationskomitee zu DDR-Zeiten, seinem und seiner Mitarbeiter Mut, im 1000-Jahr-Fest des sozialistischen Potsdam nicht die Geschichte der einstigen Residenz- und Garnisonstadt zu verschweigen; von der Ablösung des Oberstleutnants nach dem Mauerfall durch einen Kulturjournalisten und dessen Versuche, eine neue motivierte Mannschaft zu gewinnen, die mit wenig Geld und viel Enthusiasmus der Bürger ein Fest auf die Beine stellen wollte. Im dritten Akt dann der Auftritt westlicher Kulturprofis, für die Steuergelder keine Rolle spielten und die das „Ding" ganz groß für die Potsdamer aufziehen wollten. Das Stück handelte vom guten Willen auf allen Seiten, von Unverständnis, Missverständnissen, Fehlern, kurz: von den der Zeit des Umbruchs geschuldeten Schwierigkeiten, nachsichtig und mit Humor dargestellt. Ich wollte bei den Zuhörern Verständnis wecken, warum unsere Probleme so waren, wie sie waren. Ohne jegliche Schuldzuweisungen und mit einem Lächeln in den Mundwinkeln. Die Absicht, jemanden zu kränken, Rechnungen zu begleichen, lag mir nicht nur fern; ich kam gar nicht auf solche Gedanken in meiner Freude, mit leichter Hand Erkenntnisse niederzuschreiben, die allen helfen konnten, sich und ihre Zeit besser zu verstehen. Ich stellte das Manuskript unter das Wort von Antoine de Saint-Exupéry: „Wenn du ein Schiff bauen willst, so trommle nicht die Leute zusammen, um Holz zu beschaffen, Werkzeuge vorzubereiten, Aufgaben zu vergeben und die Arbeit einzuteilen, sondern wecke in ihnen die Sehnsucht nach dem weiten, endlosen Meer."

Zur Vorlesung an einem frühen Juliabend kamen sie alle: der Oberstleutnant, der Kulturjournalist und der neue Kulturprofi, das Team bis 1989, die ausgeschiedenen Kollegen danach, die aus dem Westen, die aus dem Osten, die Autoren des Festbuches, Studenten, Wissenschaftler, Journalisten … Der Saal in den Communs von Sanssouci war rappelvoll.

Ich erinnere mich nicht, übermäßig aufgeregt gewesen zu sein. Der Vortrag schien mir gelungen und ich wollte

145

die Zuhörer ermutigen und erfreuen. Ihre Reaktion bestätigte mich. Das Gelächter, das mich oft nicht weitersprechen ließ, klang befreit. Danach Glückwünsche, fröhliche Gesichter. Auch beim Oberstleutnant und beim Kulturjournalisten. Nur der jetzige Leiter der Projektgruppe, der hochdotierte Kulturprofi, ging mit einem gequälten Lächeln. Der schönste Dank erreichte mich am Abend von einem ehemaligen Kollegen, der am Telefon sagte: „Man spürt, dass Sie die Menschen lieben, auch wenn Sie sie kritisieren. Sie sprachen aus, was in uns ist."

Dennoch fühlte ich mich an diesem Abend traurig und benommen, als ahnte ich, was auf mich zukommen würde.

Am nächsten Morgen lief ich Spießruten im Büro. Der neue Kulturprofi äußerte sich empört, ich sei ein „Nestbeschmutzer", er würde mit dem Oberbürgermeister über disziplinarische Maßnahmen sprechen. Die Ossis in der neuen Truppe schlichen mit scheelen Blicken an mir vorbei, die vom Kulturprofi mitgebrachten Wessis setzten ihr einstudiertes Lächeln auf, hinter dem Eiseskälte glitzerte. Die Potsdamer und Berliner Zeitungen berichteten voller Sympathie über den Vortrag und nicht ohne Seitenhiebe auf das jetzige Kulturmanagement der Tausendjahrfeier. Was wiederum zur Folge hatte, dass der Kulturprofi dem Oberbürgermeister brieflich von der „Empörung" der Mitarbeiter der Projektgruppe berichtete und mich der „Verleumdung" anklagte. Als Antwort kam postwendend ein scharfer Brief des Oberbürgermeisters an den Kulturprofi, er möge umgehend logistische Fragen zum Programm, den Veranstaltungsorten, Verantwortlichkeiten und zur Finanzierung beantworten. Professionell wie der sympathische Hochstapler war, ließ er den Brief erst einmal liegen und fuhr für vierzehn Tage in den Urlaub. Schließlich war Ferienzeit.

Die bittersüße Liebe zwischen Himmel und Hölle, die ich in diesem heißen Sommer lebte, ließ mir die Turbulenzen, die mein Vortrag in Potsdam ausgelöst hatte, beinahe nebensächlich erscheinen. Ich erhielt Zuspruch von Bekannten und Unbekannten, auch vom Ministerpräsidenten, Schirmherr der Tausendjahrfeier, dem ich ebenso wie dem Oberbürgermeister meinen Vortrag zugeschickt hatte. Seine persönliche Referentin teilte mir mit, er habe den „brillanten" Vortrag gelesen und sei tief betroffen. Ob er irgendetwas tun könne? Nein, sagte ich, die Laus sitze schon zu tief und zu fest im Pelz, man könne nur noch hoffen und beten, dass vor allem das finanzielle Desaster der Tausendjahrfeier nicht zu groß werde. Ob denn das Festbuch wie vorgesehen im Oktober erscheinen würde? Diese Frage signalisierte mir, wie sehr meine Position wackelte, aber ich verdrängte das sofort. Auf meine Versicherung, an dem Erscheinungsdatum ändere sich nichts, atmete sie hörbar auf. Der Ministerpräsident ließe mir sagen, ich solle den Mut nicht verlieren und meinen Humor behalten. Wenn ich Hilfe oder Ansprache brauchte, solle ich mich unter ihrer Telefonnummer melden.

Das war ein Angebot, aber ich verstand es nicht, sondern dankte und legte auf. Ich dachte sachlich und in politischen Kategorien, aber nicht, wie ich für mich das Beste aus diesem Schlamassel machen könnte. Nicht aus Edelmut, sondern aus einer mir angeborenen gewissen Eingleisigkeit des Denkens und Handelns. Am besten drückt das Teresa von Ávila in ihrer Sentenz aus: „Wenn Fasten, dann Fasten; wenn Rebhuhn, dann Rebhuhn." Beides zugleich geht nicht. Natürlich hat so etwas seinen Preis, wie ich ein halbes Jahr später schmerzhaft erfahren sollte. Neu war es mir allerdings nicht.

Ich dankte für den Zuspruch, gestand dem Widerspruch seine Berechtigung zu, schlug Warnungen und Bedenken der Weltklugen in den Wind und legte letzte Hand an das Festbuch zur Tausendjahrfeier. Ließ mich ermutigen von Aussprüchen auf Kalenderblättern in diesen Tagen, wie dem Spruch von Roger Schutz: „In jedem Menschen gibt es einen Bereich der Einsamkeit, den keine noch so innige menschliche Vertrautheit ausfüllen kann. Dort begegnet uns Gott." Oder dem Spruch von Edith Stein: „Es muss sein, dass wir uns ohne jede Sicherung ganz in Gottes Hände legen, umso tiefer ist dann die Geborgenheit."

Ich besuchte die neunzigjährige Eva Foerster in ihrem Bornimer Paradies. Der Senkgarten blühte in den warmen Farben des August. Eva kam mir am Stock entgegen, hob dann beide Arme voller Freude und rief: „Sigrid Grabner ist da!" Wie gut das tat. Beim Kaffee flüsterte sie mir zu, ihr sei das Leben inzwischen mehr Last als Lust. Während mein Sohn mit Evas Tochter Marianne gärtnerisch fachsimpelte, dachte ich, man sollte doch lieber über die letzten und wichtigsten Dinge des Lebens reden – die Liebe und den Tod. Was war dagegen eine Tausendjahrfeier von Potsdam mit allen Intrigen und Gschaftlhubereien! Ich führte Eva am Arm durch den Garten und ließ sie dann auf einer Bank zwischen dem sommerlichen Blumenflor zurück, eine feine alte Dame, die dem Geheimnis des Lebens viel näher war als wir Geschäftigen, die keine Fakten durcheinanderbringen und uns auf der Höhe der Zeit wähnen. Als ich mich noch einmal umschaute, war sie in ihrem Sommerkleid fast ununterscheidbar von den Blumen ringsum. Der Garten, dessen Seele Eva nur noch für kurze Zeit sein würde, schien mir jenen Punkt von Vollkommenheit erreicht zu haben, wo Dauer und Vergänglichkeit sich begegnen; höchstes Glück und tiefster Schmerz.

Im Büro verbuchte ich bei Besprechungen und Auseinandersetzungen beinahe täglich bei zehn Niederlagen einen winzigen Sieg. Immerhin. Der Kulturprofi kehrte heiter und vergnügt aus seinem Urlaub zurück und bewirtete die Truppe mit einer geräucherten Schweinekeule und provencalischem Rotwein. Alle Vorwürfe von Misswirtschaft und Nachlässigkeit aus dem Büro des Oberbürgermeisters prallten an ihm ab. Irgendwie bewunderte ich diesen Mann für seine Leichtigkeit, die mir abging. Fand ihn sogar sympathisch in seiner Naivität und Arglosigkeit gegenüber den Ostdeutschen, denen er jede Jammerei glaubte, solange nur sein Gehalt auf dem Konto stimmte. Er gehörte nicht zu den eiskalten Karrieristen und Geschäftemachern, die sich in Potsdam breitmachten. Freundlich hörte er zu, wenn ich ihm Potsdam und seine „Eingeborenen" erklärte und ihn von Sentimentalität und Oberflächlichkeit abzubringen versuchte. Leben und leben lassen, war seine Devise. Hart und entschlossen wurde er nur, wenn er seine Position bedroht fühlte.

Von mir, das hatte er nach dem anfänglichen Schock über meinen Vortrag herausgefunden, drohte ihm keine Gefahr. Obwohl er sicher nicht bibelfest war und sich in den Büchern Mose und den Korintherbriefen nicht auskannte, hielt er sich doch an den Spruch: „Du sollst dem Ochsen, der da drischt, nicht das Maul verbinden." So verbrachten wir trotz aller Querelen die Zeit bis Oktober in leidlichem Einvernehmen. Wir wussten, dass uns meine zweimonatige Auszeit in der römischen Villa Massimo eine Atempause verschaffen würde.

Die Buchpräsentation Anfang Oktober im voll besetzten Plenarsaal des Stadthauses wurde als Auftakt der Tausendjahrfeier groß begangen – mit den Autoren, Gestaltern, Helfern, dem Verlag, der Presse und den üblichen wichtigen Leuten. Alle fanden sie lobende Worte, auch der Oberbürgermeister und der Kulturprofi. Blumen, Händeschütteln, Fotos, Beifall. Ich erlebte es wie eine Träumende. Vor Monaten hatte ich nicht gewusst, wie ich diese Aufgabe bewältigen sollte, und dann waren mir so viele wunderbare Menschen begegnet, die mir ihr Wissen mitgeteilt, geschrieben, Zeit geschenkt hatten. Nicht noch einmal würden sich Begeisterung und Gemeinsinn, die ihren Lohn in sich selber getragen hatten, so mobilisieren lassen.

Die Welt hatte sich weiter gedreht. Jede Auskunft, jedes Tun wurde inzwischen in geldwerte Vor- oder Nachteile umgerechnet, jede Zusammenkunft unter die Frage gestellt: Was bringt mir das? Alle Einkünfte, jeder Besitz maßen sich an denen anderer. Freiheit und Brüderlichkeit unterwarfen sich einer Gleichheit der Ansprüche. Die Freude über den Mauerfall und die errungene Freiheit wichen zunehmender Rationalisierung und Ökonomisierung. Eine wachsende Bürokratie verbarrikadierte die bisher kurzen Wege zueinander und in die Institutionen. Dazu gesellte sich eine Art Metasprache, die sich bedeutungsschwer gab, um das Nichts zu verbergen. Mehr als einmal hatte ich fassungslos die Projektentwürfe des Kulturprofis gelesen. Sie hatten mich an überwunden geglaubte Zeiten erinnert, als wir diese Sprache als „Rolle der Bedeutung Sprech" bezeichneten. Aber nicht nur der Kulturprofi mit seiner achtundsechziger Vergangenheit, auch junge, aufgeschlossene Leute aus dem Westen, die im Osten Karriere machen wollten, bedienten sich dieser seltsamen blutarmen Sprache. In jener Zeit hörte ich erstmals, man müsse „politisch korrekt" sein, ohne mir etwas darunter vorstellen zu können. Man redete nicht mehr, wie man dachte, sondern in vorgegebenen Schablonen. Aber ich glaubte noch an die verfassungsmäßig verbriefte Gedanken-, Rede- und Pressefreiheit, die wir in den langen Jahren der Diktatur hatten entbehren müssen und die mir als die schönste Frucht des Mauerfalls erschien. Darauf wollte ich auf keinen Fall verzichten.

In der Folgezeit sollte ich am eigenen Leibe erfahren, dass die aus den USA stammende „political correctness", gegen die man nicht straflos aufbegehrte, das hohe Gut der Meinungsfreiheit ersetzte. Vielleicht hatte es diese Freiheit nie wirklich gegeben und würde es nie geben, weil die Menschen nicht dafür geschaffen waren, Freiheit und Verantwortung miteinander zu verbinden.

An diesem Tag der Buchpremiere kamen mir solche Gedanken nicht. Da waren nur eine unreflektierte Traurigkeit, dass eine sehr schwere und schöne Zeit für mich zu Ende ging, und Dankbarkeit für alle, die nicht an sich, sondern an das Wohl der Stadt gedacht hatten.

Nach der offiziellen Veranstaltung saßen die engsten Mitstreiter noch in der Caffeteria beisammen als wollten wir uns nicht trennen von dem, was unwiderruflich vorbei war. Ich wusste es noch nicht, aber ahnte wohl, dass meine Zeit im Potsdamer Magistrat zu Ende ging und, noch schlimmer, meine Liebe, für deren Dauer ich alle Bücher dieser Welt gern hingegeben hätte. Und auch Rom, wohin ich in ein paar Tagen für zwei Monate in die Villa Massimo fahren würde. Rom, das doch die Heimat meiner Seele war. Aber es würde mich von dem Geliebten trennen und von der Stadt, in der ich die Diktatur so voller Hoffnung erlebt hatte und die Freiheit so voller Verzweiflung und brüchigem Glück.

Ehrengast in der Villa Massimo

Bei fünf Grad Celsius unter einem trüben Oktoberhimmel flog ich mit der Freundin Gerda, die mir einst den Weg nach Rom geöffnet hatte, von Berlin-Tegel ab. Das Flugzeug durchstieß die dichte Wolkendecke und schwebte dann gleichsam über einem Meer weißer Wolken unter einem unendlich blauen Himmel. Auf der Höhe von Stuttgart öffneten sich Lücken in den Wolken, schneebedeckte Bergkuppen wurden sichtbar, bis die Hochalpen in stiller weißer Majestät unter uns lagen. Ich war nicht mehr hier, ich war nicht dort und fühlte mich leicht wie eine Feder. Über Mailand hing eine gelbe Dunstglocke. Dann der geschwungene Lauf des Po, die bräunlich rote Erde Italiens. Bald schon stieg der Apennin auf, der Bracciano-See leuchtete in der Sonne, immer noch weit unten der Bahnhof Termini, die Aquädukte, bis das Flugzeug in Fiumicino aufsetzte. 19 Grad verhieß der Flugkapitän für Rom.

Vor elf Jahren war ich zum ersten Mal nach Rom gefahren, mit dem Zug, und Gerda hatte mich im Bahnhof Termini erwartet. Seither schien eine Ewigkeit vergangen, eine Ewigkeit von drei Büchern über Italien, dem Mauerfall und dem Geschenk der Freiheit. Nun saß Gerda neben mir, in zwei Tagen wurde ich fünfzig und als erster ostdeutscher Ehrengast in der Villa Massimo erwartet.

Die Euphorie dieses Tages wich einer Erschöpfung, die sich in hochgradiger Nervosität ausdrückte. Ich ertrug keine Menschen, selbst die liebsten nicht wie Gerda und die römische Freundin Marianne. Nur in Kirchen wurde ich ruhig. In ihnen spürte ich, wie die Gegenwart Vergangenheit wurde, und von der Zukunft, noch im Nebel verborgen, wusste ich, dass sie schon angefangen hatte.

Ich lief durch Rom, über vertraute Plätze, durch Straßen, bis mich die Kräfte verließen.

Unter Blitz und Donner und bei strömenden Regen zog ich Anfang November in die Villa Massimo ein. Bei den Blitzen heulten die Alarmanlagen auf und schrien die Katzen. Ein Szenario, das zu dem passte, was mich erwartete.

Elisabeth Wolken, die Enkelin des Stifters der Villa Massimo, dem jüdischen Mäzen Eduard Arnhold, bis vor Kurzem Direktorin des Hauses, saß verborgen und grollend in ihren fürstlichen Gemächern. Vor Jahren, noch zu Zeiten der real existierenden DDR, hatte ich sie während einem meiner Romaufenthalte besucht und gefragt, wie man es anstellen müsse, hier Stipendiatin zu werden. Zwischen zwei Doggen sitzend, empfing sie mich freundlich in ihrem Büro, aber nahm mir sogleich jede Hoffnung. Nach dem Statut durften nur Bürger der Bundesrepublik Deutschland Stipendiaten werden. Aber selbst wenn ich diese Staatsbürgerschaft besäße, wäre ich vorläufig chancenlos, denn Stipendiaten dürften das vierzigste Lebensjahr nicht überschritten haben und Ehrengäste, soweit man dafür infrage käme, müssten das fünfzigste Lebensjahr erreicht haben. Ich war fünfundvierzig und saß wie immer zwischen allen Stühlen.

Im November 1992 besaß ich die richtige Staatsbürgerschaft, war seit wenigen Tagen fünfzig und vom Land Brandenburg als Ehrengast empfohlen worden. Aber Elisabeth Wolken war nicht mehr Direktorin. Vor drei Monaten hatte man ihr sang- und klanglos gekündigt. Nun prozessierte sie beim Arbeitsgericht gegen die Bundesrepublik Deutschland.

Ich kannte die Geschichte aus der Presse. Da ging es um junge Stipendiaten, die den „monarchischen Stil" der Direktorin beanstandeten, was wohl so viel hieß, dass Elisabeth Wolken nicht jedem pubertierenden Unsinn der sich als genial verstehenden Künstler etwas abgewinnen konnte. Den direktorialen Doggen warf man vor, ihren Kot auf dem Rasen abzulegen, auf dem sich auch noch Enten und Gänse tummelten. Von Handwerker-Schwarzarbeit war die Rede, an der bisher niemand etwas auszusetzen hatte, von Modenschauen ... Die verantwortlichen Beamten im Bundesinnenministerium reagierten überstürzt und sicher auch in dem Wunsch, die „Dynastie" der jüdischen Stifterfamilie zu brechen, indem sie die selbstbewusste Tochter des vorherigen Direktors und Enkelin des Gründers nach siebenundzwanzigjähriger erfolgreicher Tätigkeit „entsorgten". Demokratie hieß das Zauberwort. Wer es geschickt einsetzte, verstärkt um den Begriff der politischen Korrektheit, konnte jede Karriere zerstören, jeden entschlussfreudigen, einfallsreichen Menschen in Politik, Wirtschaft und Kultur zur Strecke bringen. Das sollte in den kommenden Jahrzehnten Ausmaße annehmen, die das Land geradezu lähmten.

Wenn Elisabeth Wolken sich auch wieder in ihr Amt einklagte und bis zu ihrem 60. Geburtstag 1996 mit einem inzwischen ernannten neuen Direktor eine Doppelspitze bilden sollte, blieb ihr Ruf doch ruiniert.

Als ich in den Seitenflügel des Haupthauses einzog, war Elisabeth Wolken nicht mehr im Amt und von dem neuen Direktor weit und breit nichts zu sehen. Nur im Büro saßen zwei Damen, die mit ihrer ehemaligen Chefin wohl noch manche Rechnung offen hatten, denn schon bei meiner Ankunft und auch später sprachen sie geradezu hasserfüllt von ihr. Das hielt mich nicht davon ab, Elisabeth Wolken und ihrem Mann einen Höflichkeitsbesuch abzustatten. Das überraschte die beiden, denn sie wurden von den anwesenden Künstlern und dem Personal wie Aussätzige gemieden. Bei Tee und Keksen hörte ich mir ihre Klagen und Vorwürfe an.

Die zehn Stipendiaten – Architekten und bildende Künstler – pflegten in ihren Ateliers eine splendid isolation. Man begegnete sich kaum, nur hin und wieder bei gemeinsamen Besichtigungen der Villa Madama auf dem Monte Mario und des Quirinalpalastes. Einer meinte, und er sprach für die anderen, dass ihm der Aufenthalt in der Villa Massimo kaum etwas bedeute. Was sei schon Rom! In New York spiele die Musik.

Ich war im falschen Film gelandet. Jahrelang hatte ich in meinen von der Todesmauer umgebenen ostdeutschen Ländchen davon geträumt, einmal länger als vierzehn Tage in Rom sein zu dürfen, gar in der renommierten Villa Massimo. Ohne Aussicht auf Erfüllung. Dann griff die Geschichte ein, riss den Eisernen Vorhang zwischen Ost und West nieder und ich durfte erleben, was so vielen Ostdeutschen verwehrt geblieben war, weil sie ihre Träume mit ins Grab nehmen mussten. Meine Freude und Dankbarkeit, die unglaublichen Erfahrungen der letzten drei Jahre fielen hier, um das Gleichnis Jesu zu bemühen, in Dornen aus Intrigen, Missmut und Enttäuschung. Gleichsam ein Vorgeschmack darauf, welche Probleme hochgeistige Menschen in der westlichen Wohlstandsgesellschaft beschäftigten. Als einzige Ostdeutsche fühlte ich mich bald fremd und fehl in diesem Biotop aus Geld, Ämtern und Profil, das sich Kultur nannte.

Wieder einmal saß ich zwischen allen Stühlen.

Die Tage im November und Dezember waren kühl und kurz, aber ich kostete sie bis zur Neige aus. Sohn Gerrit besuchte mich in meiner großen Wohnung mit der riesigen Terrasse. Allein und mit der Freundin Marianne durchstreifte ich die Stadt, ließ keine Kirche, keine Ausstellung aus, ließ mich von den Reigen der „stormi" genannten Vogelschwärme am römischen Himmel verzaubern, erlebte wundervolle Messen in Sankt Peter, schrieb ausführlich Tagebuch und einen Artikel über die Schwierigkeit, in der Villa Massimo zu danken – der Monate später in der FAZ erschien – und wurde doch mit jedem Tag unruhiger. Der Verkehrslärm und die Luftverschmutzung, der Unrat auf den Straßen, der Verfall der Häuser begannen mich zu nerven. All die Widrigkeiten hatte ich auch bei früheren Aufenthalten wahrgenommen, ohne dass die magische Anziehungskraft der Stadt auf mich nachgelassen hätte. Was ging da vor?

Viele Stunden verbrachte ich in Kirchen. Das war wohl meiner inneren Not geschuldet, aber nicht nur. Die Schönheit der römischen Kirchen ist überwältigend. Aus Verkehrslärm, Gestank, Menschengedränge tritt man plötzlich in weite stille Räume. Marmorböden und Altäre leuchten im kühlen Morgenlicht oder im Glanz der Kerzen. Immer sind da auch Beter und die Touristen werden still, versenken sich in ihre Reiseführer oder ruhen einfach nur aus. Kunstwerke, die jedem Museum zur höchsten Ehre und hohen Eintrittspreisen gereichten, zeigen sich kostenlos dem Beschauer: der Mose des Michelangelo, die wunderbaren Gemälde von Caravaggio, die Skulpturen Berninis. Mosaike unbekannter und bekannter Meister aus weit entfernten Jahrhunderten schimmern in den Absiden. Der Raumeindruck verschlägt den Atem – der Säulenwald von San Paolo fuori le mura, die kühle Strenge von Santa Sabina auf dem Aventin, der Ernst von Santa Maria in Trastevere und San Crisogono. Immer wieder drängte sich mir der Vers aus Psalm 24 auf die Lippen: „Ihr Tore, hebt euch nach oben, / hebt euch, ihr uralten Pforten; / denn es kommt der König der Herrlichkeit."

Die Krönung aller Gotteshäuser, der kleinen wie der großen, ist das Pantheon im Herzen Roms. In der Antike als Tempel zur Verehrung aller Götter erbaut, verdanken wir es Papst Bonifatius IV., dass das Bauwerk als Kirche überlebte. Er weihte es im Jahre 609 der Sancta Maria ad Martyres und ersparte ihm auf diese Weise das Schicksal, von den Römern als Steinbruch ausgeschlachtet zu werden wie so viele andere antiken Bauten. Wenn man eine Weile nahe dem Eingang steht, sieht man, wie die hereinströmenden Besucher nach wenigen Schritten alle ohne Ausnahme die Köpfe zur kreisrunden Öffnung der Kuppel heben und gebannt in den Himmel schauen – in unergründliches Blau, vorbeiziehende Wolken … Dann folgen ihre Blicke dem Strahl des Lichtes über die Kassettendecke der Kuppel, bis sie das weite Rund umfassen. Und es gibt wohl keinen, der dabei nicht ins Staunen gerät. Am intensivsten aber ist der Eindruck, wenn das Pantheon dem dient, wozu es geweiht ist: der Verehrung und Anbetung. Bei einer überfüllten Messe am Fest Allerheiligen füllte das Amen der Gläubigen den Raum mit einer Dichte und Kraft, die vermocht hätten, ihn zu sprengen, wäre da nicht die Kuppelöffnung zum Himmel gewesen. Zeit und Ewigkeit strömte in einem Augenblick zusammen, Welt und Stadt, Menschheit und der Einzelne. Am Jahresende erlebte ich eine feierliche Messe mit Joseph Haydns Te Deum. Das majestätische Rund nur schwach erhellt von Kerzen und dezenter elektrischer Beleuchtung. Über dem Kuppelauge, bei Tag die einzige Lichtquelle, stand ein schwarzer Himmel, aus dem eisige Luft in den Raum stürzte. Dicht bei dicht saßen und standen die Menschen in tiefer Andacht. Über ihren Köpfen und in ihren Herzen schwebten die gregorianischen Gesänge auf und nieder, trugen sie empor, durch die Nacht der Kuppelöffnung ins Licht. Da war es völlig unerheblich, ob der Priester zu den Menschen oder zum Altar zugewandt zelebrierte, ob man Italienisch oder Lateinisch verstand – das Mysterium von Tod und Auferstehung teilte sich allen mit, aus welchen Weltgegenden sie auch kamen. So etwas kann man nur in Rom erleben.

Immer wieder suchte ich Sankt Peter auf, zur Anbetung, zu Messen mit dem Papst, zur Vesper. Seit dem Attentat auf Johannes Paul II. gab es 1992 zwar Sicherheitskontrollen bei den Papstmessen, sonst aber konnte man jederzeit die Kirche ungehindert betreten. Ohne in langen Schlangen vor Sicherheitsschleusen warten zu müssen, wie sie nach dem 11. September 2001 eingeführt wurden.

Ich fror in meiner fürstlichen Wohnung bis ans Herz, die Pinien und Zypressen im Garten ließen mich an einen Friedhof denken. Nacht für Nacht schrie ein Käuzchen, begleitet vom dumpfen Verkehrslärm der nahen Via Ventuno Aprile. Stimmte das Wort, es könne einem nichts Schlimmeres passieren, als dass sich lang gehegte Wünsche erfüllen? Es regnete. Der Tiber schwoll an, wurde zu einem mächtigen lehmbraunen, gurgelnden Fluss, Baumstämme mit sich fortreißend, gierig die Ufermauern emporleckend. Nachts träumte ich von apokalyptischen Landschaften, von Katastrophen, sprang aus fahrenden Zügen. Der Geruch von Vergänglichkeit und Tod begleitete mich überall hin. Ich wurde unaufmerksam, geriet eines Tages mit einem Fuß zwischen die Bordsteinkante und den anhaltenden Bus, schleppte mich in die Villa Massimo, fühlte mich krank, legte mich ins Bett, kühlte den verletzten Fuß und verlor die Lust, überhaupt noch aufzustehen. Noch drei Wochen Villa Massimo, aber die Zeit wollte nicht vergehen.

Meine Freundin Marianne, zu der ich mich hätte flüchten können, hielt sich an der Universität in Potenza, in der Basilicata auf, wo sie angehenden italienischen Germanisten Deutsch beibrachte. An wen sollte ich mich wenden? Sehnsüchtig dachte ich an den alten Archivar Josef Diener, der mir während meiner Romaufenthalte zu DDR-Zeiten ein freundlicher Helfer gewesen war. Doch die Verbindung zu ihm war abgebrochen. Er hatte nicht mehr auf meine Post geantwortet, am Telefon meldete sich eine unbekannte Stimme.

Unsere letzte Begegnung im Frühjahr 1989 stand mir noch lebhaft vor Augen. Damals arbeitete ich an dem Roman über Christine von Schweden. Als ich, in Rom angekommen, den Archivar anrief, bedankte er sich für mein letztes Buch „Hochzeit in der Engelsburg", ich hätte einen Wunsch bei ihm frei.

Josef Diener, in Meersburg am Bodensee geboren, war drei Tage nach meiner Geburt als Soldat der Schweizer Garde im Vatikan vereidigt worden. Während seiner Dienstzeit verlor er sein Herz an die junge Römerin Pietra und an die Ewige Stadt. Der Hauptmann der Garde kannte den Präfekten des Päpstlichen Archivs sehr gut und so verschaffte er dem Verliebten nach Ende des sechsjährigen Dienstes 1948 eine Stelle in der Päpstlichen Bibliothek. Josef konnte seine Pietra heiraten und in Rom bleiben.

Ich lernte ihn Anfang der Achtzigerjahre in der Bibliothek kennen, wo er mir bei Recherchen half. Wir schrieben uns zum Jahreswechsel, ich schickte ihm meine Bücher. 1989 lebte er seit vier Jahren im Ruhestand und arbeitete weiter an einer Bibliographie. Er hörte lieber zu als zu sprechen, und wenn er sprach, dann sehr langsam und überlegt. Ein stiller, freundlicher Mann mit blauen Augen in einem guten, vertrauenerweckenden Gesicht.

Er fragte mich also nach einem Wunsch und ich erwiderte spontan, dass ich gern den „Turm der Winde" besichtigen würde. Der Turm der Winde, auch als Gregorianischer Turm bezeichnet, befindet sich oberhalb des Päpstlichen Geheimarchivs. Gregor XIII. ließ ihn 1578 bis 1580 als Observatorium für astronomische Beobachtungen erbauen, die er für seine Kalenderreform nutzte. Die holländischen Malerbrüder Bril versahen das Innere der beiden Stockwerke mit farbenfrohen Fresken: Szenen aus der Bibel, zeitgenössische Darstellungen Roms, Phantasielandschaften. Nach ihrer Ankunft in Rom am 20. Dezember 1654 wohnte die berühmteste Konvertitin jener Zeit, Königin Christine von Schweden, auf Einladung von Papst Alexander VII. fünf Tage im Turm der Winde. Eine hohe und ungewöhnliche Auszeichnung, denn Frauen durften nicht im Vatikan wohnen. Man wollte die Königin, die um des rechten Glaubens willen auf Thron, Heimat und Besitz, nicht aber auf ihren Titel, verzichtet hatte, ganz besonders ehren.

Durch spätere Erweiterungsbauten wurde der Turm der Winde in den Westflügel der Päpstlichen Bibliothek integriert. Er ist nur über das Geheimarchiv zu erreichen und für die Öffentlichkeit unzugänglich.

Und jetzt wollte eine unbekannte Schriftstellerin aus dem Ostblock mal eben so rein. Das Schweigen auf meinen Wunsch dauerte so lange, dass ich schon meinte, die Verbindung sei unterbrochen. Schließlich sagte Josef Diener: „Ein bescheidenerer Wunsch ist Ihnen wohl nicht eingefallen?" Verlegen stotterte ich, er habe mich doch gefragt, und wenn es zu schwierig sei, es sei doch wegen Christine ... Wieder eine lange Pause, die Diener mit den Worten beendete, er rufe zurück. Das tat er einen Tag später mit der kurzen Angabe, ich möge mich am kommenden Freitag, dem 15. März, 16.30 Uhr am Tor Sant´ Anna einfinden, pünktlich!

Ich war schon da, als Josef Diener kam. Er stellte mir seine Pietra vor, eine kleine, quicklebendige Frau mit dunklen Augen. Obwohl sie seit fünfundsechzig Jahren in Rom lebe, kenne sie den Turm der Winde auch noch nicht und so habe sie ihren Mann gebeten, sie mitzunehmen. Wir gingen durch das Tor, die Schweizer salutierten wortlos. Keine Frage nach Papieren, dem Woher und Wohin. Josef Diener zog ein Schlüsselbund aus der Tasche und sagte auf meinen fragenden Blick nur lächelnd: „Sie werden dem Heiligen Vater ja nichts von unserem Ausflug erzählen."

Es war Freitagnachmittag, die Sonntagsruhe im Vatikan hatte schon begonnen. Auf dem langen Weg durch Flure und Lesesäle begegneten wir niemandem. Nach Benutzung eines betagten Fahrstuhls, dem Öffnen und Schließen vieler Türen erreichten wir endlich das Geheimarchiv.

Im Archivium Segretum Apostolicum Vaticanum lagerten beiderseits endlos erscheinender Gänge in dicken Folianten Schriftstücke aus anderthalb Jahrtausenden europäischer Geschichte. Josef Diener sprach von insgesamt etwa 50 Kilometern Buchregalen. Da standen in dicken Pergamenteinbänden die Nuntiaturberichte, die Breven, manche über 1000 Jahre alt. „Schauen Sie ruhig in eins hinein", ermutigte mich der Cicerone. Aufs Geratewohl zog ich einen Band aus dem Regal. Er enthielt schmucklose Nuntiaturberichte aus Spanien an Papst Bonifaz VIII. aus dem Jahre 1300. Im besten Zustand!

Die Korridore durchschreitend, sah und ahnte ich die Zeugnisse vergangener Gegenwart auf Tierhäuten und zermahlenen Bäumen. Ein Riesengrab der Geschichte. Gesondert hinter einem Absperrgitter im undurchdringlichen Dunkel lagerten die noch nicht freigegebenen Dokumente der letzten fünfzig, sechzig Jahre.

Kein Laut von außen drang in die langen Gänge und doch dröhnten mir die Ohren von dem Stimmengewirr, das den Büchern entstieg – Stimmen aus aller Welt, in allen Sprachen, aus allen Zeiten. Das also bleibt von unseren geistigen Höhenflügen, Freuden, Leiden, durchwachten Nächten, dachte ich. Um die aufsteigende Melancholie abzuschütteln, wandte ich mich praktischen Dingen zu. Ich sähe hier keine Hygrometer, keine Temperaturregler oder Ähnliches. Wie bewahre man diese Schätze vor dem Zerfall? Diener wies auf die Fenster in der Höhe. „Im Sommer wird mal gelüftet", sagte er knapp.

Unter Glaskästen lagen päpstliche Bullen mit untertellergroßen Siegeln. Mein schweigsamer Cicerone wies auf die originale Abdankungsurkunde der Königin Christine von Schweden aus dem Jahr 1654. Wie viel Erbitterung und auch Erleichterung waren in den krakligen oder schwungvollen Unterschriften des schwedischen Hochadels geronnen! Ich erkannte die Namen von Axel Oxenstierna, der Brahes, Magnus de la Gardie ... Dann zeigte mir Josef Diener originale Dokumente der Königin und eigenhändig geschriebene Briefe aus dem Jahre 1661 an Papst Clemens IX. und Kardinal Azzolino, die von der Sehnsucht sprechen, die Widerwärtigkeiten Hamburgs endlich hinter sich lassen und in die Ewige Stadt zurückkehren zu dürfen. Ein kühner leidenschaftlicher Schriftzug, zur Mitte der Zeilen hoffnungsvoll aufsteigend, am

Ende depressiv abfallend. Ich kannte den Inhalt der Briefe. Aber nun sprach Christine unmittelbar zu mir. Über diesen Papieren hatte sie gesessen, sie berührt. Boten hatten sie von Hamburg über die Alpen nach Rom getragen. Kardinal Azzolino und dessen päpstlicher Freund hatten sie in den Händen gehalten … Als ich den Kopf hob, wurde mir schwindlig.

Josef Diener lächelte wissend, er muss mein Glück und meine Not gefühlt haben. Aus dem Bunker der Geschichte führte er uns ins Licht – über eine Wendeltreppe aus weißem Marmor zum Turm der Winde; im ersten Stock zum Saal der Meridiane und über ein Zwischengeschoss in die zweite Etage. Wir bewunderten die Malereien, auf die schon Christine geschaut hatte. Aus Rücksicht auf den hohen Gast hatte man damals die Inschrift auf dem Fresko, das den Nordwind darstellte, unkenntlich gemacht: „Ab aquilone omne malum" (Alles Übel kommt aus dem Norden). Die Schwedin erfuhr es dennoch und amüsierte sich königlich.

Dann ließen mich Josef und Pietra Diener allein. Keiner konnte besser als der wortkarge Archivar verstehen, dass es Stille braucht, um die Perle der Ewigkeit in der Muschel der Zeit wahrzunehmen. Ich könne bis zu einer halben Stunde bleiben; sie würden mich am Fuß der Treppe erwarten. Ich stieg auf die oberste Turmterrasse. Unter mir räkelte sich im goldenen Abendlicht das vertraute Rom: die Engelsburg, der Monte Mario, der Tiber, das Pantheon, die Treppe nach Aracoeli. Tief unten die Höfe des Vatikan. Im Hof des Belvedere war Christine in jenen fernen, nahen Tagen erstmals dem großen Bernini begegnet und hatte mit ihm eine lebenslange Freundschaft geschlossen.

Zum Greifen nah die Kuppel des Petersdoms, die Sixtinische Kapelle, wo die Königin lange und tief ergriffen vor Michelangelos „Jüngstem Gericht" verweilt hatte ... Im Licht über Rom lösten sich die Jahrhunderte auf und wurden zur Ewigkeit. Christine lebte – in mir und mit mir. Ich dachte nicht an das Buch, an dem ich arbeitete, ich begegnete einem Menschen in seinem unsterblichen Kern.

Während der rasanten Autofahrt, die so gar nicht zu dem sonst so bedächtigen Archivar passte, über die Via Piccolomini (die schönste Straße Roms, wie Josef Diener bemerkte und auf die Kuppel des Petersdoms hinwies, die geradezu auf der bergan führenden Straße „saß") zum Monte Mario und von dort hinunter zum Ponte Milvio und beim Abendessen im „Zi Gaetana" in der Via di Cola di Rienzo kam ich langsam wieder in der Gegenwart an.

Jetzt, dreieinhalb Jahre später, fand ich Josef Diener nicht mehr. Er war mir verloren gegangen. Wie viele Menschen in den vergangenen Jahrzehnten trat er hilfreich in mein Leben und verließ es wieder, als offenbar die Zeit erfüllt war.

Im Regal neben meinem Bett in der Villa Massimo standen mehrere Bände des römischen Telefonbuches. In meiner Verlorenheit nahm ich einen Band und blätterte darin. So viele Menschen, die ich nicht kannte und nie kennenlernen würde! Beim Buchstaben F stieß ich auf den Namen Fischer, Heinz-Joachim. War das nicht der Rom-Korrespondent der FAZ, von dem ich so kluge Artikel gelesen hatte? Um irgendetwas gegen meine innere Lähmung zu tun, griff ich zum Telefon, wählte die Nummer. Der Journalist meldete sich. Ich stellte mich vor und fragte, ob ich ihn besuchen dürfe. Zuerst Schweigen, das mir ziemlich lang vorkam, dann mit erstaunter Stimme die Bemerkung, es sei schon einige Zeit her, dass er mit einem Gast der Villa Massimo gesprochen habe. Seine wiederholten Versuche seien an der Arroganz der Künstler gescheitert. Gern, sehr gern könnten wir uns sehen. Wir verabredeten uns in seiner Wohnung in der Via Flaminia nahe dem Ponte Milvio.

Ich hatte mir den Journalisten älter vorgestellt, aber es empfing mich ein mir jung erscheinender, gut aussehender dunkelhaariger Mann mit vorzüglichen Manieren. Seine Frau Linda kam hinzu, der Aussprache nach Bayerin, begrüßte mich liebenswürdig und stellte mir den Pudel Mimi vor, von dessen Heldentaten in einem FAZ-Artikel Fischers einmal so eindrücklich die Rede gewesen war. Während seine Frau sich in der Küche zu schaffen machte, fielen Fischer und ich sofort in ein intensives Gespräch über Deutschland und die Schwierigkeiten zwischen Ost und West und exerzierten sie an unseren Biographien durch. Fischer, knapp zwei Jahre jünger als ich, war jenseits der Oder im heutigen Polen geboren, erst in Ostberlin, dann in Westberlin aufgewachsen, hatte im Jesuitengymnasium, dem Canisius-Kolleg, Abitur gemacht, später in Rom und München Philosophie, Theologie, Geschichte, Kunst und Politische Wissenschaften studiert, promoviert und berichtete seit 1978 für die FAZ aus Rom und dem Vatikan.

Beide waren wir Flüchtlingskinder aus dem Osten. Als er sein Abitur Westberlin ablegte, begann ich in Ostberlin mein Studium der Indonesienkunde und Kulturwissenschaften an der Humboldt-Universität. Während ich noch sozialistischen Träumen anhing, verfehlte das sozialistische Brodeln in Westberlin auf ihn jegliche Wirkung. Er studierte, promovierte. Ich studierte, promovierte. Dann trat er ins gesellschaftliche Leben ein, bereiste die Welt und machte Karriere. Mir blieb der Zugang zum gesellschaftlichen Leben verwehrt, ich konnte nicht reisen und machte keine Karriere. Welche Wege wären wir gegangen, hätten wir jeweils auf der anderen Seite der Mauer gelebt? Indonesienkunde hätte ich nicht studiert, auch nicht Theologie an der Gregoriana wie er, aber wahrscheinlich Germanistik und Geschichte, und vielleicht wäre ich auch Journalistin geworden. Und er? Möglicherweise Priester in der DDR oder Denkmalpfleger.

Nun haben mich „Was wäre, wenn …" -Spiele nie sonderlich interessiert. Ich hatte immer genug zu tun, die vorgefundenen Gegebenheiten zu durchdenken und mit meinen Vorstellungen vom Leben in Übereinstimmung zu bringen. Das war und ist auch der Grund, warum ich nie mit verpassten Möglichkeiten haderte und mein Leben gegen kein anderes tauschen möchte. So wurde ich gegen Neid und Selbstmitleid immun. Das erleichterte mir nach dem Mauerfall die Gespräche mit Westdeutschen und eben auch mit Fischers.

Ich genoss das anregende Beisammensein mit dem gelassen argumentierenden Fischer und seiner charmanten Frau Linda – Nachdenken und Verstehen, Sprechen und Zuhören. Obwohl unsere Lebensläufe so unterschiedlich waren, Fischers von großbürgerlichem Zuschnitt, ich eine zerzauste Straßenkatze, verstanden wir uns prächtig. Eine Stunde hatte ich bleiben wollen, zweieinhalb Stunden vergingen wie im Flug.

Zwölf Tage später, kurz vor Weihnachten, luden sie mich zum Essen ein. Linda Fischer lobte überschwänglich mein Buch über Christine von Schweden, das sie inzwischen gelesen hatte. Diesmal gehörte zu der Runde noch ein Freund der Familie, der Manager eines Pharmakonzerns. Die Lichter des Tannenbaums spiegelten sich in den Fenstern, der Pudel Mimi trug ein Halstuch gegen seinen Husten, der Tisch war festlich gedeckt. Wieder diese ruhige Vertrautheit in einer Runde kultivierter geistreicher Menschen, wo niemand aufs Rechthaben aus ist, sondern allein auf geistigen Gewinn. „Ich bin kein Gesinnungsethiker und Utopien haben mich nie angefochten", meinte Fischer. Eine Wohltat in dieser ideologisch aufgeheizten Zeit, sowohl in der allgemeinen politischen Szene wie auch in der Villa Massimo.

Die Begegnung mit Fischers beendete die innere Lähmung, die sich meiner in den letzten Wochen bemächtigt hatte. Sie bestätigte wieder einmal, was ich schon wusste und intuitiv mit dem Griff zum Telefonbuch gesucht hatte: Natur, wie gewaltig oder lieblich sie auf unsere Sinne einwirkt, Musik, Kunst und Literatur, in welcher Fülle wir sie auch genießen, erzeugen über längere Dauer leicht Überdruss und Traurigkeit, wenn es an Menschen fehlt, die wir verstehen und von denen wir uns verstanden fühlen.

Zweieinhalb Jahre nach dieser Begegnung, im Mai 1995 luden mich Fischers in ihr Sommerdomizil über dem Gardasee ein. Mit Freunden feierten sie dort fünfzig

Jahre Frieden nach dem Ende des Zweiten Weltkriegs. In einem nahen Schloss las ich vor der honorablen Gesellschaft aus meinem Buch „Hochzeit in der Engelsburg". Linda schrieb fortan freundliche Zeilen zum Jahreswechsel, Heinz-Joachim Fischer besuchte mich in Potsdam, wo ich eine Lesung für ihn, der inzwischen auch Romane schrieb, organisierte. Danach brach unsere Verbindung ab. Der Sinn unserer Begegnung hatte sich offenbar für beide Seiten erfüllt. Aber ich denke immer dankbar an die beiden zurück.

Nun vergingen die letzten Tage in Rom wie im Flug. Ich erlebte wunderbare geistliche Konzerte und heilige Messen, die schönsten im Pantheon, in Santa Cecilia, in Aracoeli und mit Papst Johannes Paul II. in Sankt Peter. Die Messen am Grab des Apostels Petrus erschienen mir als unbeschreiblich einmalige Mischung aus Frömmigkeit und Theater, Welt-Theater. Wenn der „Hauptdarsteller" in den Papstgewändern einzog, stiegen die Menschen trotz aller Aufforderungen aus den Lautsprechern, die Würde des Ortes zu wahren, auf die Stühle. Beifall brandete auf, ein Blitzlichtgewitter entlud sich. Die Menschen lachten, jubelten, schwätzten. Und dann doch tiefe Stille bei den Gesängen der klaren Knabenstimmen, bei der Wandlung. Die unbeirrbare Frömmigkeit des Papstes sprang auf die bunt gemischte Gemeinde über. Aus aller Herren Länder stammten die Gläubigen. Sie kamen aus ihren Klosterzellen, Heimatgemeinden, vom Gebet aus dem stillen Kämmerlein. Jetzt wollten sie weniger Gott feiern als ihren Glauben an Gott, auf jenem Boden, an jenem Ort, da dieser Glaube als Kirche Gestalt gewonnen hatte, wo er allen Stürmen widerstand. Staunend und neugierig wollten sie sich wiedererkennen in jenem Leib, der sie selber sind und der sie doch übersteigt. Wie Kinder wollten sie das Mysterium des Glaubens mit den Händen greifen, mit den Augen sehen, hören, schmecken, riechen. Alle kamen sie aus den Gebetszellen ihres Herzens in den Festsaal der Verheißung.

Wer sich über eine Papstmesse als ein Spektakel moralisch entrüstet – und die Deutschen neigen besonders dazu –, hat nichts verstanden: nichts von Rom, dieser Bühne der Weltgeschichte, nichts von Kirche, nichts von der menschlichen Natur, nichts vom Glauben.

Am klaren, kühlen Neujahrsmorgen 1993 feierte ich die Messe wieder in St. Peter. Frieden sei die Befreiung vom Bösen, predigte Johannes Paul II., und der ärgste Feind des Friedens sei der Hass in uns. Als der Papst aus Sankt Peter auszog, weit zurückbleibend hinter der kargen Prozession aus Kerzen-, Kreuz-, und Bibel-Trägern, grüßend und segnend, war die Sensation des Einzugs einer beseelten Freude gewichen.

Es muss nach dieser Messe gewesen sein, als ich im Gedränge beim Verlassen des Petersdoms zuerst den Ausblick auf die übersonnte Engelsburg genoss und mich dann noch einmal zu den Berninischen Säulen über dem Papstaltar umdrehte. Dabei begegnete ich dem Blick eines schmalen Mannes mit vollem weißen Haar, eines Priesters in Soutane, der inmitten der Menschenmenge direkt hinter mir ging. Er lächelte mich an und neigte grüßend den Kopf. Noch erfüllt vom Geschehen der Messe, lächelte ich zurück. Erst ein paar Schritte weiter dämmerte mir, dass das Kardinal Joseph Ratzinger gewesen war, der Chef der Glaubenskongregation.

Seit mir nach dem Mauerfall seine Bücher erreichbar waren, hatte ich einige gelesen. Ich glaubte, aber ich wollte besser verstehen, was ich glaubte. Joseph Ratzingers klare, schöne und schnörkellose Sprache faszinierte mich. Endlich einmal ein Theologe, den ich verstand und der meine Fragen zum Glauben aussprach, ehe ich sie noch formulieren konnte. Nicht wenige in Deutschland nannten ihn den „Panzerkardinal", den finsteren Leiter einer noch finsteren Inquisition. Ich konnte das nicht nachvollziehen. Was einer schreibt, offenbart, wes Geistes Kind er ist, wie einer schreibt, verrät seinen Charakter. Aus seinen Büchern sprach ein brillanter Theologe und ein bescheidener, liebenswürdiger Mensch.

Als ich mich noch einmal umschaute, war er in der Menge verschwunden. Mein Staunen blieb. Wie hätte ich auch in diesem schlicht daherkommenden Priester den Kardinal erkennen können, den engen Vertrauten des polnischen Papstes! Mein Staunen wäre noch größer gewesen, hätte ich ahnen können, eben dem künftigen deutschen Papst begegnet zu sein. Achtzehn Jahre später sollte ich während der Pfingstmesse 2011 von ihm am Grab des Apostels Petrus die heilige Kommunion empfangen. Solche Wunder ereignen sich eben nur in Rom.

Die letzten Tage meines Romaufenthalts verliefen entspannt. Von der Villa Massimo hatte ich ohne Bedauern Abschied genommen und wohnte die letzten Tage vor dem Rückflug bei meiner Freundin Marianne im Stadtteil Monteverde Vecchio. Ich hatte mich mit den Schattenseiten der Stadt versöhnt und sie umarmte mich wieder. In der Frattina spielte ein junger Geiger das Adagio von Albanone, vor dem Pantheon sangen fünf junge Leute temperamentvolle Volksweisen, an der Spanischen Treppe zeigten zwei frierende Pantomimen ihre Künste, in Aracoeli rissen die Gläubigen während einer Prozession mit dem Santo Bambino dem Priester das Jesuskind beinahe aus der Hand und wollten es doch nur berühren. Im feierlichen Raum von Sankt Paul vor den Mauern wanderte das klare Januarlicht durch die Alabasterfenster über den Säulenwald. Ich stand in der menschenleeren Basilika und dachte immer nur mit den Worten des Psalms 31: „Du stellst meine Füße auf weiten Raum."

Über die Kuppelöffnung des Pantheon flog eine weiße Taube. Aus ihrem Gefieder schwebte ein Federchen in das jahrtausendalte Rund hernieder, direkt in meine ausgebreitete Hand. Benommen vor Glück starrte ich auf den weißen Flaum und dann in den durchsichtig blauen Himmel über mir. Das ist Rom: Vergänglich wie ein Flügelschlag und Brücke in die Ewigkeit.

Ganz und gar fremd blieb mir das Wort des fünfzehn Jahre jüngeren Uwe Kolbe, das ich in einem Jahrbuch der Villa Massimo gefunden hatte: „Rom / auf uns gekommen / ist nur die Katzenmusik / von Roms Ewigkeit." Das klang gekonnt, aber schwachsinnig. Wenn er geschrieben hätte: … auf mich gekommen / ist nur die Katzenmusik, wäre es wenigstens ehrlich gewesen.

Absturz und arbeitslos

„Gerechtigkeit ist nur in der Hölle, im Himmel die Gnade, auf der Erde das Kreuz", lässt Gertrud von Le Fort ihren Papst Anaklet sagen.

Heimgekehrt in den kalten Norden, blieb mir noch eine Woche zu Hause, um mich nach langer Abwesenheit wieder einzuleben. Zwischen den alltäglichen Verrichtungen und Pflichten las ich „Die innere Burg" von Teresa von Ávila, um den Abgrund zwischen Rom und Potsdam leichter überspringen zu können. Ich hatte das Buch schon vor Jahren einmal angefangen und dann weggelegt, weil es nicht zu mir sprach. Nun aber las ich es mit wachsender Erregung. Die spanische Nonne erklärte mit einfachen Worten, was mir in Rom geschehen war: Das Leiden an der Stadt bis zur körperlichen Lähmung waren weder Einbildung noch Schwäche gewesen, die Begegnungen wirkliche Verheißungen und Ermutigungen; die unbeirrbare Sicherheit meiner Seele, vom Verstand bespöttelt und angezweifelt, Zeichen der liebenden Nähe Gottes. Du bist nicht verrückt, sagte Teresa zu mir. Du bist, wenn du demütig bleibst wie in Rom, dir deiner Unvollkommenheit und Schwächen bewusst, auf dem rechten Weg. Du liebst und empfängst höchste Wonnen – ganz plötzlich, mitten im Gespräch, auf der Straße, in der Küche, beim Anblick von Menschen, in der Natur. Und du stürzt ab ins Dunkel aus Trauer, weil das Licht, das du gesehen, in dieser Welt nicht von Dauer ist. Aber verstehe: Du hast Gottesnähe erlebt, erlebst sie immer wieder, und in der Zeit, da du im Dunkel leben musst, belehre dich deine Seele, die niemals vergisst, was sie gesehen und für wahr erkannt, mutig auszuharren und gute Werke zu tun. Die ewige Verschmelzung mit dem Licht wird erst sein, wenn du aus dem Traum dieses Lebens erwachst, aus der Verbannung dieser Welt heimkehrst. Hier aber befreie dich von Eitelkeiten, Ängsten, Überflüssigem und preise die Schöpfung, den Abglanz des ewigen Lichtes.

Da sprach eine Schwester zu mir, die nicht seit vierhundert Jahren tot war, sondern höchst lebendig. Sie verstand mich besser als ich mich selbst. Mir war in diesen grauen Januartagen licht wie lange nicht mehr.

Und so trat ich ein wenig beklommen, aber doch zuversichtlich, Ende Januar meinen ersten Arbeitstag im Jahr des tausendsten Stadtjubiläums an. Die Projektgruppe war inzwischen aus dem Gebäude des Magistrats in die nahe Eisenhartstraße umgezogen, mit einem Bürocontainer hinter dem Haus. Aus den fürstlichen Gemächern der Villa Massimo in eine Blechkiste. Ein größerer Gegensatz war nicht denkbar. Äußerlichkeiten! Die morgendliche Dienstbesprechung verlief, als sei ich gar nicht anwesend. Keine Begrüßung nach so langer Abwesenheit. Auf die Frage, wo ich meinen Schreibtisch fände, nur Achselzucken. Ich verlangte vom Projektleiter Aufklärung, was denn los sei. Kühl wies er mich an, im Flur zu warten, bis er Zeit für ein Gespräch fände. Das dauerte. Ich saß auf dem Stuhl wie ein armer Sünder und ahnte Schlimmes, denn die Vorbeigehenden wichen meinen Blicken aus. Schließlich eröffnete mir der sonst sich so liebenswürdig gebende Projektleiter ohne Umschweife, er lege auf meine Mitarbeit keinen Wert mehr. Es gebe Irritationen und die Vertrauensbasis sei zerbrochen.

Schockiert hörte ich seine Worte, verstand sie nicht, bewahrte aber doch noch so viel Fassung zu sagen, wenn er kein Vertrauen zu mir habe, könne ich ihm keins einreden. Nach wenigen Minuten war die „Audienz" beendet, weil für den Projektleiter der nächste Termin anstand. Wir vereinbarten für den Abend ein weiteres Gespräch. Da war er dann zu dem Ergebnis gekommen, er könne ebenso gut mit mir zusammenarbeiten wie auf mich verzichten. Ich sagte ihm auf den Kopf zu, dass er mir misstraue, das sei keine Arbeitsgrundlage. Ich wolle die sofortige Beurlaubung.

Er versuchte sich zu erklären. Meine Vorlesung in der Universität im vergangenen Sommer betrachte er als „feindseligen Akt" ihm gegenüber, außerdem hätte ich das Skript an alle möglichen Leute verschickt, um ihm zu schaden. Das wies ich als Unterstellung zurück. Schließlich vereinbarten wir eine dreimonatige Bedenkzeit, während derer ich mich nach einem anderen Arbeitsplatz umschauen solle oder wir vielleicht doch zu einem modus vivendi fänden. Doch es kam alles ganz anders.

Die Presse hatte von der Sache Wind bekommen. In den nächsten Tagen erschienen in den Potsdamer und Berliner Zeitungen Artikel mit Überschriften wie: „Eklat bei Potstausend", „Krach um Sigrid Grabner", ausnahmslos alle mit Sympathien für mich. Journalisten fragten mich, was denn da vorginge. Ich hielt den Ball flach und informierte wahrheitsgemäß, mir keiner Verfehlung bewusst zu sein. Im Sommer hätte ich eine amüsante Vorlesung an der Universität über die Vorbereitung auf die Tausendjahrfeier gehalten und in all den Monaten darauf habe niemand, einschließlich der Stadtspitze, etwas daran auszusetzen gehabt. Der Aufschrei im Blätterwald schwoll an. Der Oberbürgermeister trommelte daraufhin die Journalisten zu einer Pressekonferenz zusammen und ließ eine Erklärung verlesen. Inhalt: Er stünde voll hinter dem Projektleiter der Tausendjahrfeier und verurteile jene, die sich mit ihren Privatquerelen an die Presse wendeten und so der Stadt Potsdam schadeten.

Zu meiner Betäubung gesellte sich Verblüffung. Ich hatte mich nicht an die Presse gewandt, sondern die sich an mich. Mir wäre nie in den Sinn gekommen, den Projektleiter absägen zu wollen, sondern er hatte mir den Rausschmiss angedroht. Plötzlich stand ich als Schuldige da. Welches Spiel wurde hier gespielt? Der Pressesprecher des Oberbürgermeisters äußerte sich nach der Konferenz zu einem mir befreundeten Kollegen: „Im Vertrauen, Frau Grabner hat recht, aber hier geht Not vor Tugend."

Von der Presseerklärung erfuhr ich von den bei mir anrufenden Journalisten, ich stellte sie richtig und kündigte an, meine Arbeit in der Projektgruppe zu beenden.

Am nächsten Tag berichteten alle Regionalzeitungen über den „Krach" bei Potstausend, den erzürnten, autoritären Oberbürgermeister und die widerspenstige Kritikerin. Noch vor neun Uhr morgens rief das Büro des Oberbürgermeisters an und bestellte mich für eine Stunde später zu einem Gespräch. Ich war auf einen Zornausbruch gefasst, stattdessen empfing mich der Oberbürgermeister unter vier Augen und für seine gewohnt grämliche Art geradezu freundlich. Schimpfte am Anfang ein bisschen über die Presse, die sich in alles einmische, um dann bereitwillig, verdächtig bereitwillig, seine Fehler und Versäumnisse in Sachen Stadtjubiläum einzuräumen. Er habe mich immer geschätzt, meine Ausgewogenheit, Arbeitskraft, die Fähigkeit zur Vermittlung. Die unerwartete Eloge gipfelte in der Bitte, ich möge in der Arbeitsgruppe zum Stadtjubiläum bleiben. Wer solle sich denn sonst um die Publikationen kümmern und gar um die Mitglieder des Ehrenkuratoriums, bei denen ich doch großes Ansehen genösse!

Ich schämte mich für seine Heuchelei und brachte es nicht übers Herz, sie so zu nennen. Der Oberbürgermeister gehörte zu den gar nicht seltenen Menschen, die so fest an ihre Lügen glauben, dass sie bei einem Widerspruch die verfolgte Unschuld spielen. So bemerkte ich nur, Potsdam würde auch ohne meine weitere Mitwirkung tausend Jahre alt; bliebe ich, wäre der nächste Krach vorprogrammiert, denn es könne der Frömmste nicht in Frieden leben, wenn es dem bösen Nachbarn nicht gefällt, zitierte ich Schiller.

Mein Gesprächspartner tat, als habe er nicht verstanden und erkundigte sich nach meinem Aufenthalt in der Villa Massimo. Noch am Vortag hatte sein Bürochef als Stimme seines Meisters das Wort in Umlauf gebracht: „Wenn diese Frau zwei Monate ihrem Privatissimum in Rom nachgeht, muss sie sich nicht wundern, wenn sie hier eine veränderte Situation vorfindet."

Nun hörte sich das so an: Für Potsdam sei es eine Ehre, dass eine Bürgerin der Stadt diese Auszeichnung erhalten habe. Wie ich wisse, habe er mich ja sofort und gern für diese zwei Monate beurlaubt. Dann lenkte er das Gespräch auf Christa Wolf und Heiner Müller, deren zeitweise Mitarbeit bei der Staatssicherheit gerade entdeckt worden war und heftig in der Presse diskutiert wurde. Da ich wortkarg blieb, fand die Unterredung nach einer Stunde ihr natürliches Ende. Er werde jede meiner Entscheidungen respektieren, sagte das Stadtoberhaupt freundlich zum Abschied, aber er rate mir dringend, „weise" zu entscheiden.

Angetan von seiner vorgetäuschten oder wirklichen Menschlichkeit und zugleich verwirrt, verließ ich das Stadthaus. Die praktische Politik war nicht mein Metier. Diese Spieler im Stadthaus nahmen an, ich sei eine Spielerin wie sie. Wo ich einfach nur sagte, was ich dachte und wo ich schwieg, weil ich mir noch keine Meinung gebildet hatte oder jemanden mit meiner Wahrheit nicht verletzen wollte, vermuteten sie hinter allem Berechnung, Taktik, Kalkül. Dabei war ich ganz einfach gestrickt – zwei rechts, zwei links. Ich sagte, was ich dachte, und tat, was ich sagte, und das immer auf eigene Kosten.

Journalisten, die etwas über den Inhalt des Gesprächs wissen wollten, verwies ich an den Oberbürgermeister. Sollte er ihnen doch sagen, was mir klar geworden war: Die Tausendjahrfeier Potsdams bedeutete für ihn Anerkennung und politisches Überleben. Zum jetzigen Zeitpunkt konnte er den hochstapelnden Projektleiter nicht mehr in die Wüste schicken und er konnte sich keine aufgebrachte Presse leisten. Meine Reaktion „Ich gehe!" auf seine Presseerklärung nahm ihm jede Möglichkeit, mich zu disziplinieren. Also hatte er um gut Wetter bitten müssen. Auch dies würde er mir nicht verzeihen.

Ich fühlte mich müde und traurig von der Verlogenheit und Heuchelei, den Presseartikeln, den wohlmeinenden Ratschlägen. „Wenn du gehst, fragt in Kürze keiner mehr nach dir; wenn du bleibst, kannst du mitgestalten", hatte mir ein Kollege aus dem Kulturdezernat gesagt. Das erinnerte fatal an die Situation vor meinem Austritt aus der SED. Verändern kannst du nur von innen, nicht von außen, hieß es damals. Aber ich eignete mich nicht zum Maulwurf, ich brauchte das Licht und den weiten Himmel über mir. Ich verstand die Beweggründe aller Akteure, die ihre eigenen Interessen verfolgten, und es war mir damals wie auch jetzt nie in den Sinn gekommen, sie zu verurteilen. Viel schwerer fiel es mir, meinen eigenen Weg zu finden: Dienst an der Allgemeinheit im Einklang mit dem eigenen Gewissen. Ich diente gern, aber ich ließ mich ungern benutzen.

Während ich in dem mir zugewiesenen Zimmerchen im Bürocontainer hockte und mir über meine Lage klar zu werden suchte, klopfte es an der Tür. Die Stellvertreterin des Projektleiters, eine stämmige blonde Frau, die alle wegen ihres Kommandotons nur den „Feldwebel" nannten, trat ein. In den vergangenen Monaten hatte ich der zehn Jahre Jüngeren immer wieder versucht, die Mentalität der Ostdeutschen zu erklären, sie vor unangebrachter Sentimentalität und deren Kehrseite, hochfahrendem Wesen, zu warnen. Sie hatte mir herablassend zugehört und sich dann wieder daran gemacht, „Ordnung" zu schaffen. Die Westberlinerin galt als Frau fürs Grobe. Nun erklärte sie mit ungewohnt leiser Stimme, Hemmungen zu haben, mit mir zu reden. Doch das faire Gesprächsprotokoll, das ich über meine Unterredungen mit dem Projektleiter nach meiner Rückkehr aus Italien angefertigt hätte, ermutige sie. Und dann brach der ganze Jammer über ihre Arbeit im Osten heraus. Hier sei alles ganz anders als im Westen, wo sie und ihr Chef bisher gearbeitet hätten – dunkel, unverständlich, die Menschen unsicher, ängstlich bis zum „Angstbeißer". Das gegenseitige Unverständnis produziere Verletzungen und nachhaltiges Misstrauen. Bei ihrem Dienstantritt in Potsdam habe man sie nicht einmal eingeführt, sondern einfach nur den vorigen Projektleiter für abgesetzt erklärt. Als Vorgesetzte müssten sie nun über etwas bestimmen, das sie nicht verstünden. Im Westen verteidige sie die Ossis und hier empfinde sie es als Makel, ein Wessi zu sein.

Eine Stunde redeten wir miteinander, und es war ein so ganz anderes Gespräch als das Stunden zuvor mit dem Oberbürgermeister. Ohne Verstellung. Diese sonst so herrisch wirkende Frau suchte Verständnis und sie fand es, weil sie vertraute. Ihre Worte bestätigten die kritische Bemerkung in meiner Vorlesung vom vergangenen Juli, man dürfe Leitungspositionen, vor allem in der Kultur, nicht mit Westdeutschen besetzen, da man bei einem so kurzzeitigen Projekt wie der Jubiläumsfeier nicht vierzig Jahre unterschiedlicher mentaler Entwicklung überbrücken könne.

Am Ende des mich tief berührenden Gesprächs riet ich der Frau, sie solle immer so offen mit den „Eingeborenen" sprechen, das würde ihr viele Freunde schaffen.

„Warum sollen nur immer wir verständnisvoll sein?", fragte sie heftig.

„Ganz einfach", erwiderte ich, „weil Sie die Vorgesetzten sind, was auch etwas mit Verantwortung zu tun hat."

Am nächsten Tag gab sie mir einen zweiseitigen von ihr verfassten Text zu lesen, der von den Schwierigkeiten zwischen Westberlinern und Westdeutschen in der Zeit der deutschen Teilung handelte. Davon hatte ich bisher nichts gewusst. Nun verstand ich sie noch besser. Den Westdeutschen galt die Westberlinerin seit ihrer Kindheit als eine aus dem Osten und den Ostdeutschen als eine aus dem Westen. Ständig zwischen den Stühlen zu sitzen, kostete Nerven.

Einige Monate und einen Nervenzusammenbruch später sagte sie, als wir uns zufällig bei einer Veranstaltung trafen: „Sie waren die Einzige, die meinem Chef und mir immer offen Ihre Meinung gesagt und niemals intrigiert haben."

Nach der Tausendjahrfeier verlor ich sie aus den Augen. Später hörte ich, sie habe die Organisation von Veranstaltungen aufgegeben, in Ungarn ein Tierheim für verwahrloste Tiere gegründet und sei relativ jung gestorben. Ich muss oft an sie denken. Ihr ging es wie vielen, die unter der deutschen Teilung gelitten hatten und mit der Wiedervereinigung nicht zurechtkamen.

Meinen durch die Presse öffentlich gemachten Entschluss zu kündigen, konnte und wollte ich nicht zurücknehmen. Ich hatte ihn zwar spontan als Reaktion auf die Presseerklärung des Oberbürgermeisters geäußert und dennoch wusste ich schon seit dem Abschluss meiner Arbeit am Festbuch, dass meines Bleibens im Magistrat nicht länger war. Doch nun geriet ich in eine Zwickmühle. Der Projektleiter und seine Stellvertreterin baten mich immer wieder inständig zu bleiben. Der Kulturdezernent bot mir eine

Stelle als Abteilungsleiterin an, der Vizebürgermeister riet mit den Worten, das Kulturdezernat sei doch ein Müllabladeplatz, davon ab und wollte mich im Amt für Offene Vermögensfragen unterbringen. Ich lehnte alle freundlich gemeinten Angebote ab und geriet dadurch in die Situation einer wählerischen Diva, die man nur lange genug bitten müsse. Andererseits wusste ich nicht, wie ich nach einer Kündigung meinen Lebensunterhalt bestreiten sollte. Um Arbeitslosengeld erhalten zu können, durfte ich nicht selber kündigen, sondern musste gekündigt werden.

Von allen Seiten erhielt ich Zuspruch, selbst auf der Straße hielten mich Leute an, um mir zu sagen, welch schreiendes Unrecht mir geschehen sei und wie sehr sie meine Haltung bewunderten. Jeder warnte mich davor zu kündigen. Aber mir war nicht zu helfen.

Es ging um mehr als um den Zusammenstoß zwischen West und Ost, als um den Dissens zwischen einem wankelmütigen Oberbürgermeister und einem überbezahlten Kulturprofi aus dem Westen und darum, dass ich zwischen die Parteien geraten war. Es ging um die Fragen: Wer bin ich, was will ich, worin liegt der Sinn all dieser Verletzungen und Demütigungen? Den schönen Posten in Wuppertal hatte ich ausgeschlagen, in Rom war mir klar geworden, überall fremd zu sein und nicht mehr schreiben zu können, in Potsdam scheiterte ich nun ebenfalls. Nicht an anderen, sondern immer an mir. Ich war gerade einmal fünfzig Jahre alt. Sollte ich in dem von mir so glückhaft erlebten vereinigten Deutschland keinen Platz mehr finden? Während meiner Arbeit im Magistrat hatte ich mit so vielen aus der Bahn geworfenen Menschen gesprochen – entlassenen Universitätsprofessoren, einstigen Angestellten der Staatssicherheit, arbeitslosen Armeeoffizieren, brotlosen Künstlern – und sie ermutigt, einen neuen Anfang zu suchen und ihr Schicksal in die eigenen Hände zu nehmen. Jetzt galt diese Aufforderung wieder mir.

Einen Monat später, als ich nach langem Warten auf den Fluren des Arbeitsamtes endlich einem Sachbearbeiter gegenübersaß, sagte der mit sorgenvollem Gesicht: „Sie gehören zu der Gruppe, die am schlechtesten zu vermitteln ist: Frau, aus dem Osten, über fünfzig." Also aussichtslos. Das war eine neue und deprimierende Erfahrung.

Ich hielt nach Zeichen Ausschau, die einen Ausweg verhießen. Gott spricht immer zu uns, aber oft sind wir taub für seine Worte, blind für seine Zeichen. Er muss uns manchmal zu Boden werfen, uns an Leib und Seele erschüttern, damit wir zur Besinnung kommen und uns wieder aufrichten können. So ging es mir.

Ich flehte zu Gott, er möge mich im reißenden Strom der Zeit nicht untergehen lassen. Aber die Worte fielen leer auf mich zurück. Wenn ich eine Straße überquerte, zogen mich die heranrasenden Autos magisch an. Nur ein Schritt und alles Fragen, Suchen, Zweifeln wäre zu Ende, nur noch Ruhe – welch verlockende Vorstellung! Ich widerstand mit aller mir verbliebenen Kraft, ich wollte nicht unter die Opfer der deutschen Einheit gerechnet werden. Doch wie lange würde die Kraft noch reichen? Ich überwand meinen Widerwillen gegen Ärzte und meldete mich krank. Der Zufall, den es nicht gibt, ließ mich an Maria geraten.

Maria

Sie lief mir zu und ich ihr. Das Leben führte uns zusammen, als wir einander brauchten. Begegnet waren wir uns schon viel früher. Unsere Töchter hatten dieselbe Klasse besucht und manches gemeinsam unternommen. Ich traf die Ärztin oft auf Gängen in der Stadt, wir grüßten uns freundlich, mehr nicht. Der schwerbehinderte Sohn im Rollstuhl, die beiden Töchter im Alter meiner Kinder, die Praxis forderte ihre ganze Kraft. Mit vierzig gebar sie ihr viertes Kind. Wie schafft sie das alles?, fragte ich mich manchmal.

Der ersten Euphorie nach dem Mauerfall folgte eine allgemeine Erschöpfung. Die Unsicherheit der sich ständig verändernden Lebensverhältnisse machte viele krank. Maria betreute in dieser Zeit nicht nur eine wachsende Zahl von Patienten, sie besuchte auch Fortbildungskurse und gründete eine eigene Praxis, was mit einer unvorstellbaren Last an bürokratischen, organisatorischen und finanziellen Bürden verbunden war.

Maria und ich waren zu dieser Zeit in einem Alter, wo man nicht mehr nur nach vorn, sondern auch schon mal zurückschaut und die Ernte einzufahren beginnt. Aber mit dem Mauerfall, dem von uns ersehnten, bejubelten, versank das bisherige Leben in einem großen schwarzen Loch. Jede neue Generation hält sich für klüger und der alten moralisch überlegen, das ist eine Binsenweisheit. Wenn sich dazu aber noch eine Zeitenwende wie die von 1989 gesellt, sehen auch schon jüngere Menschen alt aus. Einstige Verdienste und Lebenserfahrungen gelten in historischen Umbrüchen nichts mehr. Wie unzählige andere im Land der ehemaligen DDR mussten Maria und ich ganz von vorn anfangen, was Menschen um die fünfzig naturgemäß schwerer fällt als Kindern und Jugendlichen.

Nach zwei Jahren aufreibender Arbeit im Magistrat war ich plötzlich arbeitslos. Es geschah, was ich nie für möglich gehalten hätte – ich fiel in eine Depression. Einen Arzt aufzusuchen, lehnte ich ab. Ich kannte ja die Ursachen meines Zustands: der kürzliche Tod meiner Mutter und naher Freundinnen, menschliche Enttäuschungen, finanzielle Schwierigkeiten …

Maria verschrieb mir keine Tabletten, die ich ohnehin nicht eingenommen hätte, sondern lud mich zu einem Kurs für autogenes Training ein. Mehr ihr zuliebe als aus Überzeugung ging ich hin. Die Depression, so spürte ich, war ohnehin im Verklingen. Worüber man reden kann, ist schon halb überwunden. Doch Maria sorgte sich um mich. Sie rief an, auch abends und nachts, sie schaute bei mir zu Hause vorbei, wenn sie das Gefühl hatte, ich brauchte das Gespräch. Ihre Anteilnahme rührte mich – die sanfte Stimme, die tief verschatteten Augen in dem blassen Gesicht.

In unseren Gesprächen über Gott und die Welt machte ich kein Hehl aus meinem Misstrauen gegen den Berufsstand der Ärzte. Das kränkte sie nicht, im Gegenteil, sie bestätigte meine Beobachtungen über die Selbstheilungskräfte des Körpers und gestand, dass auch sie viel von Naturheilkunde und heilender Energie hielt. „Ich kann den Patienten beistehen, wenn sie Hilfe brauchen", sagte sie, „aber das Wesentliche müssen sie selber tun. Heilen tut ein ganz anderer." Diese Mischung aus Demut und Selbstvertrauen gefiel mir.

Bald schlug Maria vor, gemeinsam einmal wöchentlich in meiner Wohnung zu meditieren. Seit Jahren stand sie mit Paula in Verbindung, einer katholischen Meditationslehrerin in Süddeutschland, deren Kurse sie als Medizinerin, Psychotherapeutin und gläubige Katholikin überzeugten. Mehr als mit Apparaten und Psychopharmaka, davon war Maria überzeugt, könnte man den meisten Kranken mit Meditation, Zuwendung und Affirmationen helfen. Darüber redete sie mit Kollegen nie, die hätten sie für verrückt gehalten; mit Patienten nur dann und nur so weit, wie sie eine gewisse Empfänglichkeit für alternative Heilmethoden erspürte.

Einst bedingungslose Anhängerin des medizinischen Fortschritts, seit Jahrzehnten praktizierend, hatten die Ereignisse von 1989 Marias Existenz als Ärztin erschüttert. Die Eröffnung einer eigenen Praxis, die plötzlich zum Muss geworden war, bürdete ihr Schulden auf. Ihre Art, die Alten und Kranken zeitaufwendig zu umsorgen, vergrößerten die Schulden. Gern hätte sie sich ganz und gar alternativen Heilmethoden zugewandt, Kurse besucht, Erfahrungen gesammelt, aber für sie war die Wende zu spät gekommen. Verbraucht vom Dienst an der sechsköpfigen Familie und den Patienten, fünfzig Jahre alt, geplagt von Geldsorgen, ohne tatkräftige Unterstützung von der Familie oder Freunden, versuchte sie, das rettende Ufer zu erreichen. Doch das Gefühl der Vergeblichkeit wuchs. Traurig berichtete sie von Zusammenkünften der Ärzteschaft, in denen die Gespräche nur um Geld kreisten und die Patienten als Mittel galten, das eigene Einkommen möglichst schnell zu vermehren. Ihr ärztliches Selbstverständnis und ihr christlicher Glaube mochten sich damit nicht abfinden.

Marias sanfte, stille, freundliche Art galt bei Kollegen und selbst in der Familie als Naivität, mehr noch, als Schwäche. Nur die Patienten hielten zu ihr, die Alten und die wirklich Kranken. Von ihnen bezog sie die Kraft, ihren Weg zu gehen, obwohl sie manchmal nicht wusste, wie sie die finanziellen Verbindlichkeiten bedienen sollte. Selbstironisch meinte sie einmal: „Als ich Medizin studierte, träumte ich davon, den Menschen zu helfen und dabei gut meine Familie ernähren zu können." Nun hatte sie einen Mann, der sich über sie lustig machte, drei erwachsene Kinder, die die Aufopferung der Mutter als selbstverständlich hinnahmen und eine pubertierende Tochter, die jeder Mutter das Leben schwer macht, noch mehr, wenn diese Mutter die fünfzig schon überschritten hat.

Ich begriff allmählich, dass sie unser Zusammensein mehr brauchte als ich ihre Dienste als Ärztin.

Maria wurde im Isergebirge als viertes von fünf überlebenden Kindern einer Bauernfamilie geboren. An den Vater erinnerte sie sich kaum. Er war in den Nachkriegswirren, kurz vor der Vertreibung der Deutschen aus der Tschechei, erst halbtot geprügelt, später erschossen worden. Die Mutter mit den fünf Kindern und den Großeltern verschlug der Flüchtlingstreck im Oktober 1946 in die Nähe von Ueckermünde. Maria war das, was man ein liebes Kind nennt – bemüht, der Mutter das Los zu erleichtern, den älteren Geschwistern nicht zu widersprechen, für den jüngeren Bruder zu sorgen. In der Schule lachte man sie aus, weil sie den Dialekt ihrer Heimat sprach. Da verstummte sie für eine Weile, nickte oder schüttelte nur noch den Kopf.

Obwohl streng katholisch erzogen, gelang es ihr, in der DDR zum Medizinstudium zugelassen zu werden, was schon eine Leistung an sich bedeutete. Während des Studiums litt sie unter dem Zynismus ihrer Kommilitonen. Sie heiratete einen katholischen jungen Mann, der zwar keine unflätigen Witze riss, aber ein Muttersöhnchen mit all seinen charakterlichen Schwächen war, was sie erst später bemerkte.

Menschen wie Maria scheinen Missverständnisse geradezu auf sich zu ziehen. Ihr Wunsch, selbstlos zu helfen, wurde als Dummheit ausgelegt, ihre Bescheidenheit als Arroganz, ihre Demut gegenüber Gott als Schwäche, ihre Tüchtigkeit als Vorwurf an andere. Der Mann ließ sie ihren Status als promovierte Ärztin bitter entgelten. Er kränkte sie, ging fremd, behandelte sie herablassend. Und Maria ertrug es – schweigend, lächelnd, nachsichtig. Sie, die in ihrer Praxis Wärme, Freundlichkeit und Selbstbewusstsein ausstrahlte, wirkte zu Hause wie eine unscheinbare Dienstmagd.

Allmählich erkannte ich den wunden Punkt dieser so tüchtigen Frau. Sie wollte gut sein, alles richtig machen, wie einst das durch Krieg und Vertreibung verschüchterte Mädchen, damit es ihr und den Menschen leichter würde in dieser Welt. Nie hatte sie sich gegen Zumutungen aufgelehnt, sondern immer versucht, sie in sich aufzulösen und zu harmonisieren. Geprägt von einer autoritären Interpretation des katholischen Glaubens, der in der unsicheren Nachkriegszeit ein fester verlässlicher Grund gewesen war, hatte sie erst spät und zaghaft begonnen, durch Verkrustungen zu den lebendigen Quellen vorzustoßen. Sie fühlte sich verantwortlich für den Zustand ihrer Ehe und deren Unauflöslichkeit sowieso. Sich selbst gab sie die Schuld, dass der einzige Sohn schwerbehindert war, sie litt still darunter, dass der Vater diesen Sohn nicht annahm und immer wieder verkündete, dass er lieber einen richtigen Sohn hätte. Sie sah sich als die für alle und alles verantwortliche Übermutter. Gegen die Rücksichtslosigkeit der Familie aufzubegehren, hätte sie sich als Egoismus vorgeworfen.

Und nun war sie in eine Sackgasse geraten, aus der sie sich in ihre Berufung als Ärztin flüchtete. Doch auch hier geriet sie in Widerspruch zur Wirklichkeit: Sie prallte am Unverständnis und am Egoismus von Kollegen ab. Wo ein Faustschlag auf den Tisch für alle Beteiligten die Fronten geklärt hätte, setzte sie immer wieder und vergeblich auf Vermittlung und Einsicht. Wenn man auf astrologische Zuordnungen etwas gibt, stritten sich in Maria Erdgebundenheit und die Sehnsucht ins Neue, Unbekannte. Im Zeichen des freiheitsbetonten Wassermanns geboren, standen bei ihrer Geburt fünf Planeten in Erdzeichen und vier in Luftzeichen, aber keines in den flexiblen Wasserzeichen. Sie wollte fliegen, aber sie kam gegen die Schwerkraft nicht an. In diesem Konflikt verbrauchte sie ihre Kräfte.

Meine „ketzerische" Glaubenspraxis, die lebenslange Auseinandersetzung mit Hierarchien, ob in Staat oder

Kirche, das Beharren auf Unabhängigkeit und das eigene Gewissen als letzte Instanz sprachen Maria an. So wollte sie sein. Bei Maria habe ich wehen Herzens erlebt, wie der Versuch, anders sein zu wollen, misslingt. Jede Seele hat von Anbeginn eine eigene Struktur, gegen die anzukämpfen, göttliches Gesetz verletzt. Vieles haben wir Menschen gemeinsam, aber ebenso viel unterscheidet uns. Es liegt ein Sinn darin, dass wir so unterschiedlich in Gestalt, Kondition, Neigungen, Schicksalen geschaffen worden sind. Jeder Schwäche wohnt auch Stärke inne.

Was für mich gut war, musste nicht für Maria gut sein. Ich zitierte ihr Michelangelos Vers „Verjagt vom Feuer, aus der Flamme Glut, / Sterb ich am Ort, der anderen Schutz gegeben. / Was brennt und glüht, ist mir als Nahrung gut, / Was andre tötet, das hilft mir zum Leben."

Maria fand selten Zeit, ein Buch zu lesen, ausgenommen Fachliteratur, und bewunderte meine Kenntnisse in Literatur, Philosophie und Geschichte. Es kostete Mühe, sie zu überzeugen, dass meine Aufgaben im Leben sich zwar von den ihren unterschieden, sie aber genauso ihr Bestes gäbe wie ich. Im einander Ergänzen bestünde ja gerade der Wert einer Freundschaft.

Immer wieder lenkte ich das Gespräch auf ihre Praxis, hier war sie in ihrem Element und bei allen Zweifeln voller Selbstvertrauen. Sie berichtete von Patienten, ohne Namen zu nennen, von schwierigen Krankheitsbildern und wir suchten gemeinsam nach psychologischen Erklärungen. Es war ihr wichtig, was ich als Außenstehende dazu meinte, und ich konnte ihr so manchen Impuls geben, wie auch sie mir vieles neu zu bedenken gab. Von den Alten in den Seniorenheimen erzählte sie, wie sich ihre Demenz äußerte, wie sie ihren Eitelkeiten verhaftet blieben, aber auch über deren Weisheit; über an Krebs Erkrankte, über das Verlangen nach aktiver Sterbehilfe von alten Frauen, die der Tod vergessen zu haben schien, über ihre eigenen Konflikte beim Umgang mit den Alten und Kranken. Wir redeten als Betroffene, nicht als kühle Beobachter.

Jeden Donnerstagabend klingelte Maria nach ihrer Sprechstunde an der Haustür. Meist blass und überanstrengt, begrüßte sie mich mit einem unbeschreiblich innigen Lächeln. Ich spürte, wie sie aus einer Welt unzähliger an ihr zerrenden Forderungen in eine Zone des Friedens trat. Mit ihrem Lächeln ließ sie alles los, was sie bedrückte. In der Hand die Tasche mit dem Meditationskissen, einem Gong, der bequemen Trainingshose, einem Paar warmer Socken, oft auch einem Fachbuch, das ich lesen sollte. In meinem Arbeitszimmer hockten wir uns auf den Fußboden und begannen zu erzählen: Was uns in der vergangenen Woche widerfahren war, was uns beschäftigte, sie in ihrer Praxis, mich im Literaturbüro, über unsere Kinder, über Religion, Erinnerungen … Keines dieser Gespräche drang über die Schwelle meiner Wohnung. Es wäre vielleicht auch gar nicht möglich gewesen. Die zwei miteinander verbrachten Stunden waren wie ein Traum, der sich entzieht, wenn man ihn nach dem Erwachen in Worte zu fassen versucht. Der Schluss dieser schwebenden Gespräche setzte sich immer von allein. Wir nahmen die Meditationshaltung ein, Maria schlug den Gong. Ich lauschte dem Ton nach, bis die letzte Schwingung verzitterte, und dann ließ ich alles los – was ich gehört hatte, was mich beschwerte, bis da nur noch Wärme war und aus dem Dunkel Licht wurde, das mich durchströmte. Niemals zuvor und nicht mehr danach ist mir das so gelungen wie mit Maria. Nach einer halben Stunde, manchmal länger, manchmal kürzer, schlug sie wieder den Gong und holte sich und mich in die Gegenwart. Von ihrer Freundin Paula hatte sie eine Zusammenstellung von neunzig Versen aus dem „Cherubinischen Wandersmann" von Angelus Silesius erhalten. Nach der Meditation lasen wir wechselweise zehn Verse vor, sagten etwas dazu, wenn es uns drängte, oder schwiegen. Nach dem halbstündigen Beisichsein, andere mögen es Abwesenheit nennen, bekamen die Verse einen nie gehörten Klang, einen unerwarteten Bezug zu unserem Leben. Ohne viele weitere Worte verabschiedeten wir uns dann. Maria ging lächelnd hinaus in die Nacht.

Nur einmal kam sie an einem Sonntagnachmittag außer der Zeit. Die Auseinandersetzungen mit ihrem Mann hatten einen hässlichen Höhepunkt erreicht, sie musste mit jemandem sprechen. Sie weinte, sie war verzweifelt. Es war ein schöner Sommertag, wir saßen auf dem Küchenbalkon, tranken Tee und ich machte ihr Mut, sich von ihrem Mann zu trennen, was sie wohl auch hören wollte. Ich wusste um die Wohlfeilheit auch der tiefstempfundenen und bestformulierten Worte. Reden ist das eine, Tun ist meist anders. Sie dürfe nicht mutlos werden, warnte ich, wenn ihr das, was sie wolle, nicht sofort gelänge; der Mensch sei ein schwaches Wesen und alles brauche Zeit zum Reifen. Sie ging mit dem festen Entschluss, zu Hause reinen Tisch zu machen.

Am nächsten Donnerstag meinte sie verzagt, hier in dieser Wohnung sei ihr alles so klar, sie wisse genau, was sie tun müsse, und dann komme sie nach Hause und alles sei anders, verworren, unlösbar. Der Mann, ihre Entschlusskraft spürend, habe diese mit schmeichelnden Worten gebrochen und sie sei darauf reingefallen. Wenn man ihr so freundlich begegne, könne sie doch nicht ihren egoistischen Wünschen nachgeben. Ich tröstete sie und bat, sie möge Geduld mit sich haben.

Sie klagte nie, denn sie war fest davon überzeugt, jeder Mensch müsse und könne – mit Gottes Hilfe – Verantwortung für sein eigenes Leben übernehmen.

Immer öfter rief sie an, um sich Kraft zu holen. Aber sie gab auch Kraft, sie benutzte mich nicht, sondern schenkte sich mit einem unerschütterlichen Vertrauen. Sie wollte wirklich wissen, wie es mir geht, was mich bewegt und nahm Anteil an meinem Leben wie ich an ihrem. Gemeinsam fuhren wir 1995 zu einem Meditationswochenende in den Schwarzwald, damit ich ihre Freundin Paula kennenlerne, eine schöne alte Dame mit klaren Gesichtszügen. Geduldig und mit nachsichtigem Lächeln ertrug Maria mein Aufbegehren gegen die Vorschriften in dem Zen-Buddhismus-Haus, mit denen ich mich nicht anfreunden konnte. Gruppentherapien sind nun mal nicht meine Sache. Es schien mir abstrus, Hunderte von Kilometern zu fahren, um mit fremden Leuten in Stille und Schweigen zu meditieren. Ich fügte mich drein, weil ich Maria nicht verletzen wollte, und sagte ihr hinterher, der Aufenthalt habe mir gut getan, was auch stimmte. Aber es war nicht mein Weg.

Uns fehlte etwas, wenn wir uns donnerstags nicht treffen konnten. Im Frühjahr 1997 passierte das öfter. Maria kämpfte mit Banken, mit Rechtsanwälten, mit zunehmenden familiären Schwierigkeiten. Ich war eingespannt in meiner Arbeit im Literaturbüro, bangte um eine Freundin, die sich gerade einer Chemotherapie unterzog und mich gebeten hatte, mit ihr für drei Wochen nach Italien zu reisen, um sich vor der nächsten Operation zu erholen.

Als ich Mitte Juni aus Italien zurückkehrte, war mein Anrufbeantworter voll mit Marias Anrufen. Sie wusste, dass ich verreist war, aber sie lebte in so großer Not, dass sie sich auf diese Weise ein wenig Erleichterung verschaffte. Nun fuhr sie mit Mann und Enkel in den Urlaub. Es muss eine Katastrophe gewesen sein. Sie schrieb mir eine Karte, rief an, um sich nach meinem Zustand zu erkundigen, denn ich war im Frühjahr schwer gestürzt. Wiederholt bat sie, ich möge sie Mitte Juli zu einer Meditationswoche in der Nähe von Donaueschingen begleiten. Aber ich wollte nicht und ich wusste Maria bei Paula in guten Händen.

„Wenn dort nicht ein Wunder geschieht", sagte sie bei unserem letzten Treffen zwischen ihrem Urlaub und der Abreise nach Süddeutschland, „weiß ich nicht, wie es danach hier weitergehen soll."

Am Sonntagabend vor ihrer Abreise traf ich sie unvermutet mit ihrem Mann. Beide kamen mit düster verschlossenen Gesichtern aus der Praxis. Als Maria mich erblickte, lächelte sie und mir war, als ginge plötzlich die Sonne auf. Ich hatte ihr auf dem Rückweg von der Abendmesse noch ein Büchlein für die Reise und ein paar zu Papier gebrachte ermutigende Worte in den Briefkasten stecken wollen, nun gab ich ihr das Päckchen gleich. Wir umarmten uns lange und fest. Das letzte Mal.

Am Sonnabendvormittag darauf rief ihr Mann an: Maria ist tot. Sie war in der vergangenen Nacht, wahrscheinlich in den Morgenstunden, gestorben, einfach so, im Schlaf, wenige Stunden vor der Heimreise.

Das Wunder war geschehen, aber anders, als Maria und ich es erhofft hatten. Sie wurde nur fünfundfünfzig Jahre, aber sie hatte dem Leben alles gegeben, was sie vermochte. Nun hatte Gott sie zu sich genommen, damit ihre Qual ein Ende habe und sie endlich ausruhen könne. Nur damit konnte ich mich trösten. Ich wäre so gern mit ihr zusammen alt geworden.

Ich bin meiner Geschichte weit vorausgeeilt. Noch schreiben wir das Jahr 1993. Nach dem Debakel im Magistrat besuchte ich an einem grauen Vorfrühlingstag Pater Reinhard im Karmelitenkloster Birkenwerder. Ich kannte ihn seit fast sechs Jahren und schätzte seinen behutsamen Rat. Als ich erzählt hatte, was mir widerfahren war, sagte er unvermittelt: „Sie müssen unbedingt schreiben, Sie brennen ja geradezu." Ich schaute ihn verdutzt an. Von Buchprojekten war nicht die Rede gewesen. Zugleich wurde mir klar, dass meine Ängste viel tiefer reichten als die tatsächliche oder vorgeschobene Furcht vor materieller Unsicherheit. Im Grunde wollte ich zurück in meine Schriftstellerexistenz und fürchtete doch, nicht mehr schreiben zu können. Dann wäre alles umsonst gewesen: die beabsichtigte Kündigung beim Magistrat, der Sprung ins Unbekannte. Würde Gott mich auffangen?

„Ich kann nicht mehr beten", erwiderte ich.

Pater Reinhards Antwort passte zu dem Satz in der Kirchenzeitung, den ich kürzlich gelesen und der sich mir eingeprägt hatte: „Gott muss manchmal gewalttätig sein. Er muss den Menschen zu Boden werfen, um ihn aufzurichten."

Nicht mehr beten können, hieße, so Pater Reinhard, der Mensch könne nicht mehr so beten wie bisher. Alle Versuche, das Beten wie zuvor zu praktizieren, seien zum Scheitern verurteilt. Da gebe es nur einen Weg – den nach vorn.

Und warum könne der Mensch nicht mehr so beten?, fuhr er fort. Weil die Emotionen von einst sich nicht mehr einstellten. Dann müsse der verhinderte Beter sich sagen: Gott hört auch meine stammelnden nüchternen Worte und versteht mich.

Aber es könne auch daran liegen, meinte Pater Reinhard, dass Gott den Beter so verändert, ihn so umgeformt, so durcheinandergerüttelt habe, dass er sich selbst nicht mehr annehmen könne. Der mit sich selbst Uneinige könne nicht mehr beten. Abhilfe fände er nur, wenn er zu begreifen versuche, was mit ihm geschehen sei und er dieses Geschehen annehme.

In meiner Fremdheit gegenüber der Welt noch immer eingeschlossen, doch getröstet, fuhr ich nach Hause.

Einige Tage später gab ich im Büro des Oberbürgermeisters einen Brief ab mit der Bitte, mir zum 1. April zu kündigen. Dieser Brief hatte wochenlang zu Hause auf meinem Schreibtisch gelegen, weil ich mir immer noch ein Hintertürchen offenhalten wollte. Damit sollte es nun vorbei sein. Ich erhielt keine Antwort. Den Vorschlag des Projektleiters, die Reihe „Potsdamer Diskurse" im Jubiläumsjahr zu betreuen, schlug ich ab. Geradezu besessen arbeitete ich jetzt darauf hin, alle Brücken hinter mir abzubrechen. Der Projektleiter verstrickte sich in immer heftigere Auseinandersetzungen mit dem Kulturdezernat und drohte mit dem Rechtsanwalt. Seine Stellvertreterin erlitt einen Nervenzusammenbruch; sie würde nicht an ihren Arbeitsplatz zurückkehren, hieß es. Sie tat mir leid. Aber all das hatte mit mir nichts mehr zu tun. Jemand steckte mir einen Zettel mit einer chinesischen Weisheit zu, die zu meiner Situation passte: „Nach der Niederlage ist es gut, sich ans Ufer zu setzen und zu warten, bis die Sieger leblos den Fluss hinuntertreiben."

Die Besiegte war ich, das stand fest. Aber wer waren die Sieger? Der Oberbürgermeister, der schließlich nach vielen Querelen 1998 von den Potsdamern in einem Bürgerentscheid abgewählt wurde? Der Projektleiter von Potstausend, der sich später mit einem horrenden Schuldenberg von Potsdam verabschiedete? Ich trug ihnen nichts nach und wartete auch nicht auf den Tag, da sie scheitern würden. Wer entscheidet, was ein Erfolg und was eine Niederlage ist? Seit Jahrzehnten trug ich das Rilkewort aus „Der Schauende" mit mir herum: „Die Siege laden ihn nicht ein. Sein Wachstum ist: der Tiefbesiegte von immer Größerem zu sein." Im Nachhinein erkannte ich immer, dass meine Niederlagen kostbarer waren als meine Erfolge. Sie bewahrten mich vor Selbstgerechtigkeit. Aber sie schmerzten.

Noch fühlte ich mich nicht alt genug, am Ufer auf die im Fluss vorbeitreibenden Intriganten zu warten. Beim Arbeitsamt beschied man mich nach langem Warten, ich sei zu alt für eine Stelle, wo auch immer. Und als Putzfrau sei ich überqualifiziert.

So pickte ich die Körnchen auf, die ich am Wege fand: arbeitete an einem befristeten Projekt für die Universität, verfasste für den Potstausend-Chef zehn Thesen zur Kulturstadt Potsdam und schrieb einen Roman unter dem Titel „Die Brücke", womit die Glienicker Brücke gemeint war. Die Protagonistin ließ ich sterben, nannte ihn dann „Im Riss der Zeit", weil ich an das Opfer von Marcus Curtius auf dem Forum Romanum dachte. Der Roman erschien nie, weil ich ihn nirgends anbot. 1993 war und blieb ein Jahr der Niederlagen. Doch ich war viel zu beschäftigt, um das so zu empfinden. Von depressiven Momenten abgesehen, fühlte ich mich getragen von der Sympathie und Achtung vieler Menschen, die ich seit der Wende kennengelernt und mit denen ich zusammengearbeitet hatte. Täglich geschah so viel Neues in dieser Stadt am Schnittpunkt zwischen Ost und West. Glücksritter tauchten auf und verschwanden wieder, Hoffnung und Resignation in der politischen Szene lagen nahe beieinander. Der Kampf um die staatlichen und kommunalen Futterkrippen nahm manchmal bizarre Formen an. Meine Tochter kehrte nach einem Jahr wohlbehalten aus Lateinamerika zurück. Es gab Einladungen, Diskussionen über „Ossi" und „Wessi", Konzerte. Und ich lebte im immer neuen Aufschwung des Herzens die so zerbrechliche, gefährdete Liebe. „Tanze, tanze, meine späte Liebe … über mein bezwungenes Leben", dachte ich oft mit den Worten Else Lasker-Schülers. Der Schrei der Wildgänse, die im Frühjahr und im Herbst in langen Keilen über den Himmel zogen, erfüllte mich mit wehem Glück. Ich versuchte festzuhalten, was sich nicht festhalten lässt.

Potsdams Tausendjahrfeier 1993

Die Tausendjahrfeier, an deren Vorbereitung ich zwei Jahre lang intensiv mitgewirkt hatte, kam in Gang. In der Friedrichskirche in Potsdam-Babelsberg, 1989 ein Zentrum der Bürgerbewegten, wurde das Jubiläum am 7. Juni 1993 durch den Landtag eröffnet. In Erinnerung an die Gründung von Nowawes durch böhmische Weber hatte man den Chor der Prager Lehrerinnen und als Festredner den Schriftsteller, Dramatiker, Mitbegründer der „Charta 77", Pavel Kohout, eingeladen. Seine Rede löste bei vielen Entsetzen, ja, einen Schock aus. Ich empfand sie als Sternstunde.

Kohout, ein Wortführer des Prager Frühlings, 1979 von den tschechischen Behörden ausgebürgert, nahm kein Blatt vor den Mund und las Deutschen wie Tschechen die Leviten. Was zehn Jahre später als politisch unkorrekt verteufelt wurde, aber schon Anfang der Neunzigerjahre nicht gern gehört wurde, sprach der wahrheitsliebende Mann mit dem geschärften Gewissen aus.

Wir befänden uns, sagte er, in einer moralischen und geistigen Wüste. Der verlogenste Satz des 20. Jahrhunderts stamme vom britischen Premier Neville Chamberlain, der

1938 nach der Unterzeichnung des Münchner Abkommens, das Hitler erlaubte, das Sudetenland zu annektieren, den Europäern verkündet hatte: „Ich bringe euch den Frieden." Zuvor hatten die Tschechen die Briten angefleht: „Gebt uns Gewehre, die wir bezahlt haben, damit wir unsere Freiheit verteidigen können." Schon damals hätten die westlichen Demokratien mit ihrer Beschwichtigungspolitik gegenüber Hitler versagt und den Krieg geradezu heraufbeschworen. Während in Prag 1968 russische Panzer den Freiheitswillen der Tschechen niederwalzten, feierten die Intellektuellen im Westen den Kubaner Fidel Castro und den Vietnamesen Ho Chi Minh. Sie gaben sich lieber mit hehren Worten hysterischer Wohltätigkeit und utopischem Humanismus hin, statt aktive Solidarität mit den geknechteten Völkern Osteuropas zu üben. Sie redeten vom Frieden und begriffen nicht, dass nur eine wehrhafte Demokratie den Frieden garantiere. Das sei bis heute so geblieben.

Die Asylpolitik der Westeuropäer sei falsch. Aus eigener Erfahrung wisse er, Kohout, um die Qualen des Exils. Man löse die Probleme der Welt nicht durch immer höhere Aufnahmequoten von Flüchtlingen. Asyl könnten die Menschen nur in ihrer Heimat finden, wo sie gebraucht würden. Am Beispiel seiner eigenen Heimat veranschaulichte Kohout die Folgen von Flucht und Vertreibung: Nach der Unabhängigkeit der Tschechoslowakei 1918 diskriminierten die Tschechen die Deutschen; nach der Besetzung der Tschechoslowakei durch die Nazis 1938 diskriminierten die Deutschen die Tschechen und trieben die Juden ins Exil oder töteten sie; nach Kriegsende

1945 vertrieben und töteten die Tschechen die Deutschen. Danach war Prag nicht mehr das, was es einmal gewesen sei, und würde es nie mehr sein. Die Tschechen aber fielen einer vierzigjährigen demoralisierenden Diktatur zum Opfer.

Deutschland müsse endlich sein Wolkenkuckucksheim verlassen und sich den Realitäten stellen, mahnte der fünfundsechzigjährige Pavel Kohout. Er sprach aus den Erfahrungen eines kommunistischen Dissidenten und vor dem Hintergrund des 1. und 2. Golfkrieges, dem Sprengstoffanschlag auf das World Trade Center im vergangenen Februar, der Kriege in Jugoslawien, der kleinen und großen Bürgerkriege überall auf der Welt. Aber auch vor dem Hintergrund von Brandanschlägen, Morden an Ausländern, Bandenkämpfen zwischen Türken in Deutschland und einer europäischen Bevölkerung, die zunehmend die Orientierung verlor. All das sollte nur ein Vorspiel künftiger Ereignisse sein.

Das Publikum zeigte sich für eine solche Rede nicht aufgelegt. Es wollte nicht wider einen Zeitgeist streiten, der die Sentimentalität der Wahrheit vorzog. Kohouts Rede erwies sich als prophetisch. Die Reaktion der meisten Zuhörer bestätigte die uralte Wahrheit, dass Propheten im eigenen Lande nichts gelten und man sie gern totschweigt.

Der Festakt der Stadt zum tausendjährigen Jubiläum wurde am 3. Juli in der „Blechbüchse", dem provisorischen Theater auf dem Alten Markt, aufgeführt. Im Raum herrschten tropische Temperaturen, von draußen drang der Lärm von Straßenbahnen, Autos und das Tatütata von

Feuerwehr und Polizei. Die Jubiläumsfanfare ertönte. Ein Werk des Potsdamer Komponisten Gerhard Rosenfeld erlebte seine Uraufführung, ein Film von 1926 zeigte das damalige Potsdam. Der Inhalt des Festvortrags des von mir ansonsten sehr geschätzten Theologen Richard Schröder verlor sich in Beliebigkeit, während die Rede des Bundespräsidenten Richard von Weizsäcker eine pädagogische Note trug. Er mahnte Gemeinsinn an und kritisierte die rücksichtslose Durchsetzung von Gruppeninteressen. Vor seiner Rede hatten Schauspieler des Theaters gegen Entlassungen protestiert. Er fragte, ob dies der geeignete Ort und die geeignete Stunde für Proteste sei. Natürlich sei Kultur wichtig, aber nicht das einzige Problem in dieser Zeit des Umbruchs. Er dachte dann über Wert und Unwert preußischer Tugenden nach und bemerkte ironisch, heutzutage müsse man nicht fürchten, dass „Sekundärtugenden" wie Disziplin, Ordnung, Pflichterfüllung, Fleiß, Treue an vorderster Stelle stünden. Die sieben Primärtugenden – Weisheit, Gerechtigkeit, Tapferkeit, Mäßigung, Glaube, Liebe, Hoffnung – nannte er nicht ausdrücklich, ging auch nicht darauf ein, dass Immanuel Kant nur eine Primärtugend gelten ließ: den guten Willen, ohne den alle anderen Tugenden „auch äußerst böse und schädlich werden" können.

Doch ob Kant oder Kardinaltugenden, sie spielten ohnedies keine Rolle mehr. Wer war schon Kant? Und das Wort „Tugend" klang verdächtig nach Einschränkung und Langeweile. Auf die richtige Gesinnung kam es an, auf Bauchgefühl, Kreativität und kräftige Ellbogen, „das Gute" auch durchzusetzen. Wir Ossis des Jahres 1993 mussten noch viel lernen und wir lernten je nach Charakter mit unterschiedlicher Geschwindigkeit. Einen Witz dazu gab es auch bald: Der Fuchs ist schlau und stellt sich dumm, beim Wessi ist es andersrum.

Einer der schlauen westeuropäischen Hochstapler, die damals in Potsdam auftauchten, nannte sich Kommunikationskünstler. In einem Zeitungsinterview wenige Tage vor seiner Pressekonferenz ließ Rob Schrama die Potsdamer wissen, er plane für 1995 eine zweite Potsdamer Konferenz anlässlich des 50. Jahrestages der ersten. Künstler aus aller Welt seien aufgerufen, Potsdam zur „freundlichsten und lockersten Stadt Europas" zu machen und „Ideen auszuarbeiten, die eine verwirklichte Utopie realisieren sollen". Finanzieren sollte das Mehrere-Millionen-Projekt der Steuerzahler, also Stadt und Land.

Neugierig auf den Mann und seine Ideen, ging ich zum Pressetermin. Ganz in Schwarz gekleidet, bot der einundvierzigjährige Niederländer mit seinem langen blondierten, von schwarzen Strähnen durchzogenem Haar, das seinen Kopf wie Stachelschweinborsten umgab, einen skurrilen Anblick. Neben ihm sein „Public Relation-Manager" im Anzug auf gut bürgerlich getrimmt. Der sporadisch seinen Dienst versagende Diaprojektor ließ die erwartungsvolle Schar der Journalisten einige der vorgeschlagenen Projekte sehen: Stadtschloss und Garnisonkirche werden wieder aufgebaut und danach abgebrochen oder gesprengt; Passanten gehen auf Befehle aus einem walkman durch die Stadt; ein Computerkollegium ersetzt das Tabakskollegium des Soldatenkönigs; ein Tagesfeuerwerk gestaltet die Luft der Stadt. Mit diesen und ähnlichen Verrücktheiten versprach der Kommunikationskünstler, Potsdam einen neuen Geist einzuhauchen, denn „Eutopia", so nannte er sein Projekt, sei „die Antithese zu: Die Potsdamer haben andere Sorgen".

Schließlich animierte er die fünfzig Journalisten aus Berlin und Potsdam, ein Lied aus der „Zauberflöte" zu singen, welches, habe ich vergessen. Er ließ es sie mehrmals wiederholen. Ich traute meinen Ohren nicht. Statt kritisch nachzufragen oder wenigstens mit dem Lied „Wer soll das bezahlen, wer hat so viel Geld" zu antworten, sangen sie auf sein Geheiß, was und wie lange er wollte. Ich fühlte mich an Thomas Manns „Mario und der Zauberer" erinnert und verließ fluchtartig den Raum.

Damals hätte ich mir nicht vorstellen können, dass zwanzig Jahre später während eines katholischen Weltjugendtages auf einer „Flashmob" genannten Veranstaltung nicht nur Jugendliche, sondern an die hundert beleibte Bischöfe gesetzten Alters in Dienstkleidung mit roter Schärpe und Käppi die Zuckungen und Drehungen eines jungen Vortänzers in grünem T-Shirt nachahmen würden. Wo Jugendliche noch im Tanz ihre überschüssigen Kräfte verausgabten, erinnerten die hüpfenden Bischöfe peinlich an den sprichwörtlichen Esel, der auf dem Eis tanzt.

In diesem Jahr 1993 konnte man schon deutlich erkennen, wohin die weitere Reise gehen würde – in einen „Totalitarismus neuen Typs". Doch ich weigerte mich, die Zeichen zu deuten, hielt sie eher für Einzelerscheinungen im Übergang auf eine freiheitliche demokratische Gesellschaft.

In diese Zeit fiel auch meine Begegnung mit Dieter Stein, dem Chefredakteur der „Jungen Freiheit". Im Rahmen einer Veranstaltungsreihe „Potsdamer Diskurse" im Schlosstheater war er von der Projektgruppe „1000 Jahre Potsdam" eingeladen worden, mit dem PDS-Chef Gregor Gysi und dem Historiker Julius Schoeps zu diskutieren. Die nationalkonservative „Junge Freiheit" galt bei den Linken damals wie heute als rechtsextrem. In der aufkommenden „Kampf gegen Rechts"-Hysterie war ich der Meinung, wenn man den politischen Gegner nicht einsperren oder gar erschlagen wolle, müsse man mit ihm reden. Bei der Lektüre der Wochenzeitschrift waren mir keine nationalsozialistischen Inhalte oder Symbole begegnet, wohl aber eine kritische Sicht auf die Gesellschaft, die nicht mit der der Linken oder der SPD übereinstimmte.

Mit Nazis führe man keine Diskussionen, beschied der Oberbürgermeister und wies die Veranstalter an, die Einladung an Dieter Stein zurückzuziehen. Da ich zugesagt hatte, zwei Veranstaltungen der Reihe zu moderieren – ein Gespräch mit Bürgerrechtlern und eine Diskussion zwischen dem einstigen hohen SED-Funktionär und nunmehr PDS-Abgeordneten im Bundestag Hans Modrow und dem französischen Philosophen Alfred Grosser – fühlte ich mich angesprochen und wollte nun genau wissen, wer dieser Dieter Stein war.

An einem regnerischen Augustabend traf ich mich mit ihm im Restaurant von Nikolskoe hoch über der Havel. Ich begegnete einem jungen Mann von sechsundzwanzig Jahren, Student der Geschichte und Politikwissenschaft. Sein Großvater war Berufsoffizier gewesen, sein Vater Militärhistoriker. Die Zeitschrift hatte er schon 1986 gegründet, um etwas für die Einheit Deutschlands zu tun. Ihn stieß die Wohlstandsmentalität in der alten Bundesrepublik und deren Abneigung gegen Veränderungen ab. Die Menschen im Osten hielt er für „offener", was sie ja mit den Protesten in der DDR bewiesen hätten. Darin konnte ich ihm aus meinen Erfahrungen freilich nicht beipflichten, aber sein Optimismus erfrischte. Um im Brennpunkt der Geschichte zu agieren, wollte er seine Redaktion aus dem fernen Freiburg i. Br. nach Potsdam verlegen. Mein Eindruck: ein kluger und beherrschter junger Mann, der wusste, was er wollte.

Man werfe ihm nationalsozialistisches Gedankengut und die Leugnung des Holocaust vor, sagte ich. Er lachte. Das seien Totschlagargumente, erwiderte er, um Leute auszuschalten, die gegen den Zeitgeist opponierten. „Was ihr den Geist der Zeiten heißt, // Das ist im Grund der Herren eigner Geist, // In dem die Zeiten sich bespiegeln." Dass ihm Hass entgegenschlüge, erklärte er damit, dass die Achtundsechziger, die einst ihre Väter bekämpft hatten und nun auf ihrem Marsch durch die Institutionen in den Medien und in der Politik ganz oben angekommen waren, fürchteten, von der nachfolgenden Generation ebenso unbarmherzig gerichtet zu werden. Jenen, die konservatives Gedankengut zu unterdrücken und zu eliminieren versuchten, ginge es um Rechthaben und Besitzstandswahrung und um sonst nichts.

Dieter Stein formulierte klar und scharf, aber nicht überheblich. An ihm war nichts von einem Fanatiker. Er überzeugte auch menschlich.

Unter der Überschrift „Potsdam – eine Stadt der Toleranz?" schrieb ich am nächsten Tag einen Artikel für die Tagespresse, in dem ich den Oberbürgermeister für die Ausladung von Dieter Stein heftig kritisierte. Hatten doch Gregor Gysi und Julius Schoeps ohne Wenn und Aber zugesagt, mit Dieter Stein zu diskutieren – der eine stellvertretender Chef der SED-Nachfolgepartei PDS, der andere Geschichtsprofessor an der Potsdamer Universität und Jude. Das Verbot, mit Dieter Stein zu diskutieren, erinnere mich fatal an DDR-Zeiten, schrieb ich in dem langen Artikel. Ich selbst habe zugesagt, innerhalb der Reihe eine Veranstaltung mit Hans Modrow und Alfred Grosser und eine weitere mit Bürgerrechtlern zu moderieren. Wolle der Oberbürgermeister nun Hans Modrow als vorbestraften Wahlbetrüger ausladen und die Bürgerrechtler als potenzielle Unruhestifter, fragte ich sarkastisch.

Ich machte mir keine Illusionen über den Verlauf der Veranstaltungen. Schon in der ersten dieser Reihe, einem Gespräch zwischen dem PDS-Landtagsabgeordneten Michael Schumann und Joachim Fest, Mitherausgeber der Frankfurter Allgemeinen, standen der „Sieger" aus Potsdam und der „Verlierer" aus Frankfurt/Main von vornherein fest. Die Zuhörer waren nicht bereit, zuzuhören und nachzudenken, schon gar nicht über die eigene Vergangenheit. Buhrufe, Pfiffe und Gelächter für den „Wessi", Beifall für den „Ossi". Es ging zu wie weiland in Parteiversammlungen der SED, in denen öffentlich Gericht über Abweichler von der Parteilinie gehalten wurde. Aber, so sagte ich mir, seit dem Mauerfall seien ja erst drei Jahre vergangen. Die Menschen mussten noch lernen, Andersdenkenden zuzuhören und sich eine eigene Meinung zu bilden. Dieser Prozess war schon dem Dichter Heinrich von Kleist bewusst gewesen, als er 1802 schrieb: „Jede Beschränkung der Freiheit hat die notwendige Folge, dass der Beschränkte dadurch in eine Art Unmündigkeit tritt. Wer seine Kräfte nicht gebrauchen darf, verliert das Vermögen, sie zu gebrauchen, und zwar, wenn es geistige Kräfte sind, noch rascher und sicherer, als wenn die Beschränkung sich auf körperliche Kräfte erstreckt. Wenn nun die Schranken, die diese Kräfte hemmten, niederfallen, entsteht dadurch auch plötzlich wiederum, wie durch den Schlag einer Zauberrute, das Talent, davon die zweckmäßigste Anwendung zu machen? Keineswegs! Vielmehr durch die lange Dauer einer solchen Beschränkung kann der Mensch so zurückkommen, dass er gänzlich die Fähigkeit dazu einbüßt und sich durch Aufhebung des Zwanges weit unglücklicher fühlt als durch den Zwang selbst … Kurz, wird ein Mensch, dem so lange der Gebrauch gewisser Kräfte untersagt war, in deren freien Gebrauch wieder eingesetzt, so muss er erst lernen, von dieser Freiheit Gebrauch zu machen, so wie ein Blindgeborener, der durch die wohltätige Hand des Arztes sein Gesicht wieder erhielt, allmählich sehen lernen muss."

Ich verstand also die emotional geäußerte Unduldsamkeit und wollte mit meinen Mitteln und Möglichkeiten dabei helfen, eine Toleranz zu fördern, die den eigenen Standpunkt nicht verleugnete und den Andersdenkenden nicht in seiner Würde verletzte.

Unmittelbar nach Erscheinen des Artikels rief mich der Referent des SPD-Landesverbandes Brandenburg an, ein junger Mann aus dem niedersächsischen Peine, der erfolgreich an seiner Parteikarriere arbeitete. Im Verlauf des immer erregter werdenden Telefonats verlangte er, ich möge mich von diesem Artikel distanzieren und ihn widerrufen. Ich glaubte, nicht recht verstanden zu haben. Wie war das doch mit der Presse-, Meinungs- und Versammlungsfreiheit, für die wir vor 1989 im Osten unter Einsatz von Leben und Gut gestritten hatten? War sie nicht im Grundgesetz verbürgt?

Meinungsfreiheit gelte nicht für nationalsozialistisches Gedankengut, widersprach der Referent.

Ob er denn einmal mit Herrn Stein gesprochen hätte?

Er müsste nicht mit ihm sprechen, um zu wissen, wes Geistes Kind er sei.

Aber ich hätte mit ihm gesprochen und einen seriösen Eindruck von ihm gewonnen, erwiderte ich.

Mein Gegenüber am Telefon meinte gönnerhaft, ich hätte ja keine Ahnung, wie raffiniert diese Leute seien und wie sie sich verstellten, um ihr Ziel zu erreichen.

Mir verschlug es erst einmal die Sprache. Dann sagte ich, diese Diskussion käme mir bekannt vor, nur hätte man in der DDR von „Klassenfeinden" und „Agenten des Imperialismus" gesprochen, denen unbedarfte Leute wie ich auf den Leim gingen. Wiederholte sich die Geschichte in so kurzen Zeiträumen?

Ich vergliche Äpfel mit Birnen, schließlich lebten wir jetzt in einer Demokratie, wies mich der SPD-Referent aufgebracht zurecht.

Als ich uneinsichtig blieb, beendete er abrupt das Telefonat.

Der SPD-Oberbürgermeister wies den Projektleiter an, nicht nur die Veranstaltung mit Dieter Stein abzusetzen, sondern die ganze Reihe und alle schon eingeladenen Gäste wieder auszuladen. Er verbot die Veranstaltungsreihe nicht, er strich einfach das Geld. Als ich ein Jahr später Alfred Grosser in Potsdam traf und wir auf die Potsdamer Toleranz zu sprechen kamen, meinte der jüdische Publizist, im Deutschland nach 1945 sei es ihm noch nie passiert, ausgeladen zu werden. Er hätte gern mit Herrn Modrow, aber auch auch mit Herrn Stein diskutiert.

Mein Artikel schlug hohe Wellen in der Stadt, pro und kontra. Eine Podiumsdiskussion im Schloss Lindstedt, an der ich teilnahm, beschäftigte sich mit der Toleranz in Potsdam. Der Andrang war so groß, dass die Stühle nicht ausreichten. Der Vertreter der SPD, Stadtpräsident, aus der Bürgerbewegung, den ich menschlich schätzte, griff mich scharf und sehr persönlich an; der PDS-Vertreter auf dem Podium hielt sich zurück, der neben ihm sitzende Künstler stimmte mir zu. Ich focht, so gut ich konnte, und jemand sagte mir hinterher, ich hätte mich „unheimlich tapfer" geschlagen. Das Publikum zeigte sich freundlich und tolerant.

Dennoch stellte ich mir hinterher die Frage nach dem Sinn solcher Podiumsdiskussionen wie auch nach dem von Talkshows im Fernsehen, die in den Folgejahren inflationär wucherten. Die Teilnehmer tragen immer, gewollt oder ungewollt, eine Maske. In ihren Äußerungen denken sie an ihre Karriere oder ihre Partei oder an ihren Ruf, was nicht zur Wahrheitsfindung beiträgt. Aber geht es dabei überhaupt um Wahrheit? Das Publikum hebt oder senkt den Daumen wie bei einem Auftritt von Gladiatoren, und die Wortmeldungen aus seiner Mitte müssen zwangsläufig oberflächlich sein. Die Journalisten picken sich bei der Berichterstattung heraus, was ihrer Meinung entspricht, womit sie wiederum die Meinung ihrer Leser beeinflussen. Solche Gespräche „aus dem Fenster" haben etwas Perverses und zugleich Erbarmungsloses an sich. Mit der Suche nach Wahrheit, die einen geschützten Raum und einen gewissen Vorschuss von Vertrauen erfordert, haben sie nichts zu tun.

Es war die letzte Podiumsdiskussion, an der ich teilnahm.

Potsdam mit seiner Tausendjahrfeier in unmittelbarer Nähe zu Berlin war ein Thema für die Medien. Fast täglich meldeten sich Journalisten von Rundfunk, Fernsehen, der lokalen und überregionalen Presse mit der Bitte um einen Beitrag oder ein Interview. Oft empfand ich das als lästig, aber ich fühlte mich auch in meinem Sendungsbewusstsein bestätigt. Immerhin gaben mir diese Nachfragen die Möglichkeit, am konkreten Beispiel dem Westen den Osten und dem Osten den Westen zu erklären. Brücken zu bauen. So redete ich es mir in meiner Selbstüberschätzung ein. Damals kannte ich den Aphorismus von Nicolas Davila noch nicht: „Wir brauchen ein Leben, um zu begreifen, was ein Außenstehender sofort erkennt: dass wir genauso unbedeutend sind wie die anderen." Aber ich merkte doch sehr bald, dass die ständige Erwähnung in den Medien zu einer Abhängigkeit führen kann. Am Ende definiert der Abhängige seinen Wert oder Unwert als Person nur noch daraus, ob und was in den Medien über ihn berichtet wird.

Die Russen ziehen ab

Wenige Tage nach der Podiumsdiskussion wurde im Haus der Offiziere, dem ehemaligen Konzerthaus, eine „Russische Woche" eröffnet. In einigen Monaten sollten nach fast fünfzigjähriger Besatzung die russischen Streitkräfte aus der ehemaligen DDR abziehen. Der Oberbürgermeister hielt eine etwas ungeschickte Rede, wahrscheinlich der Unsicherheit geschuldet, ob der Abzug der Russen gefeiert oder bedauert werden sollte und ob ihnen zu danken sei oder ob man es lassen sollte.

Der bevorstehende Abzug der russischen Streitkräfte stieß in der Bevölkerung auf eine seltsame Gleichgültigkeit. Kaum jemand hatte nach den Schrecken und Zerstörungen des Krieges 1945 und danach die russischen Soldaten als Befreier empfunden. Die älteren Zeitgenossen erinnerten sich an Vergewaltigungen, Vertreibungen, Enteignungen, Verhaftungen, an die drückenden Reparationen. Die viel gepriesene Freundschaft zum sowjetischen Brudervolk fand nur auf dem Papier und in offiziellen Reden statt. Die Soldaten durften ihre Kasernen nicht verlassen, die Offiziere keine privaten Kontakte zu Deutschen pflegen.

Fünfzig Jahre sind im Leben eines Menschen eine lange Zeit. Die Toten hatten ihre Toten begraben, die Erinnerungen waren verblasst, die Wunden vernarbt. Man verspürte höchstens Mitleid mit den in den Kasernen eingesperrten Rotarmisten und Verachtung für die Offiziere, die sich mit deutschen Parteifunktionären hin und wieder zu Saufgelagen trafen. Nun kehrten sie, die Nachkommen der Sieger von einst, in ein armes heruntergewirtschaftetes Land zurück. Ihre Heimat war uns jahrzehntelang als „Vaterland der Werktätigen", als leuchtendes Beispiel des Kommunismus gepriesen worden. In den Empfindungen der Ostdeutschen über den Abzug der Roten Armee mischten sich traurige Erinnerungen, Erleichterung und Mitleid mit dem ungewissen Schicksal der russischen Soldaten. Jubel gab es keinen, nur offizielle Abschiedskomitees von politisch Verantwortlichen mit dem Austausch von Geschenken und sorgenvollen Gedanken über die Hinterlassenschaften auf den riesigen Übungsgeländen der Roten Armee.

Davon sprach der Oberbürgermeister nicht. Geübt im alten und neuen Politsprech, sagte er mit vielen Worten – nichts.

Ein Jahr später, am 31. August 1994, zogen die letzten sowjetischen Einheiten aus Deutschland ab, offiziell verabschiedet von Bundeskanzler Kohl und dem russischen Präsidenten Jelzin. Am Abend sah ich mir eine Gesprächsrunde im ORB Fernsehen zu diesem denkwürdigen Ereignis an und notierte: *„Teilnehmer waren Lew Kopelew, Wolfgang Leonhardt, ein Generalmajor von der Bundeswehr, ein russischer General, ein spanischer Journalist und ein Landrat aus der Prignitz. Nur der russische General, der Bundeswehrgeneral und Lew Kopelew zeigten in diesem beschämenden und verletzenden Gespräch Würde und Anstand. Der Spanier feierte die Russen und Stalin in einem Atemzug, sprach von den heutigen Deutschen als Siegern, die den Russen ‚eins auswischen' würden und* *von den russischen Kriegsverbrechen als ‚Nebensächlichkeiten'. Der Landrat schwärmte von seiner Kinderzeit mit den russischen Soldaten beim Schießen und am Lagerfeuer und dass das Dorf ohne die ‚spannende Gegenwart' der Russen undenkbar sei. Rudolf Leonhardt sprach von ‚wehmütiger Trauer', mit der ihn der Abzug der Russen erfülle, und verwechselte das mit seiner Trauer über ein vergangenes Leben, das von den Russen geprägt worden war.*

Keiner sagte ganz einfach: Es ist gut, dass die Russen gehen, denn fünfzig Jahre Besatzung, in denen zuletzt die Enkel der Sieger die Enkel der Besiegten unterdrückten, ist anormal und für beide Seiten demoralisierend. Hier aber wurde man des Dankens dafür nicht müde. Erst der Abzug dieser Armee mit ihren schrecklichen Waffen macht doch eine Freundschaft zum russischen Volk möglich, einem Volk, das durch eine siebzig Jahre währende Diktatur schwer gelitten hat und schwer an ihren Folgen trägt. Die Hitlerarmee hauste drei Jahre zerstörerisch in der Sowjetunion, das stalinistische Regime fast siebzig Jahre, eroberte Anrainerstaaten wie die baltischen oder die mittelasiatischen und verleibte sie sich ein, überzog Länder von Afghanistan bis Osteuropa mit kriegerischen Angriffen.

In den baltischen Ländern, von wo gestern ebenfalls die letzten Militäreinheiten abzogen, vollzog sich das in Stille und ohne Dankesreden. Die Russen haben die Deutschen unter großen Blutopfern von der Nazidiktatur befreit, aber sie brachten nicht Freiheit und Demokratie, sondern ein totalitäres Regime, das neue Opfer forderte. Warum sagt das keiner? Die Enkel der Befreier und Eroberer sind in Würde und finanziell ausgestattet abgezogen. Aber wofür sollten

wir ihnen danken? Es reicht, ihnen alles Gute zu wünschen.
Mich ekelte zeitweise bei diesem TV-Gespräch, triefend
von intellektueller Larmoyanz. Nur die anwesenden Gene-
räle benahmen sich normal."

Einige Tage später besichtigte ich gemeinsam mit einem
befreundeten Journalisten, der dafür eine Sondergeneh-
migung vom Bundesvermögensamt beschafft hatte, das
„Städtchen Nr. 7", die ehemalige KGB-Zentrale in Deutschland. Dieses Viertel in meiner unmittelbaren Nachbarschaft zwischen Neuem Garten und Pfingstberg war seit
Kriegsende von der Sowjetarmee besetzt und mit Mauern
und Stacheldraht hermetisch abgeriegelt. Die Bewohner
mussten 1945 von gleich auf jetzt ohne Habe ihre Häuser verlassen. Kein Potsdamer unter sechzig Jahren hatte
diesen Stadtteil je betreten. Nun fuhren wir mit dem Auto
durch das von einer deutschen Sicherheitsfirma bewachte Tor mit dem roten Stern. Das Gelände mit den vielen
Villen und Einfamilienhäusern, seit einigen Monaten von
den Russen geräumt, war für die Allgemeinheit noch
nicht frei gegeben, um Hausbesetzungen und deren kom-
plizierte Räumung zu verhindern.

An diesem Abend ging ein Wolkenbruch nieder und
ließ die Dunkelheit schneller als sonst hereinbrechen.
Wir fuhren durch eine Geisterstadt. Denkmäler und ver-
gilbende Wandzeitungen kündeten von den heroischen
Taten der Sowjetarmee und dem unaufhaltsamen Sieg
des Sozialismus. Als der Regen aufhörte, verließen wir
das Auto und machten uns daran, die Häuser zu erkunden. Unsere Genehmigung galt „nur für öffentliche Stra-

ßen und Wege", aber vom Wachschutz war weit und breit nichts zu sehen.

Im von den Russen errichteten Kulturhaus, einem hässlichen Flachbau am Abhang des Pfingstberges, fanden wir vertrocknete Topfpflanzen, ein großes Aquarium mit toten Fischen, über die Stühle wie auf der Flucht hingeworfene Kleidungsstücke. In der Küche stapelte sich schmutziges Geschirr, über das Fliegen krochen. In den langen Regalen Bücher, die nicht des Mitnehmens für würdig geachtet worden waren. Beim Lesen der Titel stieß ich auf eine russische Übersetzung von George Orwells „1984", erschienen 1989 in Moskau. Dass Gorbatschows „Glasnost" und „Perestroika" so weit gegangen waren, mochte ich kaum glauben. Aber es war so, ich hielt das Buch ja in den Händen! Dieser Titel rangierte im sozialistischen Ostblock aus gutem Grund ganz oben auf dem Index verbotener Bücher. Ich hatte es in den Sechzigerjahren gelesen, als geistige Konterbande von Jakobs Hamburger Freunden in die DDR geschmuggelt. Nach dem Mauerfall konnte ich dann auch das Pendant dazu lesen: Aldous Huxleys „Schöne neue Welt".

Angesichts der sich heute geradezu überschlagenden technischen Neuerungen mit ihrem Überwachungspotenzial weiß ich, dass beide Propheten, Orwell und Huxley, mit ihren dystopischen Romanen aus der ersten Hälfte des vorigen Jahrhunderts Recht behalten haben. Die Entwicklung verläuft in Richtung totaler Überwachungsstaat mit einer unablässig „berichtigten" Geschichte („1984") ebenso wie in die „schöne neue Welt" mit sich selbst erschaffenden und deformierenden Menschen, die ihre Unfreiheit freiwillig akzeptieren. Und nichts scheint diese Entwicklung, die auf die Abschaffung des Menschen zielt, aufhalten zu können.

Die gesamte Frontwand des Veranstaltungssaals zierte ein Gemälde, das ein russisches Birkenwäldchen mit biwakierenden Rotarmisten um ein Lagerfeuer zeigte. Natürlich fehlten auch nicht die Harmonikaspieler. Woran mochten die Geheimdienstoffiziere gedacht haben, wenn sie auf dieses Idyll schauten? Dass es ihnen unter den deutschen Eichen im KGB-Städtchen besser ging als unter den russischen Birken? Oder plagte sie doch das Heimweh? Unterhalb des „Kulturhauses", direkt an der Straße, die Villa Quandt, vor dem Krieg von Prinz Oskar von Preußen bewohnt und nun durch die letzte Nutzung als Heizhaus mit Schornstein und als Wäscherei total ruiniert. Nichts ließ mehr die Schönheit dieses Neorenaissance-Baus aus dem 19. Jahrhundert erahnen.

Wir betraten einige der zwischen den beiden Weltkriegen errichteten Einfamilienhäuser des Architekten Estorff, die den Russen als Büros gedient hatten. An manchen Türen die Aufschrift „sekretni tschast" (geheimer Teil). Im Inneren verschlossene Panzerschränke, Inventarverzeichnisse an den Türen, Unrat auf dem Boden, in einem Raum eine russische Landkarte der DDR, auf der die Garnisonen und deren Bestand an Panzern und schwerem Gerät gekennzeichnet waren. Seltsam, all die deutschen Ortsnamen auf Russisch zu lesen. Ich löste die Karte vorsichtig ab und nahm sie mit.

Wir verliefen uns in langen Gängen eines ehemals der evangelischen Kirche gehörenden Gebäudes, in der jetzt die evangelische Grundschule untergebracht ist. Irgendwo knarrten Türen. Die Wände schienen noch warm von Leben. Als die einstigen Bewohner ihre Häuser vor fünfzig Jahren überstürzt verlassen mussten, haben die damaligen Sieger reichere Beute vorgefunden als nun die Nachfahren der Besiegten.

Die Häuser und Villen, die in Kürze ihren ursprünglichen Eigentümern oder deren Rechtsnachfolgern zugesprochen werden sollten, manche auch schon gesichert durch Schlösser und zugenagelte Fenster, machten einen verwahrlosten Eindruck. Aber sie besaßen noch die ursprünglichen Zäune, Treppen, Geländer, Türen, Fenster, Fußböden. Architektonischer Modernisierungswahn hatte in der russischen Militärbürokratie offensichtlich nicht grassiert. Vielleicht gefielen den Offizieren die kunstvoll gedrechselten Geländer, der Stuck an den Decken, die Villenarchitektur vom Anfang des 20. Jahrhunderts. Aber vielleicht verschwendeten sie auch keine Blicke darauf, weil die Überwachung des weltweiten Klassenfeindes sie ganz und gar beanspruchte. Jedenfalls würden die Zeugen einer lange zurückliegenden Zeit bei den Denkmalpflegern für Begeisterungsausbrüche sorgen, denn die wussten solche Kostbarkeiten zu würdigen.

Durch ein offen stehendes Fenster verschafften wir uns Zutritt in das zum Gefängnisbunker des KGB umgebaute frühere Pfarrhaus der Inneren Mission. Nach 1945 wurden hier Deutsche, oft halbe Kinder noch, unter abstrusen Beschuldigungen inhaftiert und in der nahen Kapelle der früheren Mädchenschule, dem Auguste Victoria Stift, nun Hauptsitz des KGB, zum Tode oder zu 25 Jahren Arbeitslager in Sibirien verurteilt. Später lernte ich einige der Häftlinge, nun schon alte Männer und Frauen, kennen. Eine von ihnen erzählte mir, sie sei als Achtzehnjährige in eben dieser Kapelle, in der in normalen Zeiten Schülerinnen mit ihren Lehrerinnen gebetet und Gottesdienst gefeiert hatten, wegen ihr unbekannter Verbrechen zu fünfundzwanzig Jahren Lagerhaft in Sibirien verurteilt worden. Andere habe es schlimmer getroffen. Doch ob Todesurteil oder Lager, sie habe damals nichts verstanden, sich nichts vorstellen können, nur geglaubt, die Apokalypse sei angebrochen und beim Jüngsten Gericht führe nicht Jesus, sondern Satan den Vorsitz.

Nach den Deutschen wurden später russische Soldaten inhaftiert. Schließlich dienten die Zellen als Lagerräume.

Es roch nach Moder und Tod. Der Schein der Taschenlampe tastete jahrzehntealte in die Wände eingeritzte deutsche und russische Inschriften ab, Striche, deren jeder von einem endlosen Tag in steter Dunkelheit kündete. Die Zellen mit den Holzpritschen noch erhalten, eng und finster. Auf den Boden standen Kisten voller ungebrauchter Gasmasken und Schutzanzüge.

Wieder im Freien, atmeten wir tief durch. Welch ein Glück, unter dem Himmel zu sein, ins dunkle Geäst der mächtigen Eichen zu schauen, ausschreiten zu können!

Als der Oberbürgermeister aus der Stadt des Potsdamer Abkommens im September 1993 seine Rede zur Eröffnung der „Russischen Woche" hielt, lagen Fernsehgespräch und Besuch im „Städtchen Nr. 7" noch in der Zukunft. Aber es brauchte nicht diese beiden Erfahrungen, um die Worte des

Stadtoberhaupts bestenfalls als nichtssagend und schlimms-tenfalls als Verhöhnung der Opfer zu empfinden. Zwei der größten Verbrecher des 20. Jahrhunderts, Hitler und Sta-lin, hatten die Welt ins Unglück gestürzt, unterstützt von westlichen Politikern, unzähligen Mitläufern, beherrscht von Machtgier, Karrieresucht, Feigheit, Angst … Hatten wir wirklich aus der Geschichte gelernt? Gewiss, die „Rus-sische Woche" innerhalb der Tausendjahrfeier Potsdams war nicht als Gedenken für die Opfer des Nationalsozialis-mus und des Kommunismus gedacht, sondern als Vergnü-gen und Volksbelustigung im geschichtsfreien Raum. Und wenn schon Geschichte, dann folkloristisch mit Verweisen auf die im 19. Jahrhundert erbaute Russische Kolonie Ale-xandrowka in Potsdam und die Freundschaft zwischen Zar Alexander und König Wilhelm III. von Preußen.

Doch angesichts meiner jüngsten Erfahrungen mit To-leranz und Pressefreiheit erschien mir gerade diese Ver-anstaltung als ein Menetekel an der Wand. Wie sehr auch alle großen Parteien in Deutschland unisono beteuer-ten, aus der Vergangenheit gelernt zu haben, standen die Deutschen nicht auf dem Boden ihrer Geschichte, son-dern bewegten sich auf den brüchigen Gedankengerüsten ideologischer Geschichtsdeuter. Eigentlich wollten sie gar nichts mehr mit ihrer Geschichte zu tun haben – nichts mit den mittelalterlichen Kaiserreichen, nichts mit dem Dreißigjährigen Krieg und schon gar nichts mit dem Na-tionalsozialismus und der vierzigjährigen kommunisti-schen Herrschaft im Osten Deutschlands.

Heinrich von Kleist hat auf den Irrtum verwiesen, Völ-ker und Nationen nähmen stetig eine Entwicklung zum

Höheren. Genau das Umgekehrte sei der Fall, meinte er und verwies auf das Beispiel der Griechen und Römer: „Diese Völker machten mit der heroischen Epoche, welches ohne Zweifel die höchste ist, die erschwungen werden kann, den Anfang; als sie in keinen menschlichen und bürgerlichen Tugenden mehr Helden hatten, dichteten sie welche, als sie keine mehr dichten konnten, erfanden sie dafür die Regeln; als sie sich in den Regeln verwirrten, abstrahierten sie die Weltweisheit selbst, und als sie damit fertig waren, wurden sie schlecht."

Das der Rede folgende Kulturprogramm des Ensembles der Russischen Streitkräfte bot ein seltsames Konglomerat von Volksliedern, Tänzen, Kirchengesängen, Schubert-Liedern und Lloyd-Webber-Melodien. Ich erinnerte mich an die Auftritte russischer Soldaten zum Deutschlandtreffen 1954 in Berlin. Ihre temperamentvollen artistischen Tänze und die stimmgewaltigen Chöre waren immer der Höhepunkt solcher sozialistischer Jugendtreffen. Doch Kirchengesänge und Musicalmelodien wären damals und bis zum Mauerfall bei der Roten Armee unvorstellbar gewesen.

Die vielen westdeutschen Beamten im Publikum schienen die ihnen entgangene Pionier- und FDJ-Zeit nachholen zu wollen. Sie klatschten rhythmisch zu den Tänzen, Märschen und Liedern und konnten nicht genug von ihnen bekommen. „Welch eine Vitalität, welch eine Kultur!", seufzte neben mir ein Herr aus Bonn begeistert. Ich schaute ihn verständnislos an. Was brach sich da Bahn? Sehnsucht nach einer heilen Welt, Wunsch nach Identifikation? Was fiel ihm bei der Roten Armee ein? Bestimmt nicht Budapest 1956, Prag 1968 oder Afghanistan 1980.

Wie bei ähnlichen Veranstaltungen auch in der DDR üblich, quoll das Buffet über von Köstlichkeiten und Alkoholika. Die Geladenen – Beamte, Funktionäre aller Parteien, Künstler und wer sonst noch als wichtig galt oder sich dafür hielt – drängten sich um die Tische, als hätten sie ein paar Tage nichts gegessen.

Mir war nicht nach Essen zumute. Während ich gedankenverloren dem Treiben zuschaute, fiel mir plötzlich auf, dass mich bei all dem Gedränge ein menschenleerer Raum umgab. Die Angestellten der Stadtverwaltung und der Landesregierung, die vor noch nicht allzu langer Zeit meine Verdienste um die Tausendjahrfeier wortreich gepriesen hatten, wichen scheu einem Gespräch aus, wenn ich mich ihnen näherte. Ich traf auf einen langen Blick des Oberbürgermeisters und ich verstand: Mit meinem Artikel über die Toleranz war ich zu weit gegangen. Wer mit mir redete, riskierte Ungnade. Ich trank ein zweites Glas Obstsaft und ging. Es war wie früher, wie immer. Ich gehörte nicht dazu, weil ich ohne Rücksicht auf Verluste, vor allem meine eigenen, sagte, was ich dachte. Darauf war ich nicht stolz, ja, ich litt in meiner Sehnsucht nach Harmonie zuweilen darunter, aber ich konnte nicht anders.

Auf dem Nachhauseweg versuchte ich zu erkunden, wo die Grenze zwischen Feigheit und Treue zu sich selbst verläuft. Mir fielen dazu die Verszeilen aus Hölderlins „Mnemosyne" ein: „Und immer / Ins Ungebundene gehet eine Sehnsucht. Vieles aber ist / Zu behalten. / Und not die Treue. / Vorwärts aber und rückwärts wollen wir / Nicht sehn. Uns wiegen lassen, wie / Auf schwankem Kahne der See."

Brandenburgisches Literaturbüro

Wir lebten in einer Gründerzeit. Überall entstanden Kleinstbetriebe, Vereine, Gesellschaften, gegründet von Leuten, die arbeitslos waren und nichts oder wenig mit dem Arbeitsamt zu tun haben wollten. Die meisten kannten sich in Betriebswirtschaft, Steuerrecht, Bankengebaren kapitalistischen Zuschnitts nicht aus und meinten, gute Ideen und harte Arbeit genügten, um den Lebensunterhalt für sich und ihre Familie zu verdienen. So wurden sie bald Opfer gerissener Geschäftsleute und Betrüger und landeten schließlich doch beim Arbeitsamt.

Zur Unternehmerin fühlte ich mich nicht berufen. Nach einer Arbeitsbeschaffungsmaßnahme (ABM) bei der Universität Potsdam, die nach drei Monaten auslief, bezog ich Arbeitslosengeld. Das ertrug ich wiederum drei Monate. Dann beschloss ich wie 1990, dass es möglich sein musste, irgendeine Anstellung zu finden, von der ich leben konnte. Vom Arbeitsamt war für eine „Frau, aus dem Osten, über fünfzig" nichts zu erwarten. Ich bat bei dem Abteilungsleiter für Literatur im Kulturministerium, dem ich nach meinem Aufenthalt in der Villa Massimo begegnet war, um einen Termin. Wolfgang Koeppe, Bulgarist, ehemals Lektor und Übersetzer im Ostberliner Verlag „Volk und Welt", gehörte zu den wenigen einstigen Mitgliedern des DDR-Schriftstellerverbandes, die den DDR-Zeiten und ihrer Kultur-Nomenklatura nicht nachtrauerten und auch nicht für die Staatssicherheit gespitzelt hatten. Mit Unbehagen erlebte er nun als Landesbediensteter, dass die ehemaligen Schriftsteller-Funktionäre Organisationen und Vereine gründeten und Förderanträge beim Kulturministerium einreichten, die er bewilligen musste. Schließlich sei der Staat kein Gesinnungszensor und das sei so in Ordnung. War dafür nicht die Bürgerbewegung mit dem Wort von Rosa Luxemburg eingetreten: „Freiheit ist immer die Freiheit des Andersdenkenden"? Die Genossen, die vor gar nicht langer Zeit diesen Satz abgelehnt hatten, nahmen ihn nun entschlossen für sich in Anspruch und drängten sich um die Geldtöpfe des Ministeriums. Was sollte er tun, wenn nur sie das Recht auf Förderung von Kulturvereinen für sich einforderten?

Wir trafen uns in einem Café und er brachte seine junge, aus München stammende Mitarbeiterin mit. Während des Gesprächs fragte Köppe, ob ich mir unter dem Begriff „Literaturbüro" etwas vorstellen könnte. Ich zuckte mit den Schultern. Seltsamer Name. Literatur und Büro passten irgendwie nicht zusammen. Die junge Frau klärte mich auf: In den westdeutschen Ländern seien von den Landesministerien geförderte Literaturbüros entstanden, die Autoren, vor allem jungen und unbekannten aus dem Arbeitermilieu, unter die Arme griffen, Lesungen und Weiterbildungen veranstalteten.

Ich verstehe, sagte ich, so eine Art Bitterfelder Weg von 1958, dessen Devise gelautet hatte: „Greif zur Feder, Kumpel." Aber inzwischen seien fünfunddreißig Jahre vergangen.

Die junge Frau verzog das Gesicht, räumte dann aber ein, so könne man es auch interpretieren, als Weiterentwicklung. Und im konkreten Fall zugeschnitten auf ostdeutsche Verhältnisse. Hier ginge es ja nicht darum, Arbeiter zum Schreiben zu animieren, sondern eine Lobby für die Literatur zu schaffen. Ostdeutsche Verlage waren reihenweise abgewickelt worden, ihre Bücher auf Mülldeponien gelandet, immer mehr Bibliotheken schlossen, weil kein Geld da war, vor allem aber, weil sich niemand für ihren Fortbestand einsetzte.

Das stimmte, ich erlebte es am eigenen Leib. Die Verlage, in denen ich publiziert hatte, existierten nicht mehr, die zweite Auflage meines Erzählbandes „Hochzeit in der Engelsburg" war entsorgt worden und nur, weil ich als Mitglied der Projektgruppe „1000 Jahre Potsdam" mit Westberliner Verlagen in Kontakt gekommen war, hatte ich mein zur Wende abgeschlossenes Romanmanuskript über die schwedische Königin Christine und ein weiteres Manuskript über Gandhi bei Verlagen unterbringen können. Nur leben konnte ich von den schmalen Erträgen nicht.

Meine Phantasie begann zu arbeiten. So ein Büro, sagte ich, dürfte nicht im eigenen Saft schmoren. Man müsste Autoren aus ganz Deutschland und möglichst aus dem Ausland nach Brandenburg holen, damit das Publikum einen weiteren Horizont gewänne und nicht nur immer von den einst der SED eng verbundenen Autoren mit Lesungen beglückt würde. Hier schien ein Feld zu sein, das ich beackern könnte. Meine beiden Gesprächspartner und ich redeten uns in Begeisterung. Aber wie sollte das konkret aussehen?

Ob ich einen Hendrik kenne?, fragten mich die beiden. Und ob ich mir vorstellen könne, mit ihm zusammenzuarbeiten. Kannte ich, konnte ich.

Ich war dem jungen Journalisten ein Vierteljahr zuvor begegnet, als er mich zur Mitarbeit an dem kritischen Stadtmagazin „Potz" einlud. Er hatte in Greifswald Germanistik und Kunsterziehung studiert, ein Buch über den Dichter Erich Ahrendt ediert und verdiente seinen Lebensunterhalt mit Kulturprojekten und als freier Journalist. Er verstünde sich als „Linker", sagte er, doch seine Kritiker bezeichneten ihn als „Rechten". Mir erschien der Siebenundzwanzigjährige einfach nur als ein kluger, springlebendiger junger Mann ohne ideologische Scheuklappen und so ergab sich die Zusammenarbeit beim Stadtmagazin ganz von selbst.

Wunderbar, meinten meine beiden Gesprächspartner. Nun gelte es einen Trägerverein zu gründen mit allem juristischem Drum und Dran. Dieser Verein müsste dann beim Ministerium eine Förderung beantragen und meinen Partner und mich als Geschäftsführer bestellen. Außerdem sollten wir Sponsoren suchen, die unsere Arbeit unterstützten – Banken, Sparkassen, freie Wirtschaft ...

Nun hatte ich zwar während meiner Tätigkeit im Magistrat viel mit Vereinen, die nach der Wende wie Pilze aus dem Boden geschossen waren, zu tun gehabt, aber wie man so etwas gründet und betreibt, davon hatte ich keine Ahnung. Worte wie Büro und Verein schreckten mich ohnehin. Ich hatte noch nie einem Verein angehört und mit Büro verband ich unangenehme Erinnerungen. Was sollte eine freie Schriftstellerin in einem Büro? Das Wort Sponsoren hatte ich erst kürzlich gelernt, und ob ich als Bettlerin bei Geldinstituten und Unternehmern erfolgreich sein würde, wagte ich zu bezweifeln. Doch wenn ich nicht weiterhin Arbeitslosengeld beziehen wollte, musste ich wohl in den sauren Apfel beißen und die Sache mit dem mehr als zwanzig Jahre jüngeren Partner angehen.

Hendrik empfand ähnlich und hatte genauso wenig Ahnung wie ich von Büro, Verein, Sponsoren. Aber in seiner jugendlichen Unbeschwertheit ging er das Projekt eher spielerisch an.

In den folgenden Wochen trafen wir uns mehrmals in seiner und meiner Wohnung und brachten unter viel Gelächter über unsere Unbedarftheit immer neue Ideen zu Papier. Wir nahmen zwar die Sache ernst, aber nicht uns selbst. Darin liegt vielleicht das Geheimnis, warum diese Geschäftsstelle mit dem seltsamen Namen Literaturbüro nach fünfundzwanzig Jahren noch immer existiert und sich einen Namen gemacht hat.

Im Januar 1994 reisten wir nach Unna und Düsseldorf, um den dortigen Literaturbüros einen Besuch abzustatten, als Lehrlinge aus dem Osten bei den Meistern im Westen. Wir hatten keine Schwierigkeiten damit, unser nicht vorhandenes Licht unter den Scheffel zu stellen. Das kam gut an. Wir trafen auf freundliche Leute in Büros mit Computern, Aktenordnern, Veranstaltungsplänen … Viel war von „Projekten" die Rede, damals für uns noch ein ziemlich neues Wort. Die Welt nach dem Mauerfall schien aus lauter Projekten zu bestehen und Leuten wie uns, die sie ersannen und um Steuermittel kämpften, natürlich immer mit dem Argument, die Allgemeinheit warte geradezu darauf, mit diesem Projekt beglückt zu werden. Mir fiel jene Stelle aus Goethes „Faust", Teil II, ein, wo das Volk zu Mephistos Worten murmelt: „Das ist ein Schalk – Der's wohl versteht – / Er lügt sich ein – Solang es geht. – / Ich weiß schon – was dahinter steckt – / Und was denn weiter? – Ein Projekt –." Das zitierte ich natürlich nicht.

Mehr als die Erfolge der besuchten Literaturbüros interessierten uns ihre Erfahrungen und Fehlschläge, denn wir wollten das Rad nicht neu erfinden und schon gemachte Fehler vermeiden. Sie bestätigten unsere Linie: kein Bitterfelder Weg, keine Begutachtung von Manuskripten, kein Verein, in dem Autoren um Profil und einen möglichst großen Anteil an Lesungen kämpfen.

Im Februar 1994 gründeten wir mit Gleichgesinnten den Brandenburgischen Literaturverein und ließen uns als Geschäftsführende bestellen. Im Mai richteten wir mit Hilfe von Sponsoren und dem Kulturministerium im Druckhaus Stein in der Hegelallee unser Büro ein. An diesem Ort war während der Weimarer Zeit die „Weltbühne" gedruckt worden. Hier ging deren scharfsinniger, unbestechlicher Chefredakteur Carl von Ossietzky aus und ein. Genau der richtige Patron für uns. Als gelernte und gebrannte DDR-Bürger waren wir uns bewusst, dass unsere Arbeit letztlich immer von den einfachen Steuerzahlern finanziert wurde. Es stand uns nicht zu, dies und jenes zu fordern, schon gar nicht ein opulentes Gehalt. Wir waren dankbar, etwas für andere tun zu können, das uns Freude machte – die Verbreitung von Literatur.

Körber-Stipendium

In jener Zeit schrieb ich als Körber-Stipendiatin eine Arbeit über Mäzene im Osten, speziell in Potsdam. Ich besuchte die Frauen und Männer nicht mit der Absicht, sie zur Förderung von Literatur zu überreden, sondern um im Gespräch zu erfahren, aus welchem Antrieb sie welche Unternehmungen auf welche Weise förderten. Am lebhaftesten in Erinnerung geblieben sind mir die Gespräche mit Hermann-Hinrich Reemtsma in seiner Stiftung in Hamburg, dem Berliner Malermeister Uwe Schulz Ebschbach, dem pensionierten Krefelder Lehrer Bodo Lemmer und mit Wilhelm von Boddien. Letzterer passte nicht ganz in die Reihe der Interviewten, weil sein Engagement nicht Potsdam, sondern Berlin betraf. Doch seine kühne Vision, in Berlin das historische Schloss an seinem ursprünglichen Platz aufzubauen, wo noch der in der DDR errichtete Palast der Republik stand, faszinierte mich.

Ich traf den gleichaltrigen Wilhelm von Boddien am Abend eines regnerischen, kalten Märztages 1994 im winzigen Büro des aus Stahlgerüsten und Plastefolien nachgestellten Berliner Schlosses auf dem Platz, wo noch vor fünf Jahren der Staatsratsvorsitzende und Generalsekretär der SED, Erich Honecker, den vorbeimarschierenden Werktätigen von der Tribüne aus zugewunken hatte. Boddien saß mir im Mantel gegenüber. Der Wind pfiff durch alle Ritzen, der Propangasheizer wärmte kaum mehr als sich selbst. Aber Boddien brannte von innen. Eben noch hatte er zwei Geistliche aus der Londoner Saint Paul´s Cathedral durch die Ausstellung geführt. Er wirkte übermüdet, doch antwortete er schnell und konzentriert auf meine Fragen. Der Landmaschinenhersteller aus Hamburg hatte sich seit dem Mauerfall und besonders nach dem Umzug der Regierung in die neue alte Hauptstadt Berlin mit einer Vehemenz in den Kampf um die Mitte der Stadt geworfen, die alle Bedenkenträger aus Politik und Wissenschaft klein und blass aussehen ließ.

„Die Moderne lebt auf, wenn sie mit der Geschichte streiten muss", sagte er und: „Wir werden keine moderne, sondern nur eine langweilige klotzige Mitte haben, wenn keinerlei Widerstand der Stadtgeschichte Maßstäbe setzt." Mit sachlichen Argumenten, unerhörter Tatkraft und mit all seinen finanziellen Möglichkeiten stritt er für das alte neue Berliner Stadtschloss. Der Aufbau der Plastik-schloss-Attrappe im Maßstab 1:1 und die zugehörige Ausstellung, für die Boddien vier Millionen DM an Spenden eingesammelt hatte, führte den Berlinern und ihren Besuchern vor, was verloren gegangen, was erhalten geblieben war und wie andere europäische Städte mit ihrem Kulturerbe umgingen.

Wilhelm von Boddien war nach dem Abitur in den Betrieb des Vaters eingestiegen. Doch immer hatte er Zeit gefunden, intensiv die Entwicklungen in Politik und Gesellschaft zu verfolgen. Sein besonderes Interesse galt der preußischen Architektur und ihren Baumeistern. Mit seinem Wissen mochte er so manchem Studierten den Rang ablaufen. Mehr noch: Er fing etwas damit an. Denn er wusste, was in so manch klugen Professorenkopf nicht hineinwollte: Ein Volk, das seine Geschichte nicht kennt oder gar ablehnt, ist zu keinen großen kulturellen Leistungen mehr fähig. Es kann zwar Wolkenkratzer bauen und in den Weltraum fliegen, aber es verliert den Boden unter den Füßen und damit den Verstand.

Ich bewunderte den Mann für seinen Mut. Alle redeten nur im endlosen Für und Wider, weniger sachlich als ideologisch, immer ängstlich auf Bußübungen vor der restlichen Welt bedacht, die deutsche Geschichte allein auf die zwölf Jahre des Nationalsozialismus reduzierend. Er aber handelte aus der ganzen deutschen Geschichte heraus in die Zukunft.

Inzwischen ist seit der Gründung seines Fördervereins mehr als ein Vierteljahrhundert vergangen. Der Palast der Republik ist abgerissen und es gibt einen Beschluss des Bundestages, das Berliner Stadtschloss als Humboldt-Forum wieder aufzubauen. Der Grundstein für das Schloss wurde im Sommer des Jahres 2013 gelegt. Ohne Wilhelm von Boddiens Tatkraft und Einsatz, das ist sicher, wäre die Mitte der Stadt in einem Sammelsurium gesichtsloser Bauten wie am Potsdamer Platz verloren gegangen .

Hermann-Hinrich Reemtsma, Jahrgang 1935, empfing mich freundlich. Seine hanseatische Zurückhaltung löste sich auf, als ich dem gelernten Landwirt von meinen Erfahrungen als LPG-Bäuerin und von meinem Sohn, dem Staudengärtner, erzählte. Reemtsmas kürzlich verstorbene Frau stammte aus Sommerswalde bei Schwante, einer ihrer Vorfahren war der Architekt des Reichstagsgebäudes in Berlin. Die Liebe des Ehepaares aber gehörte den Bauwerken von Karl Friedrich Schinkel. Nach der Wende entschieden sie sich spontan, den Wiederaufbau des bis zur Unkenntlichkeit zerstörten Pomonatempels auf dem Pfingstberg in Potsdam zu finanzieren. Kaum jemand hatte noch das Erstlingswerk des neunzehnjährigen Schinkel in seiner Vollständigkeit gesehen. Die Potsdamer meines Alters kannten das Belvedere auf dem Pfingstberg und den Pomonatempel nur als heruntergekommenen Ruinen-Spielplatz der halbwüchsigen Söhne von russischen KGB-Offizieren im nahen „Städtchen Nr. 7".

Zu Ehren seiner verstorbenen Frau übernahm Reemtsma jetzt auch noch die Restaurierung der Statue der Klio im Musenrondell des Parks von Sanssouci.

Reemtsma war kein Freund vieler und großer Worte und doch teilte sich mir in unserem Gespräch seine unbändige Freude über die wiedergewonnene Einheit Deutschlands mit. Über Karl Schinkel sprach er wie über einen nahen Verwandten. Nein, nein, er habe nichts Besonderes getan, schließlich hege er als Landwirt eine besondere Beziehung zur Nymphe Pomona, der Beschützerin der Pflanzen und Früchte. Und Geschichte interessiere ihn nun einmal. Niemand müsse ihm danken, er sei dankbar für die Gelegenheit, etwas für die Allgemeinheit tun zu dürfen.

Mäzenatentum ist nicht an der Höhe der gespendeten Geldsummen messbar. Oftmals geben die „Kleinen" im Verhältnis zu ihrem Vermögen viel mehr als die „Großen". Ihnen stehen keine Sekretärin, kein Apparat zur Verfügung. Alle Wege, ihr Geld und ihre Ambitionen segensreich einzusetzen, müssen sie selber gehen und dabei immer wieder Müdigkeit und Enttäuschungen überwinden. Sie tragen das größere Risiko und ernten kaum öffentliche Anerkennung.

Bodo Lemmer kannte ich schon aus meiner Zeit im Potsdamer Magistrat. Er gehörte zu den ehemaligen Potsdamern, die kurz nach der Wende im Stadthaus anklopften und fragten, was sie für die Stadt tun könnten. Mit seinem Freundeskreis spendete er für die verfallene jüdische Trauerhalle am Pfingstberg historisch getreue Dachziegel im Wert von vierzehntausend Mark. Die Enttäuschung war groß, als er vom Verbleib des Geschenks nichts mehr hörte und ein ausführlicher Artikel in der Lokalpresse über die Rekonstruktion der Trauerhalle durch die Denkmalpflege nur die offiziellen Geldgeber erwähnte. Die Leute um Bodo Lemmer waren einfach zu schnell gewesen, bald wusste keiner mehr, woher die seit Jahren herumliegenden Ziegel stammten.

Ich besuchte Bodo Lemmer, Jahrgang 1924, in seiner bescheidenen Wohnung in Krefeld. Noch immer ein temperamentvoller Mann, der sich über die SED-Seilschaften in Potsdam maßlos aufregte. Das Alte Rathaus, zu DDR-Zeiten Kulturhaus mit dem Namen des Arbeiterschriftstellers Hans Marchwitza, nannte er nie anders als „Leckmichamarschwitzka". Schwer verwundet aus dem Krieg nach Potsdam heimgekehrt, wurde der Einundzwanzigjährige im Schnellverfahren zum Lehrer ausgebildet, denn es herrschte Mangel an von der Naziideologie unbelasteten Lehrern. Nach vielen Fortbildungskursen unterrichtete er schließlich an seiner einstigen Schule, dem nunmehrigen Humboldt-Gymnasium, Mathematik und Chemie.

Aber diese politisch unverfänglichen Fächer blieben ebenso wenig vom Klassenkampf verschont wie aufmüpfige Lehrer. Bodo Lemmer gehörte zu jenen, die widersprachen. Um der drohenden Verhaftung zu entgehen, floh er mit seiner Frau und drei Kindern kurz vor dem Mauerbau nach Westberlin. In Krefeld baute er dann für sich und die Familie eine neue Existenz auf. Noch vor dem Mauerfall übernahm er die Leitung des Förderkreises für seine ehemalige Schule. Der einstige Lehrer wusste genau, was eine Schule braucht. Als erste Hilfe nach der Wende flossen fünftausend Mark in die Schulkasse für Dias, Jahresabonnements englischer Zeitschriften und für technische Geräte. Sein Wohnzimmer hatte er zum Büro umfunktioniert, von wo aus er in Freundesbriefen für Spenden warb, Fahrten zu „seinen" Schülern in Potsdam organisierte, die Verbindung mit der Schule hielt und aufmerksam verfolgte, was sich in Potsdam abspielte.

Bodo Lemmer stand für viele ehemalige Potsdamer aus dem Westen Deutschlands, die sich selbstlos und ganz praktisch für die Einheit Deutschlands engagierten. Keiner kennt mehr ihre Namen, aber ihnen verdankt die Stadt ihre Anziehungskraft, vielleicht mehr als den Leuten mit den großen Namen, die später kamen.

Der Malermeister Uwe Schulz-Ebschbach war ein ganz anderer Typ. Ihn besuchte ich in seiner Wohnung in Berlin-Wilmersdorf. Mit seinen beiden Söhnen hatte er nach der Wende die Fassade des Schlosses Sanssouci, 3000 Quadratmeter Fläche, zum symbolischen Preis von einem Taler neu angestrichen und sich gleichzeitig verpflichtet, weiterhin für den Anstrich des Schlosses zu sorgen, solange sie lebten, bzw. solange die Firma bestand. Damit die Hitze des Sommers 1992 die Bindung des Spezialanstrichs aus Weißkalkmilch, Magerquark und Leinölfirnis an den Untergrund nicht beeinträchtigte, begannen sie ihr Werk sieben lange Wochen täglich um fünf Uhr morgens. Danach nahm Schulz-Ebschbach Schloss Rheinsberg kostenlos in Angriff. Auf der von ihm 1990 gestifteten Innungslade der Lackiererinnung von Berlin-Brandenburg ließ er den Spruch anbringen:

Manches Herrliche der Welt
ist in Krieg und Streit zerronnen.
Wer beschützet und erhält,
hat das große Los gewonnen.

In diesem Sinne wandte Schulz-Ebschbach seine Aufmerksamkeit nicht nur den geliebten preußischen Schlössern zu. Er renovierte auch kostenlos Kindergärten, Klassenzimmer, Seniorentagesstätten. Rastlos tätig, von nahezu unerschöpflicher Arbeitskraft, mit strenger Pflichtauffassung und dabei immer guter Dinge.

1941 in Berlin-Lichtenberg geboren, folgte der Sechzehnjährige nur widerstrebend den Eltern nach Westberlin. Seinem Lehrer in Ostberlin verdankte er die Liebe zu Schlössern und Burgen. Und sein Herz gehörte jenen, die ohne viele Worte anpacken, denen die Arbeit Lust und nicht Last ist.

Seit 1963 Mitglied der Deutschen Burgenvereinigung zur Erhaltung historischer Wehr- und Wohnbauten, trieb ihn zwanzig Jahre später die Begeisterung für die positiven Leistungen des Preußenkönigs Friedrich II., die Berliner historische Stadtgarde in den Uniformen der Grenadiergarde Nr. 6 von 1740 wieder aufleben zu lassen. Die Mitglieder, zu denen auch die Ehefrauen der Grenadiere gehörten, erforschten preußische Traditionen und machten sie durch Auftritte bei Festlichkeiten für andere sinnlich erlebbar. Dem Vorwurf des Militarismus begegnete der Malermeister gelassen: Es wäre um die Welt wohl besser bestellt, wenn sich Männer nach des Tages Arbeit in historische Kostüme kleideten und sich mit dem Leben ihrer Vorfahren beschäftigten. Kriege hingegen führten Heimatlose, solche, denen man die Tradition genommen habe oder die in keiner Tradition mehr wurzelten.

Es wunderte mich nicht, dass viele diesen kernigen Mann für einen Patriarchen oder Macho hielten, vor allem die Supergescheiten in dem von den Achtundsechzigern geprägten Westberlin. Seine Frau Helga, die für das Büro des mittelständischen Unternehmens zuständig war, winkte ab, als ich sie darauf ansprach, und lächelte selbstbewusst, als er mit einem verliebten Blick auf sie meinte: „Was wäre ich ohne sie! Frauen sind noch tüchtiger als wir Männer."

Ich war im nunmehr wiedervereinigten Berlin einem Original begegnet, wie es wohl heute, Jahrzehnte später, in einer von politischer Korrektheit gelähmten Gesellschaft und einer von Computern gesteuerten Zeit schwerlich noch zu finden ist. Schulz-Ebschbach lehnte sich gegen die „Trauerarbeit" und das „Lustprinzip" des Zeitgeistes auf. Nicht in der ewigen Negation der Volkserzieher und

Besserwisser wollte er leben, sondern eigene Wünsche mit dem Dienst an der Allgemeinheit verbinden, damit die Zukunft eine Vergangenheit bekommt.

Alle zehn Gesprächspartner, auf die ich mehr oder weniger zufällig stieß, waren trotz unterschiedlicher Temperamente und Berufe einander ähnlich in Tatkraft, Optimismus und dem Wunsch, Wertvolles aus der Vergangenheit für die Zukunft zu bewahren. Konservativ im besten Sinne also.

Nun lebten wir damals wie heute in einer Zeit, in der das Wort „konservativ" als Verdikt gilt, mit der Steigerungsform „rechts", tendierend zum Superlativ „reaktionär". Das hatte ich als Neubürgerin eines vereinten Deutschlands nicht bedacht.

Das Stipendienprogramm der Körber-Stiftung, für das ich die Arbeit anfertigte, nannte sich „Der Westen auf dem Prüfstand". Was auf dem Prüfstand steht, muss nach heutigem Verständnis Mängel zeigen und kritisiert werden. Von einer Stipendiatin aus dem Osten erwartete man selbstverständlich eine Verurteilung der Reichen aus dem Westen, die in der aufgeheizten Atmosphäre rundum als Einheitsgewinnler denunziert wurden.

In einer Arbeit zehn Westler vorzustellen, die sich selbstlos für den Aufbau im Osten engagierten, passte nicht in dieses Programm der Körber-Stiftung, die sich als Anwältin der Armen, Unterdrückten und Entrechteten verstand. In meiner Naivität wollte ich mit positiven Beispielen für den Einigungsprozess werben und nicht durch

Skandalgeschichten, die jeden Tag in den Zeitungen standen, die allgemeine Empörung nähren.

Als ich die Arbeit abgeliefert hatte, rief mich der zuständige Sekretär der Stiftung an. Das Fazit seiner wortreichen Ansprache lautete: Thema verfehlt! Deshalb könne man die zweite und letzte Rate des Stipendiums nicht auszahlen. Ich war finanziell ziemlich klamm, als dass ich es mir hätte leisten können zu sagen: Dann eben nicht! und den Hörer aufzulegen. Also musste ich mit Argumenten für meine Sicht werben. Verstanden hat er sie nicht, was mir Rede und Gegenrede zeigte, aber am Ende des langen Telefonats erklärte er widerwillig die Annahme der Arbeit und damit die Zahlung der zweiten Rate. Zur Abschlussveranstaltung des Stipendienprogramms nach Hamburg wurde ich dann nicht mehr eingeladen. Das kränkte mich nicht, denn ich entsann mich des zähen und endlosen Redebreis der Auftaktveranstaltung.

Auf neuen Wegen

Die Begegnungen mit den Mäzenen im Frühjahr 1994 bereiteten mich nicht nur auf das Einwerben von Sponsorengeldern vor, sie gaben mir auch die Kraft, zusammen mit Hendrik etwas ganz Neues zu beginnen. Wir ergänzten uns wunderbar: seine männliche, meine weibliche Sicht; meine Erfahrung, seine jugendliche Unbekümmertheit; sein undiplomatisches Draufgängertum, meine Zurückhaltung. Durch die Zeit im Magistrat kannte ich viele, die jetzt in Potsdam das Sagen hatten, und konnte sie einschätzen. Aber ich kannte auch die Genossenszene von einst, aus der nicht wenige wieder in Amt und Würden gelangt waren und dem Volk die Demokratie erklärten.

„Sie sind mein Diplomatenpass", sagte Hendrik einmal in den ersten Monaten unserer Zusammenarbeit, als er wieder einmal in ein Fettnäpfchen getreten war und ich den Fauxpas ausgebügelt hatte. Manche, die mich schätzten, verstanden nicht, wie ich mit „so einem" zusammenarbeiten konnte. „So einer" bedeutete in ihren Augen jemand, der auf DDR-Biographien nicht mit der nötigen Differenzierung schaute, der unsensibel, überheblich, reaktionär war. Was sie an ihm störte, empfand ich als jugendlichen Übermut, der sich von ganz allein geben würde. Ich freute mich an seiner Vitalität und Unangepasstheit. Noch hielt ich sie aus.

Und ich lernte von ihm wie er von mir. Ich erinnere mich, wie wir auf der Zugfahrt nach Düsseldorf zu nordrhein-westfälischen Literaturbüros heftig über die Akteneinsicht bei der Stasibehörde diskutierten. Ich plädierte dafür, diesen ganzen gesammelten Spitzelschmutz zu vernichten, und lehnte es ab, Akteneinsicht zu beantragen. Er widersprach und überzeugte mich letztlich, diesen Antrag doch zu stellen. Als es dann ein Jahr später so weit war und ich ihm von der Lektüre der zweitausend Seiten Dummheiten und Bösartigkeiten erzählte, meinte er lachend, da werde er mit seinen neunundachtzig Seiten ja geradezu neidisch. Mir war nicht zum Lachen, doch er hatte recht gehabt mit seinem Beharren auf die Akteneinsicht.

Wir gingen mit learning by doing, wie es neudeutsch heißt, an die Arbeit. Lernten Buchhaltung, mit Computern umzugehen, redeten mit allen, die uns begegneten oder bei uns vorbeischauten. Klapperten mit unserem Gebrauchtwagen das Land Brandenburg zwischen der Prignitz und der Lausitz, dem Fläming und der Uckermark auf der Suche nach Bundesgenossen ab. Besuchten Bibliotheken, die vor der Schließung standen, sprachen in neu gegründeten Kulturvereinen vor, in Schulen, bei Dorfbürgermeistern. Eine Lobby für Literatur wollten wir sein zu einer Zeit, da alles andere wichtiger schien als Bücher. Nicht nur in Potsdam sollten Autoren lesen, sondern in Kleinstädten wie Premnitz und Kyritz, wo viele Arbeitsplätze weggebrochen waren, und auf dem Land, das auch kulturell zu veröden drohte. Nicht immer waren wir willkommen. Vor allem Lehrer begegneten uns ablehnend, wenn wir davon sprachen, auch westeuropäische Autoren einladen zu wollen, denn die DDR-Autoren des sozialistischen Realismus hätten ja ihre große Zeit gehabt; Brandenburg dürfe nicht im eigenen Saft schmoren, sondern müsse sich kulturell öffnen. Jene, die hofften, mit eigenem Schreiben Lorbeeren und Reichtum zu gewinnen, mussten wir mit dem Hinweis enttäuschen, das Brandenburgische Literaturbüro wolle das Lesen fördern, nicht das Schreiben und Veröffentlichen. Ohnehin gab es im vereinigten Deutschland dem Gefühl nach mehr Autoren als Leser, aber das behielten wir für uns.

Wir erstellten eine Datenbank und vernetzten uns über Brandenburg hinaus, wie es nun allgemein zum Gebot der Stunde erklärt wurde. Jeder sollte jeden kennen und synergetisch seine Kräfte und Fähigkeiten einsetzen. Doch blieben wir altmodisch genug, an der Überzeugung festzuhalten, dass Programme, Konzeptionen und Reden das Papier nicht wert waren, auf dem sie geschrieben stehen, wenn nicht Menschen mit ihrer ganzen Person, mit Leidenschaft und Liebenswürdigkeit dahinterstehen.

Das Jahr 1994 lebte ich in höchster Anspannung. Neben der Arbeit für das Literaturbüro und den Reisen übers Land waren nicht nur die Interviews für das Körber-Stipendium zu bewältigen. In diesem Jahr jährte sich das Attentat auf Hitler vom 20. Juli zum fünfzigsten Mal.

Ich war mit Emmi Bonhoeffer, der Witwe von Klaus Bonhoeffer, befreundet gewesen und hatte intensive Gespräche mit Uta von Aretin über ihren Vater Henning von Tresckow geführt. Die Ereignisse vom 20. Juli 1944, ihre Vorgeschichte und ihre Folgen, waren durch sie und meinen Mann Jakob, den kommunistischen Widerstandskämpfer, zum Teil meines eigenen Lebens geworden. Als die Volkshochschule Potsdam mit der Bitte an mich herantrat, eine Veranstaltung zum 20. Juli 1944 zu moderieren, sagte ich zu. Ich führte Vorgespräche mit Rosemarie Reichwein und Clarita von Trott zu Solz, beide Witwen hingerichteter Widerstandskämpfer. Ihre Lebensklugheit und Bescheidenheit beeindruckten mich tief. Die Veranstaltung fand im Untergeschoss der Potsdamer Nikolaikirche mit der hochbetagten Frau Reichwein, den Töchtern des ebenfalls hingerichteten Potsdamer Sozialdemokraten Hermann Maaß und Marianne Meyer-Krahmer, der Tochter von Carl Friedrich Goerdeler, statt.

Uta von Aretin sprach wenig später zum Gedenken an den 20. Juli 1944 in der Bornstedter Kirche. Die Begegnung mit Frauen und Töchtern des Widerstands fiel mir wie ein Geschenk in den Schoß. Mit Uta von Aretin und Uta Maaß verbindet mich bis heute tiefe Zuneigung. Gemeinsam bestritten wir eine Veranstaltung in der Bibliothek von Zossen. Im Gänsemarsch zogen wir in den Veranstaltungsraum ein. Uta Maaß als Älteste vorneweg, ich als Moderatorin in der Mitte. Die so souveräne Uta von Aretin flüsterte mir von hinten zu: „Ich weiß doch gar nicht, was ich sagen soll, mir ist schlecht vor Angst." „Mir auch", erwiderte ich. Es wurde eine sehr schöne, ergreifende Veranstaltung. Sofort stellte sich eine Spannung her, als ich das Gespräch mit den Worten einleitete: „Sie sehen hier vor sich die Tochter des von den Nazis hingerichteten Sozialdemokraten Hermann Maaß, die Tochter des Militärs Henning von Tresckow, führender Kopf und das Herz der Verschwörung vom 20. Juli 1944 gegen Hitler, und die Witwe des Kommunisten Hasso Grabner, der für seinen Widerstand gegen die Nazis im Zuchthaus Waldheim und im KZ Buchenwald saß und von seiner eigenen Partei 1976 zu Tode gehetzt wurde."

In dieser Vorstellung des Podiums leuchteten sofort die Konflikte und Abgründe des 20. Jahrhunderts auf, menschliche Größe und menschliches Versagen. Die vor dem Machtantritt Hitlers untereinander heftig verfeindeten Kommunisten, Sozialdemokraten und Militärs hatten im Widerstand gegen die nationalsozialistische Diktatur, in den Zuchthäusern und Konzentrationslagern ihre ideologischen Vorurteile begraben und zueinandergefunden.

Mein Mann pflegte seither zu sagen: „Es gibt nur zwei Arten von Menschen – die anständigen und die unanständigen." Diese Erkenntnis verlor sich nach dem Krieg bei den Herrschenden in der sozialistischen Diktatur Ostdeutschlands ebenso schnell wie in der sich zunehmend ideologisierenden westdeutschen Bundesrepublik. Das ist auch im inzwischen vereinigten Deutschland so. Wieder bekämpfen sich Parteien und politische Gruppen mit Demagogie und unlauteren Mitteln unter der Devise: Schuld an allem Bösen sind immer die anderen. Die Nachkommen der im Nationalsozialismus Verfolgten und Hingerichteten werden entweder instrumentalisiert oder ausgegrenzt, wenn sie sich dem Zeitgeist widersetzen.

In Zossen dachten wir drei Frauen öffentlich über Vergangenheit und Gegenwart nach, unvoreingenommen, unaufgeregt und voller Achtung und Sympathie füreinander, die wir so unterschiedliche Lebenswege in West und Ost genommen hatten, auf unterschiedliche Erfahrungen zurückblickten und politisch durchaus unterschiedlicher Meinung sein konnten. Die Botschaft unserer Väter und Männer, die sich nie kennengelernt hatten, trugen wir mit unserem Erzählen nun ins Publikum, das uns mit Anteilnahme und hoher Aufmerksamkeit dankte. Aus den Begegnungen mit Emmi Bonhoeffer, Uta von Aretin und Uta Maaß entstanden später Bücher über ihre Männer und Väter.

Abgesang

Das Beispiel dieser tapferen Frauen half mir, mein seelisches Gleichgewicht zu bewahren. Ich hatte es bitter nötig. Meine späte Liebe, das spürte ich, näherte sich unaufhaltsam dem Ende. Ich wollte es nicht wahrhaben, hielt an ihr fest, als könnte ich dem Sonnenuntergang Einhalt gebieten. Im schwindenden Licht liebten wir uns, wie man angesichts des nahen Endes liebt. Der fröhliche Übermut war geschwunden, es blieb der Schmerz. Wir konnten darüber nicht sprechen, nur ihn aushalten. Ich versuchte, ihn ins Wort zu bannen:

Gebete in Bedrängnis

Vater im Himmel und auf Erden,
DU träumtest mich
eh DU mich schufest
aus Himmel und aus Erde
in der Liebe von Mann und Weib.

Alles ist Geschenk
wenn DEIN Wille geschieht:
Lächeln und Tränen
Erfüllung und Verzicht.

Gib mir die Demut
DEINEN Willen zu erkennen
und ihm zu folgen,
ob die Welt mich tadelt oder lobt.

Denn nur DU kennst
das Verhängnis guter Taten
und den Segen des Versagens.

Vater, ich weiß nicht aus noch ein.
Was soll ich lassen, was soll ich tun?

Ich sehne mich nach den Händen
die mich formten
aus Himmel und aus Erde
zum Gefäß DEINES Willens.

Lass mich nicht vor der Zeit zerbrechen.
Halte mich fest.

Vertraut die Stimme
doch sie kommt
aus einer fremden
Welt.

Jedes Wort
eine Chiffre
die dort und hier
anderes
bedeutet.

Müde von
Missverständnissen
schweigen
wir.

Verstoßen aus dem Himmel
träume ich in der Hölle
vom Fegefeuer.

Später fand ich den Vers eines unbekannten japanischen
Dichters um 900, der in fünf Zeilen meinen damaligen
Zustand traf:

Wer hat die Liebe
denn Liebe genannt?
Ihr wahrer Name ist Tod.
Denn wen die Liebe überkommt,
den überkommt der Tod.

In unserer Zeit der schnell wechselnden Beziehungen
und der Gleichsetzung von Liebe und Sex im allgemei-
nen Wortgebrauch mögen Jüngere sich wundern, welch
Aufhebens eine damals Zweiundfünfzigjährige über ein
Verhältnis machte, das nach landläufiger Vorstellung nur
Torschlusspanik sein konnte.

Doch wie die Seele kennt die Liebe kein Alter, wie alt,
krank und hässlich der einst jugendschöne Körper auch
wird. Sie ist unsterblich und will sich verströmen. Sie
kommt vom Himmel zur Erde und strebt wieder him-
melwärts. Niemals kann ein anderer Mensch, wie sehr
wir ihn auch lieben, diese Sehnsucht stillen. Das kann
nur Gott. Menschen sind vergänglich, leicht zerbrechlich,
lassen sich täuschen und verführen. Irdische Liebe ohne
himmlische Liebe ist Sex, ein lustvoller Trick der Natur
zum Überleben der Art. Nicht weniger, aber auch nicht

mehr. „Doch alle Lust will Ewigkeit, will tiefe, tiefe Ewigkeit", wusste Friedrich Nietzsche. Ohne das Verlangen nach Ewigkeit wird die Lust banal und verlischt wie ein glimmender Docht.

Unsere Wege trennten sich. Wir sahen und hörten nichts mehr voneinander. Als wäre alles ein Traum gewesen.

„Vergangenheitsbewältigung"

Die Mittneunziger des vergangenen Jahrhunderts waren nicht nur Gegenwart, sondern auch manchmal kuriose, meist aber bedrängende Vergangenheit. Damit meine ich nicht nur die zwölf Jahre Nazidiktatur zwischen 1933 und 1945, für die das ebenso hässliche wie unzutreffende Wortungetüm „Vergangenheitsbewältigung" erfunden worden war und das inzwischen die öffentliche Diskussion beherrschte.

Dabei betrachten Individuen wie Gruppen oder gar Nationen Ereignisse der Geschichte höchst unterschiedlich, denn es gibt keine „objektive Vergangenheit". Was wir selbst erlebt haben, wird von späteren Ereignissen überlagert und verändert sich in unserer Wahrnehmung; was wir über die Vergangenheit lesen, ist, wie Schiller richtig bemerkt, oft von der Parteien Hass und Gunst verwirrt. Protokolle und Zitate, die noch am ehesten den Anschein des Authentischen erwecken, sind persönlich gefärbt und laden zu einer Vielzahl von Deutungen ein. Der kluge Franz Werfel spitzte diese Erkenntnis auf die Worte zu: „Ich glaube oft, die ganze Weltgeschichte besteht überhaupt nur aus falschen Gerüchten. Alles, was geschehen ist, ist ganz anders wahr, als es tatsächlich geschehen ist."

Vergangenheit kann nicht bewältigt, nur erinnert, bedacht, gedeutet werden. Wir müssen die überkommenen, erinnerten Bilder und Gedanken aushalten.

Im Frühjahr 1995 erhielt ich die Erlaubnis, die „Vorgänge" einzusehen, die die Staatssicherheit in den Jahren von 1980 bis 1985 unter dem Decknamen „Dichter" über mich angelegt hatte. Die Akten davor und danach bis 1989 waren vernichtet worden. Ich hatte mich lange gesperrt, einen Antrag auf Einsicht bei der Behörde für die Unterlagen der Staatssicherheit zu stellen. Ich wollte mit dem ganzen Schmutz nichts zu tun haben. Doch der Vorwurf, ich hätte Angst, mich der Vergangenheit zu stellen, änderte meinen Entschluss.

Zwei Stunden lang – länger hielt ich es nicht aus – blätterte und las ich in den vielen hundert Seiten: ein Sammelsurium von Protokollen aus Abhörgeräten in meiner Wohnung, von Telefonaten, Berichten anderer über mich, Einschätzungen der Stasileute, Fotos, beschlagnahmte Briefe an mich … Der verfolgte und überwachte Schriftsteller Erich Loest nannte eines seiner Bücher „Die Stasi war mein Eckermann". So habe ich das beim Lesen der über mich angelegten Akten auch empfunden.

Zuerst staunte ich: Telefon abgehört, Wanzen in meiner Wohnung, unterwegs verfolgt, Rundumüberwachung?

Dann lachte ich: Himmel, waren die doof, machten aus einer harmlosen Mücke einen Elefanten! Ich eine CIA-Agentin!

Schließlich wurde ich wütend: Da schnüffelten bis zu

zwölf Hauptamtliche hinter mir her, kein Wunder, dass es in der DDR keine Arbeitslosen gab, Pöbel!

Ich schrieb auf, was ich aus den Akten kopiert haben wollte, und ging.

In den nächsten Tagen und Wochen beherrschte mich eine unerklärliche Traurigkeit, ja Lähmung, die sich wie ein lästiges Geschwür in mir ausbreiteten. Warum wurde ich sie nicht los? Keiner von jenen, denen ich vertraute, hatte Berichte über mich geschrieben. Aus den Einschätzungen der Stasileute sprach bei allem Misstrauen ein leiser Respekt für meine Haltung. Mir war nichts passiert, außer dass ich unter ständiger Beobachtung gestanden hatte. Das Ganze war vorbei. War es wirklich vorbei? Die Leute, die mich jahrelang überwacht hatten, gab es noch immer. Ich begegnete ihnen, ohne sie zu erkennen; sie kannten sich besser in meiner Wohnung und in meinem Leben aus als ich. Und diese vermaledeiten Akten würden bleiben. Ich durfte nicht über sie bestimmen. Jeder, der ein berufliches Interesse angab, jetzt oder später, durfte sie lesen und mein Leben nach diesen Protokollen interpretieren: „… dann redeten sie endlos über Katzen …“, „… kaufte fünf Paar Gummihandschuhe …“

Meine Depression löste sich erst auf, als ich mir bewusst machte, wie ohnmächtig die Stasi gewesen war und nach ihr alle Schnüffler und Deuter sein würden. Sie wissen nichts, rein gar nichts über mich. Was besagte es, dass ich am soundsovielten um soundsoviel Uhr in diesem oder jenem Laden fünf Paar Gummihandschuhe gekauft, zu Frau Soundso dies und jenes gesprochen, dies und jenes Buch geschrieben hatte? Nichts als gerade das.

Jeder Mensch ist ein Geheimnis, ein Gedanke Gottes. Wir begreifen uns selbst nicht, geschweige denn, dass andere, seien es Freunde oder Feinde, uns begreifen. Jeder ist mehr, als er vorgibt oder glaubt zu sein, er ist eine Welt in ihrer ganzen Komplexität. Dieser Gedanke befreite mich endlich.

Obwohl – so ganz frei fühlte ich mich immer noch nicht. Das merkte ich bei einer seltsamen Begegnung ein paar Jahre darauf. Wie so oft ging ich in der Bertinistraße spazieren und schaute von einer kleinen Anhöhe über die noch bestehenden Grenzanlagen auf das sonnenglitzernde Wasser des Jungfernsees hinüber zum Königswald. Ein Mann meines Alters, der offensichtlich ein abgesperrtes Grundstück am See bewachte, kam auf mich zu und sagte: „Schön, dieser Ausblick, nicht wahr, Frau Grabner? Wenn auch sicher nicht so schön wie eine italienische Landschaft." Ich kannte den Mann nicht, erinnerte mich nicht, ihn je gesehen zu haben. Er sprach mit sächsischem Akzent. Mir war sofort klar, dass dieser Wachmann einst bei der Staatssicherheit angestellt gewesen sein musste und mich von daher kannte. Ich erstarrte wie das Kaninchen vor der Schlange, der Mund wurde mir trocken, mir wurde übel. Wortlos wandte ich mich ab und ging.

Schwerer verkraftete ich die Einsicht in Jakobs Stasiakten sieben Jahre später. Lag es daran, dass ich älter und dünnhäutiger geworden war? Die mir zugänglichen Akten umfassten Jakobs Tätigkeit als Wirtschaftsfunktionär. Aus unserer gemeinsamen Zeit bis zu seinem Tod 1976 hatte man nur Karteikarten, aber nicht die zugehörigen Akten gefunden. Nach der Lektüre der Akten verspürte ich weder Lust noch Neugier, weitere Nachforschungen anzustellen.

Keine zehn Jahre nach dem Ende des Krieges und des nationalsozialistischen Regimes waren vergangen, als Jakob in die Schlingen eines noch monströseren Überwachungsapparates geraten war, der sich diesmal nur „sozialistisch" nannte. Als Jungkommunist hatte er für seinen Traum von einer gerechten Gesellschaft elf Jahre im Zuchthaus Waldheim und im Konzentrationslager Buchenwald gebüßt und als Soldat im Strafbataillon 999 seine Haut zu Markte tragen müssen. Es glich einem Wunder, dass er mit dem Leben davongekommen war. Danach half er unter großen Entbehrungen und ebenso großen Hoffnungen auf einen menschlichen Sozialismus das bis in seine Fundamente zerstörte Land aufbauen – als Organisator, als Rundfunkintendant, als Generaldirektor in der Schwerindustrie ... Zupackend, lachend, unkonventionell, phantasievoll, der „Sache" verpflichtet, an eigene Vorteile nicht im Traume denkend. Doch seine Phantasie reichte nicht aus, sich die Schäbigkeit von ideologisierten und karrieristischen Verfolgern aus den eigenen Reihen vorzustellen. Sie ließen ihn wegen „Schädlingstätigkeit" unter Decknamen wie „Karrierist" oder „Artist" bespitzeln, hörten seine Telefone ab, verwanzten seine Wohnung und webten Fangnetze bis in seine Familie hinein, erfanden Lügen, um ihn und seinesgleichen, erprobte Kämpfer gegen den Nationalsozialismus, zur Strecke zu bringen.

In den Unterlagen fand ich eine Skizze, in deren Mittelpunkt Jakobs Name stand und rings um ihn, mit Pfeilen auf ihn zielend, die Decknamen der ihn bespitzelnden Informanten. Vor einem Prozess wegen Staatsfeindlichkeit rettete ihn nur das politische Tauwetter nach Stalins Tod. Die Anklage gegen ihn war schon geschrieben.

Ich kannte alle diese Geschichten von ihm selbst. Wieder und wieder hatte ich sie mir erzählen lassen, weil sie so unglaublich klangen und ich prüfen wollte, ob er sich in Widersprüche verstrickte. Jetzt las ich sie in den Akten. Mich erschütterte die Perfidie seiner Verfolger, die vorgaben, ein demokratisches Land aufzubauen, den „ersten Arbeiter- und Bauernstaat auf deutschem Boden". Unbarmherzig verfolgte die von der KPdSU gesteuerte KPD und dann SED alle Mitglieder, die nationalsozialistische Zuchthäuser und Konzentrationslager, westliches Exil und die „Säuberungen" in Moskau überlebt hatten. Kein freier Geist sollte ihre Kreise stören und ihren vor sich her getragenen sozialistischen Humanismus als das benennen, was er war: nackte Machtgier und Heuchelei.

Die Lektüre verursachte mir Atembeschwerden und mein Herz schlug schmerzhaft, wenn ich an Jakob dachte. Er hatte nicht das Ende dieses Regimes mit dem Mauerfall erleben dürfen, nicht die so beglückende Illusion, nun bräche mit der westlichen Demokratie eine freiere Zeit an. Es tat einfach entsetzlich weh, daran zu denken, wie diesem Mann mit dem großen Herzen von kleingeistigen Menschenjägern mitgespielt worden war.

In einem Stadtplan von Werder/Havel, gedruckt 1990, war Tochter Johanna zufällig auf eine Hasso-Grabner-Straße gestoßen, von der wir nie etwas erfahren hatten. Aber wir wohnten ja auch seit achtzehn Jahren nicht mehr in

Werder. Im Sommer 1994 rief ich bei dem Stadthistoriker von Werder an. Seine Frau war am Apparat. Ja, eine solche Straße gäbe es. An einem Freitagnachmittag machten Johanna, Sohn Gerrit und ich uns erwartungsvoll auf die Suche nach „unserer Straße" in Werder, einer Nebenstraße der langen Potsdamer Straße. Als wir sie endlich fanden, kamen wir zu spät. Aus der Hasso-Grabner-Straße war die Mainzer Straße geworden, aus dem Dichter-Viertel ein Viertel westdeutscher Städte: Kölner, Mainzer … Mein erster Gedanke, als ich die schäbigen Neubaublocks und die triste Umgebung sah: Ein Glück, Jakob, dass du diese Straße los bist!

Wie war er zu dieser Straße gekommen, da der Kommunist Jakob doch im Unfrieden mit der Partei gestorben war? Warum erfuhr ich im nahen Potsdam nichts davon? Wahrscheinlich, weil ich im Unfrieden mit der Partei lebte und von der Stasi überwacht wurde wie einst er. Und als wir endlich von der Existenz der Straße erfuhren, gab es sie nicht mehr. Ein gnädiges Geschick, dass es so gelaufen war. Eine Straße – das passte ohnehin nicht zu unserer Familie. Unsere anfangs langen Gesichter verzogen sich zu einem Lächeln, dann brachen wir in unbändiges Gelächter aus. Auf der Friedrichshöhe hoch oben über Werder, nicht weit von unserem einstigen Haus am Plessower See, tranken wir ein Glas Wein auf die gewonnene und wieder verlorene Straße – wie gewonnen, so zerronnen – und wandten uns wieder der Gegenwart zu.

Ein Jahr nach Jakobs hundertstem Geburtstag 2011 meldete sich bei mir ein fünfunddreißigjähriger Leipziger

Autor mit dem Pseudonym Francis Nenik. Er arbeite an einem Buch über vergessene Schriftsteller verschiedener Nationen, einen Engländer, einen Südafrikaner und einen Tschechen. In einer Zeitung sei er in der Berichterstattung über den hundertsten Geburtstag auf Jakobs Namen und dessen erstaunliche Biografie gestoßen, habe recherchiert und wolle diesen Autor seiner „Sammlung" hinzufügen. Ob ich ihm seine Fragen beantworten würde?

Einen ganzen Tag lang saß ich mit dem mir bis dahin unbekannten, jungen Mann in meiner Potsdamer Wohnung zusammen. Wir redeten und arbeiteten konzentriert seinen langen Fragenkatalog ab. Ein intensiver Briefwechsel folgte. Kaum ein Jahr später schickte mir Francis Nenik das Manuskript seines umfangreichen Essays „Groteske der Geschichte: Grabner", das 2018 unter dem Titel „Reise durch ein tragikomisches Jahrhundert. Das irrwitzige Leben des Hasso Grabner" erscheinen sollte.

Ich zögerte, mit dem Lesen zu beginnen. Da schrieb einer, der siebzig Jahre nach Jakob, vierzig Jahre nach mir geboren war, über einen mir tief vertrauten Menschen und über Zeiten, die er nicht erlebt hatte, die ihm fremd, ja unverständlich sein mussten. Vielleicht würde der Text mich befremden oder verletzen. Aber ich hatte eine sorgfältige Lektüre versprochen, um etwaige sachliche Fehler auszumerzen.

Ich las das Manuskript, ohne einmal aufzuschauen. Nach der Lektüre lief ich erregt durch meine Wohnung. Ich konnte es kaum fassen, was diesem jungen Schriftsteller da gelungen war. Niemals hätte ich so über Jakob schreiben können! Mit leichter Hand und doch profund

und wesentlich. Ein Jahrhundert in einem menschlichen Schicksal verdichtet. Dazu braucht es Abstand, den ich trotz des Altersunterschieds zwischen Jakob und mir, und obwohl sein Tod vierzig Jahre zurückliegt, nicht habe. Er und seine Zeit, mein Zusammensein mit ihm sind mir noch immer so gegenwärtig, als wäre nicht einmal ein Tag seither vergangen. Aber dieser Francis Nenik hatte in einem Husarenritt das Kunststück zustande gebracht, mit Distanz und Humor und Ernst einen Menschen zu zeichnen, den ich erkannte. So ist Jakob für mich aus dem Stasisumpf auferstanden.

Begegnungen im Literaturbüro

Die Arbeit im Literaturbüro nahm meine ganze Kraft in Anspruch. Wir luden Autoren ein, von denen neue Bücher erschienen waren, und konzipierten Lesereihen. Zu den ersten Autoren gehörten Joachim C. Fest und Henryk M. Broder. Da wir über keinen eigenen Veranstaltungsraum verfügten, taten wir uns mit der Galeristin Ute Samtleben in der Brandenburger Straße zusammen, die uns ihre Räume öffnete. Ute, ursprünglich Journalistin, hatte das Haus nach der Wende auf Kredit erworben und sich mit der Galerie einen Lebenstraum erfüllt. Voll fröhlicher Tatkraft, gepaart mit kritischem Geist, ausgestattet mit einem flotten Mundwerk und Schlagfertigkeit, dazu eine wunderbare Gastgeberin, zog sie Kunstinteressierte, Musiker, Maler, Schriftsteller, Wissenschaftler, hin und wieder sogar Politiker in die Galerie. Die Galerie Samtleben war im Potsdam der Nachwendezeit eine Institution und sie blieb es bis zu ihrer Schließung nach der Jahrtausendwende. In dem Raum mit dem großen Schaufenster zur Straße drängten sich bei den Veranstaltungen die Menschen, um zuzuhören, zu diskutieren, zu streiten.

Joachim Fest

Fünf Jahre – von 1994 bis Anfang 1999 – arbeitete ich im Literaturbüro. In keiner Zeit meines Lebens habe ich so viel Gegenwartsliteratur gelesen wie in diesen Jahren und so viele Autoren persönlich kennengelernt. Zu ihnen gehörten, außer Joachim Fest und Henryk Broder, unter anderen Imre Kertész, Alfred Grosser, Roman Frister, Horst Schüler, Nikolaus Sombart, Günter Grass, Cees Nooteboom, Binjamin Wilkomirski, Louis Begley. Zuerst lernte ich die Autoren in ihren Büchern kennen. Manchmal enttäuschte dann die persönliche Begegnung, manchmal stellte die Persönlichkeit des Autors das Geschriebene in den Schatten.

Joachim Fest begegnete mir so, wie er schrieb – klar und gradlinig. Dabei galt er vielen als arrogant und kompliziert.

Wir hatten ihn eingeladen, über seinen 1993 erschienenen Essay „Die schwierige Freiheit" zu sprechen, in dem er über die Schwächen der freiheitlichen Ordnung nachdachte. Ein unerhört aktuelles und wichtiges Thema, wie ich damals fand, und das es heute mehr denn je ist. Ich hatte schon einiges von Fest gelesen. Meine verstorbene Freundin Gerda in Wuppertal hatte ihn sehr geschätzt und mir regelmäßig seine Artikel aus der FAZ geschickt. Sein wunderbares Buch „Im Gegenlicht – eine italienische Reise" schenkte sie mir als Lektüre für meinen Aufenthalt in der Villa Massimo. So wurde mir Joachim Fest nicht zuerst als Verfasser der Hitler-Biographie und Kämpe im Historikerstreit der alten BRD bekannt, sondern als

Kenner Italiens und der europäischen Geschichte. Sein schnörkelloser Stil, die klaren Aussagen, sein profundes Wissen begeisterten mich.

Mein Kompagnon im Literaturbüro erklärte sich trotz einiger Bedenken mit der Einladung einverstanden. Der FAZ-Herausgeber und Hitler-Biograph galt im vorwiegend linken Potsdam als Reaktionär.

Joachim Fest sagte zu, ohne über das Honorar zu diskutieren, das er uns in Anbetracht unserer mageren Finanzlage später auch noch erließ. Kurz vor der Veranstaltung sank Hendrik und mir der Mut. Wie würde der hoch intellektuelle bürgerliche Autor im roten Potsdam beim Publikum ankommen? Würden wir seinen Ansprüchen gewachsen sein? Da ich von ihm schon mehr als Hendrik gelesen hatte, zudem die Ältere war, verabredeten wir, dass ich Joachim Fest vom Hotel Schloss Cecilienhof abholen, mich bei einer Tasse Kaffee mit ihm bekannt machen und schließlich die Veranstaltung in der Galerie Samtleben moderieren sollte.

Noch heute sehe ich den damals Achtundsechzigjährigen vor mir, wie er an dem regnerischen Juniabend des Jahres 1995 leichten Schrittes die Treppe im Hotel herunterkam, einen hellen Sommermantel über dem Arm. Er wirkte jünger als seine Jahre und war von einer zurückhaltenden Höflichkeit. Wir nahmen ein Taxi in die Innenstadt und kehrten in ein Café am Brandenburger Tor ein. Um unser beider Befangenheit aufzulösen, wies ich durch das Fenster auf die Weltzeituhr und erzählte von unserer Demonstration am 7. Oktober 1989, sprach dann über das geistige Klima in Potsdam und meine Erfahrungen mit der neuen Freiheit, die nicht nur positiv waren. Er hörte aufmerksam zu, stellte zwischendurch Fragen und taute zusehends auf. Ich erfuhr, dass er am Tag des Mauerfalls in Sizilien gewesen war, er die Nachricht zuerst nicht geglaubt hatte und wie ihm das Warten auf einen Flug nach Berlin unerträglich schien. War er doch in Berlin geboren und im Ostteil der Stadt, in Berlin-Karlshorst, aufgewachsen.

Anderthalb Stunden vergingen im lebhaften Gespräch wie Minuten. Er fand es erstaunlich, dass eine politisch und historisch interessierte Deutsche über fünfzig sein in zahlreichen Sprachen, hunderttausendfach erschienenes opus magnum über Hitler nicht gelesen hatte. Ich wies freundlich darauf hin, dass dieses 1973 erschienene Buch in der DDR natürlich nicht erhältlich war. Wegen seines Umfangs habe es sich auch nicht als Schmuggelware ge-eignet. Und nach dem Mauerfall sei so viel Westliteratur auf uns gekommen, dass mehr als tausend Seiten über Hitler nicht zur vordringlichsten Lektüre gehörten. Das sah er ein und versprach, mir das Buch zu schicken. Mit einem Brief und einer herzlichen Widmung erhielt ich die Biographie schon eine Woche später.

Als wir in die Galerie Samtleben aufbrachen, meinte er besorgt, sein Vortrag werde vielleicht zu schwierig für die Zuhörer sein. Wider meine eigenen Befürchtungen er-widerte ich leichthin, er möge die Potsdamer bitte nicht unterschätzen.

Die Veranstaltung wurde ein Erfolg für alle Beteiligten. Die Zuhörer, die sich in der Galerie drängten, folgten dem Vortrag äußerst konzentriert. Joachim Fest sprach, wie er schrieb – klar, pointiert, mit angenehmer Stimme, etwa fünfzig Minuten. Man hatte einen „Reaktionär", den von den linken Medien verteufelten Hitlerbiographen erwartet. Doch vor dem Publikum stand ein Mann, der, vertraut mit allen gesellschaftlichen Strömungen, vorurteilslos analysierte und mit seinen eigenen Wertvorstellungen nicht hinter dem Berge hielt. Auf die Frage, warum er die Habermasschen Theorien nicht in seinen Vortrag aufgenommen habe, antwortete er, dafür gebe es keine Veranlassung. Er möge Habermas nicht, weil dieser im Widerspruch zu seinen eigenen Theorien lebe. Das Publikum war von Joachim Fest hingerissen und zugleich irritiert. Jemand sagte mir später, der Mann sei einfach zu „abgeklärt", zu „staatsmännisch". Es stimmte, Fest gab in der öffentlichen Diskussion Emotionen keinen Raum, er wog ab, verglich, steuerte immer den Kern des Problems an. Er wollte den Leuten das Denken nicht abnehmen, sie sollten selber denken. Für Betroffenheitsfloskeln und Fragen „Was empfinden Sie …?" hatte er nur ein spöttisches Lächeln. Seine Empathie lag tiefer, im Denken und in der unmittelbaren Zuwendung zu seinen Gesprächspartnern. Das nahm mich von Anfang an für ihn ein.

Zweieinhalb Stunden dauerte der Dialog zwischen Publikum und Autor. Am nächsten Tag meinte Hendrik zu mir, Fest habe ihn überzeugt, und wäre er eine Frau, würde er sich in ihn verlieben. Das traf es. Ich war verliebt in seinen Geist, der sich in seiner Haltung und in seinem Aussehen widerspiegelte, vornehm und einfach zugleich.

Auf der Rückfahrt zum Hotel zeigte sich Joachim Fest sehr angetan von der Atmosphäre des Abends, er lobte das aufgeweckte Publikum; seine Besorgnis, er könne die Zuhörer überfordern, hätte sich nicht bestätigt.

Zwei Jahre später, im September 1997, holten wir ihn mit dem Auto in Berlin ab und fuhren zum Kloster Heiligengrabe in der Ostprignitz. Ich hatte ihn gebeten, in der dortigen Blutkapelle aus „Im Gegenlicht" zu lesen, das ich am meisten von all seinen Büchern schätzte. Ich hatte es während meines Aufenthalts in der Villa Massimo gelesen, er hatte es dort geschrieben. Obwohl er sehr beschäftigt war, sagte er bereitwillig zu. Es ginge ihm wie mir, dieses Buch sei auch ihm sein liebstes.

Warum er dann immer wieder über den Nationalsozialismus schriebe, fragte ich ihn während der Autofahrt.

Er seufzte. Das habe sich seit seiner Hitlerbiographie so ergeben, er komme da nicht heraus. Nach der Speer-Biographie, an der er gerade arbeitete, bestünde sein Verleger-Sohn darauf, er möge ein Buch über die letzten Tage des Dritten Reichs schreiben. Es erschien dann im Jahr 2002 unter dem Titel „Der Untergang" und wurde mit Bruno Ganz als Hitler verfilmt.

Joachim Fest tat mir leid. Es konnte der Seele nicht guttun, sich immer und immer wieder mit dem Grauen des Nationalsozialismus zu beschäftigen.

Man hatte mich oft gebeten, über Jakob und seinen Weg durch zwei Diktaturen zu schreiben – die nationalsozialistische und die sozialistische in der DDR. Ich habe mich immer dagegen gewehrt. Die Vorstellung, in Aktenbergen aus beiden Diktaturen zu wühlen, mich dem Schmutz und der Gemeinheit, geronnen in einer barbarischen Sprache, aussetzen zu müssen, erschreckte mich. Schon die Lektüre von Jakobs Stasiakten hatte mich in eine Depression gestürzt und schmerzlicher getroffen als die Dokumente meiner eigenen Überwachung. Ich hatte das System überlebt, doch Jakob war im Dunkel der Diktatur gestorben.

Joachim Fests Grunderlebnis (Jahrgang 1926) war der Nationalsozialismus gewesen. Die Standhaftigkeit seines Vaters gegenüber den Nazis hatte ihn geprägt und zu einem unbeirrbaren Verfechter einer wehrhaften Demokratie als Gegenmittel zu Totalitarismen jeglicher Couleur gemacht. Für die Schwächen der Menschen, so habe ich ihn erlebt, brachte er viel Verständnis auf, aber nicht für ihre unmenschlichen Prinzipien. Als Mann sah er sich einer Generation gegenüber, die mit einer Geschichtsvergessenheit und Selbstgerechtigkeit ohnegleichen den Stab über alle Werte brach, die zu allen Zeiten das bessere Deutschland getragen hatten. Er wollte Gerechtigkeit gegenüber der Geschichte und ihren Protagonisten. „Lehren aus der Geschichte zu ziehen", war ihm kein Lippenbekenntnis. Er meinte es ernst. Deshalb kam er vom Thema Nationalsozialismus nicht los, ja, war geradezu verurteilt, darüber zu schreiben.

Aber darüber sprachen wir während der Fahrt nicht. So richtig begriff ich seine Zwänge erst, als ich ein paar Jahre später meine Autobiographie mit dem Grunderlebnis Vertreibung und Diktatur des Proletariats schrieb.

Joachim Fest genoss die Fahrt in die Prignitz und freute sich an Hendriks unbefangenen Fragen und Äußerungen, erzählte von Kämpfen mit der Bürokratie, von dem Haus seiner Eltern in Berlin-Karlshorst. Dann wurde er plötzlich schweigsam und in sich gekehrt. Die Lesung in der Blutkapelle von Heiligengrabe fand großen Zuspruch.

Joachim Fest las befeuert von seinen italienischen Erinnerungen. Die Zuhörer mochten ihn.

Wieder zwei Jahre später, im September 1999, traf ich ihn bei der Feier zum vierhundertjährigen Bestehen des Bornstedter Friedhofs in Potsdam. Die Gemeinde hatte ihn eingeladen, in der Bornstedter Kirche über den Widerstand des 20. Juli 1944 zu sprechen. Er nannte seinen Vortrag „Die geschuldete Erinnerung". Sein Buch „Staatsstreich. Der lange Weg zum 20. Juli", 1994 erschienen, wies ihn als Kenner der Materie aus. Auf dem Bornstedter Friedhof erinnerten Gedenksteine an Henning von Tresckow und Ulrich von Sell und das Grab von Kurt Freiherr von Plettenberg an die Verschwörer des 20. Juli.

Schon zu DDR-Zeiten hatten auf Betreiben des Bornstedter Pfarrers Kunzendorf und zum Missfallen der SED-Funktionäre alljährlich am 20. Juli in der Kirche Gedenkveranstaltungen mit Angehörigen der Hingerichteten stattgefunden, so mit Emmi Bonhoeffer, der Tresckow-Tochter Uta von Aretin, Rosemarie Reichwein und anderen.

In diesem Jahr 1999 war Joachim Fests Biographie über Albert Speer erschienen und hatte heftige Diskussionen ausgelöst. Historiker, vor allem aus dem linken Spektrum, warfen ihm vor, er schöne das Bild des einstigen Hitlervertrauten und schenke dessen Beteuerungen von Unschuld und Reue Glauben.

Als ich mit meiner Freundin Sabine auf dem Weg zum Pfarrhaus an der Bornstedter Kirche vorbeikam, gab Fest gerade ein Interview. Er winkte mir zu. Es war ein schöner Spätsommertag. Die Gäste ergingen sich vor der Veranstaltung in Pfarrhaus und Pfarrgarten, unter ihnen Altbundespräsident Richard von Weizsäcker und seine Frau Marianne. Als wir unvermittelt vor Weizsäcker standen, reichte er uns die Hand und stellte sich mit einer leichten Neigung des Kopfes vor: „Weizsäcker". Das verblüffte und beeindruckte uns. Jedermann in Deutschland kannte diesen Mann und doch stellte er sich vor. Alte Schule eben. Heute ist es unüblich geworden, sich oder andere vorzustellen. Selbst in Kreisen, die sich zu den gehobenen rechnen, duzt man einander, ohne sich zu kennen, und schnattert einfach drauflos. Man hält sich für prominent. Weizsäcker kam aus einer Welt, in der es bei kultivierten Menschen als Tugend galt, sich selbst nicht so wichtig zu nehmen. Er erzählte, er halte nachher einen Vortrag im Potsdamer Alten Rathaus, aber seine Frau werde für ihn Fests Rede mithören.

Ich suchte Joachim Fest, um ihm Uta von Aretins Grüße auszurichten. Sie war damals noch Vorsitzende der Fördergemeinschaft für den Bornstedter Friedhof, hatte aber nicht aus München kommen können.

Joachim Fest stand im Pfarrsaal mit einem Glas Wasser in der Hand. Um ihn ein unsichtbarer Kreis, den keiner zu durchbrechen wagte. Er wirkte abwesend, vielleicht verstimmt von dem vorherigen Interview, vielleicht in Gedanken bei dem Vortrag, den er nachher halten sollte. Dennoch ging ich auf ihn zu, um mich meines Auftrags zu entledigen. Er nahm den Gruß zur Kenntnis, meine guten Wünsche auch, war aber zu keinem weiteren Wort bereit. Von ihm konnte eine Distanziertheit ausgehen, die angesichts seiner überragenden Intelligenz von vielen als Arroganz gedeutet wurde. Mir erschien sein Verhalten eher als Schutz, auch als Verlorenheit in einer plötzlich fremd anmutenden Welt. Man erreicht niemanden und wird von niemandem erreicht.

Joachim Fest hielt einen brillanten Vortrag, in dem er Motive und die Bedeutung des deutschen Widerstands gegen den Nationalsozialismus analysierte und dabei auch kritisch eine gewisse Weltfremdheit und romantische Anwandlungen der Widerständler anmerkte. Doch nichts und niemand könne den moralischen Wert dieser Männer schmälern. Er sprach von Selbstachtung und Unbeirrbarkeit und beendete seine Rede mit dem viele irritierenden Satz: „Der Sinn des Widerstandes ist der deutschen Öffentlichkeit noch verdeckt." Aus ihm sprach der Einzelgänger und „konservative Anarchist" unmittelbar in Gegenwart und Zukunft hinein, in einen hedonistischen, oberflächlichen Zeitgeist, der ins Verderben führen würde, wenn sich kein Widerstand erhob.

Herzlicher Beifall. Jemand überreichte ihm einen Blumenstrauß. Er besah ihn skeptisch, schaute suchend ins Publikum, kam dann auf mich zu und überreichte ihn mir wortlos mit einem kleinen Lächeln.

Zum letzten Mal sah ich ihn ein Vierteljahr später, als er im Kulturhaus Babelsberg aus der Speerbiographie las. Mit seinem Vortrag und den intelligenten und charaktervollen Antworten in der Diskussion beherrschte der Dreiundsiebzigjährige sein Publikum. Wir begrüßten uns kurz, die Situation hätte nur einen nichtssagenden Small Talk erlaubt. Dazu hatten wir beide keine Lust. Bei seiner Lesung im Jahr 2002 in Luckenwalde konnte ich nicht dabei sein, aber er ließ mir sein Buch „Der Untergang" mit der Widmung „Für Sigrid Grabner. In alter Verbundenheit" zukommen.

Hin und wieder wechselten wir Briefe, die ausführlichsten und bewegendsten zu seiner Speerbiographie. Selbst wenn er unter großem Druck stand, antwortete er immer postwendend. 2004 schickte ich ihm meine Autobiographie. „Seltsam", sagte er bei einem Telefonat, „Sie schicken mir Ihre Autobiographie, während ich an meiner sitze." Sie erschien 2006, doch man konnte dem Sterbenden nur noch das Signalexemplar des im Oktober erscheinenden Buches zeigen.

Im Sommer hatte er noch dem „Spiegel" ein beeindruckendes Interview zu dem Buch mit dem Titel „Ich nicht – Erinnerungen an meine Kindheit und Jugend" gegeben. Der Titel spielte auf die Maxime seines Vaters an: „Etiam si omnes ego non" („Wenn alle mitmachen, ich nicht" und bezieht sich frei übersetzt auf Mt 26,33, wo Petrus zum Herrn sagt: „Wenn sie auch alle Ärgernis nähmen an dir, so will ich doch es nimmermehr tun"). Ich schrieb Joachim Fest Ende August 2006 von meiner Vorfreude auf das Buch, wünschte ihm Gesundheit und Kraft, auch für seinen im Dezember bevorstehenden achtzigsten Geburtstag, nicht wissend, wie schlecht es um ihn stand. Am 12. September erfuhr ich aus den Medien von seinem Tod, am 16. September erreichte mich statt seiner Antwort die Todesnachricht von der Familie.

Seit Joachim Fests kritischen Zustandsbeschreibungen gegenwärtiger deutscher Verhältnisse hat sich der öffentliche Meinungskorridor zusehends verengt. Heute wäre der scharfsichtige Beobachter und Denker zum Schweigen verurteilt. Der überbordenden Dummheit im öffentlichen Diskurs ist kein Argument mehr gewachsen. Für seine aus umfangreichem Wissen genährte Streitlust fände sich einfach kein Gegner mehr. Der Mob bei facebook, twitter und anderswo würde ihn gnadenlos hetzen.

Imre Kertész

Jemand hatte uns den Roman „Mensch ohne Schicksal" von Imre Kertész für unsere für 1995 geplante Lesereihe „Schreiben nach dem Überleben" empfohlen. Er war in der Wendezeit erstmals auf Deutsch im DDR-Verlag Rütten & Loening erschienen. Wir lasen das Buch mit wachsendem Erstaunen. Erzählt wurde die Geschichte eines Budapester jüdischen Jungen, der von der Straße weg deportiert wurde und die Konzentrationslager Auschwitz und Buchenwald überlebte. Es war zugleich die Geschichte des ungarischen Schriftstellers Imre Kertész. Er beschrieb die Zeit in den Konzentrationslagern aus der Perspektive des fünfzehnjährigen György, der dem Lageralltag mit Verständnis und Neugier begegnet wie einem Abenteuer in einer fremden Welt. Irritierend, ja verstörend der Schluss des Romans, wo der Junge nach seiner Heimkehr sich in Budapest in die Übersichtlichkeit des Lagers zurücksehnt und vom „Glück des Konzentrationslagers" spricht. Ich hatte viele Bücher über den Nationalsozialismus gelesen, war mit „Nackt unter Wölfen" von Bruno Apitz aufgewachsen, das Jakob zu meinem anfänglichen Entsetzen als „Lagerkitsch" bezeichnet hatte. Jakob war wie Bruno Apitz und Imre Kertész Häftling im Lager Buchenwald gewesen. Und wie Imre Kertész hatte er, wenn er mir vom Lager erzählte, nie Grauen und Tod in den Vordergrund gestellt, sondern an ganz alltäglichen Erlebnissen dort den Schrecken jener Zeit für Spätere wie mich erfahrbar gemacht.

Der Anblick von Leichenbergen und Krematorien übersteigt Phantasie und Empathie der Nachgeborenen, zumal die industriell organisierte Ausbeutung und Ermordung von Millionen Menschen durch das nationalsozialistische Regime von Historikern allmählich zu Zahlen, Abhandlungen, Statistiken und Fotostrecken geronnen ist. Wer soll so begreifen, was Menschen durch Menschen geschehen ist!

Imre Kertész gelingt es in „Schicksallosigkeit", so der Titel des Buches in der Neuübersetzung, seine eigene Erfahrung mit künstlerischen Mitteln aufzuarbeiten und so den Zusammenhang zwischen Konzentrationslager und Gesellschaft freizulegen. Die Realität des Lagers ist keine andere als die der Welt „draußen", nur wird sie dort von Lügen, Selbstbetrug und Heuchelei verdeckt. Der Häftling unterscheidet Licht und Schatten, der Normalbürger lebt in einer Grauzone, in der Freund und Feind kaum noch unterscheidbar sind. Die Wahrheit und damit das „Glück" ist deshalb für den Helden des Buches eher im Lager als in der wiedergewonnenen undurchsichtigen Freiheit zu finden. Eine kühne Aussage.

Wir hatten bis 1995 noch nie von dem Autor gehört. Das Buch war 1975 erstmals in Ungarn erschienen, wurde jedoch totgeschwiegen, 1985 erneut aufgelegt und so bekannt, dass man es auch in der DDR übersetzte, wo es in den Wirren der Wendezeit keine Aufmerksamkeit fand. Wichtiger als lesen war damals leben!

Als wir Imre Kertész zu unserer Lesereihe „Schreiben nach dem Überleben" einluden, war die Neuübersetzung von Christina Viragh für den rowohlt Verlag noch in Arbeit. Diese Übersetzung sei wesentlich besser als jene von 1990, die offenbar unter Zeitdruck zustande gekommen war, meinte Imre Kertész. Er konnte das beurteilen, denn er hatte eine Reihe von Autoren aus dem Deutschen ins Ungarische übersetzt, unter ihnen Nietzsche, Hofmansthal, Elias Canetti.

Nach der Lektüre „Mensch ohne Schicksal" beschaffte ich mir alle Bücher, die von Imre Kertész erhältlich waren. Mit einer Erregung ohnegleichen las ich sein „Galeerentagebuch" über die Zeit im sozialistischen Ungarn und „Kaddisch für ein ungeborenes Kind". Die Lektüre richtete mich an Leib und Seele auf. Kertész bewies durch seine Bücher, dass Schreiben für den, der etwas zu sagen hat, eine existenzielle Notwendigkeit ist. Nicht auf Ruhm und Ehre, nicht auf den finanziellen Ertrag kam es an, sondern darauf, unter widrigen Bedingungen der Wahrheit zum Wort zu verhelfen und so selbst frei zu werden.

Als ich am 20. Oktober 1995 mit Hendrik nach Kyritz fuhr, wo wir Kertész bei der vom Literaturbüro organisierten Lesung in der Stadtbibliothek treffen wollten, war ich aufgeregt wie ein Teenager. Was für ein Mensch würde der Autor sein, der mir wieder Mut zum Schreiben gemacht hatte?

In der Bibliothek traf ich auf einen glatzköpfigen lächelnden Fünfundsechzigjährigen. Er las von der Rückkehr des jungen György aus Buchenwald nach Budapest in einer weichen Intonation, österreichisches Deutsch mit ungarischer Sprachmelodie. Ein dichter, tiefer Text über die Unmöglichkeit, Erinnerungen zu gebieten („Du musst alles vergessen und ein neues Leben anfangen").

Die etwa fünfunddreißig Zuhörer lauschten atemstill und angespannt. Da war nicht von Schrecken und Grauen die Rede, sondern von den Paradoxa des Lebens. Die nüchterne Sprache brannte. Keiner von uns ahnte, dass er einem künftigen Nobelpreisträger zuhörte.

Kertész war mit Peter, einem Mitarbeiter des Literaturbüros, und der Studentin Antje zuvor aus Pritzwalk gekommen, wo er seine erste Lesung in der Reihe „Schreiben nach dem Überleben" absolviert hatte. Auf dem Weg zum Abendessen nach der Lesung gingen Kertész und ich hinter den anderen. Ich erzählte ihm von Jakob und dessen KZ-Erfahrungen, die mit den von Kertész beschriebenen korrespondierten.

Ja, sagte er, von den schweren Dingen des Lebens kann man quasi nur leichthin sprechen. Wie sollte man sie sonst ertragen! Das Essen verlief heiter und gelöst. Kertész freute sich an der Gesellschaft, in der die Jüngste einundzwanzig war und die anderen um die Dreißig, außer mir, der Dreiundfünfzigjährigen, und ihm. Wir alle hatten den Sozialismus überlebt. Thomas Bernhardt, einer der Lieblingsautoren von Kertész, spielte in der Unterhaltung eine Rolle, aber auch vom „Galeerentagebuch" und den Unsinnigkeiten der Gegenwart war die Rede.

Auf dem Weg zum Auto blieben wir beide wieder hinter den anderen zurück, und Kertész erzählte, dass seine Frau nach zweiundvierzigjähriger Ehe vor wenigen Tagen gestorben sei. Aber er habe seine Zusage, den Menschen in Fürstenwalde, Pritzwalk und Kyritz, den damals noch dunkelsten Ecken Brandenburgs, zu begegnen, halten wollen. „Vor fünfzig Jahren wollte man mich umbringen", hatte er in Pritzwalk zu Peter gesagt, „heute hört man mir zu. Das ist ein wirklicher Fortschritt. Was kann man mehr verlangen in so kurzer Zeit?"

Er weinte, als er über den Tod seiner Frau redete. Wir sprachen über das nicht fortsetzbare Leben, das fortgesetzt werden muss. Unter einem sternenfunkelnden Oktoberhimmel fuhren wir nach Potsdam zurück. Zum Abschied schenkte mir Imre Kertész seine Blumen, die ihm die Bibliothekarin überreicht hatte, mit einem langen festen Händedruck. Für ihn sei die Veranstaltung in Kyritz die schönste gewesen, sagte er. An diesem Abend hatte er auch mein Herz gewonnen.

Knapp zwei Monate später sah ich ihn wieder bei der Verleihung des Brandenburgischen Literaturpreises, den ersten Preis in Deutschland überhaupt, wo bisher kaum jemand Kertész kannte. Hendrik und ich hatten ihn für den Preis vorgeschlagen und auch der fünfköpfigen Jury angehört. In heftigen Auseinandersetzungen mit Adolf Endler und einem westdeutschen Germanistikprofessor setzten wir ihn als Preisträger durch. Der Professor hielt „Schicksallosigkeit" für reinen „Spätexistenzialismus", den Zeit und literarische Entwicklung längst überholt hätten. Sonderbar, er hatte das Buch offensichtlich durch die Brille germanistischer Abhandlungen über Jean Paul Sartre gelesen und nicht als Zeitgenosse zweier totalitärer Herrschaftssysteme im 20. Jahrhundert.

Es war eine bewegende, fast familiäre Feier im ehemaligen Haus des Kulturbundes am Heiligen See in Potsdam. Kertész hatte seine neue Lebensgefährtin Magda mitgebracht, eine hübsche dunkelhaarige Frau, und freute sich über die öffentliche Anerkennung nach jahrzehntelanger staatlicher Nichtachtung seines literarischen Schaffens im sozialistischen Ungarn.

Wenn Kertész nach Deutschland kam, besuchte er uns auch im Büro. Immer höflich, freundlich und bescheiden auftretend. Wir sprachen über ungarische und deutsche Nachwende-Befindlichkeiten, über Pessimismus und Demokratie. Als ich ihm erzählte, meine Großmutter väterlicherseits sei eine Ungarin gewesen und mein Vater habe ungarisch, das er perfekt beherrschte, als schönste Sprache der Welt bezeichnet, strahlte er übers ganze runde Gesicht. Das sei wahr, meinte er, aber leider sprächen es kaum mehr als zehn Millionen Menschen. So sei ein Schriftsteller auf Übersetzungen angewiesen, die selten oder niemals ganz und gar dem Original entsprächen.

Ich erlebte Kertész bei Lesungen, Gesprächen mit György Dalos und Peter Esterhazy im Literarischen Colloquium in Wannsee und mit Daniel Barenboim im Haus Waldsee in Zehlendorf. Im Frühjahr 1996 war die Neuübersetzung von „Schicksallosigkeit" erschienen. Imre Kertész wurde „Mode". Wie sehr, erfuhr ich zu meinem Entsetzen in der Zehlendorfer Veranstaltung. Es ging dort um Konzentrationslager und deren ästhetische Darstellung. Die vom rowohlt Verlag organisierte Veranstaltung war professionell bis zur Erkältung, die Atmosphäre taub und tot. Parfümschwaden durchzogen den Raum, den ein arriviertes Publikum füllte, das sich einen unterhaltsamen Abend über KZ-Ästhetik versprach. Zumal mit einem so hochkarätigen Musiker wie Daniel Barenboim und einem exotischen ungarischen Juden, von dem man bisher noch nie etwas gehört hatte. Die dem Gegenstand des Gesprächs scheinbar angemessenen ernsten Mienen schienen mir eher gelangweilt, die Moderation von kühler Betroffenheit. Der sonst so witzige, immer zu einem Lachen aufgelegte Kertész wirkte in seinen Äußerungen geradezu staatstragend.

Nach dem Abend notierte ich in mein Tagebuch: *„Kertész, der groß wurde durch sein Leiden im Nazismus und Stalinismus, wird nun zum Gesellschaftslöwen degradiert. Er hat dieses Publikum nicht verdient. Man kann nur hoffen, dass er alt und Philosoph genug ist, diesem Sog ins Banale, das sich Gesellschaft nennt, zu widerstehen. dass er zurückfährt nach Budapest, seine Magda liebt und/oder schreibt."*

Als ich siebzehn Jahre später seine Tagebuchaufzeichnungen von 2001 bis 2012 mit dem Titel „Letzte Einkehr" las, fühlte ich mich in meiner damaligen Ahnung bestätigt. Inzwischen hatte er 2002 den Nobelpreis für Literatur erhalten, fast zehn Jahre in Berlin gelebt, war an Parkinson erkrankt und inzwischen wieder für immer nach Budapest zurückgekehrt. In „Letzte Einkehr" konnte man lesen, welche „Glückskatastrophe" der Nobelpreis für ihn bedeutete, wie er es genoss, anerkannt zu sein, und wie sehr ihn doch sein Ruhm einer Öffentlichkeit auslieferte, die ihn als Opfer und „KZ-Experten" feierte. Die wohlmeinenden Menschen, die sich um ihn drängten, hielten ihn vom Schreiben ab und in seiner ihm angeborenen Höflichkeit konnte er sich ihrer nicht erwehren. Er sehnte sich zurück in jene Zeit, als er in seiner winzigen Budapester Wohnung aus seinen dunklen Erfahrungen während beider totalitärer Regime „Honig sog"(so nannte er es einmal) und von der Anerkennung als Autor träumte.

Ich habe Imre Kertész seit jener Veranstaltung im Mai 1996 nicht mehr gesprochen, weil ich mich nicht an ihn herandrängen wollte, als er berühmt war. In seinen Büchern hörte ich ihn sprechen, verstand ihn und fühlte mich von ihm verstanden. Und ich war dankbar, in ihm einem ganz Großen seiner Zunft begegnet zu sein.

Zuletzt hörte ich von Imre Kertész im Jahr 2014. Da wurde er am 9. November fünfundachtzig. Die ungarische Regierung von Victor Orbán, von der Brüsseler EU-Bürokratie und der US-Regierung als antidemokratisch geschmäht, beschloss, dem Schriftsteller den Orden des heiligen Stephan zu verleihen. Man beschwor Kertész, die Auszeichnung abzulehnen, doch er nahm sie an. Ganz gewiss nicht aus Eitelkeit oder Altersverwirrung. „Viele wollten es (die Annahme des Ordens) mir ausreden, als wäre es quasi ein Verbrechen gewesen. Mögen sie zum Teufel gehen, so ein Unsinn!", sagte er. Im Jahr zuvor hatte er der New York Times ein Interview gegeben, das sie nicht veröffentlichte, weil Kertész es als „unverantwortlich" abgelehnt hatte, die Regierung Orbán als „Diktatur" zu bezeichnen. Wenn einer wusste, was eine Diktatur ist, dann er. Er warf der NYT zu Recht „Zensur" vor. Die linken Ideologen in Europa und den USA waren wütend. Doch wie geht man mit einem unabhängigen kritischen Geist um, der Literaturnobelpreisträger ist, dazu noch Jude, ehemaliger KZ-Häftling und Chronist zweier totalitärer Regime? Man schweigt ihn schon vor seinem Tod offiziell tot. Kertèsz starb im März 2016.

Ruth Elias, Louis Begley, Stella Müller-Madej

Wie Imre Kertész aus Ungarn hatten wir auch Ruth Elias aus Israel, Jahrgang 1922, zu unserer Lesereihe „Schreiben nach dem Überleben" eingeladen. Ihr Buch „Die Hoffnung erhielt mich am Leben. Mein Weg von Theresienstadt und Auschwitz nach Israel" war kein literarisches Meisterwerk, aber ein in seiner Nüchternheit ergreifendes Zeugnis ihrer Erlebnisse in Theresienstadt und Auschwitz. Als die achtzehnjährige Jüdin aus Mähren in das böhmische Theresienstadt deportiert wurde, kam ich unweit davon zur Welt. Meine Mutter stammte aus Leitmeritz, das von Theresienstadt nur durch die Elbe getrennt ist. Ruth Elias heiratete in Theresienstadt, wurde schwanger und kam 1943 nach Auschwitz, wo es um das nackte Überleben ging. Dort brachte sie ihr Kind zur Welt und tötete es, bevor der KZ-Arzt Mengele Experimente an ihm durchführen konnte. 1944 wurde sie zur Zwangsarbeit nach Taucha bei Leipzig geschickt. Hier erlebte sie Kriegsende und Befreiung. Sie kehrte zunächst in die Tschechoslowakei zurück und wanderte 1949 von Prag nach Israel aus.

Aus Beth Jitzchak in der Sharon-Ebene kam sie im Oktober 1995 nach Potsdam. Wie alle Teilnehmer an der Lesereihe absolvierte sie Lesungen an mehreren Orten im Land Brandenburg. Es war uns wichtig gewesen, die weitgereisten Autoren und Zeitzeugen auch in märkischen Orten wie Pritzwalk, Kyritz, Prenzlau, Eberswalde lesen zu lassen, deren Bewohner wie überall in der DDR zwar in der Schule und in den Medien den kommunistischen Widerstand gegen den Nationalsozialismus ideologisch frisiert „aufgearbeitet" hatten, aber von der Vernichtung der Juden wenig wussten.

Nach einer abendlichen Lesung in einer Potsdamer Buchhandlung fuhr ich mit Ruth Elias über Vehlefanz, wo sie dem Fernsehen ein Interview gab, nach Prenzlau. Die Autofahrt unter grauem Himmel verkürzte uns eine intensive Unterhaltung. Wir waren uns von Anfang an sympathisch und fanden schnell eine gemeinsame Sprache. Dem Alter nach hätte sie meine Mutter sein können und ein bisschen erinnerte sie mich auch in Aussehen, Gestalt, in der Lebhaftigkeit und zugleich Nüchternheit ihres Temperaments an sie. Auf den ersten Blick wirkte sie jünger als ihre Jahre. Kurzes graumeliertes Haar, dunkle Augen. Sie sprach in einer Mischung aus wienerisch und slawisch gefärbtem Deutsch. Auf meine Fragen nach Israel antwortete sie mit Geschichten und mein Interesse inspirierte sie zu immer neuen Erinnerungen. „Sie müssen unbedingt nach Israel kommen und mich besuchen", sagte sie.

Bei der Lesung am Vorabend hatte sie die ganze Zeit gestanden, weil sie den Blickkontakt zum Publikum brauchte. Im Wechsel von Erzähltem und Vorgelesenem hatte sie sich voll ausgegeben. Sie bekannte sich als glühende Israelin. Mit dem Kapitel Mähren und Tschechei habe sie abgeschlossen. Dort, sagte sie, gibt es immer noch viele Antisemiten. Sie erzählte von einer antijüdischen Demonstration vor der Festung Theresienstadt, die sie kürzlich selbst erlebt hatte. Nie mehr werde sie dorthin reisen. Ihre Heimat sei Israel und ihre Lehre aus der Vergangenheit: „Nur in Israel können wir Juden hocherhobenen Hauptes leben." Hoch erhobenen Hauptes, immer wieder fiel dieses Wort bei den Lesungen und während unserer Gespräche. Heftig kritisierte sie „das Geschrei" der in Deutschland lebenden Juden über Antisemitismus in der Gesellschaft. „Letztlich ducken sie sich wieder und wollen nicht anecken, weil sie nichts aus der Geschichte gelernt haben. Sie besitzen als Antwort auf den Holocaust in Israel einen eigenen Staat. Dort können sie hocherhobenen Hauptes leben." Da kannte sie keine Kompromisse und ging keinem Streit aus dem Wege, ein Jude gehörte für sie nach Israel. Auf die Lage der Palästinenser angesprochen, meinte sie sarkastisch: „Hätten die Israelis mit den Arabern gemacht, was die Polen und Tschechen mit den Juden nach dem Krieg gemacht haben – die ganze Welt wäre gegen Israel aufgestanden." Die Erfahrung von Verfolgung und Demütigung hatte sich tief in ihr eingebrannt und sie war überzeugt, nie würde die Verfolgung der Juden aufhören. Im Staat Israel sah sie wie Imre Kertész die Arche Noah der modernen Juden. „Wir sind ein auserwähltes Volk", sagte sie nachdenklich, „setzt uns Gott deshalb so vielen Leiden aus?"

Ob sie religiös sei, fragte ich sie. Ihre Antwort: „Als ich mit meinem Sohn Raphael auf dem Feld stand, ganz allein, über den jordanischen Bergen ging die Sonne auf und ergoss ihr Licht über das weite Tal und uns beide, da war Gott spürbar." Im Ausland ginge sie in die Synagoge, in Israel nicht. Ihre Religion sei ihr Land, seine Erde, sein Volk.

In Israel hatte sie mit ihrem zweiten Mann Kurt 1949 ein neues Leben begonnen. Da war sie sechsundzwanzig und vor den antijüdischen Ausschreitungen in der sozialistischen Tschechoslowakei geflohen. Als ich sie 1996 zusammen mit Hendrik in Beth Jitzchak besuchte, zeigte sie uns stolz die Mandarinen-, Apfelsinen- und Nussbäume. Jedes Pflänzchen, jeden Baum im Garten hätten sie mit eigenen Händen gepflanzt und sorgsam groß gezogen. Zwei Söhne hatte sie in Israel geboren. Einer war mit einer amerikanischen, der andere mit einer irakischen Jüdin verheiratet.

In Prenzlau saßen wir vor der Lesung mit der Bibliothekarin zusammen. Die junge Frau erzählte die ganze Zeit in klagendem Ton, wie ungerecht es doch nach der Wende in Deutschland zuginge. Auch noch in zehn Jahren würden diese Unterschiede bestehen. Sie bekomme weniger Gehalt als ihre westlichen Kolleginnen und fühle sich als Mensch zweiter Klasse. Ruth Elias hörte schweigend und, ich spürte es deutlich, zunehmend befremdet zu. Als die Bibliothekarin ihr Lied von den Menschen zweiter Klasse erneut anstimmte und kurz davor war, sich als Opfer zu bezeichnen, platzte mir der Kragen. Wütend entgegnete ich, dass ich, ob als Bettler oder als Millionär, immer Mensch erster Klasse sei, denn der Wert eines Menschen bemesse sich nicht nach Einkommen und Besitz. Die junge Frau schaute mich verständnislos an, und da ich vor der Lesung keinen Streit wollte, lenkte ich auf andere Themen ab.

Peinlich wurde es im Gespräch mit dem Publikum nach der Lesung, als ein Mann, sichtlich ergriffen von dem Gehörten, von seinem Onkel erzählte, der zur SS und zu Erschießungen gezwungen worden war. Ob er wirklich ein Verbrecher gewesen sei, wollte der Mann von Ruth Elias wissen. Sie erwiderte mit der Schilderung, wie ihre Schwester und ihre Stiefmutter auf dem Weg nach Auschwitz vergewaltigt und erschossen worden waren. Tiefes Schweigen folgte ihren Worten.

Sechs Tage zuvor eine ähnliche Situation. Wir hatten die Reihe „Schreiben nach dem Überleben" mit der Lesung von Louis Begley in Rheinsberg eröffnet. Der Staranwalt aus New York, 1933 in der heutigen Ukraine als Ludwig Beglejter geboren, hatte den Krieg als Kind ständig auf der Flucht in Polen erlebt und in seinem 1991 erschienenen Erstlingsroman „Lügen in Zeiten des Krieges" literarisch meisterhaft verarbeitet. Er kam gerade aus Warschau, das er 1947 mit seinen Eltern verlassen und seither nicht wiedergesehen hatte. Jetzt war sein Buch dort auf Polnisch erschienen. Er erzählte, dass er beim Schreiben polnisch denke und welche Genugtuung es ihm bereitet habe, in den Fünfzigerjahren als amerikanischer Besatzungssoldat in Deutschland zu sein.

Nach der Lesung fragte eine junge Frau aus dem Publikum, mit deutlicher Betroffenheit in Gesicht und Stimme, den Autor: „Haben die Deutschen die Einheit verdient nach allem, was geschehen ist?"

„Wie alt sind Sie?", fragte Begley zurück.

„Fünfundzwanzig."

Er: „Sie sind fünfundzwanzig. Haben Sie denn die Einheit verdient?"

Die junge Frau: „Nun gut, anders gefragt: Haben meine Eltern sie verdient?"

Darauf Begley: „Ich kenne Ihre Eltern nicht."

Die Anspannung im Raum löste sich in Gelächter auf.

Der Mann in Prenzlau verteidigte seinen Onkel nicht, er wollte Vergebung für ihn, vielleicht nur Verständnis. Die junge Frau in Rheinsberg wollte, im Bewusstsein ihrer Unschuld und doch mit schlechtem Gewissen, letztendlich dasselbe. Doch es ist unzulässig, von den Opfern Verständnis und Vergebung für die Täter, wie sehr diese auch Opfer gewesen sind, zu erbitten oder gar zu fordern. Es ist auch nicht zulässig, den Überlebenden von Auschwitz die Geschichten der Opfer des nicht minder grausamen und menschenverachtenden Stalinismus vorzuhalten, wie man umgekehrt den Opfern des Stalinismus ihre Leiden nicht mit dem Verweis auf den Nationalsozialismus wegreden darf. Jeder hat sein eigenes Schicksal: der Auschwitz-Häftling, der Workuta-Sträfling, der Vertriebene, der Flüchtling, der Bautzen-Häftling und der, dem dies alles erspart geblieben ist. Immer kann und sollte er nur sein eigenes Erleben erzählen – sein Trauma, seine Qual, seine Erkenntnis. All diese Geschichten stehen nebeneinander in Zeit und Raum, verbunden durch den Untergrundstrom der Geschichte. Was es den Menschen so schwer macht, mit ihrem Leben umzugehen, ist der Verlust des Schicksalbegriffs, oder anders ausgedrückt: der Überzeugung vom Vorhandensein sichtbarer und unsichtbarer

Mächte und Gewalten, die unser Leben beeinflussen. Wir geraten durch Geburt, Zeit, Herkunft und Umgebung in Situationen, die uns zu Tätern, Opfern und oft zu beiden gleichzeitig machen. Wir handeln entsprechend unseres Charakters, der augenblicklichen mentalen Verfassung und hinterher sehen wir erleichtert oder fassungslos, wohin wir geraten sind. Wir können unsere Handlungen bereuen oder stolz auf sie sein oder die Umkehr wagen – was wir auch tun, wie wir auch reflektieren, unsere Handlungen können wir nicht ungeschehen machen und noch viel weniger die Verantwortung dafür auf andere abschieben. Öffentliche Rechtfertigungen heben persönliche Schuld nicht auf, schon gar nicht die anderer. Wir müssen lernen, mit eigener Schuld zu leben, um Vergebung zu bitten und nie den ersten Stein zu werfen. Erkenntnis von Schuld ist etwas Positives, sie läutert die Seele; Moralisieren hingegen ist nicht als miese Selbstgerechtigkeit.

Weder Ruth Elias noch Louis Begley oder Imre Kertész sprachen von sich als Opfer oder verstanden sich als moralische Institution. Sie erzählten nur ihre Geschichten. Das Klagelied der Prenzlauer Bibliothekarin mit Bitte um Verständnis für die „Opfer der deutschen Einheit" wirkte vor diesem Hintergrund geradezu absurd.

Am Morgen nach der Lesung in Prenzlau war der Himmel noch immer grau und kalt. Man hatte uns eine Führung versprochen mit dem besonderen Schwerpunkt auf das ehemals jüdische Leben der Stadt. Beide hatten wir keine rechte Lust und entschieden uns abzusagen. „Was kümmern mich die Prenzlauer Juden", meinte Ruth Elias.

Im Rahmen der Lesereihe „Schreiben nach dem Überleben" kam aus Krakau Stella Müller-Madej, Jahrgang 1930, die zu jenen jüdischen Polen gehört hatte, die Oskar Schindler mittels Bestechung und Lügen vor der Vernichtung durch die Nazis gerettet hatte. 1993 war von Steven Spielberg ein Film mit dem Titel „Schindlers Liste" in deutschen Kinos gelaufen. 1994 erschien Stella Müller-Madejs Buch „Das Mädchen von der Schindler Liste" als einziges autobiographisches Werk eines von Schindler geretteten Juden. Als sie nach Auschwitz deportiert und von Schindler gerettet wurde, war sie vierzehn Jahre alt. 2013 starb sie mit fast 83 Jahren. Aber sie war für ihr Leben durch Krankheiten und die Erinnerung gezeichnet. Aus unseren Gesprächen habe ich sie als liebenswürdige Frau in Erinnerung. Sie hatte Freude am Schreiben gefunden und wir ermöglichten ihr einen Aufenthalt im Schriftstellerheim Schloss Wiepersdorf. Aber sie war in dieser Einöde dort und unter jungen, von sich selbst überzeugten Literaten nicht recht froh. Sie fand keinen Zugang zu ihnen und diese keinen zu ihr. Man lebte in verschiedenen Welten.

Yaffa und ihren Mann David Eliach aus den USA traf ich während zweier Veranstaltungen nur kurz. Sie, geboren 1937, war eine zierliche charmante Frau, eine litauische Jüdin, die als Kind der Ermordung durch die russische Armee entkam, weil ihre erschossene Mutter auf sie fiel und sie so vor den Augen der Mörder verbarg. Auf abenteuerliche Weise wurde das kleine Mädchen nach Palästina gebracht und dort von ihrem späteren Mann David zu einem normalen Leben geheilt. Er begegnete mir als ein schweigsamer, aber wenn er sprach, humorvoller Mann. Beide hatten einen Film über den „Turm des Lebens" im Washingtoner „Holocaust Memorial Museum" mitgebracht, in dem Yaffa mit 1500 Fotos von Juden ihres Heimatortes nahe Wilna den Ermordeten und Überlebenden Gesicht und Stimme gegeben hatte. Mehr noch überzeugte mich Yaffa Eliachs Buch „Träume vom Überleben. Chassidische Geschichten aus dem 20. Jahrhundert", das in den 1980er-Jahren in der Bundesrepublik Deutschland erschienen war. Es bestand aus persönlichen Berichten und Interviews mit Überlebenden. Diese Geschichten dokumentieren ein unerschütterliches Vertrauen in das Gute im Menschen und einen tiefen Glauben an Gott inmitten einem Meer von Grauen. Wie sehr die Entartung der Menschheit in bestimmten geschichtlichen Perioden auch um sich greift, der göttliche Funke im Menschen erlischt niemals gänzlich, unabhängig von der Nationalität, ob polnische Juden, polnische Christen, deutsche Gestapoleute. Man liest diese Geschichten unter Tränen und fasst wieder Mut.

Binjamin Wilkomirski

Das Buch „Bruchstücke. Aus einer Kindheit 1939–1948" von Binjamin Wilkomirski erschien 1995 im Jüdischen Verlag im Suhrkamp Verlag, zu spät, ihn in unsere Lesereihe „Schreiben nach dem Überleben" aufzunehmen. Bewegt bis zum Entsetzen lasen wir das hundertvierzig Seiten schmale Bändchen über die Spurensuche des Schweizer Autors nach seiner Kindheit in Lettland. Die

Worte von Daniel Goldhagen auf der letzten Umschlagseite konnten wir voll unterschreiben: „Dieses fesselnde Buch belehrt auch jene, die mit der Literatur über den Holocaust vertraut sind. Es wird jeden tief bewegen." Wilkomirski kannte seine Herkunft nicht, hatte keinen einzigen Verwandten und wusste auch nicht, wann genau er geboren war. Nur Bruchstücke waren ihm aus seiner Kindheit geblieben – Bilder aus dem KZ Majdanek, aus einem Waisenhaus in Krakau und den ersten Jahren bei schweizerischen Pflegeeltern. Als Fünfzigjähriger reiste er nach Majdanek und forschte nach seiner Kindheit. Im Zuge seiner Recherchen erinnerte er sich an die im Lager sterbende Mutter, an seine Brüder und an grauenhafte Erlebnisse im Lager, u. a. wie sich kleine Kinder aus Hunger die erfrorenen Fingerchen abnagten. Er beschrieb seine Traumata, die ihn später in der Schweiz verfolgten. Diese Erinnerungsfetzen, in psychotherapeutischer Schwerstarbeit gewonnen und ausgeweitet, hatte er in Prosastücke gefasst. Sein Protagonist war noch einmal zehn Jahre jünger als der fünfzehnjährige ungarische Jude, von dem Imre Kertész geschrieben hatte.

Wem ich das Buch auch zu lesen gab, jeder äußerte sich nach der Lektüre tief beindruckt. Inzwischen war „Bruchstücke" in dreizehn Sprachen erschienen. Es gab Leute, die es mit den hoch literarischen Auschwitz-Erinnerungen von Primo Levi verglichen.

Im September 1997 luden wir Wilkomirski zu Lesungen im Land Brandenburg ein. Er kam mit seiner Frau; ein mittelgroßer scheuer Mann mit braunen Locken, etwa in meinem Alter, die Frau etwas jünger, dunkelhaarig und gesprächiger als ihr Mann. Nein, selber könne er aus seinem Buch nicht vorlesen, das nehme ihn zu sehr mit, hatte er uns vorher gesagt. Er sei Musiker und Instrumentenbauer und er würde zwischen den Lesungen auf seiner Klarinette spielen. Ohne Diskussion verstanden wir, dass man ihm die Lesung seiner Texte nicht zumuten dürfe. Wir begleiteten ihn zu Veranstaltungen nach Jüterbog, Neuruppin und Zehdenik, hörten ihm zu und waren wie das Publikum tief ergriffen von den durch Schauspieler vorgetragenen Texten und den melancholischen Melodien, die er seiner Klarinette entlockte. Nach Abschluss der Lesereihe luden er und seine Frau uns ins Potsdamer „Hotel Voltaire" zum Essen ein. Wilkomirski erzählte von seiner Expertentätigkeit für Kindheitstraumata, von der Vereinigung „Children of Holocaust" und von wissenschaftlichen Vorhaben, die er vor allem in den USA plante. Wir waren beeindruckt, staunten, fühlten mit.

Der Mann war mir nicht sonderlich sympathisch, aber ich schob seine gehemmte, abweisende Art auf seine furchtbaren Kindheitserfahrungen. Einem so schwer Gezeichneten musste man einfach alles nachsehen.

Ein Jahr später, im Spätsommer 1998, platzte die „Bombe". Dem Schweizer Autor Daniel Ganzfried, selber Sohn jüdischer KZ-Überlebender und beauftragt, eine Rezension über „Bruchstücke" zu schreiben, kam an dem Buch manches sehr seltsam vor. Er recherchierte und veröffentlichte die Ergebnisse in der „Weltwoche". Folgendes hatte er herausgefunden: Binjamin Wilkomirski hieß in Wirklichkeit Bruno Dössekker, war am 12. Februar 1941 als unehelicher Sohn von Yvonne Großjean in der Schweiz geboren und nach einer Zeit im Kinderheim von dem Arztehepaar Dössekker in Zürich adoptiert worden. Er hatte das Gymnasium besucht, wurde Musiker und Instrumentenbauer, war Vater von drei Kindern und nach dem Tod seiner Adoptiveltern ein wohlhabender Mann. Außer als Tourist war er nie in Polen und Lettland gewesen. „In einem Vortrag am Psychoanalytischen Seminar Zürich, Anfang dieses Jahres gehalten, begegnet uns Wilkomirski als Vertreter einer therapeutischen Methode der ‚interdisziplinären Therapie‘", schrieb Daniel Ganzfried in seinem Weltwoche-Artikel vom 27. August 1998, „Sie will Menschen ohne gesicherte Identität ‚therapieren‘, indem sie Erinnerungsfetzen ans Licht hebt, ihnen passende Fakten und Örtlichkeiten aus der realen Geschichte beifügt." Das vorwiegend aus ausgebildeten Analytikern bestehende Publikum schwieg erschauernd, wie Teilnehmer später bezeugten. Wilkomirski hatte seine Identität als verfolgtes jüdisches Kind auf der Couch eines Psychiaters gewonnen.

Den Enthüllungen begegnete er mit dem Satz: „Niemand muss mir Glauben schenken." So seien eben seine Erinnerungen und an denen ändere sich nichts.

In Deutschland löste die Nachricht von der gefälschten Identität heftige Reaktionen aus. Die Meinungen über Wilkomirski schwankten zwischen „kalt planender, systematisch vorgehender Fälscher" (Daniel Ganzfried), einen Mann, der seinen falschen Erinnerungen aufgesessen war (Stefan Mächler „Der Fall Wilkomirski", 1999) und jenen, die Wilkomirski uneingeschränkt glaubten. Zu Letzteren zählten vor allem Künstler und Opferverbände, aber auch Wissenschaftler. Der Antisemitismusforscher Wolfgang Benz schrieb in der „Zeit", das „Tagebuch der Anne Frank" sei deshalb so beliebt, weil es die Schrecken der Vernichtung ausspare, das von Wilkomirski dargestellte Grauen spiegele hingegen den „wirklichen Holocaust" wider. Der Psychologe Bendkower meinte, Wilkomirski sei kein „individualpsychologisches Problem", sondern ein kollektives. Man müsse fragen, warum sich die Öffentlichkeit gerade jetzt so für den Wahrheitsgehalt von Erinnerungen an den Holocaust interessiere. Doch nur, um zu verdrängen und sich selber von der Verantwortung für den Nationalsozialismus freizusprechen. Nach ihm durfte man nicht Wilkomirski Fälschung vorwerfen, sondern der Öffentlichkeit Verdrängung, weil sie ihm nicht glaubte.

Der Zufall oder vielmehr das zeitgeistige Klima wollte es, dass zur gleichen Zeit die schwedische Schriftstellerin Barbro Karlen mit einem Buch und Podiumsdiskussionen in Basel und Zürich auftrat, in denen sie behauptete, die wiedergeborene Anne Frank zu sein. Hierauf reagierten wiederum Opferverbände und Wissenschaftler empört und der Basler Theologe Ekkehard Stegemann befand kurz und bündig, die reinkarnatorischen Erinnerungen der Barbro Karlen an ihre Anne-Frank-Existenz seien Blödsinn: „Die Erschlagenen sind erschlagen und dabei bleibt es!"

Ich war schockiert, als Hendrik mich anrief und erzählte, welchen Fälscher wir den brandenburgischen Lesern offeriert hatten. Meine erste Reaktion war ein nicht enden wollendes Gelächter über unsere Betulichkeit, ja, geradezu Unterwürfigkeit gegenüber dem schwer gezeichneten Opfer Wilkomirski. Waren wir nicht mit Imre Kertész, Ruth Elias und den anderen Zeitzeugen unserer Reihe „Schreiben nach dem Überleben" viel „normaler" umgegangen, obwohl auch sie Schweres erlebt hatten? Aber eben als ältere Kinder und als Erwachsene. Das von Wilkomirski beschriebene Kind, das er selber gewesen sein will, war aber zwei, drei, vier Jahre alt. Je jünger ein Kind ist, umso mehr Mitleid haben wir, wir sind dem „Babyeffekt" ausgeliefert, der uns hilflos, wehrlos, irrational macht.

Ich fragte mich, warum um alles in der Welt Menschen darauf bestanden, Opfer zu sein, nicht nur des Holocaust, sondern auch wie im Fall der Prenzlauer Bibliothekarin, der ich mit Ruth Elias begegnet war, der deutschen Vereinigung. Egal, aus welchem Grund, Hauptsache „Opfer". Diese Opfermentalität sollte in den kommenden Jahren ebenso zunehmen wie dank der durch Computer generierten Virtualität das Spielen mit der Identität.

Alldem lag und liegt eine Verweigerung der Realität zugrunde. Man will die Welt nicht so akzeptieren, wie sie ist, sondern will immer eine andere Welt, und sei es als Avatar im Computerspiel.

Die Folgen für das gesellschaftliche Zusammenleben der Menschen sind verheerend. Die Menschen reden miteinander, aber sie verstehen einander nicht mehr. Oder wie es im Alten Testament bei Jesaja 6,10 heißt: „Verstockt das Herz dieses Volks und lass ihre Ohren taub sein und ihre Augen blind, dass sie nicht sehen mit ihren Augen noch hören mit ihren Ohren noch verstehen mit ihren Herzen und sich nicht bekehren und genesen." Der Prophet droht hier nicht nur ein Gericht an, um zur Umkehr zu mahnen, sondern meint, dass die „Verstockung" des Volkes bereits der Auftakt des sich vollziehenden Gerichts ist.

Der Zufall, den es nicht gibt, stürzte mich in diesen Tagen, da der „Fall Wilkomirski" virulent wurde, in eine ähnliche Geschichte. Von einem der Autoren des Sammelbandes „Widerstand in Potsdam", den wir gerade für die Veröffentlichung vorbereiteten, stellte sich heraus, dass er mit der Staatssicherheit zusammengearbeitet hatte. Obwohl ich den Mann mochte, der sowohl „Täter" wie „Opfer" gewesen war, musste ich seinen Beitrag aus dem Buch entfernen. Auch er stritt vehement ab, im persönlichen Gespräch und schriftlich, was durch Fakten belegt war. Er wollte ein anderer sein.

Im Buch von Louis Begley „Lügen in Zeiten des Krieges" ging es ebenfalls um Lügen, aber hier blieb die Distanz zwischen Realität und Lügen um des Überlebens willen gewahrt. Bei Wilkomirski wurde dem Leser die Lüge als Wahrheit verkauft.

Alle Menschen neigen zur Lüge, von den täglichen kleinen Lügen bis hin zur Lebenslüge, aber niemand will belogen sein. Sollte Oskar Wilde mit seinem Ausspruch, der Lügner sei das eigentliche Fundament der zivilisierten Gesellschaft, recht haben? Was bedeutet das im Zeitalter von Massenmedien und Internet für das menschliche Zusammenleben? Nehmen wir uns, die anderen und was wir tun noch ernst? Existiert die Geschichte nur in unserer Phantasie? Bei solchen Überlegungen beginnt der Boden unter den Füßen zu wanken. Die zunehmende Zahl von Menschen, die aus der Realität auf die Couch von Psychotherapeuten oder gar in Demenz fliehen, scheint mir kein Zufall zu sein. Die Zeit ist nicht mehr fern, ja schon gekommen, da jene, die im manipulativen Geschäft die Deutungshoheit besitzen, Normalität, sprich: gesunden Menschenverstand, zum Wahnsinn erklären und den Wahnsinn zur Normalität.

In der ersten Hälfte des zwanzigsten Jahrhunderts fragte der italienische Dichter Giuseppe Ungaretti in seinem Gedicht „Februar": „Oder erfahr ich am Ende, es habe der Tod / über eins nur Gewalt: den Schein?" Heute, fast hundert Jahre später, da europäische Politiker massenhafte Abtreibung und Euthanasie zu „Menschenrechten" verklären, gilt der Tod vielen Wohlstandseuropäern als letzte Realität und das Leben als beliebige Verfügungsmasse, für die man keinerlei Verantwortung trägt.

Von Binjamin Wilkomirski habe ich seither nichts mehr gehört, weder von seinen grausigen Geschichten noch von seinen Traumatherapien.

Israel

Als ich die Auschwitz-Überlebende Ruth Elias bei ihren Lesungen durch Brandenburg begleitete, bat sie mich wiederholt, sie in Israel zu besuchen. Ein Jahr später folgte ich ihrer Einladung zusammen mit meinem Kollegen Hendrik.

Ruth Elias besorgte uns eine Unterkunft im Kloster Notre Dame de Sion in En Karem, dem Geburtsort Johannes' des Täufers, heute zu Jerusalem gehörig. Von dort aus fuhren wir in die Innenstadt Jerusalems, nach Bethle-

hem und nach Jericho, tauchten ein in das orientalische
Gewühl Ost-Jerusalems, in das europäisch anmutende
West-Jerusalem, besuchten auf Empfehlung von Henryk
Broder den 1915 in Rheinsberg geborenen und 1936 nach
Palästina emigrierten Gad Granach, der mit seinen vielen
Katzen über den Dächern Jerusalems wohnte und uns mit
skurrilen Geschichten unterhielt. Sein schlitzohriger, zu-
weilen scharfer Witz erinnerte mich an Henryk Broder;
kein Wunder, dass beide eng befreundet waren.

Wir pilgerten die schmale Via Dolorosa mit Besuchern
aus aller Welt zur Grabeskirche, während die arabischen
Händler am Wege ihre Lautsprecher aufdrehten, um die
Gebete der Pilger zu übertönen, vereint mit dem Ruf des
Muezzin, während die murmelnden Gebete der Juden an
der Klagemauer im allgemeinen Lärm untergingen. Frei-
tags von fünfzehn Uhr bis zum Sonnenuntergang mischten sich die Stimmen dreier Weltreligionen mit denen der
profanen Welt zu einem babylonischen Gewirr.

Vom Tempelberg mit seiner Al Aksha Moschee und
dem Felsendom schauten wir zur Klagemauer hinunter. Überquerten das Kidrontal hin zur Kirche der Nationen und dem Garten Gethsemane, stiegen den Ölberg
hinauf, rechter Hand der große jüdische Friedhof, und
sahen von der Kirche Dominus flevit (der Herr weinte)
auf die Altstadt Jerusalems mit der Grabeskirche und auf
die goldleuchtende Kuppel des Felsendoms. Gegenwärtig
wurden die Worte Jesu aus dem Lukasevangelium: „Und
als er nahe hinzukam, sah er die Stadt und weinte über sie
und sprach: Wenn doch auch du erkenntest zu dieser Zeit,
was zum Frieden dient! Aber nun ist's vor deinen Augen

verborgen. Denn es wird eine Zeit über dich kommen, da werden deine Feinde um dich einen Wall aufwerfen, dich belagern und von allen Seiten bedrängen und werden dich dem Erdboden gleichmachen samt deinen Kindern in dir und keinen Stein auf dem andern lassen in dir, weil du die Zeit nicht erkannt hast, in der du heimgesucht worden bist."

Nur schwer konnte ich mich von dem Blick aus der Kirche Dominus flevit losreißen. Wie im Zeitraffer zogen die Jahrhunderte Jerusalems vorbei, wie ich sie aus der Bibel kannte, aus dem Bericht des Flavius Josephus über den Jüdischen Krieg, aus den Berichten der Pilger und der Kreuzfahrer. Immer war von der Sehnsucht nach Frieden die Rede gewesen; einem Frieden, den die Welt nicht geben kann. Seit der eine, einzige Gott hier vor Zeiten im Tempel Wohnung genommen, von Frieden gesprochen, zum Frieden gemahnt hat, führten die Menschen Kriege. Juden, Perser, Ägypter, Araber, Sultane, Kreuzritter zerstörten die Stadt, bauten sie auf, zerstörten sie, bauten auf … Ihre Bewohner waren fromm in Elendszeiten, übermütig und selbstgerecht, wenn es ihnen gut ging. Dann wurden sie taub für die Stimme Gottes und sie verfolgten und töteten seine Propheten. Bis heute kommt der Krieg in dieser Stadt, in diesem Land, überall auf der Welt, nicht von außen, sondern aus den unruhigen Herzen der Menschen. Sie wollen Frieden und führen Krieg. In seiner Sehnsucht deutete das Volk den Namen Jerusalem geradezu beschwörend als „Stadt des Friedens".

In den Trostworten an seine Jünger sagte Jesus von Nazaret: „Frieden hinterlasse ich euch, meinen Frieden gebe ich euch; nicht einen Frieden, wie die Welt ihn gibt, gebe ich euch. Euer Herz beunruhige sich nicht und verzage nicht." Der Frieden, den die Welt gibt, ist nur die Erschöpfung zwischen zwei Kriegen.

Juden, Muslime und Christen, von gottlosen Weltverbesserern gar nicht zu reden, haben ein unruhiges Herz, sind ständig versucht von Neid und Gier, Stolz und Zorn, Maßlosigkeit, Trägheit und Genusssucht. Die Menschen bekriegen einander nicht aus Stärke, sondern, weil sie schwach sind.

Das wusste der Apostel Johannes so gut wie sein Meister Jesus, als er seine apokalyptische Vision niederschrieb: Erst wenn nach dem Endkampf zwischen Gott und dem Teufel mit dem Sieg Gottes über seinen Widersacher der alte Himmel und die alte Erde vergangen sind, wird das neue, das „Himmlische Jerusalem" entstehen, in dem ewiger Frieden herrscht. Bis dahin aber herrscht auf der Welt Mord und Totschlag.

Nirgendwo spürte ich das stärker als in Jerusalem und Israel. Es wird hier keinen Frieden geben, auch wenn die Araber die Juden ins Meer treiben, auch wenn die letzten Christen ermordet worden sind, auch wenn es eine Einheitsreligion gibt oder gar keine mehr.

Überall auf den Straßen, auf Dächern, vor Gebäuden Soldaten mit Maschinenpistolen, Männer und Frauen, Zivilisten mit Pistolen, Hubschrauber, Jagdflieger über dem Toten Meer, Taschenkontrollen, Steine werfende palästinensische Kinder und Jugendliche, hasserfüllte Parolen, feindselige Blicke. Ein palästinensischer Taxifahrer, der uns nach Bethlehem fuhr, weil man uns geraten hatte, dorthin nicht mit unserem israelischen Leihwagen zu fahren, fragte uns, woher wir kämen.

Aus Deutschland, sagten wir.

Deutschland sei gut, freute er sich, vor allem Hitler sei gut, weil er die Juden getötet habe.

Wir erstarrten geradezu. Am Vortag erst waren wir in der Holocaust-Gedenkstätte Yad Vashem gewesen. Ob er sie kenne, fragten wir den freundlichen Taxifahrer. Er winkte ab, das brauche er nicht zu sehen, alles Lüge.

In Cäsarea am Meer erzählte ein israelischer Automechaniker, der mir am späten Abend bei einer Autopanne half, er und seine Eltern seien in Israel geboren, seine Großeltern aus Rumänien geflohen, deren Geschwister umgebracht worden. Er träume davon, einmal nach Deutschland zu reisen, und spare dafür. Als ich ihm für seine „deutsche Sparbüchse" ein reichliches Trinkgeld geben wollte, lehnte er ab. Das ginge gegen seine Ehre, meinte er.

Mit dem Auto durchstreiften wir ganz Israel: Jericho mit der Quelle des Propheten Elischa, das türkisfarbene Tote Meer mit den jordanischen Bergen auf der anderen Seite, die Festung Massada, die Oase von En Geddi, Arad, Netanya, Cäsarea am Meer, Haifa, der Karmel, Nazaret. Wir besuchten die Überreste von Megiddo, das als das biblische Armageddon gilt, wo nach der Apokalypse des Johannes die letzte Schlacht stattfinden wird. Gegenüber ragt der Tabor, der Berg der Verklärung Jesu, unmittelbar aus der fruchbaren Jesreel-Ebene auf. Weiter nach Tiberias, hinunter zum See Genezareth, gesäumt von den Golanhöhen, Tabgha mit der Kirche der Brotvermehrung und ihren wunderschönen Mosaiken aus dem fünften Jahrhundert, Kafarnaum, wo der Apostel Petrus zu Hause war, der Kibbuz En Gev, wo wir mit dem Blick auf den See Genezareth und den Berg der Seligpreisungen uns einen Petrusfisch munden ließen.

Schön ist Israel, gelegen zwischen Mittelmeerküste und den Golanhöhen, der Hügellandschaft im Zentrum und dem Jordantal, dem Toten Meer und der Negev-Wüste. Im fruchtbaren Galiläa verkündete der Erzengel Gabriel dem jüdischen Mädchen Maria, sie werde einen Sohn empfangen, den Sohn des Allerhöchsten. Im rauen Bergland von Judäa, in Bethlehem, gebar sie diesen Sohn mit dem Namen Jesus. Im lieblichen Galiläa, in Nazareth, wuchs er auf. In der Wüste Judäas widerstand er den Versuchungen des Teufels, am See Genezareth und in Galiläa predigte er, tat er Wunder, wurde er verklärt, bis sich, wiederum in Judäa, am Kreuz vor den Toren Jerusalems sein Leben vollendete, verspottet, gedemütigt, verlassen von fast allen seinen Jüngern. Hier ist er von den Toten auferstanden. Nach Galiläa beorderte der Auferstandene seine Jünger, um sie endgültig und für alle Zeiten zu Menschenfischern zu machen. Ein Weg zwischen Felsen, blühenden Wiesen, lebendigem Wasser und Wüste – wie jedes Menschenleben.

Nicht immer gelang es mir, all diese Orte mit den Geschehnissen vor zweitausend Jahren zu verbinden. Stärker als die Verheißungen Jesu beschäftigten mich hier seine Warnungen.

Zwar fühlte ich mich sicher in diesem Land, trotz oder gerade wegen der vielen bewaffneten Israelis. Aber mir war, als bebe beständig die Erde unter meinen Füßen, als könne jederzeit ein Feuersturm losbrechen. Jetzt verstand ich Juden wie Yaffah Eliach und ihren Mann David, die nach dem Holocaust in Israel Zuflucht gefunden hatten, dankbar für den Judenstaat, bereit, ihm jegliches Opfer zu bringen, und die doch wieder nach Amerika oder Europa ausgewandert waren.

Andere wie die tschechische Auschwitz-Überlebende und Autorin Ruth Elias und ihr Mann hielten sich am israelischen Boden fest und verachteten jene Juden, die in Deutschland oder anderswo über Antisemitismus jammerten. Unsere Heimat ist Israel, sagten sie, und die der Diasporajuden auch; hier gibt es keinen Antisemitismus, hier sind wir vor Verfolgung sicher.

Wieder Schriftstellerin

Im März 1999 wurde ich zum ersten Mal Großmutter. Ein Vierteljahr vorher wäre mein Leben beinahe jäh zu Ende gewesen. Mein Kompagnon Hendrik, die junge Polin Katarzyna und ich befanden uns am 12. Januar auf der Rückfahrt von Schloss Wendgräben, wo wir das Programm für das laufende Jahr entworfen und festgelegt hatten. Es war dunkel, spätabends, Glatteis auf den Straßen. Hendrik saß am Steuer des Autos. Wiederholt bat ich ihn, langsamer zu fahren, was Hendrik wie immer schwerfiel. In einer Kurve verlor er die Kontrolle über den Wagen, ein paar hundert Meter weiter leuchteten die Scheinwerfer eines entgegenkommenden Autos auf. „Scheiße, er reagiert nicht", rief Hendrik. Ich meinte, die letzten Worte in meinem Leben gehört zu haben, denn der Zusammenstoß schien unvermeidlich. Bruchteile von Sekunden wurden zur Ewigkeit. Das andere Auto war plötzlich verschwunden, dafür hielten wir auf eine Mauer jenseits der Gegenfahrbahn zu. Dann sah das Ende also so aus. Es gab ein hässlich kreischendes Geräusch, das Auto schleuderte zurück auf die andere Seite und – landete im Straßengraben. Ein Verkehrsschild vor der Mauer, auf das wir schräg aufgetroffen waren, hatte uns gerettet. Verkehrsschild und Auto waren demoliert, aber uns war nichts passiert. Ein Schutzengel muss uns gerettet haben. Als ich mich morgens gegen drei Uhr endlich in meinem Bett ausstrecken konnte, sagte es laut aus mir: Ich will in meinem Bett sterben und nicht auf einer kalten dunklen Landstraße!

Dieses Ereignis gab mir den letzten Anstoß, die Arbeit im Literaturbüro zu beenden. Mich zog es an meinen Schreibtisch und in die Unabhängigkeit.

In den folgenden Jahren entstanden für das Literaturbüro Bücher über Henning von Tresckow und Emmi Bonhoeffer. Ich arbeitete an meiner Autobiographie „Jahrgang ′42" und danach an der Romanbiographie über Papst Gregor den Großen. Nun klingelte nicht mehr andauernd das Telefon, denn da ich keinen Posten mehr einnahm, wollten die Leute auch nichts mehr von mir. Noch war ich jung und beschäftigt genug, das öffentliche Vergessenwerden zu ertragen, das so vielen aus dem Beruf Geschiedenen schwer zu schaffen macht.

Uta Maaß

Freundschaften trugen mich, aus denen, wie die mit Emmi Bonhoeffer, Uta Maaß und Uta von Aretin, auch Bücher wurden. Über Emmi Bonhoeffer, die 1991 starb, habe ich schon ausführlich in meiner Autobiographie „Jahrgang ′42" geschrieben. Hendrik drängte mich, ein Buch über sie zu machen, und so gaben wir 2004 beim Lukas Verlag den Titel „Emmi Bonhoeffer. Gespräch, Essay, Erinnerung" heraus.

Das Buch über Hermann Maaß (1897–1944) entstand gleichsam in einem Husarenritt. Bei einem Besuch von Uta Maaß in Potsdam im Frühjahr 1997 erzählte sie, dass in ihrer Münchner Wohnung ein Koffer mit Briefen und sonstigen schriftlichen Hinterlassenschaften ihres Vaters stehe, außerdem würde er in diesem Jahr hundert Jahre alt. Warum sollten wir, so dachten Hendrik und ich, nicht eine Publikation daraus machen und sie dem einstigen SPD-Mitglied und 1944 hingerichteten Widerstandskämpfer Hermann Maaß zu seinem Geburtstag am 23. Oktober auf den Tisch legen? Von der geschichtsvergessenen Potsdamer SPD, die nur um sich selber kreiste, kam kein Signal, dass sie beabsichtigte, an Hermann Maaß zu erinnern.

Im Frühsommer flog ich für zwei Tage nach München, sprach mit Uta Maaß und sichtete das Material. Wenig später war sie wieder in Potsdam und wir nahmen mit ihr ein Interview auf Tonband auf. Sie konnte sich noch gut an ihren Vater erinnern, denn als er als einer der Verschwörer vom 20. Juli hingerichtet wurde, war sie sechzehn und wohnte mit ihrer Familie in Potsdam-Babelsberg.

Der Tag des Interviews war ein brüllend heißer Sommertag. Unser Büro im Druckhaus Stein, damals unter dem Dach, glich einer Sauna. Die fast siebzigjährige Uta Maaß stand uns mehr als eine Stunde geduldig Rede und Antwort. Als Hendrik danach noch einmal in das Gespräch hineinhören wollte, stellte er fest, dass er vergessen hatte, eine Taste zu drücken oder die falsche Taste erwischt hatte, jedenfalls war das Band leer. Eine Katastrophe!

Uta Maaß behielt die Contenance. Ohne den leisesten Vorwurf erklärte sie sich bereit, das Interview noch einmal zu führen. Am Ende dieses Tages waren wir alle in Schweiß gebadet. In den folgenden vier Wochen stellten wir die Fotos und Texte zusammen und fanden in dem jungen Lukas Verlag einen verlässlichen Partner. Pünktlich zum 100. Geburtstag erschien das Buch unter dem

Titel „Im Geiste bleibe ich bei Euch". Im Alten Rathaus organisierten wir für diesen Tag eine Veranstaltung, zu der auch Uta Maaß mit ihrer Familie, deren Schwestern Cornelia und Gerda und weitere Verwandte und Bekannte der Familie anreisten.

Ein voller Saal, Johannes Tuchel von der Gedenkstätte Deutscher Widerstand in Berlin würdigte das Leben des Widerstandskämpfers, ich führte auf dem Podium ein Gespräch mit Uta Maaß. Das Publikum war bewegt, denn die meisten hörten zum ersten Mal von dem erschütternden Schicksal dieser Potsdamer Familie. Danach kam der damalige SPD-Vorsitzende Steffen Reiche auf uns zu, schüttelte uns die Hand und meinte, wir hätten der SPD eine große Blamage erspart.

Uta Maaß aber war überglücklich. Kaum jemand hatte bisher für das Schicksal ihres Vaters und ihrer Mutter, die wenige Wochen nach der Hinrichtung ihres Mannes gestorben war, Interesse gezeigt. Schon gar nicht für die Tragik der sechs Kinder, die als Waisen zurückgeblieben waren.

Nach meinem Ausscheiden aus dem Literaturbüro besuchte mich Uta Maaß einmal jährlich in Potsdam, auch 2014, als man in Deutschland des fünfzigsten Jahrestages des Attentats auf Hitler gedachte. Auch diesmal erinnerte das von der SPD regierte Potsdam nicht an seinen damals hingerichteten Bürger Hermann Maaß. So lud ich seine Tochter Uta ein, auf zwei von mir angeregten Veranstaltungen zu sprechen – im katholischen Pfarrhaus und in der Nagelkreuzkapelle der Garnisonkirche. Ausgerechnet die gern als reaktionär apostrophierten Katholiken und die von der „Antifa" heftig angefeindeten Verfechter des Wiederaufbaus der Garnisonkirche boten der konfessionslosen Uta Maaß ein Podium. Das offizielle Potsdam nahm davon keine Notiz.

Die weißhaarige Sechsundachtzigjährige begeisterte die Zuhörer mit ihrer eindringlichen Eloquenz und Freundlichkeit. Keine Spur von Verbitterung in ihrem Gesicht, kein Hauch von Vorwurf in ihrer Stimme. Es freue sie, am Ort der ehemaligen Garnisonkirche zu sprechen, sagte sie. Sie stelle sich vor, ihr Vater, der aus der evangelischen Kirche ausgetreten war, säße da oben auf einer Wolke und schaue zufrieden auf seine Tochter, die da unten von ihm erzähle.

Uta Maaß war in ihrem Berufsleben medizinisch-technische Assistentin gewesen. Seit vielen Jahren betreute sie in einer Münchner Klinik ehrenamtlich krebskranke Kinder und deren Eltern. Diese Begegnungen mit dem Tod, so versicherte sie mir immer wieder, kosteten Kraft, aber beschenkten sie auch reich. Kinder gingen ganz anders, selbstverständlicher, mit dem Tod um als Erwachsene, sie lebten ganz im Jetzt. Der mütterlichen Frau vertrauten sie an, worüber sie mit ihren Eltern nicht sprechen konnten.

Als wir über das Christentum sprachen, meinte Uta Maaß, mit Kirche könne sie nichts anfangen. Und dennoch, fügte sie an, wir leben von den Werten, die das Christentum in die Welt gebracht hat, von den immer weniger werdenden Resten.

Sie war dafür das beste Beispiel.

Was aber, fragte ich, wird sein, wenn diese Reste aufgebraucht sind, die Kirche sich selbst aufgibt und auch das Naturrecht in der Gesellschaft nicht mehr gilt?

Sie zuckte hilflos mit den Schultern.

Uta von Aretin

Uta von Aretin, geborene von Tresckow, drei Jahre jünger
als Uta Maaß, ist wie diese in Potsdam geboren und aufgewachsen und wohnt ebenfalls in München. Ich kannte
sie länger als Uta Maaß, nämlich seit 1991. Als Mitglied
des Ehrenkuratoriums „1000 Jahre Potsdam" hatte sie
den Vorsitz der Fördergemeinschaft für den Bornstedter
Friedhof übernommen und kam auch aus diesem Grund
öfter nach Potsdam. Jedes Mal trafen wir uns, sei es auch
nur für eine Stunde. Während man Uta Maaß im Aussehen und der Art für eine Süddeutsche hätte halten können,
was wohl am Erbe ihrer Schweizer Großmutter lag, konnte Uta von Aretin das preußische Erbe nicht verleugnen.
Blaue Augen, schmales Gesicht, ebenmäßig und offen,
schmale Figur, diszipliniert, nüchtern und geradeaus in
der Rede, manchmal sogar schroff. Ihr herzliches Lachen
nahm sofort für sie ein, und wer sie näher kannte, erfuhr,
welch gütige, Anteil nehmende Frau sie war. Sie hatte einen respektablen Stammbaum, der noch vor die Hohenzollern ins Märkische zurückging. Davon machte sie kein
Aufhebens, sie hatte ihn verinnerlicht. Verheiratet war sie
mit dem Historiker Karl Otmar von Aretin (1923–2014)
aus einer berühmten bayrischen Familie.

Besonders in Erinnerung geblieben sind mir unsere Begegnungen und Gespräche nach der Eröffnung der Wehrmachtsausstellung 1995. Undifferenziert wurden hier die
militärischen Widerständler vom 20. Juli 1944 in einen
Topf mit den Verbrechen der SS-Truppen geworfen. Henning von Tresckow, das Herz des militärischen Wider-

stands, der seit 1938 nach Wegen gesucht hatte, Hitler in den Arm zu fallen, wurde als Verbrecher gebrandmarkt, der von allem gewusst und erst gehandelt habe, als es zu spät war.

Seine Tochter litt unter den böswilligen und selbstgerechten Anschuldigungen der Nachgeborenen. „Er war doch mein Vater", sagte sie und: „Natürlich wusste er von den Verbrechen, die von den Nazis begangen wurden, deshalb leistete er ja auch Widerstand." Ein andermal: Ihre Mutter, von ihrem Mann in die Pläne eingeweiht, habe sich bis an ihr Lebensende nach eigener Schuld am Nationalsozialismus gefragt und angeklagt, während Nachkommen der KZ-Kommandanten, Profiteure und Mitläufer, die das sogenannte Dritte Reich nicht erlebt hatten, vierzig Jahre später genau wussten, wie sich die Menschen unter den Umständen der braunen Diktatur hätten verhalten müssen. Die sich Wissenschaftler nannten, warfen sich zu erbarmungslosen Richtern über jene auf, die ihren Widerstand gegen Hitler mit dem Leben bezahlt hatten.

Ich erzählte Uta von Aretin, wie es Jakob nach dem Krieg und in der DDR ergangen war. Der aus Zuchthaus, KZ und Strafbataillon heimgekehrte Antifaschist hatte sich anhören müssen, dass auch er im Rahmen der damals – und noch heute – vertretenen Kollektivschuldthese an der Naziherrschaft schuld sei. Später wunderte er sich, wenn junge Historiker ihn belehrten, wie es im KZ Buchenwald wirklich zugegangen sei und dass seine dortigen Erfahrungen nichts mit der Realität zu tun hätten.

Was die Wehrmachtsausstellung betrifft, muss zur Ehrenrettung heutiger Historiker gesagt werden, dass polnische und ungarische Wissenschaftler Fälschungen in der Ausstellung nachwiesen. Falsche Bildunterschriften ordneten der deutschen Wehrmacht Gräuel zu, die von ihren Gegnern begangen worden waren. Die Ausstellung musste schließlich aus dem Verkehr genommen und überarbeitet werden.

Im Herbst 2000 bat mich Uta von Aretin, anlässlich des hundertsten Geburtstags ihres Vaters Henning von Tresckow vor dem Familienkreis einen Vortrag über dessen Leben zu halten. Die Veranstaltung mit mehr als hundert geladenen Gästen sollte im einstigen Wohnsitz von General Falkenhayn und seiner Frau im Potsdamer Schlösschen Lindstedt stattfinden. Deren Tochter Erika von Falkenhayn hatte Henning von Tresckow geheiratet. Als Kind waren Uta von Aretin und ihre Geschwister oft bei den Großeltern gewesen. Gern erzählte sie von dem Weg aus der Innenstadt durch den Park Sanssouci nach Lindstedt, der für ihre kleinen Beine doch zuweilen recht lang und anstrengend gewesen war.

Die Bitte ehrte mich, doch ich wehrte ab: Was könnte ich der Familie erzählen, was sie nicht schon wusste! Uta von Aretin ließ nicht locker: Da überschätze ich wohl die Kenntnisse der Familie über Henning von Tresckow. Schließlich willigte ich ein, immer noch mit einer gehörigen Portion Zweifel an meinen Fähigkeiten, Gültiges über Henning von Tresckow sagen zu können.

Uta von Aretin überließ mir kostbare Dokumente zum Studium: Tagebücher und Briefe ihres Vaters, Aufzeichnungen ihrer Mutter, Fotos, den Abschiedsbrief ihres

Vaters, den dieser nach dem Scheitern des Attentats auf Hitler und kurz vor seiner Selbsttötung an seine Frau geschrieben hatte – alles Originale.

Zwei Monate arbeitete ich mich durch die Dokumente, erschwert durch die Sütterlinschrift Henning von Tresckows, las Bücher über das Attentat. Verstehen aber wollte ich vor allem die Persönlichkeit Henning von Tresckows über das hinaus, was ich aus den Gesprächen mit seiner Tochter wusste. Wie war aus dem märkischen Adligen und jungen Offizier, der anfangs auf Adolf Hitler gesetzt hatte, ein so entschiedener und mutiger Hitlergegner geworden? Am meisten beeindruckt mich bis heute die Äußerung seines drei Jahre älteren Bruders Gerd, der ebenfalls im Zusammenhang mit dem 20. Juli 1944 ums Leben kam: „Gegen Henning hätte ich mich nie behaupten können, das sah ich ein. Deshalb fasste ich den Entschluss, ihn ganz übermächtig zu lieben. So wurden wir beide glücklich."

Der wiederum schrieb seinem Bruder kurz vor Ende seines nur dreiundvierzig Jahre währenden Lebens: „Wenn ich auch jetzt den höheren Dienstgrad habe, vor einem höheren Richter wirst du dereinst die bessere Note bekommen als ich."

Der Vortrag zum hundertsten Geburtstag von Hennig von Tresckow gelang. Ministerpräsident Manfred Stolpe, ebenfalls als Gast zu dem Familientreffen geladen, meinte hinterher zu mir, vor allem junge Menschen sollten diesen Text kennen. Sie wüssten so wenig von Geschichte.

Einige Monate später hielt ich den Vortrag auf Einladung des Chefs des Einsatzführungskommandos der

Bundeswehr in Geltow, das den Namen Henning von Tresckows trug, noch einmal. Im selben Jahr stellte ich mit Hendrik Röder rund um meinen Text ein Buch über Henning von Tresckow mit dem Titel „Ich bin der ich war" zusammen. Dazu erbaten und bekamen wir Beiträge von Joachim Fest, Otmar von Aretin, Philipp Boeselager und anderen. Noch 2001 gedruckt, erschien es innerhalb kurzer Zeit in drei Auflagen.

Nach einem ähnlich forcierten Ritt erschien drei Jahre später das Buch über Emmi Bonhoeffer. Als Grundlage dienten meine Gespräche mit Emmi aus dem Jahr 1989. Hendrik und ich besuchten Emmis Tochter, Cornelie Grossmann, in Meerbusch, sammelten Vorträge und Notizen, nahmen Emmis Briefe als Betreuerin der Zeugen im Auschwitzprozess in das Buch auf, sowie Dokumente über ihren hingerichteten Mann Klaus Bonhoeffer. Wieder erschien der Titel, wie auch die Bücher über Hermann Maaß und Henning von Tresckow, im kleinen, um sein Überleben kämpfenden Lukas Verlag. Auf einer gut besuchten Veranstaltung im Haus der Brandenburgisch Preußischen Geschichte stellten wir es im Juli 2004 vor. Die Schauspielerin Martina Gedeck las aus dem Buch Texte von Emmi Bonhoeffer.

Das Buch verkaufte sich schwer. Der Name Bonhoeffer war durch den von den Nazis hingerichteten Theologen Dietrich in der Öffentlichkeit einigermaßen bekannt. Doch wer war Emmi Bonhoeffer? Ein knappes dreiviertel Jahr nach dem Erscheinungstermin rief der Journalist und Fernsehstar Günter Jauch bei mir an. Er wohnte jenseits des Heiligen Sees und wir waren uns schon einige Male begegnet. Ob ich etwas dagegen hätte, wenn er das Buch über Emmi Bonhoeffer in einer Literatur-TV-Sendung, zu der er als Gast geladen sei, vorstellte? Bei seiner Arbeit käme er kaum dazu, Bücher zu lesen, die Presselektüre beanspruche zu viel Zeit. Er habe die Berichte über die Buchpremiere verfolgt, einen Blick in das Buch geworfen und würde es gern empfehlen. Natürlich hatte ich nichts dagegen.

Sein Auftritt in der Literatursendung im April 2005 war kurz, drei Sätze über das Buch, die nicht einmal ganz stimmten, ein rascher Schwenk der Kamera auf den Einband. Das war's und das reichte, die Verkaufszahlen von achthundert Exemplaren in neun Monaten binnen weniger Tage auf achtzehntausend hochschnellen zu lassen. Sieben Wochen stand das Buch auf der Bestsellerliste des „Spiegel", es erlebte mindestens fünf Auflagen. Der kleine Verlag, der in Schwierigkeiten steckte, war gerettet.

Einmal mehr registrierte ich verwundert, dass der Erfolg von Büchern nicht so sehr von ihrem Inhalt abhängt wie von der Werbung, vor allem im Fernsehen. Ich freute mich für meine Freundin Emmi im Himmel, für den Lukas Verlag und für das Literaturbüro.

Emmi Bonhoeffer lebte schon lange nicht mehr, aber die Geschichte mit Uta von Aretin ging weiter. Jedes Jahr trafen wir uns im Sommer in Potsdam, meist am 21. Juli, dem Todestag ihres Vaters, zur Festveranstaltung im Einsatzführungskommando der Bundeswehr. Später, als ich an der Veranstaltung nicht mehr teilnahm, am Tag davor oder danach. Grüße und Telefonate zu den Geburtstagen, zum Jahreswechsel. Am 3. September 2011 verwirklichten wir einen schon lange gefassten Plan. Wir fuhren mit dem Auto nach Wartenberg, dem Ort in der Neumark, wo Henning von Tresckow auf dem Gut derer von Tresckows aufgewachsen war, wo seine Kinder die Sommerferien verbracht hatten und wo es für die Familie ein so schreckliches Ende genommen hatte.

An einem leuchtenden Spätsommertag 2011 überquerten wir die Grenze nach Polen bei Küstrin und fuhren durch endlose Alleen, Kiefernwälder, weite Felder, immer wieder blinkten Seen auf. Ich hatte nicht das Gefühl, in einem anderen Land zu sein. Wir fuhren, wie mir schien, durch Brandenburg bis ans Ende der Welt. Dann Wartenberg (Chelm Dolny), ein Straßendorf. Verfallene Stallungen auf der einen Seite, auf der anderen die Feldsteinkirche aus dem 13. Jahrhundert mit dem Friedhof. 1939 hatte das Dorf 203 Einwohner. So viele gab es hier wohl jetzt nicht mehr. Im alten Schulhaus besuchten wir die einstige Lehrerin des Ortes, die Uta von Aretin freudig begrüßte. Man kannte sich seit Jahren. Die alte Dame stammte aus Ostpolen, dem heutigen Weißrussland, und sprach ein wenig deutsch. Seit Jahrzehnten beschäftigte sie sich mit der Geschichte der Neumark und besonders Wartenbergs. Uta von Aretin stellte mich als die Schriftstellerin vor, die das Buch über ihren Vater gemacht hatte. Auch mir wurde herzliche Aufmerksamkeit zuteil. Nach einem ausgiebigen Plausch führte uns die Tochter der Lehrerin zu der nahen Kirche, schloss sie auf und ließ uns dann allein. Die Feldsteine hatten in mehr als sieben Jahrhunderten eine Menge gesehen, katholische Messen, nach der Reformation evangelische

Gottesdienste und seit dem Ende des Zweiten Weltkriegs wieder katholische Messen. Die Inneneinrichtung karg, das Dach schadhaft (als ich drei Jahre später mit Freunden noch einmal dort war, deckte man gerade das Dach neu), aber die Feldsteine hielten für die Ewigkeit. Links von der Kirche der Privatfriedhof der einstigen Gutsherren von Tresckow. Dort stand nur noch der gemauerte Eingang und das entleerte Mausoleum des ersten Tresckow. Ansonsten wucherte dort, wo einst die Tresckows begraben worden waren, kniehohes Unkraut. Kein Grabstein, keine Umrisse von Gräbern. Als die Nazis noch nicht wussten, dass Henning von Tresckow das Herz der Verschwörung gegen Hitler gewesen war und man seinen Tod, wie er vorgetäuscht hatte, einem feindlichen Angriff zuschrieb, hatte man den General im Juli 1944 hier mit militärischen Ehren beigesetzt. Wenige Tage später riss man den Leichnam aus dem Grab, transportierte ihn in das KZ Sachsenhausen und verbrannte ihn dort. Nichts sollte mehr an ihn erinnern. Seine Frau Erika und die beiden Töchter, die vierzehnjährige Uta und ihre sechsjährige Schwester Adelheid, die sich in Wartenberg aufhielten, brachte man ins Gefängnis nach Berlin, die Kinder später unter einem anderen Namen in ein Kinderheim.

Wo genau denn das Grab ihres Vaters gewesen sei, fragte ich Uta von Aretin. Sie ging durch das Unkraut etwa in die Mitte des Areals. Hier, meine ich, sagte sie zögernd. Da stand die Achtzigjährige, schmal und zart und schaute verloren um sich, wie wahrscheinlich einst die Vierzehnjährige am Grab ihres Vaters.

Ich rang innerlich nach Worten für das, was ich sah und empfand, aber mir kamen nur Verse aus den Psalmen in den Sinn: „Was ist der Mensch, dass du an ihn denkst, des Menschen Kind, dass du dich seiner annimmst? Er gleicht einem Hauch und seine Tage sind wie flüchtige Schatten."

Nicht länger als zwei, drei Minuten mögen wir dagestanden haben, doch sie weiteten sich unter dem durchsichtigen Himmel zur Ewigkeit. Was wir Geschichte nennen, ist nichts als ein Vorhang vor der göttlichen Realität, deren Anblick unsere irdischen Sinne nicht ertrügen. Ich dachte an den Fotoapparat in der Tasche. Ein Foto dieser einsamen alten Frau mitten im Unkraut eines einstigen Friedhofs in einem polnischen Dorf an einem Septembertag des Jahres 2011 würde einem Außenstehenden nichts sagen und nicht an das heranreichen, was wir beide gesehen und empfunden hatten.

Vom Friedhof fuhren wir die wenigen hundert Meter zum Areal des Herrenhauses. Es stand nicht mehr. Die Russen hatten es auf ihrem Vormarsch Anfang 1945 zerstört und in Brand gesetzt, die Bewohner erschossen. Jetzt überwucherten Gestrüpp und Bäume die Grundmauern. Nur die Remise stand noch. Die jetzigen Besitzer, ein Bauingenieur und eine Denkmalpflegerin aus Stettin, hatten sie liebevoll und in mühevoller Arbeit zu ihrem Sommerdomizil ausgebaut. Kazimira und Frantisek begrüßten uns fröhlich. Seit vielen Jahren unterhielten sie und die engere Tresckow-Familie herzliche Beziehungen. Eine ihrer beiden Töchter studierte in München, wo die Aretins sie unter ihre Fittiche nahmen. Das polnische Ehepaar hatte das riesige Parkgelände entrümpelt, urbar gemacht, Wege freigelegt, Blumenrabatten angelegt und die einstige Terrasse vor dem

Herrenhaus aufgemauert. Dort genossen Uta von Aretin und ich nach einem Rundgang auf dem Areal im ruhigen Zwiegespräch den Blick hügelabwärts auf die alten Bäume und den nahen waldumstandenen See. Uta von Aretin erzählte von Kinderabenteuern auf dem See. „Dort, wo der See eine Biegung macht, lag unser Amerika", sagte sie und wies mit dem Arm in die Richtung.

Die Schrecken, die sich in diesem Arkadien 1944/1945 zugetragen hatten, waren ebenso gegenwärtig wie Ernst und Frohsinn ihrer einstigen Bewohner und die Sommerfreuden der Kinder. Es fiel schwer, das alles zusammenzudenken.

Zur Mittagszeit luden uns Kazimira und Frantisek zum Essen in die Remise ein. Die Tischrunde und die Gespräche sind mir als denkwürdig in Erinnerung. Frantisek, ein Jahr jünger als ich, und Kazimira, auch in den Sechzigern, sprachen nur wenig Deutsch, was unserer Verständigung nicht im Wege stand. Wo die deutschen Wörter fehlten, halfen englische und russische aus, vor allem aber stellte die übernationale Sprache des Herzens die Verbindung her. Einfachheit, Liebenswürdigkeit und Aufmerksamkeit füreinander verstehen sich immer.

Am Tisch saß mit Frantisek der Sohn eines südpolnischen Partisans, der gegen Hitler gekämpft hatte, mit Uta von Aretin die Tochter eines Generals der deutschen Wehrmacht, der an der Ostfront und gegen Hitler gekämpft hatte, mit mir die Frau eines kommunistischen Widerstandskämpfers, der im Strafbataillon 999 im Osten gegen Partisanen kämpfen musste. Frantisek und Kazimira waren im sozialistischen Polen aufgewachsen, ich,

die aus Böhmen Vertriebene, in der sowjetisch besetzten
Zone und nachmaligen DDR, Uta von Aretin, ein Dutzend Jahre älter als wir, im Nazideutschland und in der
Bundesrepublik – ein Bauingenieur, eine Kunsthistorike-
rin, eine Schriftstellerin und eine Ärztin. Wir sprachen
über unsere Schicksale und unser heutiges Leben in Wartenberg, München und Potsdam, ohne unterschwellige
Ressentiments oder versteckte Vorwürfe. Die Geschichte
hatte uns in ihren harten Griff genommen, herumgewir-
belt, dass uns Hören und Sehen verging, und wir hatten
das akzeptieren müssen. Unser einziges Verdienst bestand
wahrscheinlich darin, dass wir den Zeitläuften nicht vor-
warfen, wie sie mit uns umgesprungen waren. Bei diesem
Gespräch ging es nicht um „Dialog", „Versöhnung", „Toleranz" oder ähnliche zeitgeistige Begriffe, die nicht meinen,
was sie sagen, sondern einzig um Dank für das Geschenk,
sich hier und heute begegnen zu dürfen.

Als uns Frantisek nach dem Essen durch das Haus
führte und auf Türen, Klinken, Geländer, Fenster hinwies,
die er aus den Trümmern abgerissener Häuser in Stettin
geborgen, aufgearbeitet und hier wieder eingebaut hatte,
dachte ich, dass es zwei Arten von Menschen gibt – jene,
die Schönheit bewahren und aufbauen, und jene, die ständig nach dem Neuen jagen und zerstören. Wahrscheinlich
sind beide Arten für den Fortgang der Geschichte notwendig. Aber nach den vielen Fortschrittsversprechen des
20. Jahrhunderts, seinen immensen Zerstörungen durch
Kriege und technische Modernisierungen, die sich in unserer Zeit geradezu überschlagen, gehört mein Herz doch
solchen Bewahrern wie Frantisek und Kazimira.

Bei jedem ihrer Besuche in Wartenberg brachte Uta von Aretin einen Rosenstock mit, so auch diesmal. Sie hatte mir das Rosenbeet beim Rundgang durch den Park gezeigt. Als wir nach einem herzlichen Abschied von unseren Gastgebern ins Auto einstiegen, sah ich, wie Frantisek den Rosenstock behutsam aufhob und in Richtung Rosenbeet davonging, während Kazimira uns nachwinkte. Im Losfahren schaute ich noch einmal nach der Treppe, die einst ins Herrenhaus geführt hatte und die jetzt in unwegsames Gestrüpp mündete.

Wanda Poltawska

Zum ersten Mal begegnete ich Wanda Poltawska im November 2003 in der Wohnung meiner Freundin Marianne im römischen Stadtteil Monteverde Vecchio. Marianne war Wanda in einer Konferenz von überlebenden Opfern des Nationalsozialismus begegnet und die beiden hatten sich angefreundet. Immer wenn Wanda in Rom war, und das war oft, besuchte sie Marianne und so wusste ich schon einiges über die Polin, die Papst Johannes Paul II. seine Schwester nannte. Geboren am 2. Oktober 1921 in Lublin, war sie als Neunzehnjährige 1941 von der Gestapo wegen Widerstandsaktionen verhaftet und ein halbes Jahr später ins KZ Ravensbrück überstellt worden. Dort musste sie brutale medizinische Experimente über sich ergehen lassen. Erst bei Kriegsende kam sie frei. Sie studierte Medizin und Psychologie und arbeitete bis zu ihrer Pensionierung an der Medizinischen Akademie und der

Universität Krakau. 1947 heiratete sie den Philosophen Andrzej Poltawski und gebar ihm vier Töchter. Ihre enge Freundschaft mit dem späteren Papst Karol Woytila begann Ende der Fünfzigerjahre, als sie für eine Patientin den Rat eines Priesters brauchte. Aber sie kannte ihn wohl schon vorher aus ihrer Studienzeit als Studentenseelsorger in der Krakauer Kirche St. Florian. Nachdem Woytila Erzbischof von Krakau geworden war (1958), gründete er in seiner Diözese ein Institut für die Familie und übertrug Wanda dessen Leitung. Als Papst schließlich berief er das Ehepaar Poltawski als Mitglieder der Päpstlichen Kommission für die Familie.

Seit mir Marianne von Wanda erzählt hatte, beschäftigte mich besonders die Geschichte von Karol Woytila, Pater Pio und Wanda Poltawska:

1947 war der junge Priester Karol Woytila von Rom aus nach San Giovanni Rotondo gepilgert, um bei dem berühmten stigmatisierten Kapuzinermönch Pater Pio die Beichte abzulegen. Der soll ihm damals die spätere Papstwürde und das Attentat vorausgesagt haben. Am 17. November 1962 schrieb Woytila, inzwischen Erzbischof von Krakau, an Pater Pio und bat ihn: „Beten Sie für Wanda Poltawska. Die Frau ist Mutter von vier Kindern. Sie war während des Krieges in einem Arbeitslager in Deutschland und hat unendlich gelitten." Die Ärzte hatten bei Wanda Krebs festgestellt und gaben ihr nur noch wenige Zeit zu leben. Karol Woytila glaubte fest an Pater Pios wirksame Fürsprache bei Gott. Bereits elf Tage später schrieb der Erzbischof schon wieder an Pater Pio. Einen Dankesbrief. Die Ärzte hatten festgestellt, dass Wandas

Krebs plötzlich spurlos verschwunden war, und fanden keine medizinische Erklärung dafür.

1967 gelang es Wanda, von Polen nach San Giovanni Rotondo zu reisen. Als Pater Pio durch die dicht gedrängte Menschenmenge ging, traf sein Blick auf Wanda. Er blieb stehen und strich ihr wortlos über den Kopf. Sein Blick und die Art, wie er die heilige Messe feierte, blieben ihr unvergesslich.

Im Juli 2002 sprach Papst Johannes Paul II./Karol Woytila den 1968 verstorbenen Pater Pio in einer großen Zeremonie auf dem Petersplatz heilig.

Doch zurück zum 10. November 2003: Das Zimmer betrat eine kleine korpulente Frau. Sie wirkte bäuerlich mit ihrem zu einem strammen Knoten zurückgekämmten weißen Haar und jünger als ihre 82 Jahre. Sie begrüßte Marianne sehr liebevoll, mich zurückhaltend. Ich spürte, dass sie sich nur Marianne zuliebe auf diese Begegnung eingelassen hatte. Schließlich war ich eine Deutsche und kam dazu noch aus Potsdam, das für sie in verdächtiger Nähe zum KZ Ravensbrück lag. Sie erklärte sofort, sie wolle italienisch sprechen, denn das Deutsche läge ihr nicht so. Wir einigten uns darauf, dass ich in meiner Muttersprache reden könne, die sie ja seit Ravensbrück verstünde, und sie auf Italienisch, das mir Marianne bei Bedarf übersetzen würde.

Wanda sprach Mariannes Fischgericht mit gutem Appetit zu und anschließend dem Wodka, der sie auflockerte und zugänglicher machte. Sie musste einmal eine schöne Frau gewesen sein, blaue Augen, dunkles Haar, klein, apart, mit klaren Gesichtszügen. Jetzt wirkten sie scharf, aber nicht unsympathisch. Vielleicht trugen ihre entschiedene, selbstbewusste Art und die harte Aussprache des Deutschen dazu bei, dessen sie sich zunehmend bediente, je mehr Wodka sie trank.

Wanda spürte die Sympathie, die ich ihr entgegenbrachte. Ihr schweres Schicksal, die Begegnung mit Pater Pio und die nahe Beziehung zu dem von mir hoch verehrten Johannes Paul II. interessierten mich außerordentlich. Aber ich konnte sie nicht dazu bewegen, über Pater Pio und ihre Heilung zu reden, auch nicht über ihren päpstlichen „Bruder Karol", mit dem sie jeden Morgen nach der Messe frühstückte, wenn sie in Rom war. Meinen Hinweis auf das Buch von Renzo Allegri „Padre Pio. L'uomo della speranza", in dem ich erstmals über die wunderbare Heilung gelesen hatte, beantwortete sie mit der kurzen Bemerkung, der Abschnitt in diesem Buch sei gegen ihren Willen erschienen. Meine spätere Nachfrage, ob der Autor dieses Ereignis richtig oder falsch dargestellt habe, blieb unbeantwortet. Weder Karol Woytila/Johannes Paul II. noch Wanda haben je öffentlich über diese Wunderheilung gesprochen. Die beiden Briefe des Erzbischofs von Krakau sind allerdings aktenkundig.

Wanda und Johannes Paul II. gehörten noch einer Generation an, die sich über Privates nicht coram publico ausließ. Über ihre Jahre im KZ Ravensbrück sprach Wanda bereitwillig und auch über ihre Abneigung gegen „die Deutschen", mit denen sie so schlimme Erfahrungen gemacht hatte. „Nein", sagte sie stolz, „ich bin kein Opfer, ich bin Sieger." Sie erzählte, wie ihr und ihren polnischen

Leidensgefährtinnen die Disziplin geholfen habe zu über-leben. „Wir haben uns selbst bei Eiseskälte gewaschen, draußen, denn drinnen gab es ja keine Möglichkeit. Die Französinnen hingegen waren verweichlicht, sie wollten sich bei der Kälte nicht waschen und so starben sie hin wie die Fliegen."

Am meisten beschäftigten sie die Fragen von Ethik und Moral in der modernen Gesellschaft. Ihrer Äußerung, sie sei ein „Museumsstück", was ihre Ansichten zu diesen Themen beträfen, widersprach ich. Dann sei ich, obwohl zwanzig Jahre jünger als sie, ebenfalls ein Museumsstück. Auch als Papstvertraute hatte sie es in der Päpstlichen Kommission für die Familie offenbar schwer mit ihrem Widerspruch gegen den um sich greifenden Hedonismus in der katholischen Kirche.

Am Ende dieses langen Abends mit den lebhaften Gesprächen vereinbarten wir ein nächstes Treffen in wenigen Tagen. Leider kam es nicht dazu, weil Wanda aus familiären Gründen plötzlich nach Krakau zurückfliegen musste. Aber sie lud uns herzlich nach Krakau ein.

Als ich ihr Buch „Und ich fürchte meine Träume" gelesen hatte, 1947 geschrieben, um ihre schrecklichen Erlebnisse zu bewältigen, aber erst 1961 erstmals veröffentlicht, verstand ich ihre manchmal geradezu verletzend schroffe Art. Sie diente ihr als Selbstschutz.

Die Begegnung mit Wanda hatte mich sehr beeindruckt und ich schlug ihr noch im selben Jahr 2003 vor, zu Lesungen nach Potsdam zu kommen. Sie ließ sich Zeit mit der Antwort, sagte dann aber zu – „um Ihretwillen", um dann doch ein halbes Jahr später abzusagen. Ihrem mit Computer geschriebenen Brief fügte sie dem „Mit herzlichen Grüßen" handschriftlich hinzu „und Küssen". Ich war traurig, aber verstand sie natürlich. Sie war fast 83 und reiste ohnehin ständig zwischen Krakau und Rom hin und her.

Im Mai 2006 trafen wir uns in Krakau wieder. Inzwischen war Papst Johannes Paul II. gestorben. Ich sah Wanda im Fernsehen, wie sie Totenwache hielt am Leichnam ihres Freundes. Sie war die einzige Privatperson außerhalb des päpstlichen Personals und der Würdenträger. Sie saß da wie eine trauernde Witwe. Die Abschiednehmenden kamen und gingen, sie rührte sich nicht vom Fleck. Ich begriff: Nicht das KZ Ravensbrück, die geliebte Familie, die Wunderheilung, ihr Beruf waren das Wichtigste in ihrem Leben gewesen, sondern dieser Mensch Karol Woytila, der auch Papst gewesen war und sie mit „Schwester" oder „meine liebe Dusia" angesprochen hatte.

Vorbei das polnische Regiment im Vatikan, vorbei der selbstverständliche Zugang zum Zentrum der katholischen Kirche, die vertrauten Gespräche beim Frühstück … Jeder Herrscher hat seinen „Hof", mag er sich nun Papst, Ministerpräsident oder Konzernchef nennen. Um ihn bewegen sich in konzentrischen Kreisen Freunde, Vertraute, Liebediener. Je näher sie dem Herrscher stehen, umso weiter werden sie nach seinem Fall, Sturz oder Tod aus dem Zentrum der Macht geschleudert. Der langjährige päpstliche Privatsekretär Stanislaw Dziwiz wurde bald nach dem Tod Johannes Pauls II. Erzbischof von Krakau, andere übernahmen andere Aufgaben.

Ein Sonderfall bilden starke Frauen, wie es sie im Umfeld von Päpsten immer wieder gab. Man denke an Olimpia

Maidalchini (1591–1657), die Schwägerin von Papst Innozenz X., und an Mutter Pascalina Lehnert (1894–1983), Haushälterin und Privatsekretärin von Pius XII. Ihre Nähe zu den regierenden Päpsten und ihr Einfluss auf sie machte ihnen mehr Feinde als Freunde, denn auch im Vatikan geht es sehr menschlich zu. Die päpstlichen Nachfolger entfernten die Damen aus gutem Grund aus ihrer Umgebung.

So erging es auch Wanda. Gegenüber Marianne beschwerte sie sich über den neuen Papst. Joseph Ratzinger/ Benedikt XVI. mochte keine großen Tischgesellschaften und schon gar nicht beim Frühstück. Natürlich kannte er Wanda und er schätzte sie wahrscheinlich auch als „Schwester" seines von ihm hochgeachteten Vorgängers. Aber er lud sie nicht ein. Er sei so zurückhaltend, so spröde, beklagte sie sich. So wurden ihre Besuche in Rom und auch bei Marianne seltener, bis sie ganz aufhörten.

Aber im Krakauer Mai 2006, der nach Maiglöckchen und Flieder duftete, sahen wir uns alle drei wieder. Wanda hatte bei den Schwestern vom Heiligen Geist, ganz nahe bei der Marienkirche mit dem herrlichen Veit-Stoß-Altar und dem Trompeter auf dem Turm, für uns Zimmer besorgt. Marianne kam direkt aus Rom, ich aus Potsdam. Wanda, fast 85 und wie immer schwer beschäftigt, lud uns zum Mittagessen mit ihrem Mann und ihrer Tochter Ania in ein Restaurant ein. Vorher führte sie uns ins Erzbischöfliche Palais, wo Karol Woytila einst residiert hatte. Das geistliche Personal, dem wir begegneten, kannte und grüßte sie ehrerbietig. Sie stellte uns die Nonne vor, die Johannes Paul II. in Rom bekocht hatte, zeigte uns die Kapelle, wo der Erzbischof und Kardinal gebetet und kniend geschrieben hatte. Eine Ausstellung und überhaupt alles erinnerte in der Stadt, die sich auf den Besuch von Papst Benedikt XVI. vorbereitete, an Johannes Paul II.

Beim Mittagessen platzierte Wanda Marianne neben sich, mir wurde der Platz neben Andrzej Poltawski zugewiesen. Der Philosoph sprach recht gut deutsch, und wo ihm Worte nicht einfielen, behalfen wir uns mit englisch. Der Dreiundachtzigjährige besaß den Charme polnischer Männer, den ich so sehr mag und der im heutigen Polen wohl auch schon als veraltet gilt – aufmerksam, höflich, zuvorkommend. Ich erinnere mich, dass wir uns über die Philosophen Edmund Husserl, Roman Ingarden und Robert Spaemann, die er gekannt hatte bzw. kannte, über Moslems, Mongolen, Großpolen und Russen unterhielten. Andrzej war klug und witzig, großzügig sah er über meine mangelnde philosophische Bildung hinweg.

Beim Abschied bestimmte Wanda, wir müssten mit ihrer Tochter Ania zu den Salzminen von Wieliczka fahren. Eigentlich hatten wir alle drei keine große Lust dazu, aber Wanda zu widersprechen, war zwecklos. Also fuhren wir am nächsten Tag mit Ania nach Wieliczka und besuchten die eindrucksvollen Salzminen mit ihren Salzskulpturen und der Nachbildung einer Kathedrale. Wanda sah ich danach nicht wieder. Andrzej brachte mich zum Bahnhof und ließ es sich trotz seiner 83 Jahre nicht nehmen, meinen Koffer zu tragen und mit mir auf die Abfahrt des Zuges zu warten.

Damals, 2006, ahnte ich nicht, dass Wanda die Veröffentlichung ihrer privaten Korrespondenz mit Karol Woytila und Johannes Paul II. in Polen und Italien vorbereitete.

Dieses Buch mit dem Titel „Spirituelle Übungen in den Beskiden – die Geschichte einer Freundschaft", erschienen 2009, wirbelte viel Staub auf. Kardinal Dziwisz, einstiger Privatsekretär von Johannes Paul II. und dessen Nachfolger auf dem Stuhl des Erzbischofs von Krakau, ließ in einer italienischen Zeitung verlauten: „Wanda Póltawska übertreibt in ihren Aussagen. Ihr Verhalten ist nicht korrekt, es ist deplatziert und zwanghaft. Sie maßt sich eine spezielle Beziehung und spezielle Bande zu Karol Wojtyla und Johannes Paul II. an, die es in der Wirklichkeit gar nicht gab." Wanda Póltawska hat die privaten Dokumente veröffentlicht, um sich wichtig zu machen." Der frühere Vatikansprecher Joaquin Navarro-Valls mutmaßte, hinter dem Umgang Poltawskas mit den Privatdokumenten stehe anscheinend die Absicht, als besonders vertraut mit dem Kirchenoberhaupt zu erscheinen. „Diese große Freundschaft habe ich nicht gesehen."

Dem geballten Zorn der Kirchenmänner über das Buch hielt Wanda entgegen, sie sei 55 Jahre mit Karol Woytila eng befreundet gewesen und ja, sie „usurpiere eine besondere Beziehung", sie lege Zeugnis ab – wie andere auch. Es sind zum Teil recht intime Aufzeichnungen, die von Liebe in ihrer reinsten Form zeugen. Manche Journalisten und Freunde sprachen von „überraschendem Exhibitionismus".

Wanda schien das alles nicht anzufechten. Energisch erwiderte sie: „Der Papst war es, der wollte, dass ich Zeugnis ablege. Er wollte das! Alles andere ist mir schlicht egal."

Reisen

„Alle Reisen haben eine heimliche Bestimmung,
die der Reisende nicht ahnt."
Martin Buber

Ab der zweiten Hälfte der Neunzigerjahre, nicht mehr gebunden an die Arbeit im Magistrat, konnte ich an die eine und andere Reise denken. Freunde und Bekannte erwarteten, dass ich nun endlich nach Indonesien und Indien reisen würde. Zu Zeiten, als die Mauer die DDR vom Rest der Welt trennte und mein Fernweh mich hatte Asienwissenschaft studieren lassen, war mir das verwehrt geblieben.

Doch als sei meine damalige Sehnsucht nach Asien überdehnt und zerschlissen, zog es mich nun nicht nach Indien, Indonesien, den Philippinen, Burma, über die ich geforscht und publiziert hatte. Erst wollte ich dorthin und durfte nicht; nun durfte ich und wollte nicht. So ist der Mensch.

Ich war längst aus dem Alter heraus, da man sich erlebnishungrig mit einem Rucksack als Gepäck zwölfstündigen Flugreisen aussetzt. Ich kannte ja noch nicht einmal Europa, dessen Literatur, Kunst und Geschichte mich geprägt hatten. Wie musste es sein, in Paris über den Pont Neuf zu schlendern, in London über die Tower Bridge, in Irland die blühenden Fuchsienhecken an den Straßen zu bewundern, in Amsterdam van Goghs Bilder im Original und im Madrider Prado Goya und Velasquez zu sehen, in

Portugal an der wilden Atlantikküste zu stehen, in Däne-
mark an der stürmischen Jammerbucht, in Athen auf der
Akropolis; auf Kreta der griechischen Mythologie nach-
zusinnen und Italien wiederzusehen, immer neu und immer wieder, so oft mir der Sinn danach stand und meine
Finanzen es erlaubten?

All das wurde mir nun geschenkt, unvergessliche Tage
und wochenlang, zusammen mit Freunden, allein oder
mit Fremden. Aus der Begegnung mit europäischer Geschichte und Gegenwart wuchs mir Kraft zu.

Über drei dieser Reisen möchte ich ausführlicher berichten, weil sie mich tiefer verstehen lehrten, wer ich bin
und woran ich glaube.

Rom, immer wieder Rom

Ich habe nicht gezählt, wie oft ich nach dem Aufenthalt
in der Villa Massimo im Jahre 1992 noch nach Rom gereist bin. Nach der Beendigung meines Dienstes im Brandenburgischen Literaturbüro 1999 nahm ich bis 2013 fast
jährlich die Gastfreundschaft meiner Freundin Marianne
in Anspruch. Auch den Jahrtausendwechsel 1999/2000
erlebte ich in Rom, allerdings nicht so, wie ich es mir
vorgestellt hatte. Silvester trabte ich noch fröhlich durch
die Stadt, doch gegen Abend wurden mir die Füße seltsam schwer. Kaum schaffte ich es noch bis zu Mariannes
Wohnung. Dort zeigte das Fieberthermometer über 40
Grad an. Ich versank in einen Dämmerzustand, der mehr
als sieben Tage anhielt. So weiß ich bis heute nicht, wie

die Römer die Jahrtausendwende gefeiert haben. Wahrscheinlich mit viel Lärm und Feuerwerk.

Seit ich die Arbeit an einem Buch über Papst Gregor den Großen begonnen hatte, nahmen die Rombesuche noch einmal an Intensität zu. Wieder und wieder suchte ich die Stätten auf, an denen Gregor gewirkt hatte, um mich inspirieren zu lassen: S. Gregorio Magno, Santo Stefano Rotondo, San Giovanni in Laterano, Santa Croce in Gerusalemme, Sant´Agnese ... Vor allem auf dem Coelio ließ ich keinen erreichbaren Fußbreit Boden unbeachtet. Dass Joseph Ratzinger im April 2005 Johannes Paul II. als Benedikt XVI. auf dem Stuhl Petri nachgefolgt war, spornte mich beim Recherchieren und Schreiben zusätzlich an. Immer wenn ich müde wurde und den Stoff nicht zu bewältigen fürchtete, dachte ich an den zarten alten Mann, der nicht hatte Papst werden wollen und nun unter der Bürde seines Amtes auch noch an seinen Büchern über Jesus schrieb. Der Mann war fünfzehn Jahre älter als ich. Ich bewunderte den begnadeten Theologen und glänzenden Stilisten, dessen Bücher auch ein Nicht-Theologe mit Gewinn lesen konnte, dessen wöchentliche Katechesen auf dem Petersplatz und seine Ansprachen von einer Tiefe und Überzeugungskraft waren, wie sie in unserer Zeit so überaus selten geworden sind. Ich litt unter den Vorurteilen und der offenen Feindschaft, die dem ersten deutschen Papst seit einem halben Jahrtausend vor allem aus Deutschland und der hiesigen Kirche entgegenschlugen. Und immer dachte ich dabei an Gregor. So wurde dieses Buch, das 2009 erschien, auch eine Hommage an den deutschen Papst.

Sein überraschender Rücktritt im Februar 2013 entsetzte mich. Während die Welt, die diesen großen Geist nicht ertragen konnte, über seinen „mutigen Schritt" jubelte, verfiel ich geradezu in eine geistige Lähmung. Wie sehr ich dem Papst emeritus, der nun im Vatikan zurückgezogen lebt, seine Ruhe gönne, mir der schwindenden Kräfte des Greises bewusst bin, kann ich seinen Schritt nur schwer akzeptieren. Sein Geist ist immer noch heller und schärfer als der vieler, besonders deutscher Bischöfe zwischen fünfzig und siebzig. Aber die Wölfe mit ihrer „sprungbereiten Feindseligkeit" (Benedikt XVI.) waren stärker. So bleibt mir nur, den Entschluss dieses demütigen, überaus liebenswürdigen Mannes zu respektieren.

Zwei Jahre vor seinem Rücktritt durfte ich ihm ganz nahekommen. Ich schrieb damals Kolumnen für das von Paul Badde herausgegebene und von Guido Horst geleitete Vatican Magazin und hielt mich wieder einmal in Rom auf.

Ereignisreiche Tage in der Ewigen Stadt und in Manoppello lagen hinter mir. Zum Abschluss wollte ich gern die Pfingstmesse mit dem Heiligen Vater feiern. Seit jeher habe ich zum Heiligen Geist, dem Tröster, Inspirator, Mutmacher, ein besonderes Verhältnis. Meine einzige Pfingstmesse in Rom hatte ich zu DDR-Zeiten 1983 auf dem Petersplatz mit Johannes Paul II. erlebt, voller Verehrung für den polnischen Papst, aber der Kirche noch sehr fern. Meine Wuppertaler Freundin Gerda und ich machten damals für zwei Tage Station in Rom. Wir kamen von Canossa, Parma, Modena, Forli und wollten weiter nach Sperlonga, Fondi, Salerno, Amalfi. Auf dem Programm standen Recherchen für meine Erzählungen über italienische Frauen des Mit-

telalters und der Renaissance. Die großzügige Gerda finan-
zierte diese Reise wie alle meine fünf Aufenthalte in Italien
während der DDR-Zeit. Als besondere Überraschung be-
schenkte sie mich 1983 mit einer zweitägigen Übernachtung im Zimmer 415 im Hotel „Columbus" in der Via della
Conciliazione. Dort, so hatte sie bei einem ihrer früheren
Aufenthalte herausgefunden, konnte man im Bett liegend
abends die angestrahlte Kuppel von Sankt Peter sehen, die
genau das kleine Fenster ausfüllte. Unvergesslich!

In diesem Jahr 2011 fiel Pfingsten auf den 12. Juni. Eine
Woche zuvor suchte ich das Deutsche Pilgerbüro in der
Nähe der Engelsbrücke auf, um nach einer Karte für die
Pfingstmesse mit dem Papst zu fragen. Die Dame hinter
dem Tresen hob bedauernd die Schultern. Die Messe fände
in der Basilika statt und sie bekämen dafür wahrscheinlich
keine Karten. Sie schrieb sich Namen und Telefonnummer
auf und versprach, mich anzurufen, wenn doch noch einige Karten verfügbar wären. Trotz dieser freundlichen Geste
machte ich mir keine Hoffnung und es kam auch kein Anruf. Auf die Pfingstmesse im Petersdom zu verzichten, fiel
mir schwerer, als wenn sie auf dem Petersplatz stattgefunden hätte. In dem weiten Rund feiern Zehntausende von
Menschen die Messe nicht so konzentriert wie im geschützten Raum. Aber es gab ja genug Kirchen in Rom, um die
Herabkunft des Heiligen Geistes zu feiern.

Zufällig hatte ich mich in diesen Tagen mit dem Chefredakteur des Vatican Magazins zum Mittagessen verabredet. Auf meine Frage zu Beginn, ob er wisse, ob und wo

man noch eine Einlasskarte für den Petersdom erhalten könne, reagierte er nicht. Nach dem Essen überwand ich meine Furcht, aufdringlich zu erscheinen, und fragte nochmals. Guido Horst wiegte nachdenklich den Kopf. Er treffe sich am Freitag vor Pfingsten mit dem Privatsekretär des Papstes, Monsignore Georg Gänswein. Den würde er fragen, aber versprechen könne er nichts. Das klang gut, aber ich blieb skeptisch. Immerhin konnte mich der Chefredakteur, für dessen Magazin ich jeden Monat eine Kolumne schrieb, nicht so leicht abwimmeln wie die Dame im Pilgerbüro. Außerdem war dem Monsignore ohne mein Zutun zweimal mein Buch über Papst Gregor den Großen in die Hand gedrückt worden. Vielleicht erinnerte er sich und es half. Die Sache blieb spannend.

Am Freitagabend erreichte mich Guido Horsts Anruf, er habe eine Karte und sei auf dem Heimweg in die Sabiner Berge. Ob wir uns auf dem Parkplatz von „Lo Scarpone" nahe der Porta Pancrazio zur Übergabe treffen könnten. So schnell ich konnte, eilte ich entlang der belebten Autostraße in Richtung Restaurant und erreichte es, ziemlich atemlos, in einer knappen Viertelstunde. Guido Horst überreichte mir einen Umschlag, darin Fotos von Benedikt XVI. zu seinem bevorstehenden 60. Priesterjubiläum am 29. Juni und eine orangene Karte mit der Aufschrift: Permesso personale per ricevere la Santo Communione dal Santo Padre Benedetto XVI. und mit dem Stempel des Büros für Liturgische Feiern des Papstes versehen.

Ich traute meinen Augen nicht. Guido Horst meinte nur nüchtern: „Da haben Sie einen Platz ganz weit vorn."

Doch noch an der pontifikalen Pfingstmesse teilnehmen zu dürfen, war schon eine große Freude. Und nun das! Nicht im Traum hätte ich zu hoffen gewagt, die Kommunion von Papst Benedikt XVI. zu erhalten. Was bedeutete dagegen schon ein Fünfer im Lotto! Das war auch weit mehr, als dem Papst bei einer Generalaudienz die Hand zu geben und mit ihm ein paar freundliche Worte zu wechseln, selbst mehr, als eine Privataudienz zu erhalten. Was kann man in ein paar Minuten oder in einer Viertelstunde schon sagen! Mir würde ohnehin nichts Gescheites einfallen. Und dem Papst, an dem ununterbrochen Menschen vorbeiziehen, gewiss auch nicht. Aber in der Pfingstmesse, die die Herabkunft des Heiligen Geistes feiert, im Herzen des Petersdoms, am Petrusgrab, aus der Hand des ersten deutschen Papstes seit fünfhundert Jahren, dem Petrus unserer Zeit, den Leib Christi zu empfangen, dieser Gedanke überstieg meine Vorstellungskraft. Überwältigt stammelte ich meinen Dank. Von meiner Freude angesteckt, nahm Guido Horst mich in die Arme und dann schwebte, flog ich nach Hause und verbrachte eine vor Glück schlaflose Nacht.

Am Pfingstsonntag schien die Sonne von einem wolkenlosen Himmel, die Luft war frisch und klar und duftete nach Jasmin. Um 7.30 Uhr verließ ich das Haus, ich wollte den Weg nach Sankt Peter mit jedem Schritt auskosten. Die Stadt schlief noch, keine Menschen, keine Autos auf den Straßen. Bei meinem Weg über den Gianicolo schaute ich links auf die silbern schimmernde Kuppel von Sankt Peter, auf der anderen Seite dehnte und räkelte sich tief unten Rom mit seinen Kuppeln und Türmen, in deren

Mitte das Pantheon an ein gelandetes UFO denken lässt. Vor Sant´Onofrio grüßten ein roter und ein weißer Oleander im Blütenschaum. Die Vögel sangen, kein Lärm verschluckte ihren Gesang.

Menschen begegnete ich erst auf dem Petersplatz, nun aber in unglaublicher Menge. Entlang der Kolonnaden wand sich um den ganzen Platz eine Schlange, die langsam auf den Eingang zukroch. Bis zum Beginn der Messe dauerte es noch anderthalb Stunden. Erst später erfuhr ich, dass Al Qaida mit Terroranschlägen gedroht hatte. Ich nahm die Menschenmassen gelassen. Es gibt zum Warten keinen schöneren Platz auf der Welt. Doch es dauerte nicht einmal zwanzig Minuten, bis ich durch den Mitteleingang von Sankt Peter zu meinem Platz geleitet wurde. Wie jedes Mal bei Messen in Sankt Peter oder Veranstaltungen in der Audienzhalle schwankte ich zwischen Amüsement und leisem Ärger über die ordensgeschmückten Wichtigtuer in den schwarzen Anzügen oder gar Fräcken, die doch nicht mehr als Platzanweiser sind. Sie scheuchen die Teilnehmer, so sie nicht Eminenzen oder Exzellenzen sind, mit harschen Befehlen zu oder von den Plätzen. Aber vielleicht müssen sie auch so sein, weil viele Gläubige in ihrer Begierde, dem Papst möglichst nahezukommen, über Stühle und Barrieren zu springen bereit sind. Ich nahm meinen Platz auf der linken Seite ein, zwischen der Caritas und dem Petrus mit dem jahrhundertelang von Gläubigen blank geküssten Fuß jenseits des Mittelgangs. Über mir die Kuppel des Michelangelo und schräg gegenüber der Pfeiler der Veronika mit dem Schweißtuch.

Ich dachte an den Ausflug nach Manoppello mit Ellen und Paul Badde, der erst wenige Tage zurücklag. In der dortigen Kapuzinerkirche wird das Muschelseidentuch mit dem Antlitz Christi verehrt, das nach dem Bericht aus dem Johannesevangelium die Apostel Johannes und Petrus am Ostermorgen an einer von den anderen Tüchern abgesonderten Stelle im Grab des Auferstandenen fanden. Das Schweißtuch vom Gesicht Jesu zeigt das wahre Bild, vera eikon (Veronika), Christi. Unerklärlich, wie sich dieses Gesicht dem Tuch aufgeprägt hat, denn Muschelseide ist nicht bemalbar und es sind keine Farben oder ähnliche Substanzen nachweisbar.

Der Journalist und Buchautor Paul Badde ist seit Jahren der Herold des Volto Santo von Manoppello. In Büchern, Filmen, Vorträgen und Artikeln über die Geschichte und die Erforschung des Tuches hat er es weltweit bekannt gemacht.

Während des Sacco di Roma 1527, als deutsche Landsknechte Rom plünderten, soll es in das entlegene Dorf in den Abruzzen in Sicherheit gebracht worden und dann so ziemlich in Vergessenheit geraten sein. Im Petersdom zeigte man den Pilgern vom Balkon des Pfeilers der Veronika fortan zu Ostern eine Nachbildung, bis man es schließlich ganz unterließ.

Ich dachte an die Stunden, in denen ich erst skeptisch, dann forschend und schließlich im Gebet vor dem rätselhaften Tuch in der Kirche von Manoppello verbracht hatte. Im Gegenlicht durchscheinend und weiß wie eine Hostie; im normalen Tageslicht ein schemenhaft hervortretendes Gesicht, das langsam an Kontur gewinnt; mit elektrischer

Beleuchtung ein in Sepia gehaltenes Porträt, doch immer sich verwandelnd, je nach Blickwinkel und Beleuchtung: der halb geöffnete Mund, der zu staunen scheint, dann wieder lächelt, die sanften Augen, die feinen Brauen, die Verletzungen an Nase und Wangen dunkel von Blut, doch schon geheilt, Stirn und Wangen leicht gerötet wie von zurückkehrendem Leben. Als ich auf die Bitte von Paul möglichst nah an das Bild rückte, weil er mich mit ihm zusammen fotografieren wollte, wurde mir siedend heiß und mein Herz begann heftig zu klopfen. In diesem Augenblick hatte ich das Gefühl, vor dem Letzten Gericht zu stehen, durchschaut bis auf den Grund meiner Seele; dem Gericht, von dem der Dichter Jorge Luis Borges 1942 prophezeite:

… Wenn das letzte Gericht mit dröhnenden Trompeten anbricht
    und der vieltausendjährige Planet
    entwertet wird mit dem jähen Ende,
    – o Zeit! – seiner flüchtigen Pyramiden,
    dann werden die Farben und Linien der Vergangenheit
    in der Dunkelheit ein Antlitz zeichnen,
    ruhend, unbeweglich, treu, unveränderlich
    (vielleicht das der Geliebten, vielleicht Deins),
    und die Betrachtung dieses unmittelbaren
    Gesichts, ewig, heil, unverweslich,
    wird für die Feinde Gottes Hölle sein,
    für die Erwählten: das Paradies.

aus dem Spanischen von Paul Badde

Eine Stunde noch bis zum Beginn der Messe im Petersdom. Am Altar über dem Apostelgrab wurden letzte Vorbereitungen getroffen. Schweizer Gardisten in ihren farbenprächtigen Monturen zogen ein, später die Chorknaben von der Schola San Pietro. Rechts neben mir unterhielt sich eine Italienerin, deren unwahrscheinlich lange spitze Schuhe mich faszinierten, mit ihrer Nachbarin; links von mir zwei zwölf-, dreizehnjährige Kinder. Auf meine flüsternde Nachfrage erzählten sie, dass sie aus Wien kämen, ihre Eltern auf der rechten Seite säßen, sie aber die Kommunion erhalten dürften. Der rotblonde Junge trug einen schwarzen Anzug, das jüngere Mädchen etwas dicklich und unvorteilhaft angezogen. Beide wirkten blasiert, aber vielleicht waren sie nur verlegen. Diplomatenkinder, schätzte ich. Vor mir ein junges Ehepaar mit einem blondlockigen, etwa zweijährigen Mädchen, das der Papst bei seinem Einzug küssen würde, während die glückliche Mutter fotografierte und das erschrockene Kind schrie. Hinter mir viel freier Platz bis zur ersten Holzbarriere, hinter der dicht gedrängt die „normalen" Teilnehmer der Messe saßen.

Einer der würdigen Ordner instruierte uns im Flüsterton, wie man sich bei der Kommunion zu verhalten habe. Ich verstand nur Bruchstücke. Zwei Herren liefen durch die Reihe und verteilten Zettel mit ihren Adressen, Fotografen vom „Osservatore Romano" und von Felici, die während der Messe vom rechten Vierungspfeiler aus fotografieren dürfen und ihre Fotos ab dem morgigen Tag zum Verkauf anbieten würden.

Zu viel Ablenkung, um sich auf die Messe einzustimmen. Ich vertiefte mich in das Libretto mit den lateinischen und italienischen Messtexten.

Fanfaren erklangen. Chorgesang füllte den riesigen Raum: „Tu es Petrus et super hanc petram aedificabo ecclesiam meam …" Papst Benedikt zog durch den Mittelgang in den Petersdom ein. Es brauchte eine Weile, bis er bei uns anlangte. Vor ihm schritt eine lange Reihe von Priestern, Diakonen, Bischöfen, Kardinälen (später werde ich lesen, dass vierzig Kardinäle sowie fünfzig Erzbischöfe und Bischöfe konzelebriert haben). Endlich der Papst mit dem Hirtenstab, schmächtig, gebeugt, ernst. In seiner Nähe Sicherheitsbeamten in schwarzen Anzügen und mit Knopf im Ohr.

Bis alle Konzelebranten den Altar verehrt haben, Benedikt ihn inzensiert hat und zu seinem Sessel vor dem Altar über dem Petersgrab gegangen ist, verging noch einmal geraume Zeit.

Man kann sich von der Größe und Weite des Petersdomes einfach keine Vorstellung machen, selbst wenn man vor Ort ist. Durch die massiven Pfeiler und die barocke Ausstattung wirkt er kleiner als zum Beispiel der edle Raum von Sankt Paul vor den Mauern mit seinem Wald aus schlanken Säulen. Obwohl ich in der siebenten Reihe saß, schien der Mann vor dem Altar im leuchtend roten und goldenen Messgewand fern und klein; ich erkannte kaum seine Gesichtszüge.

Endlich zog mich die Liturgie in ihren Bann: das Gloria, das Tagesgebet, von Benedikt mit weicher, leicht brüchiger Stimme vorgetragen, die Lesungen aus der Apostelgeschichte auf Italienisch, dem 1. Brief an die Korinther auf Spanisch, dem Evangelium, auf Lateinisch gesungen von einem Diakon mit einer glasklaren schmiegsamen Stimme. Dazwischen Graduale, Pfingstsequenz, Akklamation der Chöre, einem in zwei Jahrtausenden gewachsenem Ritus folgend, der in seiner Schönheit und Kraft die Herzen der Gläubigen ergreift, erhebt, auf das Zentrum der Messfeier vorbereitet.

Dann folgte die Predigt. Benedikt XVI. ist kein begnadeter Redner wie sein Vorgänger Johannes Paul II. in seinen besten Jahren. Leise und gleichförmig tropften Worte und Sätze in den Raum. Selten hob sich die Stimme oder unterstrichen Gesten das Gesagte. Das Sprechen strengte den vierundachtzigjährigen Papst sichtlich an. Hin und wieder wischte er sich den Schweiß aus dem Gesicht. Die Messgewänder, obwohl im Aufwand gegenüber früheren Zeiten deutlich reduziert, sind noch schwer und warm genug.

Aber was Benedikt sagt, erstaunt und begeistert immer wieder in seiner Einfachheit, Klarheit und Eindringlichkeit. Ich verstand nur Bruchstücke von seiner italienischen Predigt und würde sie später nachlesen. Doch die letzten Worte verstand ich deutlich: „Ja, es ist schön zu leben, da ich geliebt bin, und es ist die Wahrheit, die mich liebt. Die Jünger freuten sich, als sie den Herrn sahen. Heute, an Pfingsten, gilt dieses Wort auch uns, da wir ihn im Glauben sehen können. Im Glauben kommt er unter uns und zeigt auch uns die Hände und die Seite und wir freuen uns darüber. Daher wollen wir beten: Herr, zeige dich! Schenke uns deine Gegenwart und wir werden das schönste Geschenk haben: deine Freude."

Nach dem Amen setzte eine Stille ein, wie ich sie in einem so großen Raum wie dem Petersdom mit Abertausenden von Menschen niemals für möglich gehalten hätte. Still saß der Papst da vorn, still saßen die Gläubigen, drei, vier, fünf Minuten, zeitlos – kein Hüsteln, kein Stühlerücken, kein Kindergeschrei, obwohl auch Kleinkinder im Dom waren. Es schien, als hielten alle den Atem an, um das Kommen des Herrn nicht zu verpassen. Vom Propheten Elija wissen wir, dass der Herr nicht im Sturm, nicht im Erdbeben und nicht im Feuer ist, sondern sich in der Stille offenbart. Der Raum weitete sich ins Unendliche, ich verlor mich in ihm, bin ich und doch nicht mehr ich.

Schließlich erhob sich Benedikt und leitete das Credo ein. Es folgten die vielsprachigen Fürbitten, nach denen die Messe zu ihrem Glutkern vordringt: der Eucharistie.

Das erste Hochgebet, der Römische Messkanon, der von den nachkonziliaren Priestern so selten, wenn überhaupt, gebetet wird, lässt sich bis zu Gregor den Großen zurückverfolgen. In seinem theologischen Reichtum und seiner Sprache spricht er mich auf besondere Weise an, vor allem das Hanc igitur: „Nimm gnädig an, o Gott, diese Gaben deiner Diener und deiner ganzen Gemeinde, ordne unsere Tage in deinem Frieden, rette uns vor dem ewigen Verderben und nimm uns auf in die Schar deiner Erwählten", und die Bitte: „Dein heiliger Engel trage diese Opfergabe auf deinen himmlischen Altar vor deine göttliche Herrlichkeit; und wenn wir durch unsere Teilnahme am Altar den heiligen Leib und das Blut deines Sohnes empfangen, erfülle uns mit aller Gnade und allem Segen des Himmels." Hier umfächelt nicht geistliche Lyrik lieblich das Ohr; aus diesem Hochgebet spricht der Ernst gelebten Glaubens.

Der Papst las das Hochgebet wie die ganze Messe in Latein, der uralten Sprache der Kirche, aber mein Herz verstand jedes Wort. In die Stille der Wandlung hob er die Hostie empor. Erst wie ein Schatten, dann deutlicher, scheint mir in dem weißen Rund das Antlitz von Manoppello auf – die sanften Augen unter den fein gezeichneten Brauen, die schmale Nase, der leicht geöffnete Mund … Mein Herr und mein Gott! Es ist wahrhaft der Leib des Herrn.

Ich kenne die Skepsis, kenne alle Einwände – es waren einmal die meinen: eine Oblate, aus Weizenmehl und Wasser gebacken, nichts als eine Oblate, daran ändert auch kein Hokuspokus etwas. Alle chemischen Analysen ergeben nichts anderes als Mehl und Wasser.

Und doch weiß ich so gewiss wie ich atme, dass diese nun konsekrierte Hostie, gleich geblieben in ihren Bestandteilen, der ganze, unteilbare Christus ist, auch in den kleinsten Partikeln. Nach den über sie gesprochenen Wandlungsworten des geweihten Priesters ist Jesus der Christus leibhaft zugegen. Unabhängig von meinem Glauben ist Christus in der konsekrierten Hostie gegenwärtig, aber wahrnehmen kann ich ihn nur im Glauben. Unsere Vorfahren haben noch um die Wirksamkeit der Weihe und des Segnens (und auch des Fluches) ganz selbstverständlich gewusst, ohne wie unsereins wissenschaftliche oder pseudowissenschaftliche Hilfskonstruktionen bemühen zu müssen.

Zur Austeilung der heiligen Kommunion begab sich Benedikt vom Altar hinunter vor das Petrusgrab, wo eine Kniebank aufgestellt war. Ich ordnete mich in die Reihe derer ein, die von dem Papst die Kommunion empfingen. Die letzten vier fünf Meter bis zur Kniebank waren allein zu bewältigen. Ein Geistlicher gab flüsternd das Einsatzwort: Va! (Gehen Sie) Während ich auf den Papst zuging, dachte ich: Wie gebeugt unter der Last der Jahre und des Amtes, wie zerbrechlich er doch ist. In TV-Übertragungen und auf Fotos wirkte er viel stabiler. Sein Blick musterte mich ernst und gesammelt. Dann spürte ich seine Hand an Kinn und Wange, die Hostie auf der Zunge. Zeit und Raum stürzten ineinander, lösten sich auf. Alles, was mir dazu einfällt, habe ich später gedacht. Ich kam erst wieder zu mir, als Benedikt längst seinen Platz vor dem Altar eingenommen hatte und sich zum dreifachen Schlusssegen erhob.

Der Auszug des Papstes, der Kardinäle, Bischöfe, Priester formierte sich. Jubelrufe wurden laut. Ich blieb sitzen, umtost von den Klängen der Orgel, bis die Ordner die Kirche mit entschiedenen Gesten und Worten räumen.

Der Petersplatz lag in gleißender Sonne und war bis zur Via della Conciliazione dicht mit Menschen gefüllt, die auf das mittägliche Regina Coeli des Papstes von seinem Arbeitszimmer hoch oben im Apostolischen Palast warteten. Ich suchte im Schatten der Kolonnaden Schutz vor der Sonne. Um mich herum erwartungsvolle Menschen. Endlich erschien der Papst am Fenster, von unten nur in Umrissen erkennbar. Seine Stimme, und das wirkte irgendwie gespenstisch, erfüllte das weite Rund des Platzes. Er zitierte Gregor den Großen: „Heute ist der Heilige Geist mit einem plötzlichen Getöse auf die Jünger herabgekommen und hat den Geist von fleischlichen Wesen im Inneren seiner Liebe verwandelt. Während äußerlich Feuerzungen erschienen, wurden die Herzen innerlich entflammt, da sie, Gott in der Erscheinung von Feuer aufnehmend, lieblich in Liebe entbrannten." Benedikt sagte auf Deutsch zu den Pilgern: „Einen frohen Pfingstgruß richte ich an die Pilger und Besucher aus den Ländern deutscher Sprache und heute besonders an die Teilnehmer der Parade mit den Rossen und Musikkapellen aus Bayern und Österreich. Wenn morgen in Dresden Alois Andritzki seliggesprochen wird, lenkt die Kirche unseren Blick auf einen jungen Priester, in dem das Wirken des Heiligen Geistes machtvoll aufleuchtet. Er hat sich dem Druck der nationalsozialistischen Machthaber nicht gebeugt, sondern war selbst in den Qualen des Konzentrationslagers Dachau für seine Mitgefangenen und Verwandten Quelle des Glaubens und der Freude. Belebt und erfüllt vom unwandelbaren Trost des Heiligen Geistes, schrieb er aus dem KZ: ‚Freut euch mit mir!' Diese tiefe und wahre Freude, die nur der Heilige Geist schenkt, wünsche ich euch allen!"

Nach dem Regina Coeli zogen die Rosse und Wagen der Bayern und Österreicher mit Nachbildungen der Münchner Frauenkirche und einer mir unbekannten österreichischen Kirche auf den Petersplatz , begleitet von Blaskapellen und Reitern. Volksfeststimmung kam auf. Das passte zu diesem Platz: die heilige Stille und das bunte fröhliche Gepränge aus aller Welt.

Durch die Mittagshitze lief ich über den Gianicolo nach Hause, an der Kirche Sant'Onofrio vorbei, in der Torquato Tasso begraben liegt, das Garibaldi-Denkmal auf der Höhe, schaute nach links unten auf das Anwesen der rebellischen Königin Christine von Schweden, nach rechts zurück auf die Peterskuppel, durchquerte die Porta San Pancrazio und die nach Jasmin duftende Via Bruzzesi. Meine Füße berührten kaum den Boden, ich wurde getragen. Es war alles so unwirklich und doch nah am Herzen der Welt.

Zum vorerst letzten oder vielleicht wirklich zum letzten Mal, wer weiß das schon, reiste ich im Oktober 2013 nach Rom. In diesen Tagen verfolgte mich das unabweisbare Gefühl, meine römische Zeit, die Ende August 1981 mit meiner Wuppertaler Freundin Gerda Wilmanns begonnen hatte, sei nun vorüber. Die Massen von Touristen schienen die Stadt unter ihren Füßen zu zerpulvern. Der emeritierte Papst Benedikt XVI. saß in seinem selbst gewählten vatikanischen Kloster. Sein Nachfolger seit einem halben Jahr, der Argentinier Jorge Bergoglio, jetzt Papst Franziskus, verschmähte die Papstwohnung hoch oben im Apostolischen Palast und residierte in einer Etage des vatikanischen Gästehauses Santa Marta. Die früher so papstfeindlichen Medien und die Öffentlichkeit jubelten ihm wie einem Heilsbringer zu, sprachen von einer neuen Kirche, neuer Bescheidenheit, neuer Barmherzigkeit ... Dabei empfand ich das, was Franziskus telefonierte, Presseleuten erzählte und auch sonst von sich gab, nur auf äußerliche Wirkung abzielend. Er sagte der Welt, was sie hören wollte, manchmal jovial, manchmal vulgär, meist vage. Er redete viel und sagte wenig, sprach von Barmherzigkeit, aber nicht von Jesus Christus.

Ähnlich wie bei Franziskus hatte sich die Welt verhalten, als US-Präsident Obama noch nicht einmal Präsident, sondern erst Präsidentschaftskandidat war. Sie jauchzte ihm schon vor seinem Amtsantritt zu, bejubelte ihn allein wegen seiner Worte „Yes, we can", wie sie von Franziskus begeistert war, als er nach seiner Wahl von der Loggia des Petersdomes statt „Laudetur Jesus Christus" „Buon giorno" und nach dem sonntäglichen Angelus „Buon appetito" sagte. Die Massen bejubelten Obama, weil er ein Afroamerikaner war und der Welt das Heil versprach. Das Nobelpreiskomitee verlieh ihm sofort nach Amtsantritt den Friedensnobelpreis und wieder war die Welt außer sich vor Freude. Inzwischen hat Präsident Obama einige Kriege geführt und die meisten seiner Versprechen nicht eingehalten.

Auch Papst Franziskus wird, befürchte ich, sein Waterloo erleben. Und die katholische Christenheit mit ihm, wenn der Heilige Geist nicht rechtzeitig eingreift.

Auf den Spuren des Apostels Paulus in der Türkei

Der Apostel Paulus hat mich seit jeher fasziniert: die Brüche und Spannungen in seinem Leben, sein Mut und seine kraftvollen und zugleich poetischen Briefe. Die Annonce in einer Zeitung, die eine preiswerte Reise auf den Spuren des Apostels Paulus versprach, ließ mich 2008 kurz entschlossen zu einer Reise in die Türkei aufbrechen.

Ein Jahr zuvor war ich für Recherchen für ein Buch über Gregor den Großen nach Istanbul gereist. Ich hatte mich sofort in die Stadt am Bosporus verliebt, in der das tausendjährige christliche Konstantinopel nach seiner Eroberung durch die Osmanen im Jahr 1453 zum heutigen Istanbul gewachsen war. Mit seinen Hügeln und Türmen, dem Leben auf den Straßen und Plätzen, den Touristen aus aller Welt erinnerte es mich an Rom. Das glitzernde Wasser des Bosporus und des Marmarameeres verliehen ihm ein unbeschreibliches Flair. Als ich an die Tage in Istanbul dachte, konnte ich der Sehnsucht, dieses Land näher kennenzulernen, nicht länger widerstehen.

Die Gruppe bestand aus sechzehn Reisenden, Konfessionslosen, Katholiken, Protestanten, und aus Rom schloss sich meine jüdische Freundin Marianne an.

Das erste Ziel unserer Reise war Antakya, das antike Antiochia am Orontes oder Antiochia in Syrien, wozu die Stadt auch bis 1939 gehört.

Aus der Apostelgeschichte wissen wir, dass nach dem Tod Jesu dessen Jünger vor der Verfolgung in alle Himmelsrichtungen flohen, so auch nach Antiochia, damals die drittgrößte Stadt des römischen Imperiums nach Rom und Alexandria. Sie hatte 500 000 Einwohner, davon 40 000 Juden in der Diaspora. Um das Jahr 40 wirkte Barnabas hier als Missionar und holte sich Paulus zu Hilfe, den er Jahre zuvor, nach dessen Bekehrung vor Damaskus, in den Kreis der Jerusalemer Apostel eingeführt und für ihn gebürgt hatte. Schließlich war Paulus einer der schärfsten Verfolger der jungen Christengemeinde gewesen, dann von seinen früheren Genossen gehasst und von den Christen misstrauisch beäugt. Nun lebte er wieder in Tarsus und dem zypriotischen Leviten Barnabas ist es zu verdanken, dass er das heiße Herz, den Mut und den scharfen Verstand dieses Mannes erkannt und fruchtbar gemacht hat. Wer war besser für eine Großstadtmission geeignet als dieser hochgebildete Diasporajude, von Geburt aus römischer Staatsbürger, vertraut mit griechischer Sprache und Kultur.

Paulus enttäuschte die Erwartungen des Barnabas nicht. Etwa sechs Jahre wirkten sie gemeinsam in der jungen Gemeinde und hier nannte man die Anhänger des neuen Weges zum ersten Mal Christen. Auch später hielt sich Paulus auf seinen Reisen nach Jerusalem wiederholt für längere Zeit in Antiochia auf. Hier geriet er heftig mit Petrus aneinander, als dieser aus Furcht vor den Juden das Mahl mit Heidenchristen verweigerte, obwohl das Apostelkonzil von Jerusalem eine Mahlgemeinschaft akzeptiert hatte.

Nikolaus, einer der ersten sieben Diakone, floh nach der Steinigung des Stephanus in seine Heimatstadt Antiochia. Der Evangelist Lukas soll ebenfalls von hier stammen. Im zweiten Jahrhundert lebte in dieser Stadt der hochgeachtete Bischof Ignatius von Antiochia. Wegen seines Glaubens verhaftet und nach Rom vor Kaiser Trajan gebracht, antwortete Ignatius auf dessen Frage, warum er das Volk von Antiochia zum Christentum bekehre und damit zum Ungehorsam gegen den Kaiser aufhetze: Wie gern hätte ich auch dich bekehrt, damit du das ewige Königreich erlangtest.

Trajan, vom Mut des greisen Mannes beeindruckt, schlug ihm vor: Opfere unseren Göttern und ich will dich zum Obersten Priester machen.

Ignatius lehnte ab: Tu mit mir, was du willst, aber meinen Sinn wirst du niemals ändern. Bevor die Löwen im Flavischen Amphitheater sich auf ihn stürzten, rief er: Weizen Gottes bin ich, die Zähne der wilden Tiere müssen mich zermahlen, damit ich zum Brot Christi werde.

Als man dem Kaiser davon berichtete, meinte der: Groß ist der Mut der Christen, wo wäre der Grieche, der solches litte für seinen Gott!

Johannes Chrysostomus, der begnadete östliche Kirchenlehrer und Bischof von Konstantinopel, wurde in Antiochia geboren.

Zu Paulus' Zeiten war Antiochia berühmt-berüchtigt für hemmungslosen Hedonismus, schlagfertigen Witz und gute Küche. Der Heilige Hain an der Daphne-Quelle im Süden der Stadt, wo sich der Sage nach die Quellnymphe Daphne auf der Flucht vor dem lüsternen Apoll in einen Lorbeerbaum verwandelt hatte, galt als Asyl für Schutzsuchende, aber auch als Hochburg der Sittenlosigkeit. Der Begriff „daphnische Sitten" wurde im ganzen Römischen Reich als Synonym für Schamlosigkeit gebraucht.

Das muss sich in den nachfolgenden Jahrhunderten geändert haben, denn der französische Benediktiner Guibert von Nogent schrieb im elften Jahrhundert begeistert: „Die Schönheit der Stadt Antiochia ist unvergleichlich, in der Erhabenheit ihrer Gebäude keiner zweiten gleich, sie ist anmutig gelegen, mit einem unvergleichlichen Klima, inmitten fruchtbarer Weingärten und reicher Felder."

Seit der Beschreibung des Benediktiners sind tausend Jahre, schwere Erdbeben, Überschwemmungen, Schwemmsand des Orontes, Plünderungen, Eroberungen, Versklavung und Vertreibung der christlichen Bevölkerung über die Stadt hinweggegangen. Die Straßen, durch die Petrus, Paulus, Barnabas und all die anderen geschritten sind, liegen in elf Metern Tiefe unter dem Asphalt verborgen. Heute hat die einstige Halbmillionen-Stadt etwa 145 000 Einwohner. Nichts erinnert mehr an ihre christliche Geschichte. Nirgendwo im Stadtbild antike Überreste, nur im Museum wunderschöne Mosaike aus römischer Zeit. Der viel gerühmte Orontes schleppt sich als übel riechendes Rinnsal durch das betonierte Flussbett. Die hangaufwärts gelegene Altstadt kündet noch von osmanischer Zeit, die hier 1517 begann. Dort befindet sich auch das sogenannte „abrahamitische Dreieck". Inmitten verwinkelter Gassen stehen ein katholisches Kirchlein und eine Moschee relativ nah beieinander und unscheinbar in der Straßenzeile eine Synagoge. Ebenfalls ganz in der Nähe ein kleines ökumenisches Zentrum, geleitet von einer jungen Deutschen vom dritten Orden des hl. Franziskus.

Die Berge über der Altstadt sind von zahlreichen Höhlen durchlöchert, in deren einer sich die sogenannte Petrusgrotte befindet, wo sich die ersten Christen versammelt haben sollen. Leider war der Zugang zu dieser Kirche durch einen Steinschlag versperrt und wir mussten uns mit einem Blick von außen begnügen. Also genossen wir die Sicht von oben auf Antakya:

Äußerlich eine gesichtslose, scheinbar geschichtslose moderne Provinzstadt, wie man sie überall auf der Welt findet. Doch man lasse sich nicht täuschen. Man sieht nur, was man weiß. An wie vielen Menschen gehen wir achtlos vorüber, durch wie viele Städte treiben wir blicklos, weil wir nichts von ihnen wissen.

Kaum vorstellbar, dass in Antakya einst das Leben einer toleranten, weltoffenen Metropole pulsierte. Keine antiken Ruinen beflügeln die Phantasie. Und dennoch: Von hier aus trat die Kirche aus den Heiden ihren Weg in die Welt an. Auf einem morgenfrühen Spaziergang durch die noch in Schlaf versunkene Stadt meinte ich, mit meinen inneren Sinnen das Sprachengewirr der einstigen Vielvölkerstadt zu vernehmen, teilte sich mir ihre Hast und Geschäftigkeit mit und irgendwo, inmitten dieser vor meinem inneren Auge erscheinenden dahinschlendernden, dahineilenden Schatten, musste Paulus sein, einer unter vielen. Er war damals um die dreißig, getragen und zugleich getrieben von einem unerhörten Erlebnis: der Begegnung mit Christus vor Damaskus. Er ahnte wahrscheinlich noch nicht, welche Mühen, Entbehrungen und Enttäuschungen ihm bevorstanden, und hätte er es geahnt, es hätte ihn nicht von seinem Weg abbringen können.

Von Antiochia fuhren wir zum dreißig Kilometer entfernten antiken Hafen der Stadt, nach Seleukia Pieria. Von hier aus brach Paulus gemeinsam mit Barnabas und dessen Cousin Johannes, genannt Markus, Verfasser des zweiten Evangeliums, zu seiner ersten Missionsreise auf. Während der Fahrt durch die fruchtbare Schwemmlandschaft des Orontes bestimmte ein majestätisch aus der Ebene aufsteigender Berg die Szenerie. Ich fragte den türkischen Reiseleiter nach dessen Namen. Musa Dagh, nuschelte er undeutlich, ohne wie sonst zum Mikrofon zu greifen. Ich

vergewisserte mich, ob ich richtig gehört hatte: *Der* Musa
Dagh? Der Mosesberg? Der Reiseleiter nickte wortlos.

Der Musa Dagh, 1355 m hoch, im historischen Klein-
armenien gelegen, war Zufluchtsort einer Gruppe von
5000 Armeniern während ihrer Vertreibung 1915 durch
die Türken. Franz Werfel hat ihr Schicksal in dem Roman
„Die vierzig Tage des Musa Dagh" eindrucksvoll und unvergesslich beschrieben. Ich hatte diesen Berg ganz woan-
ders verortet. Gern hätte ich von dem Reiseführer mehr
erfahren, aber er blieb taub auf diesem Ohr.

Von der bedeutenden antiken Hafenstadt Seleukia Pieria,
wo Paulus mit seinen Gefährten drei Tage auf ein Schiff
wartete, künden nur noch ein paar klägliche Steintrüm-
mer im Sand. Die Stadt wurde schon 540 von den Persern
und hundert Jahre später von den Arabern erobert und
dann aufgegeben, weil sie zunehmend verlandete. Touristen kommen, wenn überhaupt, nur hierher, um den nach
Kaiser Titus benannten Tunnel zu besichtigen, der bei
Überschwemmungen das Wasser von der Stadt wegleiten
sollte. Den Titustunnel, eine bewundernswerte technische Leistung der Römer, durch harten Fels getrieben, gibt
es immer noch, die Stadt schon lange nicht mehr. Heute
wachsen an den Berghängen dichte Lorbeerbüsche und
freundliche Bauern bieten Lorbeerblätter, Seife und Öl an.
Ansonsten ist es still. Majestätisch erhebt sich der Musa
Dagh über dem Meer, dessen herandrängende Wellen von
Hoffnung und Untergang erzählen, von Leben und Tod –
in einer Sprache, die wir nicht verstehen.

Durch den fruchtbaren Küstenstreifen näherten wir uns von Süden her der Stadt Tarsus, die zu Paulus' Zeiten durch einen Kanal mit dem zwei Kilometer entfernten Meer verbunden war. Heute beträgt die Entfernung zum Meer 16 Kilometer. Der Sage nach wurde Tarsus von Herakles gegründet und verdankt seinen Namen dem Hufeisen (tarsos), das das geflügelte Pferd Pegasus hier verloren haben soll. Tarsus war einer der wichtigsten Häfen im östlichen Mittelmeer, Handelszentrum und Tor zum Hochland von Anatolien. Alexander den Großen hielt hier wochenlang schwere Krankheit fest, bevor er in der Schlacht von Issos 333 v. Chr. die zahlenmäßig weit überlegenen Perser besiegte und in der Folge die griechische Zivilisation bis zum Nil und zum Indus trug. 300 Jahre später wurde Cäsar von der tarsischen Bevölkerung als Held gefeiert. Der erste römische Statthalter von Tarsus war der Rhetor und Staatsmann Cicero. Kleopatra und Antonius trafen sich in dieser Stadt, um ihr kurzes Glück zu genießen, woran noch heute das Kleopatrator aus römischer Zeit erinnert.

Tarsus liegt in der antiken Landschaft Zilizien, deren Name von cilicium hergeleitet ist, mit dem das robuste Tuch, besonders geeignet für Zeltplanen, aus dem schwarzen Haar der Tauruszige bezeichnet wird. Mit Zeltplanen ließ sich gutes Geld verdienen; die Armee brauchte sie ebenso wie die Händler, über Theatern und Arenen dienten sie als Schutz vor Sonne und Regen. In Tarsus konzentrierte sich die Textilherstellung. Die dort ansässigen Juden spielten im Wirtschaftsleben eine bedeutende Rolle, viele besaßen das römische Bürgerrecht. Hier wurde Paulus in einer Familie von vermögenden Textilfabrikanten geboren. Wie alle Juden erlernte er neben seinen Studien ein Handwerk – eben das des Zeltmachers. „Ich bin ein Jude aus Tarsus in Zilizien, einer nicht unbedeutenden Stadt", erklärte Paulus stolz. Im Gegensatz zu den aus rustikalen Verhältnissen stammenden Jüngern Jesu wuchs er in einem kosmopolitischen Klima auf, geprägt bis in die Sprache hinein vom Leben der griechisch-römischen Polis.

Tarsus zählte zu Paulus' Zeiten nur etwa 200 000 Einwohner, aber es war weltläufiger als heute. Wir trafen dort just an dem Tag ein, als die türkischen Bischöfe und der Ökumenekardinal Kasper das Paulusjahr in der Türkei eröffneten. Von der Feierlichkeit bekamen wir kaum etwas mit, weil wir in brütender Mittagshitze eintrafen und nach drei Stunden schon wieder weiterfuhren. In der Altstadt, wo sich in der Antike wahrscheinlich das jüdische Viertel befand, ein kleiner eingezäunter, eintrittspflichtiger Park. Unter Glasscheiben sind die Grundmauern eines Hauses zu sehen, in dem Paulus vor zweitausend Jahren geboren sein soll, dann ein Brunnen, der sogenannte Paulusbrunnen, der sicher mit Paulus nicht viel zu tun hat. Auf dem Platz daneben aus gegebenem Anlass eine Tribüne mit der seltsamen Inschrift: „2008 years of St. Paul/2008 years of intercultural dialogue", eingerahmt von zwei etwa fünf Meter hohen Porträts mit einem gen Himmel blickenden Atatürk und riesigen türkischen Fahnen. Davor hundert rote Stühle für die am Abend erwarteten ökumenischen und interkulturellen Zelebritäten. Über den Platz schallten aus Lautsprechern martialische patriotische Gesänge, die sich später mit dem Lautsprechergesang des Muezzins aus der nahen Moschee vereinigten. Interkultureller Dialog, erfuhr ich hier geradezu physisch, kann ungeheuer anstrengend sein und ich war froh, dass ich nicht daran teilnehmen musste.

Aus der byzantinischen Pauluskirche in Tarsus wurde nach der Eroberung durch die Türken eine Moschee und in neuerer Zeit ein Museum. Für die Dauer des Paulusjahres erlaubte der türkische Staat dort christliche Gottesdienste.

Während unsere Reisegruppe zum Mittagessen den Schatten eines Innenraums als Schutz vor der brütenden Hitze suchte, trank ich am Paulusplatz einen heißen süßen schwarzen Tee, das beste Mittel gegen Hitze, und kam mit einem jungen Türken ins Gespräch. Natürlich sei das Paulusjahr gut, sagte er, es brächte hoffentlich viele Touristen und Geld in die Stadt. Und schließlich sei Paulus ja einer von den Bürgern dieser Stadt, man sei stolz auf ihn. Was er denn an Paulus schätze, fragte ich ihn. Dass er ein guter Geschäftsmann gewesen sei, sagte er und lachte.

Auch in Tarsus erinnert nichts wirklich an Paulus. Und dennoch ist der Name dieser Stadt durch ihren größten Sohn weltweit ein Begriff geworden.

Von Silifke, dem antiken Seleukia am Meer, fuhren wir hinauf ins Taurusgebirge. Ein kurzer Ausstieg an der Stelle, wo Kaiser Barbarossa 1190 während des dritten Kreuzzuges im Saleph ertrunken ist. Ein Gedenkstein, gestiftet vom deutschen Botschafter, erinnert daran. Wir folgten der Handelsstraße, die in der Antike von Seleukia am Meer nach Norden über Ikonion nach Cäsarea in Kappadozien führte und dort auf die Seidenstraße stieß. Sie verband damals den fernen Osten mit Nordafrika, heute ist sie eine gut ausgebaute Provinzstraße. Uns öffnete sich eine abwechslungsreiche Landschaft mit großen Seen, die Hochebene eingerahmt von bizarren Berggipfeln; fruchtbares Land mit Weizen, Zuckerrüben, Südfrüchten, Oliven.

Das antike Ikonion, heute Konya, liegt 1600 Meter hoch in einer Ebene. Es hat fast eine Million Einwohner und ist eine bedeutende Industrie- und Universitätsstadt. Weithin bekannt ist sie durch die grüne Moschee, zugleich Museum und Grabstätte des mittelalterlichen islamischen Mystikers und Dichters Rumi (1207–1273); auf ihn geht der Mevlana Orden mit den tanzenden Derwischen zurück. In dem Moscheemuseum herrschte trotz Besucherandrang eine tiefe Andacht, wie man sie in vergleichbaren christlichen Kirchen selten findet.

Nach Ikonion kamen Paulus und Barnabas auf der ersten Missionsreise. Sie predigten in der Synagoge „und eine große Zahl von Juden und Griechen wurde gläubig." Doch das Volk in der Stadt spaltete sich über die Reden, Wunder und Zeichen der Apostel, sodass diese vor der angedrohten Steinigung nach Lystra und Derbe fliehen mussten.

Laut den im 2. Jahrhundert verfassten apokryphen „Paulusakten" wohnte Paulus in Ikonion im Hause des Onesiphorus, der uns auch im 2. Brief an Timotheus begegnet. Onesiphorus aber „sah Paulus kommen, einen Mann, klein von Gestalt, mit kahlem Kopf und krummen Beinen, in edler Haltung, mit zusammengewachsenen Augenbrauen und einer klein wenig hervortretenden Nase, voller Freundlichkeit". So wurde Paulus auf den ältesten Bildnissen auch dargestellt, glatzköpfig, ein wenig finster wirkend durch die zusammengewachsenen Augenbrauen. Einen Heros stellt man sich anders vor.

Die Spuren der nahen Städte Lystra und Derbe, wohin Paulus und Barnabas von Ikonion aus zogen und die Paulus später nochmals aufsuchte, hat der Wind der Geschichte verweht. Nur zwei Hügel unter einem weiten Himmel in einer weiten Hochebene zeugen noch von ihnen. Da standen wir nun zwischen Feldern und Wiesen, schauten in den Himmel und schauten in die Weite über menschenleeres Land.

Dabei sind die Berichte in der Apostelgeschichte vor allem über Lystra besonders eindrücklich. Aus Lystra stammte der Paulusschüler Timotheus, der Sohn einer Jüdin und eines Griechen. In Lystra heilte Paulus einen Gelähmten, worauf die Bevölkerung ihn wegen seiner Sprachgewalt als Hermes und Barnabas wegen seines Aussehens als Zeus verehren wollte. Die von den beiden heftig abgewiesene Verehrung schlug in Zorn um, als Juden aus dem pisidischen Antiochia und aus Ikonion in die Stadt kamen und das Volk gegen die Apostel aufhetzten. „Und sie steinigten den Paulus und schleiften ihn zur Stadt hinaus, in der Meinung, er sei tot." Aber Paulus erholte sich, zog mit Barnabas nach Derbe weiter und verkündete dort das Evangelium.

Das Auge wandert über die grasbewachsenen Hügel, in deren Tiefe die Überreste der beiden antiken Städte ruhen. Angesichts der weiten Landschaft, der schroffen Berge, durch die wir gefahren sind, der langen Strecken, die wir zurücklegen, wächst das Staunen über die seelischen und körperlichen Kräfte des Mannes aus Tarsus und seiner Gefährten, die zu Fuß Entfernungen überwanden, die uns schon im klimatisierten Bus ermüden.

Wer weiß, ob Lystra und Derbe und die anderen griechisch-römisch-frühchristlichen Stätten auf türkischen Boden je ausgegraben werden. Der türkische Staat hat kein Interesse an den Zeugnissen christlicher Geschichte und Touristen verirren sich ohnehin kaum in die meerferne Hochebene. Der jähe Abbruch der christlichen Tradition und ihre Überlagerung durch den Islam hat das Wissen um Orte wie Derbe und Lystra verschwinden lassen. Vielleicht ist es auch gar nicht wünschenswert, diese Städte auszugraben und sie durch den Tourismus pulverisieren zu lassen. Ein Samen kann nur aufgehen, wenn er im Dunkel der Erde bleibt, und nicht, wenn er zertreten wird. Über Paulus und Jesus Christus werden wir auch nicht mehr erfahren, wenn wir Staub und Schutt vergangener Jahrtausende von einer Stelle zur anderen schaufeln. Denn der Gott, an den die Christen glauben, ist ein lebendiger Gott und die Sehnsucht des Herzens findet nicht Erfüllung in der Betrachtung wissenschaftlich dokumentierter Ausgrabungen.

Antiochia in Pisidien liegt nordwestlich von Ikonion, noch immer in der Hochebene. Auch diese Stadt war eine Kolonie von römischen Militärveteranen, die sich mit griechischen Siedlern und Juden mischten. Durch die

wichtige Militärstraße Via Sebaste war sie mit anderen römischen Gründungen in Kleinasien verbunden und hatte
sich schnell zu einer der bedeutendsten Städte Kleinasiens
entwickelt. Eine gute Adresse also für den „Großstadtmis-
sionar" Paulus.

Hierher kam er im Oktober 46 während der ersten
Missionsreise, die von Antiochia am Orontes über Zy-
pern nach Perge an der türkischen Südküste geführt hatte.
Dort hatte sich Johannes, genannt Markus, zum großen
Verdruss des Paulus von seinen beiden Reisegefährten
getrennt und war nach Jerusalem zurückgekehrt. Paulus
und Barnabas aber machten sich von Perge aus auf den
beschwerlichen, zweihundert Kilometer langen Weg hinauf in das Taurusgebirge. Eine unerhörte Strapaze, zumal für den erkrankten Paulus. In Antiochia in Pisidien
gingen sie wie an allen Orten zuerst in die Synagoge und
wurden freundlich aufgefordert, „ein Wort des Trostes für
das Volk" zu sprechen. Die Apostelgeschichte zitiert eine
Predigt des Paulus, in der es heißt, Gott habe die Verheißung, die an die Väter ergangen sei, an den Kindern erfüllt, indem er Jesus von den Toten auferweckt habe. Seine
Worte beeindruckten die Zuhörer und sie baten ihn, am
nächsten Sabbat wieder zu ihnen zu sprechen. An jenem
Tag strömte fast die ganze Stadt, also in der Mehrzahl
Heiden, zur Synagoge. In seiner Rede erklärte Paulus frei-
mütig, dass den Juden das Wort Gottes zuerst verkündet
werden musste. Da sie es aber zurückstießen, „wenden wir
uns jetzt an die Heiden" und er zitierte Jesaja: „Ich habe
dich zum Licht für die Völker gemacht, bis ans Ende der
Erde sollst du das Heil sein." Paulus und Barnabas ern-

teten begeisterten Zuspruch. „Als die Heiden das hörten, freuten sie sich und priesen das Wort des Herrn und alle wurden gläubig, die für das ewige Leben bestimmt waren. Das Wort des Herrn aber verbreitete sich in der ganzen Gegend." So berichtet die Apostelgeschichte. Im pisidischen Antiochia ereignete sich Mitte Oktober 46 der entscheidende Durchbruch zur Heidenmission.

Die Gegner des Paulus und des Barnabas blieben nicht untätig. Sie hetzten die Autoritäten der Stadt und viele Vornehme gegen die beiden auf und vertrieben sie aus Antiochia, worauf sie auf der Via Sebaste weiter in das 90 Kilometer entfernte Ikonion zogen. Dort, wir wissen es, trug ihre Mission reiche Früchte, verbunden mit erneuter Verfolgung.

Wir hatten den umgekehrten Weg genommen, also von Ikonion ins pisidische Antiocha, das nahe der heutigen türkischen Kleinstadt Yalvac auf einem Hügel liegt und zum Teil ausgegraben ist: das Theater, der Augustustempel, Straßen und auch die Apsis der im vierten Jahrhundert erbauten Paulusbasilika, die wiederum errichtet wurde über jener Synagoge, in der Paulus so erfolgreich gepredigt hatte. Mit siebzig Metern Länge war die Basilika damals eine der größten Kirchen der Welt, etwa genauso groß wie die Lateranbasilika in Rom.

In der Ruine der ausgegrabenen Basilika feierten wir eine Messe. Wir schichteten drei große Steine zum Altar übereinander, breiteten ein Tuch darüber, auf die ein mitreisender Priester Kelch und Hostienschale stellte. Ein mitreisender Missionar aus Südafrika assistierte ihm. Die Sonne brannte vom mittäglichen Himmel, kein Schatten weit und breit. Der Priester feierte die Messe vom Tage Peter und Paul, die Mitfeiernden sangen „Lobe den Herren" und Lieder, die ohne Gesangbuch präsent waren. Ich trug aus der Apostelgeschichte jene Stelle vor, die sich eben an diesem Ort abgespielt hatte. Und im Evangelium hieß es: „Auf diesen Felsen werde ich meine Kirche bauen und die Kräfte der Unterwelt werden sie nicht überwältigen."

Hätte Paulus sich im Oktober des Jahres 46 vorstellen können, dass fast ein halbes Jahrtausend später über der Synagoge ein riesiges christliches Gebetshaus stehen würde, das wieder ein halbes Jahrtausend später in Trümmer gelegt wurde? Wieder 500 Jahre später bedeckte Erde meterhoch die Ruinen und wieder 500 Jahre später feierten jetzt wir, Nachkommen heidnischer Stämme aus dem Norden, in der freigelegten Ruine eine Messe. Es war ein Erlebnis besonderer Art, sich an diesem Ort Ablauf und Wandel der Zeiten zu vergegenwärtigen und dabei die winzige Spanne des eigenen Lebens zu bedenken. Doch das Wort von vor zweitausend Jahren lebt und ist sich gleich geblieben, bis heute.

Auf dem Rückweg zum Bus kamen wir an Amerikanern vorbei, die in den Ruinen einer anderen Kirche ebenfalls einen Gottesdienst feierten. Sie saßen auf Erdhügeln und hörten einem Priester zu. Die Szene mutete an wie das Geschehen der Bergpredigt.

Öffentliche Gottesdienste sind in der Türkei verboten, aber die türkischen Reiseführer ließen uns und die anderen gewähren. Schließlich brachten die Pilger zum Paulusjahr Geld ins Land und vor allem: Sie reisten auch wieder ab.

Nach einer Fahrt von über fünfhundert Kilometern westwärts immer bergab, dem Meer entgegen, erreichten wir Pamukkale, den Ort mit den berühmten weißen Kalksinterterrassen. In der Antike nannte sich dieser Ort mit der Heiligen Quelle Hierapolis, war ein Kurbad mit allem römischen Luxus und lebte von den Einwohnern der nahen reichen Textilstadt Laodicea. Heute vergnügen sich hier vor allem reiche Russen an der Quelle, die gegen jegliche Leiden helfen soll. Aber offenbar sind auch die Tage der Quelle gezählt. Seit dem schweren Erdbeben von 1989 speist sie keinen Wasserfall mehr wie bisher, sondern tröpfelt nur noch und lässt die Kalksinterterrassen veröden.

In Hierapolis finden sich Ruinen von römischen Thermen, Brunnen, Theatern, Tempeln, Nekropolen – wie man sie überall zwischen Frankreich und Syrien findet. Ich kapitulierte vor der unsäglichen Hitze und suchte mir ein schattiges Plätzchen mit Ausblick.

Die einst reiche Stadt Laodicea, seit tausendfünfhundert Jahren verlassen, liegt auf einem flachen Hügel in Sichtweite von Hierapolis/Pamukkale. Sie wird im Neuen Testament im Kolosserbrief erwähnt und ist die Empfängerin des siebenten und letzten Sendschreibens der Johannesoffenbarung. Dort heißt es über Laodicea: „Ich kenne deine Werke. Du bist weder kalt noch heiß. Wärest du doch kalt oder heiß! Weil du aber lau bist, weder heiß noch kalt, will ich dich aus meinem Munde ausspeien. Du behauptest: Ich bin reich und wohlhabend und nichts fehlt mir. Du weißt aber nicht, dass gerade du elend und erbärmlich bist, arm, blind und nackt." Worte, wie zu uns gesprochen.

Nichts ist übrig geblieben von Reichtum und Glanz der griechisch-römischen Stadt. Schon im Jahr 494 hatte sie nach mehreren schweren Erdbeben jegliche Bedeutung verloren. Wir stolperten zwischen ausgegrabenen Ruinen, einem steil ansteigendem Theater, Tempeln, einer einstigen Prachtstraße. Keine Touristen. Da waren nur Hitze, Staub und Trümmer.

Am Ende der Reise stand der Besuch von Ephesus und Milet an der Westküste der Türkei. Schon die Übernachtung in Pamukkale hatte auf den Irrsinn des modernen Tourismus vorbereitet. Der Aufenthalt in Kusadasi aber sprengte alle Vorstellungen. Riesige Hotelanlagen mit Tausenden von Gästen, Badebetrieb, unablässigem Musikgedudel, endlos langen, überquellenden Buffets, an denen sich wohlgenährte Menschen drängeln, als seien sie kurz vor dem Verhungern.

Die antike Stadt Ephesus, nahe der heutigen Stadt Selcuk, lag im Altertum direkt am Meer. Durch klimatische und seismische Veränderungen verschob sich die Küstenlinie, sodass Ephesus heute mehrere Kilometer landeinwärts liegt, ebenso wie Milet, das das Schicksal der Verlandung und des damit verbundenen Niedergangs teilt. Ephesus war berühmt für die Verehrung der Artemis und den ihr geweihten Tempel, der zu den sieben Weltwundern gehörte. Hier lehrte Thales von Milet, wurde Heraklit geboren und lebte der Tradition zufolge Homer.

Österreichische Archäologen haben seit mehr als hundert Jahren planvoll Ausgrabungen unternommen. Hunderttausende von Besuchern strömen jährlich durch die Ruinen, die Kreuzfahrtschiffe laden hier ihre Fracht aus. Dagegen sind das Forum Romanum oder Pompeji nur schwach besuchte Orte.

Paulus lebte hier während der dritten Missionreise mehr als zwei Jahre. Seinen Lebensunterhalt bestritt er durch Arbeit in einer Zeltmacherei. Er predigte in der Synagoge, unterwies in einer Privatschule griechische Konvertiten, heilte Kranke, trieb Dämonen aus, war im Gefängnis. In Ephesus schrieb er zwischen 53 und 56 seine Briefe an die Galater, an die Korinther, an die Philipper und an Philemon.

Nachdem wir die Überreste von Tempeln, Bädern und Bordellen genug bestaunt hatten, kamen wir zum Theater von Ephesus, das einst 20 000 Menschen fasste. Hier hat sich der Aufruhr der Silberschmiede abgespielt. Die um ihren einträglichen Devotionalienhandel fürchtende Menge protestierte lautstark zwei Stunden lang gegen das missionarische Wirken des Paulus mit den Worten: „Groß ist die Artemis von Ephesus!" Es ist gut möglich, dass die Stelle im 1. Korintherbrief, in Ephesus habe er, Paulus, gegen wilde Tiere gekämpft, sich auf dieses Ereignis bezieht. In den oberen Rängen des Theaters sitzend, kann man sich den Hexenkessel aufgehetzter Menschen vorstellen, ihr Wüten gegen einen Mann, der ihre Geschäfte mit Artemis, der Nachfolgerin von Kybele, der „großen Mutter", bedrohte.

Die Gottesmutter Maria soll mit dem Apostel Johannes in Ephesus gelebt haben. Über dem Grab des Johannes ließ Kaiser Justinian im sechsten Jahrhundert die auch als

Ruine noch mächtige Johannesbasilika erbauen. In der Johannesoffenbarung ist Ephesus die Empfängerin des ersten Sendschreibens an die sieben Gemeinden. In Ephesus tagte 431 das dritte ökumenische Konzil, auf dem Maria zur Gottesgebärerin, „theotokos", erklärt wurde.

So war knapp vierhundert Jahre nach Paulus aus der Stadt der „großen Mutter" Kybele und später der Artemis die Stadt der Maria geworden. Der „in Ephesus sanktionierte Marienkult ist gewissermaßen die letzte Hand, die der alte Orient an das neue Christentum legt", schrieb der Theologe Dieter Hildebrand in seiner Paulusbiographie.

Etwas abseits der Touristenströme, nicht weit vom alten Hafen, fanden wir die sogenannte Konzilskirche, die Reste der Marienkirche also, in der sich die Kirchenväter 431 zum Konzil versammelt haben sollen. Zwischen Gras und Steinen saßen wir in der Apsis eine Weile still beisammen, jeder in seine Gedanken versunken. Als wir schließlich ein Ave Maria sprachen und das Lied „Maria breit den Mantel aus" anstimmten, schienen die Stimmen tief aus dem Erdreich aufzusteigen und dann immer heller zu werden, ehe sie sich im Himmelsblau verloren.

Siebzig Kilometer südlich von Ephesus liegt Milet, die einstige Herrin der Ägäis. Vom achten bis sechsten Jahrhundert vor Christus erlebte die Stadt ihre Blütezeit. Thales, Anaximander, Aspasia, die erste bekannte Philosophin der Geschichte, lebten hier, ebenso wie Isidorus, einer der Erbauer der Hagia Sophia in Konstantinopel. Auf dem Rückweg von seiner dritten Missionsreise machte Paulus, von Griechenland kommend, Station in Milet, ehe er sich auf dem Seeweg nach Jerusalem begab, wo ihn sein Schicksal ereilte, nämlich Gefangennahme und Überstellung nach Rom. In Milet rief Paulus die örtliche Gemeinde und die Ältesten aus Ephesus zusammen. Es drängte ihn, zu Pfingsten in Jerusalem zu sein. Seine Abschiedsrede, von Lukas aufgezeichnet, ist gleichzeitig Rechenschaftsbericht und Vermächtnis. Paulus weiß, dass Drangsale auf ihn warten, er warnt vor Irrlehrern in der Gemeinde und mahnt zur Wachsamkeit. „Nach diesen Worten kniete er nieder und betete mit ihnen allen. Und alle brachen in lautes Weinen aus, fielen Paulus um den Hals und küssten ihn; am meisten schmerzte sie sein Wort, sie würden ihn nicht mehr von Angesicht sehen. Dann begleiteten sie ihn zum Schiff." Das war im Jahr 57. Mehr als zwanzig Jahre seit seiner Berufung vor Damaskus waren da vergangen und siebzehn Jahre im Dienst der Mission.

So überlaufen mit Touristen sich Ephesus gezeigt hatte, so verlassen lag Milet, gleichsam fern aller Zivilisation, inmitten von Feldern, auf denen Bauern die frühe Ernte einbrachten. Die meisten Überreste der Stadt liegen unter dem Schwemmsand des Mäander begraben, nur das Theater, ein Bad und Teile des einstigen Hafens sind erkennbar.

Hier wie in den Ruinen des Hochlands, wie in Laodicea und anderswo kam mir das Wort von Brecht in den Sinn: „Und von den Städten wird bleiben: der durch sie hindurchging, der Wind." Woran Brecht nicht glaubte oder woran er nicht dachte beim „Gesang von den großen Städten": Der Wind ist auch ein Bild für den Heiligen Geist, der weht, wo und wann er will.

Der nächtliche Lärm der Fußballfans in Antiochia am Orontes, die den Sieg der Türken über die Russen bei der Europameisterschaft gefeiert hatten, das Gedränge in Ephesus, die Tag und Nacht pulsierenden Vergnügungszentren an der Küste – mag es so ähnlich nicht auch zu Zeiten des Paulus zugegangen sein? Verweht, vergessen und doch bleibende Gegenwart. Wie heißt es in dem Sendschreiben an Laodicea? „Du behauptest: Ich bin reich und wohlhabend und nichts fehlt mir. Du weißt aber nicht, dass gerade du elend und erbärmlich bist, arm, blind und nackt." Die verlassenen oder nicht mehr auffindbaren Städte der Antike verweisen uns an uns selbst. Was uns im Drang der täglichen Geschäfte oft so wichtig erscheint, ist es das auch wirklich?

Paulus ist eine historisch verbürgte Gestalt. Wie wir ging er durch eine Welt, die sich zu Tode amüsierte, verdiente, ängstigte. Er ging diesen Weg, gedrängt vom Geist des Auferstandenen, aufrecht, mutig und kompromisslos. Oft fragte ich mich während dieser Reise, wie wir einem Menschen wie Paulus heute begegnen würden. Selbst viele Christen würden ihn als Unruhestifter, Spalter und Fundamentalisten bezeichnen. Seine Maximen („Wer nicht arbeiten will, soll auch nicht essen"; „Gott lässt keinen Spott mit sich treiben"; was der Mensch sät, wird er ernten") fänden wir politisch unkorrekt. Mit Schlagworten wie „Frauenfeind" steinigten wir ihn, mit intellektuellen Spitzfindigkeiten schlügen wir auf ihn ein.

Paulus war nach eigenem Zeugnis kein gewandter Redner, er war kein ansehnlicher Mann und er ist nie volkstümlich geworden. Eine gewisse Scheu vor dem ersten

Theologen der Christenheit ist bei den einfachen Gläubigen immer geblieben, wohl geschuldet seinem überragenden Intellekt, der mehr den Kopf als das Herz anspricht. Und doch hat Paulus im 1. Brief an die Korinther über die Liebe geschrieben, wie es nur jemand vermag, dessen Herz den Menschen ganz nah ist. Es gibt einen Nachfolger Petri, aber keinen Nachfolger Pauli. Er war unbequem zu seiner Zeit und er ist auch heute unbequem – wie die Wahrheit selber, jene Wahrheit, die aus der Enge der Selbstbezogenheit in die Weite verantworteter Freiheit führt.

Von Johannes Chrysostomus stammt das schöne Wort: „Ein Mensch, durch und durch lebendig, ist die höchste Ehre Gottes." Paulus war so ein Mensch und er ist mir auf dieser Reise zum Zeitgenossen geworden.

Fatima

Warum machen sich Menschen auf den Weg nach Fatima? Um an den Gräbern der Hirtenkinder in der Rosenkranzbasilika zu beten, deren Anrufung Wunder bewirkt haben soll? Um die 1920 nach den Angaben der Seherin Lucia entstandene Marienstatue zu verehren? Wegen des allabendlichen Rosenkranzgebets und der Lichterprozession auf dem großen Platz? Um den Erscheinungen von Fatima nahe zu sein? Um Heilung, Tröstung zu erfahren?

Diese Fragen gingen im August 2016 auch an mich. Von einer Pilgerreise nach meinem Verständnis konnte man schwerlich sprechen, da wir, eine Gruppe aus Brandenburg an der Havel, die Annehmlichkeiten von Flugzeug und klimatisiertem Bus in Anspruch nahmen. Um sechs Uhr morgens noch in Berlin, zu Mittag in Lissabon und am Abend im Pilgerhotel in Fatima.

Der Dichter Reinhold Schneider, der Fatima wenige Jahre vor seinem Tod besuchte, schrieb: „Hier ist kein Beistand, keine Weisung. Es sei denn der Glaube. Er müsste sich niederwerfen, ringen, fragen, warten. Die grellen Bilder des Kreuzwegs, dessen Bogengang den Platz abschließt, vermögen nichts und von dem hoch überwölbten Kirchenraum geht keine Tröstung aus. Was Menschen hier getan haben, ist kein Zeugnis, nur Absicht, Anlage, Szenarium. Aber vor nicht langer Zeit noch war hier nichts als arme Natur. Und in ihr verloren sich Kinder. Dies ist das Wort von Fatima: Nur die Kinder werden eingehen." Und weiter: „Nicht das Gewoge der abertausend Stimmen, der Glocken und Fahnen wird die Kindschaft bewirken. Die gemeint ist, aber vielleicht die Einsamkeit und das Ausgeliefertsein zwischen Steinen und Tieren, in kargem Schatten, unter unerbittlicher Sonne, Sturm und Regenflut. Diese Einsamkeit war hilfreicher als die des leeren Platzes."

Was würde Schneider heute schreiben, käme er mehr als ein halbes Jahrhundert später nach Fatima?

Er sähe „Absicht, Anlage, Szenarium", seit jenen Tagen ergänzt durch Funktionsgebäude, Denkmäler und eine 2007 eingeweihte überdimensionale Kirche der Allerheiligsten Dreifaltigkeit, die fast neuntausend Menschen Platz bietet und durch ihre Seelenlosigkeit verstört. Um das eigentliche Heiligtum mit dem großen Platz, mindestens doppelt so groß wie der Petersplatz in Rom, durchschritte er eine Stadt aus Pilgerhotels mit zehntausend Betten bei achttausend Einwohnern und mit allem, was dazugehört, um heutige Pilger zu versorgen und zufriedenzustellen.

Inzwischen würde Reinhold Schneider die drei Geheimnisse von Fatima kennen. Die ersten beiden wurden 1942, also noch zu Lebzeiten des Dichters, vom Vatikan veröffentlicht, das dritte erst lange nach seinem Tod, im Jahr 2000. In dem kurzen Text Schneiders über Fatima weist nichts darauf hin, dass er von den ersten beiden Geheimnissen Kenntnis hatte. Er spricht nur von dem „trostreichsten" und zugleich „furchtbarsten" Wort der Schrift: Wenn ihr nicht werdet wie die Kinder …, denn das Kind „steht noch im Glanze seines Engels, der Gott schaut".

Am ersten Abend nahm ich an dem internationalen Rosenkranzgebet und der anschließenden Lichterprozession auf dem Platz teil, sprach ein Gesätz aus dem glorreichen Rosenkranz ins Mikrofon. Ich schaute in das Dunkel, erhellt von den Lichtpunkten der vielen Kerzen, hörte meine fremde Stimme. Später wurde die beleuchtete Marienstatue aus der Kapelle und um den Platz getragen, als schwebe sie über den Köpfen der Menschen. Aus einem Lautsprecher ertönten Gebete und Gesänge. Ich schloss mich dem Zug an, aber in mir war absolute Leere. Lag es daran, dass ich seit achtzehn Stunden unterwegs war, oder an dem Widerstreben, hinter einer beleuchteten Figur herzulaufen, die für mich nichts mit der Gottesmutter Maria zu tun hatte?

Nach dem Schlusssegen erwischte ich den falschen Ausgang vom Platz. Der Weg vom Hotel zum Sanktuarium hatte nicht länger als zehn Minuten gedauert. Doch nun lief und lief ich durch die Hotelstadt, eine halbe Stunde, eine Stunde und fand nicht den richtigen Weg. Kein Mobiltelefon dabei, wie üblich, wenn ich es brauchte. Inzwischen waren die Straßen leer und die Fenster der Gebäude dunkel. Nur das Kreuz über der Rosenkranzbasilika leuchtete unverdrossen. Nach unserer Ankunft in Fatima hatte ich es vom Fenster meines Hotelzimmers in nächster Nähe gesehen. Aber im nächtlichen Dunkel war die Lage der Basilika nicht erkennbar. Wo war Westen, wo Osten? Der leicht bewölkte Himmel verdeckte die Sterne. Die Straßen glichen sich wie die Hotels. Kein Mensch nirgends. Als ich schon aufgeben wollte und mich auf eine Nacht im Freien einrichtete, erblickte ich im Eingang eines Gebäudes eine betagte Nonne. Ich stürzte auf sie zu. Wenigstens wusste ich den Namen meiner Unterkunft: Casa Sao Nuno. Die freundliche Nonne verstand kein Englisch, ich kein Portugiesisch. Sie zeigte in eine Richtung. Das kann nicht sein, dachte ich. Aber nach Besserwisserei war mir nicht zumute und so folgte ich der Weisung. Endloser Weg durch eine fremde Umgebung. Die Armbanduhr zeigte auf kurz vor Mitternacht. Seit dem Abflug von Berlin waren zwanzig Stunden vergangen. Sollte ich mich nicht doch auf der Stelle fallen lassen und warten, bis es tagte? Am tiefsten Punkt meiner Verlorenheit erblickte ich in der Ferne eine rote Leuchtschrift, die einzige weit und breit: Casa Sao Nuno. Ich beschleunigte meine Schritte. Mit heftig schlagendem Herzen erreichte ich mein Hotelzimmer und fiel ins Bett. Doch ich konnte nicht einschlafen. Immer wieder trat ich ans Fenster. Ein fast voller Mond stand am Westhimmel. Dann stieg ein klarer sonnenblauer Morgen über den bewaldeten Höhen um Fatima auf. Schwalben jagten durch die Luft.

Was wollte mir der stundenlange Irrweg durch die Nacht sagen? Bin ich in allem zu ungeduldig, zu wenig aufmerksam?

Benommen von Müdigkeit, ging ich in den Sonntag. Ab zehn Uhr Rosenkranzgebet und Messe auf dem Platz, dessen Mitte die Menschen wegen der brennenden Sonne mieden. Sie drängten sich am Rand in den Schatten der umliegenden Gebäude, stehend, auf dem Boden oder auf mitgebrachten Klappstühlchen sitzend. Von Sammlung konnte keine Rede sein. Kinder und Erwachsene wuselten durcheinander, unterhielten sich, waren dann wieder still und ganz bei der Sache. Auf der gegenüberliegenden Seite des Platzes stieg Rauch von den Kerzen auf, die Gläubige in loderndes Feuer warfen. Das ließ mich an heidnische Opferriten denken.

Nach der Messe trug man die Statue der Gottesmutter zurück in die Kapelle. Viele Gläubige winkten ihr mit weißen Tüchern zum Abschied nach. Hingebungsvoll und lange. Es gab sie also noch, die Volksfrömmigkeit, allen Professoren der Theologie zum Trotz. An den nächsten Abenden sah ich Männer, Frauen, selbst Kinder auf Knien über den Platz zur Erscheinungskapelle rutschen, um ein Gelübde zu erfüllen oder ein dringendes Anliegen an die Jungfrau Maria zu richten.

Doch mir, der Nordeuropäerin, kam nur der Gedanke, dass die Jungfrau Maria vielen Menschen hier Arbeit und Auskommen verschafft hat. Immerhin.

Nach dem Mittagessen begab sich unsere Pilgergruppe auf den nahen Ungarischen Kreuzweg. Er verdankt seinen Namen den Spenden von Ungarn, die nach den blutigen Ereignissen von 1956 aus ihrem Heimatland in alle Welt geflohen waren. Schon 1964 konnten die vierzehn Stationen aus weißem Kalkstein eingeweiht werden. 1992 entstand auf dem Loca do Cabeco der Kalvarienberg mit der Kapelle des heiligen Stephan von Ungarn, gestiftet für die „Auferstehung" Ungarns vom Kommunismus. Über 2400 Meter hügelaufwärts erstreckt sich der Kreuzweg. Es ist der Weg, den die Hirtenkinder von Aljustrel, ihrem Heimatweiler, zur Cova da Iria, dem Erscheinungsort der Jungfrau Maria und heutigen Heiligtum, zurücklegten.

Wir stiegen langsam auf – bei 34 Grad im Schatten. Leider war da kaum Schatten, nur hartes Gesträuch, da und dort eine Steineiche, ein paar Olivenbäume, Kiefern oder ein schmaler Eukalyptusbaum. Ein echter Kreuzweg. Doch es stellte sich keine Ungeduld ein, nicht einmal Erschöpfung. Mit jeder Station glitten die Teilnehmer, unter ihnen auch über Achtzigjährige, immer tiefer in die Meditation. So weiß ich nicht, wie viel Zeit vergangen war, als wir auf der anderen Seite des Hügels in Aljustrel ankamen.

Die Häuser, in denen die Seherkinder aufwuchsen, sind niedrig, solide aus Feldsteinen gebaut und mit allem Notwendigen versehen. Häuser von damaligen Kleinbauern und Landarbeitern. Der Mensch braucht nicht so viel, wie uns heute eingeredet wird. Betten zum Schlafen, Tische und Stühle, eine Kochgelegenheit, ein paar Regale fürs Geschirr, Haken für die Kleider, Truhe oder Schrank, eine Waschschüssel mit Wasserkrug.

Wir gingen durch das niedrige Haus von Lucia (1907–2005), zur Zeit der Marienerscheinungen zehn Jahre. Nahebei das Haus von Lucias Verwandten, ebenfalls einfache Bauern, in dem Francesco (1908–1919) und Jacinta (1910–1920) lebten. Viele Fotos der Kinder, ihrer Eltern, der Anwesen von damals.

Als ich die Kammer mit dem Bett betrat, in dem Francesco an den Folgen der Spanischen Grippe gestorben ist, wie ein Jahr später seine Schwester Jacinta in einem Krankenhaus in Lissabon, standen die drei Kinder plötzlich vor mir: ernst, sehr ernst, beinahe mit finsteren Gesichtern, wie ich sie von den Fotos kannte.

Wie klein sie doch noch sind, dachte ich. Mussten die Erscheinungen und die Botschaften Marias sie nicht überfordern! Sie würden bald sterben, hatte sie Francesco und Jacinta prophezeit, sie hatte ihnen die Hölle gezeigt und von der Bedrohung der Welt durch Russland gesprochen, wenn das Land nicht an ihr unbeflecktes Herz geweiht würde. Was wussten die Kinder von Russland, in dem bald die Bolschewiken die Macht ergreifen würden? Maria hatte ihnen ihren mütterlichen Beistand versprochen und Lucia getröstet, dass sie nicht wie Francesco und Jacinta bald für immer zu ihr kommen dürfte, sondern noch lange Zeugnis ablegen müsse von den Botschaften der Jungfrau.

Die Kinder bewahrten über die Erscheinungen des Engels Stillschweigen, sie beteten mehr als früher, fasteten, wirkten oft abwesend. Da sind sie, 1916, neun, acht und sechs Jahre alt. Vielleicht fielen den Eltern die Veränderungen auf, aber sie drangen nicht in die Kinder. Hauptsache, sie waren gesund und taten, was man ihnen sagte. Und viel zu beten, hat noch nie geschadet.

Nach der ersten Marienerscheinung im Mai 1917 konnte die kleine Jacinta nicht mehr an sich halten und erzählte von dem Engel und den Gebeten, die er sie gelehrt hat, und von der „Dame". Überschießende kindliche Phantasie, meinten die Eltern, das gibt sich. Doch schließlich glaubten sie ihr und dem stillen entschiedenen Francesco. Lucias Mutter blieb bei ihren Bedenken, wies die Tochter hart zurecht, drohte ihr Schläge an, um sie zur Besinnung zu bringen.

Ist das Mädchen krank? Verliert es den Verstand? Die Mutter sprach mit dem Pfarrer. Das könnte Teufelswerk sein, befand der und riet, der Tochter die Flausen auszutreiben. Er befürchtete Schwierigkeiten mit der weltlichen Obrigkeit, denn inzwischen hatten sich die Erlebnisse der Kinder unter den Dorfbewohnern herumgesprochen.

Lucia, Jacinta und Francesco ließen sich nicht beirren. Was sie gesehen und gehört haben, haben sie gesehen und gehört. Die Sache zog auch außerhalb von Fatima Kreise. Können so kleine Kinder Erscheinungen und Gebete wie diese erfinden?

Fatima lag weit weg von den fiebernden Städten mit ihren Weltverbesserern. Von denen da oben erwarteten die Leute nichts außer neue Steuern. Aber was sich auf der Cova da Iria abspielen sollte, bewegte die Menschen. Seit Mai 1917 erschien den Kindern an jedem 13. des Monats die Jungfrau auf dem Feld, wo sie die Schafe hüteten. Immer mehr Menschen aus der Umgebung fanden sich dort ein. Doch sie sahen und sie hörten nichts. Die Bauern und Landarbeiter schrieben das ihrem Unvermögen zu; die Gebildeten gossen Hohn und Spott über sie und die Kinder aus. Der Bürgermeister von Fatima ließ Lucia, Francesco und Jacinta am 13. August festnehmen und steckte sie für zwei Tage ins Gefängnis, damit das Spektakel ein Ende fände. Die staatlichen Behörden übten Druck auf die Kinder und ihre Eltern aus, schüchterten sie ein. Die Eltern waren verzweifelt, die Kinder blieben bei ihren Aussagen.

Statt am 13. August erschien ihnen die Jungfrau dann am 19. August. Nach wie vor hielten die Kinder peinlichen Befragungen stand, sie können nichts anderes sagen, als was sie sehen und hören. Es erging ihnen wie einst der vierzehnjährigen Bernadette Soubirous in Lourdes 58 Jahre zuvor, der auch niemand glaubte. In höchster Bedrängnis bat die zehnjährige Lucia die Dame, die ihnen in einem hellen Licht an der Steineiche erschien, um Hilfe. Sie möge ein Wunder tun, damit die Leute ihnen glaubten. Maria versprach es ihnen für den 13. Oktober.

Verständlich, dass die Kinder auf den Fotos jener Tage so ernst dreinschauen. Noch sind sie in dem Alter, da sie die Sprache der Engel verstehen und in Maria ganz selbstverständlich ihre Mutter erkennen. Sie schauen, staunen, nehmen alles für immer in ihrem Gedächtnis auf. Nicht die Angst macht ihre Gesichter so finster, sondern das Trotzdem, mit dem sie Unglauben, Drohungen und Ängsten ihrer Umwelt standhalten müssen. Die Erwachsenen wollen einfach nicht verstehen. Sie zerren an ihnen herum, beschimpfen sie, lachen sie aus, bestaunen sie wie exotische Tiere und das nun schon seit Monaten.

Der 13. Oktober 1917 war ein Samstag. Zehntausende von nah und fern strömten auf das weite Feld der Cova da Iria. Damalige Zeitungen sprechen von siebzigtausend. Seit der Nacht regnete es in Strömen, der Boden war schlammig, es wehte ein kalter Wind. Die einen erwarteten das angekündigte Wunder, die anderen waren skeptisch, wieder andere erhofften einen Reinfall. Journalisten aus der Hauptstadt hatten sich mit Fotoapparaten eingefunden, um den Zusammenbruch des Aberglaubens zu dokumentieren.

Die Eltern der Hirtenkinder fürchteten eine Katastrophe und wären am liebsten daheimgeblieben. Aber sie wollten wenigstens ihren Kindern beistehen. Um die Mittagszeit bahnten sie sich einen Weg durch die Menge bis zur Steineiche. Wieder erschien Maria den Kindern im gleißenden Licht. Sie bat um das tägliche Rosenkranzgebet, um den Bau einer Kapelle für Unsere Liebe Frau vom Rosenkranz, so nannte sie sich nun, und verhieß das baldige Ende des Krieges.

Die Menschen auf dem Feld nahmen seltsame Phänomene wahr. Plötzlich hörte es auf zu regnen, die Sonne zeigte sich als silberfarbene Scheibe. Ein Reporter von „O Século", der vor dem Ereignis die „Volksverdummung" ge-

geißelt hatte, schrieb: „... Dann beginnt sie sich zu drehen und in allen Regenbogenfarben zu glänzen, sodass Landschaft und Menschen einmal grün, dann rot, violett oder gelb erscheinen. Nach wenigen Minuten hört das Schauspiel auf, gerade um den Menschen eine Besinnungspause zu geben, beginnt dann aber von Neuem und schließlich ein drittes Mal. Zuletzt verwandelt sich die Sonne in einen feuerroten Ball, beginnt zu tanzen und sich im Zick-Zack der Erde entgegenzustürzen. Ungeachtet des in Morast verwandelten Bodens fallen alle auf die Knie, beginnen zu schreien, zu beten und schließlich auszurufen: Ein Wunder, ein Wunder!" Auch noch in mehreren Kilometern Entfernung bemerkte man das abnorme Geschehen am Himmel.

Nach zehn Minuten endete das Naturschauspiel, der aufgeweichte Boden und die durchnässte Kleidung der Menschen waren getrocknet. Wie erstarrt sind die Menschen, verängstigt auch, viele beten.

Noch am selben Tag und die Tage danach wurden die Kinder von staatlichen und kirchlichen Stellen verhört. Sie erzählten, was sie gesehen und gehört hatten, nur die ihnen am 13. Juli von der Frau anvertrauten Geheimnisse behielten sie für sich: die Vision der Hölle, die Ankündigung des Zweiten Weltkriegs, die Bekehrung Russlands und die Verfolgung und Leiden der Kirche. Francesco und Jacinta nahmen sie mit sich ins Grab, Lucia schrieb auf Drängen des Bischofs später auf, was sich ihr unverlierbar ins Gedächtnis gebrannt hatte.

Was wundert da der Ernst in den Gesichtern der Kinder, die, weit über ihr Alter hinaus gefordert, das ihnen

Anvertraute nicht ohne himmlischen Beistand hätten tragen können.

1930 wurden die Erscheinungen kirchlich anerkannt. Aber das Volk glaubte auch ohne administrative Erlaubnis. Schon einige Monate nach dem Oktoberereignis errichteten die Gläubigen eine Kapelle am Ort der Marienerscheinungen. Der Bischof verbot, dort Messen zu feiern. Die Menschen kamen dennoch von überall her, brachten Blumen und Spenden und beteten. Ab 1924 feierten sie die Messen mit bischöflicher Erlaubnis. Von nun an wuchs das Sanktuarium stetig und mit ihm die Pilgerzahl.

Es fällt schwer, sich den Platz vorzustellen, wie er zur Zeit der Marienerscheinungen ausgesehen hat. Jetzt ist er mit Beton und Steinen domestiziert. In der Sonne blendet der weiße Kalkstein der umliegenden Gebäude, nur der Blick auf das sparsame Grün der Bäume am Rande des Platzes gewährt Erholung. Steine überall.

Während seiner Flucht vor Esau bettet der erschöpfte Jakob zum Schlafen seinen Kopf auf einen Stein. Im Traum sieht er eine Erde und Himmel verbindende Leiter, auf der die Engel auf- und niedersteigen, und hört Gottes Verheißungen von Land und vielen Nachkommen.

Der Stein ist geblieben, aber was ist aus dem Traum geworden? Offenbar liegt es in der Natur des Menschen, seine Träume in Stein verewigen zu wollen, und so hat er, je nach der Qualität seiner Träume, architektonische Wunderwerke oder Scheußlichkeiten errichtet. Wenn der Traum verfliegt, bleibt nur der Stein. Von den Kirchen nur die Hülle. Wenn die Beter ausbleiben, „die lebendigen

Steine", wie Petrus schreibt, und das geistige Haus nicht mehr aufgebaut wird „zu einer heiligen Priesterschaft", kommen nur noch Touristen, die im Vorübergehen „Selfies schießen". Zwar haben auch Steine ein Gedächtnis, aber sie antworten nur dem, der fragt.

Reinhold Schneider hatte recht, hier sind kein Beistand, keine Weisung, keine Tröstung. Nur die Kinder, die Unglaubliches gesehen haben. Sie begleiteten mich den Rest des überwachen Tages hindurch. Am nächsten Tag sah ich sie am Himmel über der unvollendeten Kapelle des Klosters Batalha und in der Wallfahrtskirche „Unserer Lieben Frau von Nazareth" auf dem Felsvorsprung über dem Atlantik, in der Vasco da Gama vor seiner Ausfahrt nach Indien himmlischen Beistand erbat. Selbst in der Templerburg von Tomar kamen sie mir auf den langen Gängen entgegen, ernst und mit wissenden Augen.

Im Matthäusevangelium mahnt Jesus seine Jünger: „Wenn ihr nicht umkehrt und werdet wie die Kinder, so werdet ihr nicht ins Himmelreich kommen." Und wenig später: „Und wer ein solches Kind aufnimmt in meinem Namen, der nimmt mich auf."

Es waren die Gesichter der drei Kinder von Fatima, die mich die Botschaft Unserer Lieben Frau vom Rosenkranz verstehen ließen.

Werden wie ein Kind – anspruchslos, arglos, staunend, vertrauend, klaren Auges sehend, unverstellt hörend. Rufen wie das Kind in „Des Kaisers neuen Kleidern", dass der doch gar nichts anhabe. Umkehren, bevor wir in den Höllenschlund taumeln. Geht das denn?

Die Kinder blieben standhaft, Jacinta und Franceso bis zu ihrem frühen Tod, Lucia bis ins hohe Alter. Gegen Unglauben, Spott und Hohn.

Nun endlich begriff ich, warum Reinhold Schneider von dem „trostreichsten" und zugleich „furchtbarsten" Wort der Schrift spricht: „Wenn ihr nicht werdet wie die Kinder …" – anspruchslos, arglos, staunend, vertrauend, klaren Auges sehend, unverstellt hörend. Es sind immer nur wenige Menschen zur Umkehr bereit. Die Mehrzahl, auch der Gläubigen, wird vom Strom des Alltags und des Zeitgeistes fortgerissen, verliert dabei sich selbst und die Hoffnung.

Am letzten Tag in Fatima nahm ich noch einmal am abendlichen Rosenkranzgebet und der Lichterprozession teil. Während ich durch die Dunkelheit dem Platz zustrebte, fand ich die Antwort auf die Frage, warum ich mich auf den Weg nach Fatima gemacht hatte: um im Zeitraffer zu erleben, dass dieses Leben eine Pilgerreise ist – durch Helligkeit und Finsternis, mit Irrungen und Wirrungen, mit Zweifeln, mit Kreuzwegen, die endlos bergauf führen.

„Willst du die Quelle finden, / musst du hinaufsteigen gegen den Strom", schrieb der heilige Papst Johannes Paul II. in seinem „Römischen Triptychon".

An diesem letzten Abend hörte ich die Gebete und Gesänge auf dem weiten Platz, den die Nacht verhüllte. Über den Köpfen der Menschen schwebte die erleuchtete Statue der Jungfrau. Ich ging nicht mehr um mit Dingen, die mir zu wunderbar und zu hoch sind. Meine Seele war ruhig und still wie ein kleines Kind bei der Mutter.

Über Freundschaft

Ich habe es zeitlebens vermieden, zu very important persons (VIPs) oder solchen, die sich dafür halten, wie Politikern, Schauspielern, Autoren, in nähere Beziehungen zu treten. Ein Mensch, der in der Öffentlichkeit agiert, durch Aufmerksamkeit und Beifall verwöhnt, verändert sich in seiner Persönlichkeit. Er benutzt die anderen oder wird von ihnen benutzt. Meist weiß er gar nicht mehr, wer er ist. Ausnahmen bestätigen auch hier die Regel. Zu – aus welchen Gründen auch immer – berühmten Leuten halte ich gern Distanz, ohne ihnen Achtung und Respekt zu versagen, wenn ich sie für angebracht halte.

Doch auch in freundschaftlichen Beziehungen habe ich immer auf einen gewissen Abstand geachtet. Steht man jemandem zu nahe, schalten Gefühle allzu leicht den Verstand aus. Wir lieben oft nur das Bild, das wir uns von dem anderen machen. Wenn die Wirklichkeit es zerstört, sind wir enttäuscht und aus der vermeintlichen Freundschaft wird Abneigung, manchmal sogar Hass. Bleibt hingegen die Distanz zu groß und regiert allein der Verstand in einer Beziehung, stirbt sie an mangelnder Wärme. Erst die Spannung zwischen Distanz und Nähe hält eine Freundschaft lebendig.

Heute messen junge Leute die Fähigkeit zur Freundschaft oft daran, wie viele „followers" sie bei Facebook haben und wie oft sie im Internet „geliked" werden. Mit Freundschaft im herkömmlichen Sinn hat das, meine ich, nicht viel zu tun, eher mit Selbstdarstellung und Eitelkeit.

Ich hatte immer nur einige wenige Freunde, die blieben oder sich irgendwann als Wanderer verloren oder hinzukamen, wenn ich in eine neue Lebensphase eintrat – als Schülerin, Studentin, Frau und Mutter, als Witwe, Schriftstellerin. Diese Freunde, von denen inzwischen viele gestorben sind, haben mich nie enttäuscht, wie ich hoffe, sie nicht enttäuscht zu haben. Die Toten leben mit mir und in mir weiter. Sie besuchen mich in meinen Träumen, sie haben mich geprägt und sind ein Teil von mir.

Herbert Fischer

In einem Alter, wo einem nur noch selten neue Freundschaften geschenkt werden, lernte ich Wilhelm Stintzing kennen. Er stand damals kurz vor der Vollendung seines 93. Lebensjahres. Ein Jahr zuvor, im Februar 2006, war mein langjähriger Freund Herbert Fischer im Alter von fast 92 Jahren gestorben. Der Junge aus Herrnhuth, der Lebensreformer, Gandhijünger in Indien, Kommunist, Lehrer und schließlich Diplomat, Botschafter der DDR in Indien hatte meinen Weg fast dreißig Jahre begleitet. Wir führten leidenschaftliche Diskussionen über Gandhi, während ich dessen Biographie schrieb, über Geschichte und zunehmend über die desolate Situation in der DDR. Als ich 1988 aus der Staatspartei austrat, tadelte er mich streng. Nicht Aug in Aug, sondern in einem Brief, der unsere Beziehung beendete. Wie sehr auch er darunter gelitten hatte, merkte ich nach dem Fall der Mauer. Im Ullstein Verlag erschien 1992 eine Neuauflage meiner Gandhibiographie. Ihr hatte ich eine Einleitung vorangestellt, in der ich erzählte, dass ohne Herbert und seine Frau Lucille dieses Buch nie hätte geschrieben werden können. Ich schickte es ihm und er dankte mir überschwänglich. So nahm ich meine Besuche wieder auf, als wäre nichts geschehen; den Bruch von 1988 thematisierten wir nie. Er reiste nach Indien, Kuba, China und nahm nach und nach Abschied von seiner kommunistischen Vergangenheit. Wie von seiner Frau Lucille, die, an Alzheimer erkrankt, in einem Heim lebte, ihn nicht mehr erkannte und vor ihm starb. Zunehmend interessierte er sich für seine missionarischen Herrnhuther Vorfahren, für Religion, Welterklärungen auch esoterischer Art. Wir führten wunderbar tiefgründig suchende Gespräche über Glaube und Vernunft. Er respektierte meinen katholischen Glauben, was für ihn zwanzig Jahre früher unvorstellbar gewesen wäre. Nach dem Tod von Papst Johannes Paul II. im April 2005 schenkte er mir dessen Testament in Buchform mit der handschriftlichen Eintragung:

„Meiner lieben Sigrid von einem, der grundsätzlich anderen Glaubens ist, sich aber mit Dir, meine teure Freundin, tief verbunden fühlt. Ich bin überzeugt, wir werden uns nie vergessen, sondern uns immer unserer echten Freundschaft bewusst bleiben. Pfingsten 2005, Dein Herbert."

Hier hatte er aufgeschrieben, was er nie gesagt und ich doch immer gespürt hatte. Tief bewegt dachte ich an unsere vielen Auseinandersetzungen, seine Ablehnung meiner Position, unser Wiederfinden, seine und meine nie erloschene Zuneigung in den vergangenen dreißig Jahren.

Ein knappes Jahr später ging es an sein Sterben. An einem januarkalten Tag fuhr ich zu dem mit ihm verabredeten Besuch nach Berlin, doch statt Herbert öffnete mir seine Tochter Rosa. Der Vater sei sehr krank, sagte sie, das Herz, aber er habe darauf bestanden, unser Treffen nicht abzusagen. Ich setzte mich an sein Bett. Rosa stellte ein Tischchen mit Tee und Gebäck hin und ließ uns dann allein. Unser einstündiges Gespräch war ruhig, warm, lächelnd und außerhalb der Zeit. Wir sprachen über das Sterben und ob und wenn ja, was danach kommt. Er fühlte sein nahes Ende und versicherte, keine Furcht vor dem Tod zu haben. Es falle ihm leicht, nun loszulassen. Er dankte für die gemeinsamen Jahre und ich sagte ihm, was er mir bedeute, und was auch der Tod nicht außer Kraft setzen könne. Er fragte, woran ich gerade arbeite. Ich erzählte ihm von meiner Biographie über Papst Gregor den Großen.

„Schade, dass ich sie nicht mehr lesen kann", sagte er.

Ich erwiderte: „Ach Herbert, so sehr lange wird es nicht mehr dauern, dass ich nachkomme, dann erzähle ich dir, was in dem Buch steht."

Lächelnd winkte er ab: „Du weißt doch, dass ich nicht an ein Leben nach dem Tod glaube."

In diesem Augenblick betrat Rosa das Zimmer. Sie hatte die letzten Worte gehört und meinte: „Ach Väterchen, wir werden uns alle wiedersehen."

Vierzehn Tage später starb er. Er wollte keine Beerdigung mit Trauergästen. Ich weiß nicht einmal, wo seine Asche begraben ist. Aber ich weiß, er ist bei seiner geliebten Frau Lucille.

Wilhelm Stintzing

Ungefähr ein Jahr nach Herberts Tod veröffentlichte ich in einer örtlichen Tageszeitung eine Glosse über den Umgang mit Zeitzeugen. Sie begann so: *„Der hochbetagte evangelische Pfarrer Wilhelm Stintzing, geliebt und verehrt nur von Ewiggestrigen, verfiel dem Irrtum, in einer Andacht zum Gedenken an die Zerstörung Potsdams am 14. April 1945 in der Versöhnungskapelle nach zwei von ihm durchlebten Diktaturen nun endlich frei über sie sprechen zu können. Er mutete dabei sechzig Zuhörern statt eingängiger Worthülsen ein paar Fakten und Argumente zu, was ‚gemischte Gefühle‘ bei ungenannt bleiben Wollenden hervorrief. Glücklicherweise wurden sie schnell Herr ihrer Gefühle und besannen sich auf ihre Aufgabe, immer und überall die bedrohte Demokratie zu verteidigen, nämlich mit der bewährten Waffe der Denunziation.“*

Wilhelm Stintzing war für seinen Vortrag von einem politisch korrekten Stadtpolitiker in der Presse heftig angegriffen worden mit dem Tenor, man solle so alte Leute, sprich „Zeitzeugen“, nicht mehr in der Öffentlichkeit reden lassen. Das empörte mich. Ich war Stintzing in den vergangenen dreißig Jahren zweimal als Prediger in einem Gottesdienst begegnet. Was er sagte und wie er es sagte, hatte mich beeindruckt.

Er rief mich an, um sich für den Artikel zu bedanken. Dann besuchte er mich und ich erfuhr, dass sein Großvater gleichen Namens Anfang des 20. Jahrhunderts die Wohnungsbaugesellschaft mitgegründet hatte, deren Mitglied ich nun war. Was mich erstaunte: Wilhelm Stintzing war wie Herbert im Jahr 1914 geboren, am Tag des Attentats von Sarajevo, allerdings in Namibia, wo sein Vater als Rechtsanwalt arbeitete. Er besaß das gleiche Gardemaß wie Herbert, über 1,90 Meter, ebensolche blaue Augen, weiße Haare und vor allem auch dessen wachen Geist. Es war, als begegne mir Herbert aufs Neue, um unseren Abschied hinauszuzögern und erträglicher zu machen.

Von nun an sahen Wilhelm Stintzing und ich uns regelmäßig. Anfangs kam er noch einige Male zu mir, aber dann wurde ihm das Treppensteigen zunehmend beschwerlich. So saßen wir im Winter in der Kunersdorfer Straße in seinem Wohnzimmer oder im Arbeitszimmer, im Sommer auf der Veranda mit Blick auf den Garten oder unter der mächtigen alten Eiche. Er hatte Kuchen gekauft, den er so liebte, Kaffee gekocht und dann plauderten wir zwei, manchmal auch drei Stunden. Er wollte wissen, woran ich schrieb, was ich zu gewissen Themen der Zeitgeschichte dachte, was mich beschwerte oder erfreute. Der Dreiundneunzigjährige, den ich bis zu seinem Tod kurz nach seinem 100. Geburtstag begleiten durfte, war von einer erfrischenden Lebendigkeit. Immer ging ich mit einem Lächeln auf den Lippen von ihm weg. Wenn er aus seinem Leben erzählte, was er gern und oft tat, dann klang das nicht abgestanden, sondern ganz heutig. Er war mit Leib und Seele evangelischer Pfarrer geworden und gewesen. 1938 eingezogen, hatte er den ganzen Krieg mitmachen müssen – als Funker, Melder, Ordonnanz in Polen, Frankreich, Weißrussland und Italien. Zwischendurch besuchte er Lehrgänge und wurde im Dezember 1943 in der Berliner Dreifaltigkeitskirche als Pfarrer ordiniert. Er war kein begeisterter Anhänger des NS-Regimes gewesen, aber auch kein Gegner von Anfang an. Ohne Beschönigung erzählte er von seinen jugendlichen Vorurteilen gegenüber Juden, von guten Vorgesetzten in der Wehrmacht und solchen, die „Schweine" waren. Der Krieg öffnete ihm die Augen.

Wie anders hatte er doch die NS-Zeit erlebt als Jakob in Zuchthaus, KZ Buchenwald und Strafbataillon 999. Ich verglich, machte Einwürfe und war fasziniert, auf welch unterschiedlichen Wegen Gott die Menschen durchs Leben führt, damit sie am Ende zur Wahrheit gelangen.

Nach kurzer amerikanischer Kriegsgefangenschaft konnte Wilhelm Stintzing nach Brandenburg heimkehren. Er heiratete eine Jugendfreundin und trat seine erste Pfarrstelle in Bötzow an. Lange und unvergessliche Jahre leitete er vor und nach dem Mauerbau eine Gemeinde in Großglienicke, deren einer Teil zu Westberlin und deren anderer Teil zur DDR gehörte.

Wilhelm Stintzing liebte die Menschen wirklich. Er konnte mit Parteifunktionären ebenso gut umgehen wie mit deren Gegnern. Allen begegnete er offen und freundlich, ja, voller Neugier. Das war zu Zeiten der DDR wie auch heute noch oder wieder, da die „richtige" Gesinnung mehr zählt als Charakter und Bildung, sehr selten.

Seinen schriftlichen Lebensrückblick begann er mit der Frage, ob er ihn „Vom Kaiser zum Kohl" (Kohl = deutscher Bundeskanzler von 1982 bis 1998) oder „Ein Leben auf der Suche nach Gott" nennen solle. Beide Titel trafen zu. Er betitelte ihn dann einfach mit „Rückblick". Das Thema, das ihn am meisten beschäftigte, war das der Völkerverständigung: Nie wieder Krieg! Doch die Erfahrungen des 20. Jahrhunderts und ein langes Leben hatten ihn auch gelehrt: Die Menschen sind nicht von Grund auf gut oder böse, aber schwach, leicht verführbar und selbstgerecht. Jesus zu folgen und das, was er gelehrt und gelebt hatte, in unser Leben umzusetzen, sei, als wolle man das Meer mit der Hand ausschöpfen. Das Christentum in Europa schrumpfe, der Glaube verdunste, dennoch könne nur gelebter christlicher Glauben den selbst ernannten Heilsbringern Einhalt gebieten, die immer wieder Frieden und Wohlstand versprächen und doch nur schreckliches Unglück über die Menschen brächten.

In den letzten Jahren verfolgte er aufmerksam die Diskussionen um den geplanten Wiederaufbau der Potsdamer Garnisonkirche. Unter König Friedrich Wilhelm I. gebaut, war sie am Ende des Zweiten Weltkriegs weitgehend den Flammen zum Opfer gefallen. In ihrem Turm fanden zu DDR-Zeiten noch Gottesdienste statt, bis die kommunistischen Funktionäre ihn 1968 sprengen ließen. Dieser prägende Barockbau hatte fast zweihundertfünfzig Jahre der Stadt miterlebt, freudige und traurige Ereignisse; er stand für Preußens Größe und Preußens Schmach. Nach dem Mauerfall begann der Kampf um die nicht mehr vorhandene Garnisonkirche und er dauert bis heute an. Die Konservativen wollen die Kirche als reine Kirche wieder aufbauen, die Liebhaber der Stadt Potsdam, ob evangelisch oder nicht, wollen sie als Versöhnungszentrum und zur Wiedergewinnung der durch den Zweiten Weltkrieg zerstörten Stadtmitte und eine Gruppe von Leuten, die sich „Linke", „Autonome", „Andere" oder sonstwie nennt, lehnt den Wiederaufbau lautstark und aggressiv ab. Da an der Eröffnung des Reichstages in der Kirche am 21. März 1933 auch Adolf Hitler teilgenommen und beim Abschied dem Reichspräsidenten Hindenburg die Hand gegeben hatte, was ein Foto dokumentiert, stehe die Garnisonkirche für alle Zeiten für den dunkelsten Teil der deutschen Geschichte.

Wilhelm Stintzing hatte die Reichstagseröffnung am 21. März 1933 als achtzehnjähriger Zuschauer am Straßenrand erlebt. Vergeblich versuchte er, den nachgeborenen Antifa-Widerstandskämpfern die Gemütslage der meisten Menschen am Ende der Weimarer Republik begreiflich zu machen. Nur sehr wenige hellsichtige Geister ahnten im März 1933 etwas von Konzentrationslagern, Judenvernichtung, Krieg; die meisten Menschen, ob in Deutschland oder Europa, konnten sich das noch nicht einmal vorstellen. Die Potsdamer waren an diesem Tag froh gestimmt und hoffnungsvoll wie Henning von Tresckow, der als Angehöriger der Reichswehr an diesem Tag dabei war und seinen späteren Widerstand gegen das Naziregime mit dem Leben bezahlen sollte. Was wissen wir, welchen Verbrechen der Zukunft wir gutgläubig den Weg bereiten!

Darum ging es dem greisen Wilhelm Stintzing bei seinem Engagement für den Wiederaufbau der Garnisonkirche als Versöhnungszentrum und als Mahnmal. Er redete darüber, schrieb, mahnte, warnte, damit sich der Schrecken jener zwölf Jahre nicht wiederhole, nicht in Deutschland, nicht in der Welt. Er war von einem tiefen Idealismus beseelt, der noch zunahm, als sein Urenkel geboren wurde. Meine skeptischen Einwände nahm er ernst, aber er bestand darauf, dass von seinem Tun der Lauf der Geschichte abhänge. Da mochte ich ihm dann nicht mehr widersprechen.

Zu seinem hundertsten Geburtstag im Juni 2014 erschien er seinen Gästen von unglaublicher Präsenz. Ende August rief er mich an. Ich hätte mich eine Weile nicht sehen lassen, ich möge doch wieder einmal vorbeischauen. Das tat ich gleich am nächsten Tag. Er wirkte verändert, unsichtbar saß der Tod neben ihm. Während des Gespräches bei Kaffee und Kuchen lebte Wilhelm Stintzing sichtlich auf. Über Familiäres redeten wir, über die Verfasstheit des Menschen, über die desolate Weltlage und was jeder Einzelne tun könne, die Situation zum Besseren zu wenden. Wie immer monologisierte Wilhelm Stintzing nicht, sondern stellte auch Fragen. Nichts von Verhärtung an ihm, immer noch ganz durchlässig. Irgendwann sagte er, er wünsche sich, morgens nicht mehr aufzuwachen. Er hielt einen Augenblick inne, um sich dann charmant zu korrigieren: „Aber dann könnte ich Sie ja nicht mehr sehen."

Beim Abschied half er mir in die Jacke und wollte lange meine Hand nicht loslassen. Ich stellte mich auf die Zehenspitzen, umfasste seine mageren Schultern und küsste ihn auf die Wange. Das hatte ich noch nie getan. Es war unsere letzte Begegnung. Drei Wochen später starb er.

Die Beerdigung auf dem Bornstedter Friedhof passte zu ihm. Es war ein stiller übersonnter Tag in den Farben des Herbstes. Die Klänge der Bläser am Grab stiegen zwischen den Bäumen in den blauen Himmel und wehten hinüber zum Krongut. So muss es sein, wenn ein Leben sich vollendet und in die Ewigkeit eingeht.

Jetzt, da ich auf die Achtzig zugehe, weiß ich mich noch immer von Freundschaften getragen – langjährigen und auch noch im letzten Jahrzehnt neu hinzugekommenen. Die meisten dieser mir nahen Menschen sehe ich viel zu selten, vermisse die Wärme ihrer Umarmung, ihren freudigen oder forschenden Blick. Meist schreiben und telefonieren wir, doch spüre ich ihre Gegenwart, als lägen nicht Hunderte von Kilometern zwischen uns.

Die Kraft von Gedanken ist immens, im Guten wie im Bösen. Wie immer und überall gilt auch hier die sprichwörtliche Goldene Regel: Was du nicht willst, dass man dir tu, das füg auch keinem andern zu. Oder positiv ausgedrückt: Behandle andere so, wie du von ihnen behandelt werden willst.

Zurück zum Anfang

Merseburg

Der 11. August 2016 war ein durchmischter Tag, mal Wolken, mal Sonne, leidlich warm. Ich saß mit meinem siebzehnjährigen Enkel Paul im Zug nach Merseburg. Wir taten, als wären wir ganz und gar miteinander vertraut. Seit fast vier Jahren habe ich ihn und seinen jüngeren Bruder nur noch selten gesehen. Lange vorbei die Zeiten, als sie durch meine Wohnung tollten, in meinem Bett schliefen und ich ihnen Märchen vorlas. Die Heranwachsenden leben ihr eigenes Leben in die Zukunft hinein, eine Großmutter gibt es dort höchstens als Erinnerung. Das ist der Lauf der Welt.

Ich musterte das noch bartlose, schon männlich konturierte Gesicht, auf dem ab und zu ein verhaltenes Lächeln erschien. Was mochte ihn zu dem Wunsch bewogen haben, in seinen letzten Ferien vor dem Abitur mit seiner Großmutter in eine Stadt ihrer Wahl zu fahren?

Ich hatte Merseburg vorgeschlagen, die Stadt, in der ich ab dem fünften Lebensjahr aufgewachsen und in die Schule gegangen bin, in der ich zwölf Jahre gelebt habe. Interessierte einen Siebzehnjährigen, was mich vor sechzig Jahren und mehr mit dieser Stadt verband? Interessierte es mich, die ich froh gewesen war, mit siebzehn Merseburg für immer den Rücken kehren zu können?

Mir fiel die Mail ein, die mich vor wenigen Tagen von einer Leserin meiner Autobiographie erreicht hatte. Darin bedankte sich eine Neunundachtzigjährige aus Karlsruhe für die Passagen über Merseburg. Sie in der Stadt aufgewachsen, doch mit zweiundzwanzig in den Westen gegangen und dort geblieben. Es habe ihr am Herzen gelegen, mir zu schreiben, sei doch Merseburg ein Stück Heimat für sie.

Konnte es sein, dass diese Stadt zwischen den Chemiewerken Leuna und Buna auch für mich, die ich mich zeitlebens als Heimatlose gefühlt habe, ein „Stück Heimat" war? Was ist Heimat? Paul ist in Berlin geboren, aufgewachsen und kennt schon die halbe Welt: Taiwan, Ägypten, Tunesien, Italien, Spanien, Frankreich, England, Norwegen und was weiß ich noch für Länder. Kannte er sie wirklich? In den Herbstferien würde er nach Israel reisen. Mit seinen siebzehn Jahren hat er mehr Länder durchmessen als ich in meinem ganzen Leben, ganz zu schweigen von meinen Eltern, die gar nicht reisen konnten, aber eine Heimat hatten: Böhmen. Vielleicht war Paul so heimatlos wie ich?

In Merseburg angekommen, steuerten wir zuerst das Hotel mit dem schönen Namen „Ritters Weinstuben" an, wo schon meine Eltern den einen und anderen Schoppen Wein getrunken hatten. Unser nachmittäglicher Weg durch die Stadt führte zum bischöflichen Schloss und zum tausendjährigen Dom über der Saale. Ich erzählte eher beiläufig, was sich für mich mit diesem und jenem Gebäude verband. Was in Paul zur Erinnerung wird, kann ich nicht bestimmen, nicht einmal er selbst. Wir vergessen, was wir uns merken wollen, und erinnern uns an scheinbar nebensächliche Dinge.

Im Dom kaum Menschen. Wir gingen, nein, schritten durch den gotischen Raum im Klang der berühmten Ladegast Orgel. Noch im Kreuzgang hallte er in uns nach. Der Himmel hatte es so eingerichtet, dass der Organist just zu dieser Zeit für das nächste Konzert probte.

Paul hatte noch nie etwas von den Merseburger Zaubersprüchen gehört und betrachtete interessiert eine Kopie des Originals. Lange verweilten wir im Kapitelhaus mit all den kostbaren Schätzen. Immer wieder wundere ich mich, was alles doch Kriege, Brände, Plünderungen, „Motten und Rost" überstanden hat und über die Jahrhunderte auf uns gekommen ist.

Nach der Dombesichtigung erwartete uns eine Sondervorstellung im Schlosshof. Nach der Legende verdächtigte Bischof Tilo von Trotha (1466–1516) seinen Kammerdiener, ihm einen wertvollen Ring gestohlen zu haben, und ließ ihn hinrichten. Später fand sich das Diebesgut im Rabennest in einem Turm der Domkirche. Den Bischof reute sein Jähzorn und er nahm den Raben mit einem goldenen Ring im Schnabel in sein Wappen auf. Zur Vergegenwärtigung der Legende hält man seit Ende des 19. Jahrhunderts in einer Volière neben der Toreinfahrt zum Schlosshof einen Raben, dem man später eine Gefährtin beigab.

Als wir an die Volière traten, betrachtete uns einer der Raben eine Weile wie wir ihn, nahm dann einen schwarzen Ring, wohl aus Kunststoff, in den Schnabel, hüpfte mit ihm zu einem auf dem Boden liegenden Ast, legte den Ring dort ab und begann, mit dem mächtigen Schnabel vehement ein Loch in die Erde zu graben. Als es ihm tief genug erschien, legte er den Ring hinein, schaufelte das Loch mit Erde zu, holte ein Holzstückchen herbei und deckte mit ihm die Erde über dem Ring ab. Laut krächzend beendete er seine Vorstellung. Wir applaudierten begeistert. Als wir am nächsten Abend noch einmal vorbeischauten, krächzten die großen Vögel nur. Wie echte Kreative lieben sie keine Wiederholung.

Am nächsten Tag wollte ich mir den lang gehegten Wunsch erfüllen, nach mehr als sechs Jahrzehnten das Dorf wiederzusehen, in dem mein sehr junges Leben im Herbst 1945 beinahe ein vorzeitiges Ende gefunden hätte. Dörstewitz liegt höchstens zehn Kilometer Luftlinie von Merseburg entfernt, ist aber mit öffentlichen Verkehrsmitteln nur schwer zu erreichen. In jener fernen Zeit fuhr man mit der Bahn Richtung Bad Lauchstädt bis Knapendorf und lief von dort einige Kilometer bis ins Dorf.

Der Himmel war tief grau und blieb es den ganzen Tag. Es nieselte, ein kalter Wind fegte durch die Straßen. Im Bus saß außer uns nur noch eine Frau, die bald ausstieg. Nach einer Viertelstunde Fahrt hieß uns der freundliche Busfahrer an einem Haltepunkt der Landstraße aussteigen: Knapendorf. Wir trabten durch den Nieselregen den halben Kilometer bis zum Dorf und fanden kein Bahnhofsgebäude, von dem aus ich mir zutraute, den Weg nach Dörstewitz zu finden. Auf der Dorfstraße kein Mensch. Endlich entdeckten wir abseits der Straße eine Bäckerei, aus der ein Mann meines Alters auf sein Auto vor der Tür zusteuerte. Der Mann wusste, wo Dörstewitz liegt und wie man dahin gelangt. Der Bahnhof samt Schienen sei vor Jahren abgerissen worden. Dörstewitz läge jetzt zwischen der Autobahn Halle-Magdeburg und einer ICE-Strecke, was es umständlich machte, es zu Fuß zu erreichen. Mitten in der Rede unterbrach er sich: „Wir sind schneller dort, als ich mit meinen Erklärungen fertig bin. Steigen Sie ein."

Dass die Schornsteine des Chemiewerks die Landschaft so dominieren, hatte ich nicht in Erinnerung. Waren sie zu hoch oder zu fern für das Kind von damals? Paul hörte auf dem Hintersitz unserem Gespräch zu, froh, nicht so weit laufen zu müssen, und prägte sich die Gegend ein, damit wir den Rückweg fänden. Als uns der Mann am Dorfeingang von Dörstewitz absetzte und ich mich bei ihm bedankte, wehrte er ab. Wir hätten Glück gehabt, er fahre sonst mit dem Fahrrad zum Bäcker nach Knapendorf, weil es aber heute regne, habe er das Auto genommen.

Ich schickte einen dankbaren Blick in den trüben Himmel und sage: „Sie haben etwas gut bei mir und dort oben." Er lachte.

Der Dorfteich, zum Teil mit Schilf bewachsen und das Ufer mit einer steinernen Mauer befestigt, ist kleiner als in meiner Erinnerung. Aber groß genug und gewiss auch tief genug, um darin zu ertrinken. Mit traumwandlerischer Sicherheit folgte ich dem Weg vom Teich zum Bauernhof, in dem wir im Oktober 1945 nach dem misslungenen Suizid einquartiert wurden. Doch dann standen wir vor dem Gehöft wie die sprichwörtliche Kuh vor dem neuen

Tor. Da war kein massiv hölzernes Hoftor wie vor sechzig Jahren, sondern nur ein schiefer Maschendrahtzaun. Das Wohnhaus der Bauern direkt an der Straße, in dem wir ein Zimmerchen bewohnten, fehlte; von der Dreschtenne, dem Taubenhaus, dem Waschhaus, der Futterküche keine Spur.

Ich musste mich geirrt haben. Paul ertrug geduldig meine verwirrte Ortsbeschreibung.

Wir machten uns weiter auf die Suche rund um den Teich und die Kirche. Es regnete. Auch hier kein Mensch weit und breit zu sehen. Ich wurde immer unsicherer. Vielleicht war es dieser Hof oder jener? Auf dem kleinen Friedhof fanden wir den Grabstein mit den Namen der Bauern, an die ich mich genau erinnerte: Alma, Kurt, Fritz. Der Grabstein teilte mir mit: Alma, die jüngste der Geschwister, ist 1988 im Alter von 89 Jahren gestorben. Ihre Schwester und die beiden Brüder sind ihr vorausgegangen. 1945 war sie also 46 Jahre alt. Für mich, das damals drei- bis fünfjährige Kind, hatte sie kein Alter, auch in der späteren Erinnerung nicht.

Der Grabstein besagte nur, dass wir uns im richtigen Dorf befanden. Eine Bushaltestelle zeigte an, dass in zwei Stunden ein Bus über Schkopau nach Merseburg fuhr. Erleichtert, nicht den Weg nach Knapendorf finden zu müssen, fragten wir uns, wie wir die zwei Stunden im Regen in einem Dorf ohne Menschen, ohne Kneipe und Laden und mit verschlossener Kirche zubringen sollen. Also zogen wir in immer weiteren Kreisen um Teich und Kirche.

Nach einiger Zeit erblickten wir eine ältere Frau, die die Fenster ihres Hauses von außen reinigte. Endlich ein Mensch! Ob sie wisse, wo sich Kahles Bauernhof befindet, fragte ich. Sie wies über die Wiese auf das Nachbargehöft, vor dem wir nach unserer Ankunft gestanden hatten und das mir als das richtige erschienen war.

Aber das sieht doch so anders aus, sagte ich und erzählte ihr, dass meine Mutter und ich 1945 als Vertriebene aus Böhmen hier angeschwemmt worden seien und zwei Jahre lang bei Kahles gewohnt hätten.

„Jetzt muss aber mein Mann kommen", sagte die Frau, die mit wachsenden Interesse zugehört hatte. „Wilfried!", rief sie zum Haus hin und erzählte ihm dann von unserem Anliegen. „Böhmen", sagte sie, „da kommst du doch auch her, 1945."

Da standen nun am Freitag, dem 12. August 2016, ein alter Mann und eine alte Frau mit grauen Haaren unter einem grauen Himmel und waren doch Kinder im Dörstewitz des Jahres 1945, unsichtbar um uns herum seine Mutter und die älteren Geschwister und meine Mutter. Gemeinsam sind wir mit einem Vertriebenentreck aus Böhmen gekommen, aus Reichenberg und aus Bodenbach. Seither kennen wir uns, ohne es zu wissen, haben miteinander gespielt, unsere Mütter arbeiteten auf Kahles Bauernhof und brachten so ihre Kinder durch. Als Einziger blieb Wilfried in dem Haus, das ihn und seine Familie 1945 aufgenommen hat. Hier hatte er eine Frau aus dem Nachbardorf geheiratet, Kinder großgezogen und bis zur Rente in den nahen Bunawerken gearbeitet.

Langsam stiegen Erinnerungen in mir auf, nicht an Wilfried, der noch einmal ein Jahr jünger war als ich, aber an die Familie, vor allem an die viel ältere Schwester von Wilfried. Ich hörte meine Mutter den Familiennamen seiner Mutter sagen, ein undeutliches Bild von ihr erschien vor meinem inneren Auge.

Wir konnten uns lange nicht fassen vor Staunen. „Es ist schön", sagte Wilfrieds Frau mit Blick auf Paul, „dass sich Ihr Enkel so für früher interessiert und Sie begleitet." Interessierte ihn das wirklich? Er nickte.

„Klingeln Sie doch bei Kahles", riet Wilfried. „Ein Großneffe wohnt jetzt dort." Wir verabschiedeten uns und schlenderten zum Nachbargehöft. Ich mochte nicht klingeln, schaute nur durch den Maschendraht und versuchte, die Bilder der Erinnerung mit der Gegenwart in eins zu bringen. „Dann müsste das lang gestreckte Gebäude dort hinten Stall und Scheune sein", sagte ich zu Paul.

Während ich rätselte, kam Wilfried. Er sei nicht sicher, ob der Bus wirklich fahre, meinte er. Wenn wir wollten, brächte er uns nach Merseburg zurück, sobald wir uns den Hof angesehen hätten. Ob ich denn schon geklingelt habe? „Ich traue mich nicht", erwiderte ich.

Er drückte auf die Klingel und erzählte dann dem hageren Mann in den Vierzigern, der ans Hoftor trat, was es mit uns auf sich hatte.

Freundlich ließ uns der Großneffe ein. 1972 habe sich die sozialistische LPG das Gehöft unter den Nagel gerissen und es abgewirtschaftet. Alma wohnte bis zu ihrem Tod 1988 in dem Haus. Nach der Wende und Rückübertragung habe er es abgerissen, da sei nichts mehr zu reparieren gewesen, und die Ställe als Wohnung ausgebaut. Er bestätigte meine Standortbeschreibungen von Pferde-, Schweine-, Kuhstall, Dreschtenne, Taubenhaus, Waschhaus, Futterküche, Gemüsegarten. Die alte Wasserplumpe stand noch im Hof, und wo damals ein großer Misthaufen in der Mitte dampfte, war jetzt ein Teich mit Wasserpflanzen. Der Großneffe staunte über die Genauigkeit meiner Beschreibungen.

Das Areal wirkte verwahrlost. Viel Arbeit lag noch vor dem Mann. Nein, er arbeite nicht als Bauer, davon könne man nicht leben, die Felder habe er verpachtet. Die Fragen, die ich ihm gern noch gestellt hätte, behielt ich für mich, denn Wilfried wartete mit dem Auto vor dem Tor.

Während der Rückfahrt erzählte er von seinen Eltern, der russischen Kriegsgefangenschaft seines Vaters, der gar nicht im Krieg gewesen war, von Verwandten, die noch in Reichenberg lebten, von Geschwistern und Kindern, seiner Arbeit in den Bunawerken … Wie fasst man ein ganzes Leben gegenüber einer Fremden in einer Viertelstunde zusammen?

Beim Aussteigen in Merseburg bedankten wir uns, aber ich fand keine Worte, die dieser Begegnung entsprachen. „Schon gut", sagte er und wendete das Auto.

Nun waren wir früher als gedacht wieder in Merseburg. Ich war benommen von dem Erlebten, das abgelaufen war, als sei es von höherer Stelle präzis geplant gewesen: die Fahrt von Knapendorf nach Dörstewitz, die Begegnung mit Wilfried und seiner Frau, der Gang über den Bauernhof meiner frühen Kindheit, die geschenkte Rückfahrt. Auch Paul staunte über die Fügungen.

Es regnete noch immer. Wir trabten durch mir vertraute Straßen zu jenem Haus an der heutigen Schnellstraße, in dem ich vom fünften bis zum siebzehnten Lebensjahr gewohnt habe und wo mein Vater gestorben ist. Es war immer noch unbewohnt wie vor fünfzehn Jahren bei meinem ersten Besuch. Wer mag in dieses Zweifamilienhaus an der lärmenden Schnellstraße einziehen wollen? In meiner Kindheit fuhren hier noch Pferdewagen entlang, manchmal Kolonnen von LKW mit Soldaten der Roten Armee. Auf der Straße, die von einem breiten Grünstreifen mit Ahornbäumen, Gesträuch und Bänken geteilt war, trieben wir unsere selbst bemalten Kreisel und spielten Hopse. In den nicht mehr vorhandenen Vorgärten blühten Flieder und Sonnenblumen.

Am Nachmittag verwendeten wir die uns geschenkte Zeit für einen Besuch des Kulturhistorischen Museums im Schloss. In Pauls Alter hätten mich keine zehn Pferde in ein Museum oder eine Ausstellung gebracht. Allerdings war damals das museale Angebot klein und schlecht. Noch säumten Trümmer des vergangenen Krieges die Straßen, die Menschen hatten anderes zu tun, als Museen publikumsgerecht aufzubereiten. Den durch den Krieg oft dezimierten Sammlungen haftete etwas Muffiges, Langweiliges an.

Jetzt hatten wir Freude am Gang durch die Jahrhunderte der Stadt. Wir betrachteten interessiert die Bilder und Exponate. Zum Schluss eine Abteilung, die sich mit hundert Jahren Leuna-Werke 1916 bis 2016 beschäftigte.

Paul sagt der Name Leuna nichts, für mich bestimmte das Chemiewerk wichtige Jahre meines Lebens. Der beißende Geruch von Ammoniak lag oft über der Stadt, die vielen Schornsteine des Werks verdunkelten mit ihrem Rauch den Himmel. Lange harte Jahre arbeitete meine Mutter als Anlagenfahrerin in Zwölf-Stunden-Schichten in einem Betriebsteil, der offiziell als gesundheitsgefährdend eingestuft wurde. Während meiner Schulzeit verbrachten meine Klassenkameradinnen und ich im Leunabad unsere sommerliche Freizeit, als angehende Studentin arbeitete ich in der Chemiebude, um mir mit dem Verdienst eine neue Jacke kaufen zu können. Im Kulturhaus der Leunawerke begegnete mir die Liebe meines Lebens und dort machte ich im Zirkel Schreibender Arbeiter meine ersten Gehversuche als Schriftstellerin.

Merseburg pulsierte im Rhythmus der Chemiewerke von Leuna und Buna. In Leuna arbeiteten etwa dreißigtausend Menschen. Mehrmals täglich sog das Werk sie ein und spuckte sie, von der Arbeit erschöpft, wieder aus. „Chemie gibt Brot, Wohlstand und Schönheit", lautete die Losung der Regierenden. Brot gab sie, der Wohlstand ließ auf sich warten und Schönheit ist bekanntlich eine Ansichtssache. Doch ich liebte das Werk, in dem meine Mutter unser Brot verdiente, mochte ihre Kollegen und die Arbeiter, die ich zu meiner Zeit dort kennenlernte. Nachts schaute ich vom Fenster unserer Wohnung aus auf die von roten Lampen umkränzten Schornsteine, die mir in eine verheißungsvolle Zukunft zu weisen schienen.

Jetzt schaute ich auf die Fotografien und hoffte vergeblich, unter den Menschen meine Mutter zu entdecken.

Alle, die darauf abgebildet sind, haben längst das Zeitliche gesegnet wie auch das marode Werk aus DDR-Zeiten. Paul interessierten mehr die Erfindungen von Haber und Bosch und deren rasend schnelle Umsetzung mitten im Ersten Weltkrieg.

Es hatte aufgehört zu nieseln. Die alte Neumarktkirche war geschlossen. Paul und ich spazierten über den angrenzenden Friedhof, lasen Namen und Lebensdaten und schauten von dem Friedhofsmäuerchen, auf dem wir rasten zum malerischen Schloss über der Saale hinauf, bis uns der Hunger wieder in die Innenstadt trieb.

Da Paul den Magdeburger Dom noch nicht kannte, unterbrachen wir die Heimfahrt in Magdeburg. Vom blanken Himmel schien die Sonne, als hätte es den gestrigen regnerischen Tag nie gegeben. Paul ertrug auch diese Besichtigung mannhaft, schon, um mir einen Gefallen zu tun. Ich hatte ihm erzählt, wie sehr ich diesen Dom liebe und immer Ausschau nach seinen Türmen halte, wenn ich mit dem Zug durch Magdeburg fahre. Ich erzählte von Otto dem Großen, zeigte ihm die fünf klugen und fünf törichten Jungfrauen, den schwarzen heiligen Mauritius und vor allem die Statue der so lieblich lächelnden Gottesmutter, der man Wunderkräfte zuspricht. Ich fasste mich kurz, denn Paul schien es an Wundern und Vergangenheiten zu reichen, auch wenn er sich nichts anmerken ließ. Wenn man so jung ist wie er, ringt man noch um das Eigene, den Platz in Leben, und der liegt in Gegenwart und Zukunft.

Baltasar Gracián (1601–1658) spricht in seiner „Kunst der Weltklugheit" von den drei Tagereisen des Lebens und empfiehlt:

„Die erste Tagereise des schönen Lebens verwende man zur Unterhaltung mit den Toten; wir leben, um zu erkennen und um uns selbst zu erkennen; also machen wahrhafte Bücher uns zu Menschen.

Die zweite Tagereise bringe man mit den Lebenden zu, indem man alles Gute auf der Welt sieht und anmerkt, in einem Lande ist nicht alles zu finden; der Vater der Welt hat seine Gaben verteilt und bisweilen gerade die hässlichen am reichsten ausgestattet.

Die dritte Tagereise hindurch gehöre man ganz sich selber an: das letzte Glück ist zu philosophieren."

Ich weiß nicht, ob dieses Diktum in den Zeiten von Internet und schnellen Nachrichten im Überangebot noch zutrifft. Für mich gelten die „drei Tagereisen" bis heute. Aber wer von den jetzt Heranwachsenden liest die weisen Bücher der Altvorderen und findet in ihnen sich selbst und Erkenntnis? Sie gelten als verstaubt und unbrauchbar für die Gegenwart. Der Bruch mit der Vergangenheit im digitalen Zeitalter ist offenkundig, stärker noch als in meiner Jugend, als ich der realsozialistischen Hybris ausgeliefert war. Nicht der Inhalt, sondern die Funktionalität, das Design, bestimmt zunehmend unser Leben, das von „einer Unterhaltung mit den Toten" nichts wissen will und auch nichts vom Philosophieren.

Entspannt bestiegen wir den Zug nach Berlin. In Potsdam verabschiedete ich mich von Paul und begab mich gedankenvoll nach Hause. Der Enkel und ich hatten meine Vergangenheit besucht. Bald würde ich zu Pauls Vergangenheit gehören.

An Wilfried in Dörstewitz habe ich ein Exemplar meiner Autobiographie „Jahrgang '42" geschickt. Zwei Wochen später rief er an. Er habe das Buch von A wie Anfang bis G wie Glienicker Brücke mit großer Spannung gelesen und sich in ihm wiedergefunden.

Böhmen

Dreiundsiebzig Jahre nach dem Verlust dessen, was man Heimat nennt, wagte ich im Juni 2018 einen letzten Versuch, mich dem Land meiner Vorfahren anzunähern. Ich schloss mich einer Marianischen Wallfahrt nach Nordböhmen an. Eingebettet in Gebete, tägliche Messen, Besichtigungen mit der kenntnisreichen Führung von Professor Grulich, hoffte ich, die teils ins Unterbewusstsein abgesunkenen schmerzhaften Kindheitserinnerungen ertragen, vielleicht sogar heilen zu können.

Die Namen der Ortschaften, durch die wir fuhren und die wir besuchten, klangen mir vertraut: Eger, Maria Kulm, Raudnitz, Komotau, Leitmeritz, Aussig, Dux, Teplitz-Schönau, Tetschen … Mir nicht einmal dem Namen nach bekannt war das 1144 gegründete Prämonstratenserinnenkloster Doxan an der Eger, ebenso wie das Ende des 12. Jahrhunderts gegründete Zisterzienserkloster Osek im

Bistum Leitmeritz. Hoch über der Elbe das Schloss von Tetschen. Lange Fahrten durch das Elbtal und das böhmische Mittelgebirge mit seinen weit ausschwingenden Landschaften, begrenzt von spitzen Basaltkegeln und sanft abgerundeten Kuppen, gekrönt von Burgen und dem beherrschenden Milleschauer. Blicke hinüber zum Schreckenstein, der Schäferwand, nach Tschernosek, von dessen Weinfesten meine Mutter immer mit verklärtem Gesicht erzählt hatte.

Ich hatte mir vorgenommen, als christliche Touristin auf das Land meiner Vorfahren zu schauen. Dass es mir nicht gelingen würde, hätte ich vorher wissen können. Hinter allen Städten, Bauwerken und Landschaften schaute ich auf die mit dem Leben meiner Eltern und deren Vorfahren verbundene Geschichte.

Meine zweiunddreißigjährige Mutter vertrieb brutale Gewalt von einer Stunde auf die andere aus ihrer Wohnung in Tetschen-Bodenbach, mein Vater, der siebenundfünfzigjährige Tscheche, folgte uns ein Jahr später in das sachsen-anhaltinische Industriegebiet, wo wir eine kümmerliche Bleibe gefunden hatten. Beide waren sie bis in die Sprache, die Essgewohnheiten, ihre Vorlieben, die Weise zu leben und zu denken von Nordböhmen geprägt. Für den Rest ihres Lebens litten sie an Heimweh, durchsetzt mit den grauenvollen Bildern des Sommers 1945. Dennoch hofften sie nie auf Heimkehr und stellten sich tapfer der Realität in „Reichsdeutschland", wie sie die sowjetische Besatzungszone noch lange nannten. Als Kind mochte ich es nicht, wenn sie in meiner Gegenwart, was selten genug vorkam, in Erinnerungen schwelgten. Ich wollte nach vorn sehen, in die strahlende sozialistische Zukunft, die uns die Schule versprach.

Wenn ich während dieser Reise durch Straßen und über Marktplätze schlenderte, mich dem Reiz der Landschaft hingab, versuchte ich mir vorzustellen, wie meine Eltern und Großeltern durch diese Straßen gelaufen waren, was sie wahrgenommen, was sie gedacht hatten. Vergeblich. Mein Vater war bei seinem Tod 1956 jünger, als ich es heute bin, und ich bin jetzt fast so alt wie meine Mutter, die mit achtzig Jahren starb. Mit ihrem Tod ist endgültig das Band zwischen mir und meinen Vorfahren zerrissen, die Hunderte von Jahren in Nordböhmen lebten.

Vage Erinnerungen an den Sommer 1945 drängten sich mir auf, ließen sich nicht abweisen, wohin wir auch kamen: das Gebrüll des entfesselten tschechischen Mobs, Schläge, brennende Häuser, Plünderer, die Toten in der Elbe, das Weinen der deutschen Frauen und Kinder; es gab kaum Männer unter ihnen. Seit zwei Monaten war der Krieg zu Ende, doch über der sommerlichen Landschaft lag der Geruch des Todes und der beißende Rauch der Rache an Wehrlosen.

Erinnert man sich an Freitag, den 13. Juli 1945, und die darauf folgenden Monate, wenn man damals drei Jahre alt war? Hatte ich das alles wirklich erlebt? Meine Mutter hat von jenen Ereignissen kaum gesprochen, um sich und mich zu schützen. Und ich wollte es nicht wissen, beschäftigt mit der eigenen Existenz. Aber die Bilder des Sommers 1945 waren in mir, wenn auch verschwommen, und ließen sich nicht verdrängen.

Ich brachte die Gerüche jener fernen Tage, die Bilder des Grauens in meinem Kopf nicht mit der anmutigen Landschaft und den friedlichen Städten des Jahres 2018 zusammen. Was schmerzte mich so? Ich musste mich nicht versöhnen, nicht einmal vergeben, denn ich hatte keine Rechnungen offen. Die dem Kind von damals Leid angetan hatten, lebten längst nicht mehr, außerdem kannte ich weder Namen noch Gesichter. Das Land meiner Eltern hätte mir Heimat werden können, doch ich bin anderswo aufgewachsen, lernte andere Städte und Landschaften Heimat nennen. So wurde mir nichts weggenommen außer einem Teddy und vielleicht ein paar Kleidchen, die Mutter in der Eile nicht zusammenraffen konnte.

Erfüllte mich der Anblick von Schlachtfeldern auf den Seelower Höhen, bei Verdun, in der Normandie, bei Gorica, der Gang durch die Konzentrationslager von Buchenwald und Theresienstadt, das zerstörte Dresden nicht ebenso mit Trauer? Ich höre den Geschützdonner, das Krachen der Bomben, die Schreie der Menschen, ihr Stöhnen, spüre ihre Verzweiflung, wenn ich an solchen Orten bin. Kann es sein, dass in den ältesten Teilen des Gehirns Erinnerungen aus Vorzeiten gespeichert sind – von der Vertreibung der Juden nach Babylon, der Hinrichtung Jesu auf Golgatha, dem Wüten der Langobarden in Italien, dem Fall von Konstantinopel, der Belagerung Wiens durch die Türken bis hin zum Dreißigjährigen Krieg und weit darüber hinaus?

Oder rührt der Schmerz weniger aus der Vergangenheit als aus der Gegenwart und der Zukunft, die ich für meine Nachkommen fürchte? Auf den Gräbern der Hekatomben von Toten des zwanzigsten Jahrhunderts, aus den verwüsteten Städten, Dörfern und Seelen der Überlebenden wuchs nichts mehr, wie laut das auch der sogenannte Fortschritt für sich behauptet. Die Kultur, die Religiosität, der Idealismus Europas wurden im 20. Jahrhundert unwiderruflich zerstört.

Ich erinnere mich an einen Spaziergang mit Roman Frister. 1997 hatte das Literaturbüro den polnisch-israelischen Autor zu Lesungen in Brandenburg eingeladen. Seine Autobiographie „Die Mütze oder Der Preis des Lebens" erzählt von seinen Erfahrungen als Vierzehnjähriger in den Konzentrationslagern Auschwitz und Mauthausen. Roman Frister lässt seine Leser in die Abgründe der menschlichen Seele schauen, nicht nur der Täter, sondern auch der KZ-Häftlinge, seiner eigenen. Ein tief erschreckendes Buch, das weder Autor noch Leser schont.

Auf einem Spaziergang über den Pfingstberg nahe meiner Wohnung fragte ich Roman Frister, warum er sich diese Schonungslosigkeit, ja, Selbstentblößung angetan habe, fast fünfzig Jahre nach den Ereignissen. Ob das nicht außerordentlich schmerzhaft sei?

„Ja, sehr schmerzhaft und doch auch befreiend", antwortete er. Nach 1945 habe er die Jahre im KZ verdrängt, nur nach vorn geschaut und in vollen Zügen gelebt. „Ich war jung und hatte Kraft. Aber als ich alt wurde und die Kräfte nachließen, trafen mich die Erinnerungen mit voller Wucht. Da musste ich das aufschreiben, die Wahrheit, nichts als die Wahrheit, ob sie gefällt oder nicht."

In Komotau wohnten wir im Hotel „Arena" auf einem riesigen Sportgelände am Rande der Altstadt. Während abendlicher Rundgänge nach unseren Busfahrten durch Nordböhmen erkundete ich die Anlage aus Glas und Beton: Schwimmhalle mit Sauna und Massage, Trainingshalle, Leichtathletikstadion, Fußballstadion, Tennisplätze, Skaterbahnen, ein Kino, Hotel. In den bewaldeten Hügeln gegenüber Hochhäusern, deren Bewohner das Sportforum in ihrer Freizeit nutzen sollten, um sich körperlich und kulturell zu ertüchtigen. Alles wie im dekadenten Rom: Brot und Spiele. Nur werden die Ruinen des Sportforums einst nicht so eindrucksvoll wirken wie die der Caracalla-Thermen und des Kolosseums und die verfallenen Gewerbegebiete nicht so malerisch wie die Trajans-Märkte.

Aber auch dort, wo man sich von staatlicher oder von kirchlicher Seite müht, das Kulturerbe zu erhalten, blieben allein äußerliche Hüllen. Das Tetschener Schloss derer von Thuns, das seit Hunderten von Jahren von einem Felsriegel nahe der Elbe ins Land grüßt, wurde 1932 aus Geldmangel an den tschechischen Staat verkauft. Tschechische Grenztruppen nutzten es als Kaserne, bis im Zweiten Weltkrieg die deutsche Wehrmacht einzog, danach wieder die tschechische Armee und nach der Niederschlagung des Prager

Frühlings 1968 die Sowjetarmee. Die einstige Bibliothek diente als Sporthalle, das übrige Areal als Lazarett. Nach dem Abzug der Soldaten war kein Fenster mehr heil und vom Interieur schon lange nichts mehr erhalten. In den Jahren nach 1990 renovierte man, trug Möbel und Gegenstände aus dem 19. Jahrhundert zusammen, um einen Eindruck früherer Zeiten zu vermitteln. Großer und lobenswerter Aufwand – für ein Museum. Immerhin! Aber wie alle Museen lebt es nicht aus sich selbst, es ist eine Ansammlung von Gegenständen, aus denen das Leben gewichen ist.

Das prachtvolle Kloster Osek, 1192 von Zisterziensern gegründet, 1580 aufgehoben, 1624 und 1991 neu besiedelt, 1950 und 2008 wieder aufgehoben und 1995 zum Nationalen Kulturdenkmal erklärt, hat ein ähnliches Schicksal wie das Prämonstratenserinnenkloster Doxan am Fluss Eger. Es wurde 1144 gegründet. Kloster und Schule überstanden die Hussitenkriege und den Dreißigjährigen Krieg, bis es durch Kaiser Josef II. aufgehoben und als Militärkrankenhaus und Kaserne genutzt wurde. Eine Fürstin Poniatowski baute das Kloster zum Schloss und landwirtschaftlichem Gut um. Versuche von Prämonstratenserinnen Anfang des 20. Jahrhunderts, das Kloster neu zu begründen, schlugen fehl. 1945 wurden die adligen deutschen Besitzer entschädigungslos enteignet und eine Zuchtstation für Saatgut eingerichtet. Seit 1998 besteht nach über 200 Jahren in einem Teil der Anlage wieder ein kleiner Konvent von Nonnen, die sich mühen, in einer Gesellschaft, die Gott nicht mehr kennt, das Christentum zu leben.

Staunend und ergriffen steht man in den barockisierten Stiftskirchen vor der rauschhaften Vitalität dieser Vision eines Himmels auf Erden mit all seinen Engeln und Heiligen, atemberaubend in der Dynamik des Raums und der Figuren, die Leiden, Demut und Liebe verkörpern, erfüllt von einem glühenden Glauben. Was war das für eine Zeit, die zu solcher Gestaltung fähig war, nicht nur in den Kirchen, sondern auch in Schlössern, Gärten und Bürgerhäusern!

Mit Maria Theresias Sohn, Kaiser Joseph II., fand sie ein jähes Ende. Die Josephinische Politik nahm die nahende Französische Revolution vorweg und mit ihr die Herrschaft der „Göttin der Vernunft". Diesem als Vernunft deklarierten Wahnsinn folgte der Eroberer Napoleon, der alles, was sich ihm in den Weg stellte, unter die Stiefel trat. Die „Göttin der Vernunft", in der Kathedrale von Notre Dame in Paris inthronisiert und fortan residierend in zu „Tempeln der Vernunft und der Freiheit" umgewandelten Kirchen, gebar immer neue Ungeheuer. Schließlich trat das alle und alles nivellierende Kapital seinen Siegeszug an, Revolutionen und Kriege bisher ungekannten Ausmaßes im Schlepptau. Als Europas Völker ausgeblutet und erschöpft am Boden lagen, versprach ihnen die „Göttin der Vernunft", von nun an den Menschen in den Mittelpunkt ihrer Fürsorge zu stellen, und nannte das die „anthropologische Wende".

Hatte der bisher die Gesellschaft tragende christliche Glaube gelehrt, jeder Mensch sei eine Schöpfung Gottes, einzigartig und für seine Taten vor dem ewigen Richter verantwortlich, übernahmen nun Ideologien die Herrschaft, die den Menschen einredeten, allmächtig zu sein und über das Weltall zu gebieten. Die schwarzen Engel der Vernunft nennen sich Toleranz, Humanität, Frieden, Fortschritt … An die Stelle Gottes trat zunehmend der Fürst dieser Welt und sein Bannstrahl trifft alle, die ihm die Gefolgschaft verweigern.

Auf welchem Grund sich jene böhmische Blüte künstlerischer Gestaltungskraft nach den Schrecken der Hussitenzeit und des Dreißigjährigen Krieges noch einmal entfalten konnte, wurde mir deutlich, als wir in die romanische Krypta des Klosters Doxan hinabstiegen.

Auf diesen Mauern und Bögen wuchs nicht nur das Kloster Doxan, auf solchen Mauern ruhte der gesamte Bau des christlichen Abendlandes und sie trugen es Jahrhunderte hindurch. Sie liegen im Verborgenen, heute mehr denn je, wenn sie nicht schon aus der Erde geholt wurden, um Fundamenten von Hochhäusern Platz zu machen.

Eben noch in der Hitze und dem Sonnenlicht eines Junitages umfing uns plötzlich der kühle Dämmer von Rundbögen, Pfeilern mit archaischen Tierfiguren und festgefügten Mauern. Ich verspürte ein Gefühl von Geborgenheit. Mir war, als hörte ich die Stimmen jener, die einst hier ihre letzte Ruhe in Erwartung auf die Ewigkeit gefunden hatten, hörte Gesänge von Nonnen, die auch unter der Erde hell und klar klangen, über all die wechselnden Zeitläufte hinweg. Nichts hatte sich geändert und ich, vergänglich, aber unzerstörbar, war Bestandteil dieses ewigen Lobpreises.

Nichts dauert, auch nicht der zeitlos scheinende Augenblick in der Krypta eines böhmischen Klosters. Wer hört, versteht noch diese sprechenden, singenden Steine? In einer Zeit, da junge deutsche Katholiken die ehrwürdige Kirche St. Paul vor den Mauern in Rom für ein Rockkonzert in eine gigantische Diskothek verwandeln: Chor, Keyboards und Schlagzeug direkt vor dem Grab des Apostels Paulus, die Apsis und das Ziborium von Arnolfo di Cambio vollständig verdeckt. Die Bögen und Säulen durch die Projektion von grünen, blauen, gelben und roten psychedelischen Lichtern ihrer Majestät beraubt, durch Großleinwände verschandelt, der Raum von dröhnenden Lautverstärkern zerrissen.

Wer hört in diesem tobenden Lärm, der unsere Gegenwart beherrscht, noch die Stimmen aus der Vergangenheit, geschweige denn die der Engel oder gar Gottes Stimme? Was soll werden, wenn die Kirche, beauftragt, dem Kaiser zu geben, was des Kaisers, und Gott, was Gottes ist, Gott vergisst und allein dem Kaiser huldigt?

Die Ödnis der Gottlosigkeit im heutigen Europa und in Deutschland besonders, der Verlust von Ehrfurcht und Heiligkeit, ließ mein Gefühl von Geborgenheit in der Krypta des Klosters Doxan unvermittelt in Verlorenheit umschlagen.

Die Europäer der Zukunft werden, abgesehen von einigen Nostalgikern und Wissenschaftlern, ebenso wenig mit der christlich abendländischen Kultur anfangen können wie die Millionen nach Europa hereinströmenden Muslime aus Afrika und Nahost.

Das Kloster Osek diente nach dem Zweiten Weltkrieg als Konzentrationslager für Priester. Auch im Konventsgebäude der Jesuiten in Mariaschein (heute Bohosudov) waren Ordensangehörige interniert. Ganze Ortschaften ringsum, seit Jahrhunderten von Deutschen bewohnt, sind nun entvölkert durch Vertreibung, verwüstet durch Marodeure. Mariaschein war einst der größte Wallfahrtsort Böhmens. Heute liegt er verlassen in der drückenden Stille eines heißen Sommernachmittags.

Die Kirche, 1584 bis 1590 erbaut, ist von einem Kreuzgang mit sieben Kapellen umgeben, die die sieben Schmerzen Mariens symbolisieren und die Namen jener Orte tragen, aus denen die Stifter stammten. In mehr als dreißig kunstvoll gestalteten Beichtstühlen reinigten sich die Pilger von Sündenschuld, das Wasser der Brunnenkapelle versprach Heilung von Leibesnöten. Im nahen Gymnasium bereiteten sich Knaben auf das Leben, im Priesterseminar junge Männer auf den Dienst an Gott und den Menschen vor. Seit 1993 betreibt das Bistum Leitmeritz im einstigen Konventsgebäude wieder ein Gymnasium, dessen schlechter baulicher Zustand für die Zukunft fürchten lässt. Wo Klöster zu Kasernen und Pferdeställen, dann zu Garagen und Sportanlagen, zu Diskos und schließlich zu Moscheen werden, verheißt das nichts Gutes. Es sei denn, man sei ein Verehrer der Hindugöttin Kali, der Göttin des Todes und der Zerstörung.

Während der Besichtigung des ruinösen Kreuzgangs zitierte jemand einen tschechischen Priester, der zu ihm gesagt habe: „Die Vertreibung der deutschen Minderheit nach dem Krieg hatte für unser Land schlimmere Folgen als die sich anschließenden vierzig Jahre kommunistischer Herrschaft."

Wieder fiel mir Bert Brecht ein: „Von diesen Städten wird bleiben: der durch sie / Hindurchging, der Wind! / Fröhlich machet das Haus den Esser: Er leert es. / Wir wissen, dass wir Vorläufige sind / Und nach uns wird kommen: nichts Nennenswertes" (vom armen B. B.). Bei aller hier aufscheinenden Arroganz des Dichters steckt ein Korn Wahrheit in dem Vers. Und doch – wir wissen nicht, wer und was nach uns kommt. Gott geht seine eigenen Wege mit uns Menschen.

Lavendel und Rosen blühten in diesem Juni überall üppig, ob zwischen verlassenen Klöstern oder in städtischen Parks. Sie kümmert nicht, was war und was kommt. Und sie werden noch über den Ruinen des einst christlichen Abendlandes blühen.

In Leitmeritz besuchten wir den Bischof Jan Baxant (Jahrgang 1948) in seiner Residenz. Auch sie hat schon bessere Zeiten gesehen. Zu diesen Vorzeiten gehört mein Onkel Gustav, der älteste Bruder meiner Mutter. Er studierte hier im bischöflichen Priesterseminar, bis er sich mit einer jungen Tschechin verlobte und im Ersten Weltkrieg starb, ehe sie heiraten konnten. Einige Jahre später verbrachte meine Mutter als Kind eine Nacht im Dom Sankt Stefan, wo man sie abends irrtümlich eingeschlossen hatte und am Morgen auf einer der Bänke schlafend fand. Vielleicht hat sie dort von ihrem toten Bruder geträumt.

Der Dombezirk mit dem Dom, dem freistehenden Turm, der Residenz und dem einstigen Seminar, auf einer Anhöhe über der Elbe gelegen, ist stark renovierungsbedürftig. Die Kirche in Tschechien ist arm an Geld und an Gläubigen, ungleich der Kirche in Deutschland, wo der Staat die Kirchensteuer eintreibt und hochbezahlte Bischöfe sich prachtvolle Residenzen leisten.

Das einst zu zwei Dritteln von Deutschen bewohnte Leitmeritz verlor mit der Vertreibung seiner deutschen Bürger an Wirtschaftskraft und Glauben. Auf meine Frage, wie viele Deutsche tschechischer Staatsangehörigkeit heute noch in der Stadt wohnen, zuckte der liebenswürdige Bischof mit den Schultern, vermutete dann: etwa hundert.

Ich schaute durch die großen Fenster des Empfangssaales hinunter auf die Elbe. Auf der anderen Seite des Flusses liegt Theresienstadt.

Der Bischof und sein Generalvikar nahmen sich länger als eine Stunde Zeit für uns. Während der angeregten Gespräche bei Kaffee und kühlen Getränken, die ein Priester aus Münster dolmetschte, wanderten meine Blicke über die Gemälde an den Wänden: ein jugendschönes Ganzkörpergemälde von Maria Theresia, Porträts von Kaiser Karl IV., Kaiser Ferdinand III., Papst Alexander VII., von Leitmeritzer Bischöfen. An den Wänden über den Fenstern anmutige Elblandschaften mit Burgen, Schlössern und Dörfern.

Die Zeit der Habsburger Kaiser, die auch Böhmen regierten, ist seit hundert Jahren vorbei, die Bischöfe stammen schon lange nicht mehr aus dem Adel und die Päpste nicht mehr aus Italien. Der einstige Prunk und Glanz der Residenz ist geschwunden und doch zeugt hier alles – die unaufdringlich sorgende Gastfreundschaft, die natürliche Höflichkeit der Gastgeber, der Raum, die Atmosphäre – von Geschichtsbewusstsein, Kunstverstand und Stil.

Auch Prag, das wir am Vortag besucht hatten, atmet Geschichte. Nur ist das unter dem Ansturm von Millionen Touristen aus aller Welt kaum noch zu spüren – ob im Kloster Strahov, auf der Kleinseite, im Veitsdom, auf der Karlsbrücke ... Sehnsüchtig dachte ich an meine Lektüre „Unter der steinernen Brücke" von Leo Perutz, die mich in der Vorbereitung auf die Reise wieder einmal beglückt hatte, dachte an die Schilderungen Prags als eine Vision der Wirklichkeit durch Claudel, Werfel, Camus, Meyrink, Kafka, Celan und viele andere europäische Schriftsteller. Mein Vater hatte vor dem Ersten Weltkrieg an der Karl-Ferdinands-Universität Altphilologie studiert und mir oft von seinem geliebten Prag erzählt.

Die Goldene Stadt ist zu einem Freiluftmuseum geworden, ähnlich wie Venedig, Rom und viele andere Städte in Europa, zu einer Art Disneyland der Geschichte. Was einst neben der Architektur und der Geschichte den Besucher an diesen Städten bezauberte – das Leben und Treiben ihrer Bewohner –, hat die unablässige Invasion von Touristen getötet. Die Ohren verstöpselt, mit Smartphones im Vorbeigehen die Sehenswürdigkeiten fotografierend, schieben sie sich in lautstarken Gruppen an anderen Gruppen vorbei, um schließlich erschöpft in Straßencafés das gute böhmische Bier zu genießen. Da ergibt sich kein

Gespräch mit Einheimischen, denn die arbeiten tagsüber und auch abends in den Büros, Dienstleistungsbetrieben und Gewerbegebieten außerhalb der Stadt und reisen in ihrer Freizeit in andere historische Stadtkerne. Und selbst wenn sich Einheimische in den Touristentrubel begeben, haben die Besucher doch zu wenig Zeit für Begegnungen und Beobachtungen, denn das Reiseprogramm ist eng gedrängt und verspricht auch noch andere „highlights".

Der gewachsene Wohlstand und die durch die moderne Technik verkürzten Entfernungen, der Geldhunger der Kommunen, die auf Einnahmen aus dem Tourismus setzen, befördern diese Art des Reisens. Die abweisenden Bauten moderner Großstädte mit ihrer fiebernden Hybris bewegen nicht die Herzen, beleben nicht die toten Seelen der Menschen des einundzwanzigsten Jahrhunderts, ob Europäer, Asiaten, Amerikaner oder Migranten aus Afrika. Also suchen sie den „Kick" im Alten, Hergebrachten, getrieben von einer nebulösen Sehnsucht. Und so zerstören sie gerade das, wonach sie sich sehnen.

In Kleinstädten wie Leitmeritz, die nicht zu den weltweit gepriesenen Sehenswürdigkeiten zählen und doch ebenso auf die Zeit Kaiser Karls IV. zurückgehen wie Prag, findet man noch Besinnlichkeit und Raum, sich zu bewegen. Doch lag an diesem Werktag eine seltsame Stille über dem weiten Marktplatz und den Straßen mit den schön restaurierten Häusern. Keine Kinder, kaum junge oder mittelalte Menschen, außer in den wenigen Geschäften und Lokalen, wo gelangweilte Verkäuferinnen Dienst taten. Es ist wie in ähnlichen Städten in Deutschland auch: Die Jungen zieht es in die Großstädte, in die Industriezentren mit ihren Satellitenstädten, wo es Geld zu verdienen gibt. Entweder suchen sie sich dort eine Wohnung oder sie reihen sich ein in die große Schar der Berufspendler, die am frühen Morgen ihre Wohnungen verlassen und spätabends heimkehren, während die Kinder ihre Tage in Aufbewahrungsanstalten verbringen.

Einst war Leitmeritz eine vorwiegend deutsche Stadt der Handwerker, der selbstbewussten Bürger und der Beamten, umgeben von fruchtbarem Land. Auf dem fast zwei Hektar großen Markt hielten die Bauern und Händler ihre Waren feil. Wie mag zwischen den Häusern aus der Renaissance, dem Barock und dem Jugendstil, den Kirchen und Klöstern, Schulen und städtischen Institutionen das Leben pulsiert haben. Immer wieder erholte sich das Leben nach den periodisch eintretenden Katastrophen: den Hussitenkriegen, dem Dreißigjährigen Krieg, der Pest, dem Siebenjährigen Krieg …

Im Internet fand ich ein Foto des Marktplatzes vom 12. Oktober 1938 mit einer Paradeaufstellung deutscher Truppen nach dem Einmarsch in der Tschechoslowakei. Ein knappes Jahr später begann der Zweite Weltkrieg und an seinem Ende die Vertreibung der deutschen Bevölkerung. Danach erholte sich das Leben in Leitmeritz nicht mehr.

Nach dem Besuch beim Bischof durchstreifte ich allein das Städtchen. Vor vierzig Jahren bin ich mit meiner Mutter und den Kindern durch Leitmeritz gelaufen. Doch nun erinnerte ich mich nicht mehr an das Hotel am Markt, wo wir übernachteten, fand nicht das Haus, in dem meine Mutter während des Ersten Weltkriegs bei ihren tschechischen Pflegeeltern gelebt hatte. Ich irrte beklommen durch die Straßen und Sträßchen. Vertraut seit jeher und ich erkannte nichts.

Auf dem weiten Marktplatz ein einsamer Obst- und Gemüsestand mit einer alten Frau. Da durchzuckte es mich: meine Großmutter! Aus den Erzählungen meiner Mutter wusste ich, dass meine Großmutter einmal wöchentlich von ihrem etwa fünfzehn Kilometer entfernten Gebirgsdorf Kundratitz mit der Kiepe auf dem Rücken hinunter nach Leitmeritz lief und dort auf dem Marktplatz Eier, Gemüse und Obst feilbot und für den Ertrag Kaffee, eine Romanzeitung und notwendige Haushaltswaren einkaufte. Dreißig Kilometer hin und zurück nahm sie dafür mindestens unter die Füße, bergab, bergauf. Ebenso zu den Gräbern ihrer Familie in Leitmeritz, zu Gottesdiensten eher nicht, obwohl es in Kundratitz weder eine Kirche noch einen Geistlichen gab.

Da stand nun meine Großmutter einsam und verloren auf dem Markt, wie ich im Juni 2018 aus der Zeit gefallen. Ich schaute sie an, sie schaute mich an; wir verstanden uns nicht, nicht einmal ein Lächeln brachten wir zustande.

Müde vom ziellosen Laufen in der Hitze und mehr noch von meinen ungeordneten Gedanken, setzte ich mich im Schatten der Allerheiligenkirche vor ein kleines Weinres-

taurant und bestellte einen Tee, den ich nach langem Warten einfordern musste.

Später fuhren wir zum Friedhof, auf dessen altem Teil
Nonnen und Geistliche begraben liegen. Mich bewegte
nur der Gedanke, ob ich die Grabstätte meiner Großeltern wiederfinden würde. Unser Weg führte direkt daran
vorbei; mein suchender Blick entdeckte das Grab sofort.
Die vierzig Jahre seit meinem ersten Besuch waren an der
Grabstätte nicht spurlos vorbeigegangen. Die Grabplat-
te mit den Todesdaten der Großeltern stand am Fuß des
Grabsteins, offenbar waren die Schrauben, an denen sie
befestigt gewesen waren, durchgerostet, die Ovale mit den
Fotos ihrer beiden Söhne leer, wahrscheinlich herausge-
fallen und entsorgt worden.

Ich las: Gustav, im Ersten Weltkrieg in serbischer Kriegsgefangenschaft gestorben, Ernst als knapp Neunzehnjähri-
ger durch Suizid (was natürlich nicht auf der Tafel steht),
Vater Ferdinand im achtundfünfzigsten Jahre, Mutter Ma-
rie im achtundsechzigsten Jahr. Der dritte Sohn Richard
wurde im Alter von sechsundzwanzig Jahren von Wild-
dieben erschossen und auch auf diesem Friedhof beerdigt,
doch sein Grab existiert nicht mehr. Sie alle waren schon
lange tot, als ich geboren wurde. Ich kenne sie nur aus den
Erzählungen meiner Mutter, die als Jüngste der Geschwister
fast achtzig Jahre alt wurde. Ich konnte nur denken: Wie
gut, dass sie lange vor 1945 gestorben sind und das Elend
der Vertreibung nicht mehr erleben mussten.

Meine Verlorenheit steigerte sich wie die Junihitze, als wir
einen Abstecher nach Tetschen-Bodenbach machten. In

Tetschen ist mein Vater geboren, in Tetschen kam ich zur Welt und lebte dort bis zur Vertreibung. Eigentlich bin ich wie mein Vater in Bodenbach geboren, aber neunundzwanzig Tage vor meiner Geburt wurden Bodenbach und Tetschen zu der Stadt Tetschen-Bodenbach zusammengelegt und ab 1947 galt der einheitliche Stadtname Decin.

Das Schloss interessierte mich nicht wirklich. Während der Besichtigung dachte ich an das weiter südwärts gelegene Aussig, durch das wir gefahren waren. Dort hatte mein Vater zuletzt gewohnt und er muss das Massaker an den Deutschen am 31. Juli 1945 miterlebt haben. Er hat nie davon gesprochen. Kindern erzählt man so etwas nicht, und als ich erwachsen war, lebte er nicht mehr. Die Menschen wurden von tschechischen Revolutionsgarden und dem aufgehetzten Mob erschlagen, in einem Löschwasserspeicher ertränkt oder von der Elbbrücke zwischen der Altstadt und dem Stadtteil Schreckenstein gestoßen und im Wasser beschossen. Vorwiegend Frauen, Kinder und Alte. Die Leichen trieben bis ins benachbarte Sachsen. Achtzig Leichen fischte man allein bei Meißen aus der Elbe, weitere wurden bei Pirna und Bad Schandau angeschwemmt. Nach Berichten der Überlebenden sollen etwa zweitausend bis dreitausend Deutsche bei dem Pogrom ermordet worden sein. Die tschechischen Archive zu diesem Verbrechen sind bis heute geschlossen. Die Täter wurden nie gerichtlich belangt.

Als wir durch Aussig gefahren waren, hatte mich der Anblick der Benes-Brücke, deren Rostflecken wie angetrocknetes Blut erschienen, entsetzt. Durch das Busfenster schaute ich auf leere Fensterhöhlen in ausgebrannten Häusern, auf seit damals verlassene Fabriken mit zerschlagenen Fensterscheiben. Spuren von einst. Hier schien die Zeit stehen geblieben zu sein.

1945 lebten in der Stadt sechzigtausend Deutsche und dreitausend Tschechen. Bis 1946 wurden dreiundfünfzigtausend Deutsche aus der Stadt vertrieben. Tschechen, Slowaken und vor allem Roma, zum Teil aus Rumänien und der Sowjetunion, nahmen die Stadt in Besitz. Anwesen wurden zerstört, dem Verfall preisgegeben oder abgerissen. In Aussig wie in ganz Nordböhmen brach eine Jahrhunderte während kulturelle und historische Tradition jäh ab. Für immer. Das Stadtbild wurde durch Plattenbauten, den Bau von Verkehrswegen und Großbetrieben nachhaltig verändert.

1998 begann die Stadt eine Mauer um ein hauptsächlich von Roma bewohntes Stadtviertel zu bauen. Ob sie jemals vollendet oder wieder abgerissen wurde, weiß ich nicht.

Mehr als das Tetschener Schloss beeindruckte mich die prächtig gewachsene Buche auf dem Schlosshof. Sie soll zweihundert Jahre alt sein, ist aber wie die nicht minder schöne Eibe in ihrer Nachbarschaft unrettbar krank.

Nach der Schlossbesichtigung machte ich mich allein auf die Suche nach den Spuren meines Vaters. Aus seinen Schulzeugnissen wusste ich, dass er mit seinen Eltern lange im Haus 855 gewohnt hat. Um die Jahrhundertwende hatte Tetschen etwa sechstausend vorwiegend deutsche Einwohner. Da an den Häusern teilweise auch noch die alten Hausnummern existieren, hoffte ich, die Nummer 855 zu finden. Vergeblich. Im Schatten der Hauswände lief ich über den weiten Marktplatz bis zur barocken Heilig-Kreuz-Kirche, zog immer größere Kreise in die Stadt hinein, bis ich endlich, entnervt durch Hitze und Vergeblichkeit, aufgab. Das Tetschen meines Vaters existierte nicht mehr. Ich hatte nur noch eine Stunde Zeit bis zur Abfahrt des Busses. Die Zunge klebte mir am Gaumen, ich fühlte mich einer Ohnmacht nah. Ich ging an die Elbe, setzte mich ans Ufer und schaute auf den sich träge dahinwälzenden Fluss. Ob die Elbe 1945 auch so wenig Wasser geführt hat wie in diesem heißen Sommer 2018?

Jenseits der Brücke lag Bodenbach und die Altstadt mit der Teplitzer Straße, Teplicka heute, wo ich mit meiner Mutter in der Nummer 20 wohnte, bis uns die Revolutionsgarden aus der Wohnung trieben. Die Zeit reichte nicht aus, hinüberzugehen und die Teplitzer Straße zu suchen. Was hätte ich dort auch finden sollen?

Ich ließ meine Blicke über die bewaldeten Hügel gegenüber und den Fluss schweifen. Eine Wunde aus unbewussten Vorzeiten, nie verheilt, nur notdürftig bedeckt, war während dieser Reise aufgebrochen. Eines der vielen toten Kinder, die im Juli 1945 von Aussig bis nach Meißen, Dresden, vielleicht weiter elbabwärts bis nach Hamburg und die Nordsee getrieben waren, hätte ich sein können.

Trug die Elbe nicht seit undenklichen Zeiten Lust und Leid, Hoffnung und Verzweiflung aus diesem wunderschönen Böhmerland nordwärts ins Meer des Vergessens?

Ein paar Stunden später las ich in der Wallfahrtskirche Philippsdorf den Satz, mit dem die Gottesmutter Maria an einem Januarmorgen des Jahres 1866 der schwerkranken Weberin Magdalena Kade Heilung zugesagt hatte: „Mein Kind, von jetzt an heilt´s." Als wäre er mir zugesprochen.

Heimat, so erfuhr ich im Buch einer kluger Autorin, sei dort, wo man sich nicht erklären müsse, wo alles noch selbstverständlich sei. Wenn das stimmt, wäre weder Böhmen noch Deutschland meine Heimat. Am ehesten vielleicht noch das christliche Abendland, das aber nach der Meinung eines Münchner Erzbischofs „vor allem ein ausgrenzender Begriff" sei, weshalb er nicht viel von ihm halte. Bleibt also der Apostel Paulus: „Unsere Heimat ist im Himmel."

Was mich trägt

„Glaube", heißt es im Hebräerbrief, „ist: Feststehen in dem, was man erhofft, Überzeugtsein von Dingen, die man nicht sieht." Oder volkstümlich ausgedrückt: Glaube ist ein Vogel, der weitersingt, wenn der Ast, auf dem er sitzt, bricht; denn er weiß, dass er Flügel hat.

Vor vielen Jahren notierte ich in meinem Tagebuch, ich müsse lieben, müsse Ja sagen können zu Menschen und zu dem, was mich übersteigt. Wenn mir das nicht mehr möglich wäre, hörte ich auf zu leben.

Jetzt, da ich schon das Maß an Jahren überschritten habe, das Psalm 90 den Menschen zubilligt, ist mir der unsichtbare Gott wirklicher als alles, was mich umgibt; als alles, worüber ich mich ärgere, was mir gelingt oder misslingt, worunter ich leide, woran ich mich freue. Er begegnet mir überall: in der Anbetung des Allerheiligsten wie im Lächeln eines Kindes, in einem Wort, das mir plötzlich zufliegt und mir die Geschichte Gottes mit den Menschen erzählt. Vielleicht habe ich in meinem Leben noch nie so intensiv geliebt wie jetzt im Alter, da mir meine Grenzen und Unvollkommenheiten bewusster sind denn je.

Ich versuche mir vorzustellen, wie das ist, wenn ich mein Gehäuse – den Leib, die Wohnung, die Stadt, Freunde und Bekannte – verlassen habe, wenn meine sterblichen Reste unter der Erde liegen. Es gelingt mir nicht. Ich kann mir mich nur lebendig vorstellen.

Und so wird es auch sein. In der Totenliturgie der katholischen Kirche heißt es: „Deinen Gläubigen, o Herr, wird das Leben gewandelt, nicht genommen. Und wenn die Herberge der irdischen Pilgerschaft zerfällt, ist uns im Himmel eine ewige Wohnung bereitet."

Als ich jung war, zog ich aus, die Welt zu verändern. Ich erkundete sie, bewunderte ihre gefährdete Schönheit, versuchte sie zu verstehen, lernte … Und erkannte schließlich, dass nur ich mich verändern kann, liegt es doch nicht in meiner Macht, Kriege und Ungerechtigkeit abzuschaffen. Aber auch der Einzelne vermag sich nicht beliebig neu zu erfinden. In ihm steckt ein unveränderlicher Kern, eine ihm von seinem Schöpfer mitgegebene Ausstattung. Aus einer Eichel wächst keine Linde, aus einem Melancholiker wird kein Sanguiniker.

Keiner kann sich aussuchen, in welches Land, in welche Zeit, Geschichte, Geographie er hineingeboren wird. Wir sind gehalten, unser Schicksal zu akzeptieren und mit ihm umzugehen. Die Schuld für eigenes Versagen bei anderen zu suchen, macht klein, verlogen und unfrei und lähmt die Tatkraft. Erfolge dagegen nur sich selbst zuzurechnen, macht eitel und dumm. Wir stehen auf den Schultern unserer Vorfahren. Verleugnen wir sie, stürzen wir ins Bodenlose.

Im Buch Micha des Alten Testaments heißt es: „Es ist dir gesagt, Mensch, was gut ist und was der HERR von dir erwartet: Nichts anderes als dies: Recht tun, Güte und Treue üben, in Ehrfurcht den Weg gehen mit deinem Gott." So einfach ist das, was schwer zu machen ist.

Mit zunehmendem Alter ändert sich unsere Wahrnehmung der Welt. Wir verlangen nach mehr Helligkeit und genießen doch das milde Abendlicht. Wir werden ungeduldiger angesichts der Zeit, die uns noch bleibt, und gewinnen doch Abstand gegenüber Menschen und Ereignissen.

Und so mühe ich mich um Gelassenheit, auch und gerade, weil die Welt aus den Fugen ist. War sie das nicht immer? Als ich geboren wurde, als ich jung, als ich erwachsen war. Der Nahe Osten steht in Flammen, Kriege überall. Christen werden verfolgt und ermordet wie zu Zeiten der Kaiser Nero und Diokletian.

Versiegt scheinen die Quellen, die einst Europa befruchteten: Athen, Jerusalem, Rom. Das christliche Abendland, dem sich unsere westliche Demokratie verdankt, verdorrt von innen und bietet der Welt das Schauspiel eines Tanzes auf dem Vulkan.

Es gilt, inmitten der auf uns einstürmenden Horrorszenarien und den Versprechungen auf eine menschengemachte schöne neue Welt einen kühlen Kopf und ein warmes Herz zu bewahren.

Der große Gelehrte Thomas von Aquin, der von 1225 bis 1274 lebte, sagte das so:

„Schenk mir, o Gott, Verstand, der dich erkennt, Eifer, der dich sucht, Weisheit, die dich findet, einen Wandel, der dir gefällt, Beharrlichkeit, die gläubig dich erwartet, Vertrauen, das am Ende dich umfängt."

Potsdam, im April 2019